Robert Schäfer
Tourismus und Authentizität

D1729141

Robert Schäfer (Dr. rer. soc.) lehrt Soziologie an der Universität Koblenz-Landau. Seine Forschungsschwerpunkte sind Kultursoziologie (v.a. Religionssoziologie und Ästhetik), Sozialtheorie (Strukturalismus und Praxistheorie) sowie Methoden der rekonstruktiven Sozialforschung (Objektive Hermeneutik).

ROBERT SCHÄFER

Tourismus und Authentizität

Zur gesellschaftlichen Organisation von Außeralltäglichkeit

Publiziert mit Unterstützung des Schweizerischen Nationalfonds zur Förderung wissenschaftlicher Forschung.

Inauguraldissertation zur Erlangung der Würde eines Doctor rerum socialium der Wirtschafts- und Sozialwissenschaftlichen Fakultät der Universität Bern. Die Fakultät hat diese Arbeit am 22.8.2013 auf Antrag der beiden Gutachter Prof. Dr. Claudia Honegger und Prof. Dr. Jürgen Raab als Dissertation angenommen, ohne damit zu den darin ausgesprochenen Auffassungen Stellung nehmen zu wollen.

Bibliografische Information der Deutschen Nationalbibliothek

Die Deutsche Nationalbibliothek verzeichnet diese Publikation in der Deutschen Nationalbibliografie; detaillierte bibliografische Daten sind im Internet über http://dnb.d-nb.de abrufbar.

Umschlagkonzept: Kordula Röckenhaus, Bielefeld
Druck: Majuskel Medienproduktion GmbH, Wetzlar
Print-ISBN 978-3-8376-2744-2
PDF-ISBN 978-3-8394-2744-6

Gedruckt auf alterungsbeständigem Papier mit chlorfrei gebleichtem Zellstoff.
Besuchen Sie uns im Internet: *http://www.transcript-verlag.de*
Bitte fordern Sie unser Gesamtverzeichnis und andere Broschüren an unter: *info@transcript-verlag.de*

Inhalt

Einleitung | 7

FORSCHUNGSSTAND UND THEORETISCHE GRUNDLAGEN

1. **Tourismus als Gegenstand wissenschaftlicher Forschung** | 15
1.1. Deskriptionen: Historische Entwicklung und ökonomische Bedeutung | 15
1.2. Erklärungen und Interpretationen: MacCannells Authentizitätsthese und die Folgen | 21

2. **Das gesellschaftliche Interesse am Authentischen** | 45
2.1. Zeitgenössische Beschreibungen: Religionssoziologie, Kapitalismuskritik und Sozialphilosophie | 45
2.2. Ästhetische Avantgarde der 60er Jahre: Kunst und Leben | 51
2.3. Kulturkritik um 1900: Kunst als Religion | 53
2.4. Romantik: Differenzierung und Entdifferenzierung | 55
2.5. Zusammenfassung | 60

3. **Formale Praxisstruktur der touristischen Reise** | 63
3.1. Zeittheoretischer Begriff der Muße | 63
3.2. Raumtheoretischer Begriff des Fremden | 73

EXEMPLARISCHE FALLSTUDIEN: TOURISTISCHE VARIATIONEN ÜBER DAS AUTHENTISCHE

4. **Tourismuswerbung** | 81
4.1. Vorbemerkungen zu tourismusindustriellem Werbematerial als Untersuchungsgegenstand und zur Rekonstruktion der touristischen Imagination | 81
4.2. Taj Mahal: Das ‚Wunder' majestätisch-erhabener Hochkulturen | 87
4.3. Massai: ‚Edle Wilde' und exotistische Primitivitätsfantasien | 101
4.4. Einsamer Strand: Innerweltliche Erlösung und moderne Virginitätsfantasien | 118

4.5. Zwischenbetrachtungen zum Authentizitätsbegriff und den empirischen
Analysen tourismusindustrieller Dokumente | 131

5. Internet-Reiseberichte | 141
5.1. Methodologische Vorbemerkungen | 141
5.2. Reiseberichte als literarisches Genre | 144
5.3. Das Adressatenproblem von Blogs | 152

*Exkurs zum Zwangscharakter von Sehenswürdigkeiten und zum
formalistischen Authentizitätsdiskurs der UNESCO über das
‚Weltkulturerbe'* | 159

5.4. Touristische Versionen der Tourismuskritik | 169
5.5. Symbolik der Weltkarte | 180
5.6. Zeit, Geld und Autonomie | 186
5.7. Lokalität, Typizität und Authentizität | 192
5.8. Abenteuer als ‚Exklave des Lebenszusammenhangs' | 198
5.9. Erschöpfung und Gemütlichkeit | 209
5.10. Schmutz als Authentizitätsindikator | 216
5.11. Fotografische Wahrnehmung: Zentralität, Frontalität, Integralität | 224
5.12. Touristenfotos, Postkartenästhetik und A-tergo-Fotografie | 240
5.13. Schlussbetrachtungen zum Authentizitätsbegriff und zu den
empirischen Analysen von Internet-Reiseberichten | 253

6. Zusammenfassung | 257

Literatur und Anhang | 269

Einleitung

Die erste Fotografie im „Reisebericht aus Rom"[1] ist nicht nur das Bild eines Gegenstands, sondern auch das Bild eines Bildes, genauer: eines Spiegelbildes. Interessanterweise ist dabei das Gespiegelte selbst, die drei Säulen mit treppenförmigem Aufbau, ,real' gar nicht zu

sehen. Stattdessen erkennt man auf der Wiese etwas, das wie der kümmerliche Überrest einer Säule aussieht. Die geschickte Selektion des fotografierten Ausschnitts legt es nun nahe, den fotografierten Gegenstand auf das Bild in der Pfütze zu beziehen, wodurch die Spiegelung bildimmanent als Trugbild erscheint. So gesehen, ist das Thema der Fotografie der Unterschied zwischen Schein und Sein, die Diskrepanz zwischen dem, was Rom heute tatsächlich ist und dem, was es vorgibt zu sein. Sie verweist auf die prekäre Relation zwischen dem Präsenten und dessen Repräsentation und konfrontiert „das, was die Sache von sich aus sein möchte [...] mit dem, was sie ist."[2] Die ,Aussage' der Fotografie ist deutlich: die Wirklichkeit entspricht nicht dem Bild von der Wirklichkeit. Es gibt einen Unterschied, und nicht nur das, die Differenz fällt auch klar zum Nachteil der Realität aus. Diese ist viel kleiner, weniger spektakulär und bei weitem nicht so ein-

---

1 Schulze 2008, Montag.
2 Adorno 2003b, S. 197.

drücklich wie das Bild, das sich als Illusion erweist, als wirklichkeitsverzerrende Wunschvorstellung. Diese Inkongruenz zwischen Bild und Abgebildetem wirft die Frage nach der Authentizität auf, die im Zentrum der vorliegenden Arbeit steht. Sie behandelt den modernen Tourismus aus einer spezifisch kultursoziologischen Perspektive. Touristische Praktiken und Institutionen wie etwa das Sight-Seeing und das Fotografieren von Sehenswürdigkeiten, der Stadtrundgang, der Besuch des typisch lokalen Restaurants, Badeferien am Strand, Wandern in den Bergen, die diversen Angebote der Reisebüros, die Semantik von Reiseführern und -berichten etc. sind, so die zentrale These, am besten zu verstehen als unzählige Variationen des immer gleichen Themas: die Suche nach dem Authentischen. Diese Suche ist zwar viel älter als der Tourismus. Die Emergenz von Kultur geht einher mit der Entstehung von Sinn und dieser wiederum beruht auf der Differenz von Wirklichkeit und Möglichkeit bzw. von unmittelbarer Gegenwärtigkeit und symbolisch vermittelter Repräsentation. Aufgrund dieser Differenz lässt sich dann immer die Frage stellen, ob etwas ist, was es zu sein scheint oder ob es sich um eine Täuschung handelt, eine Inszenierung, eine Simulation, eine Kopie oder eine Fälschung; ob es sich also um etwas anderes handelt, als es scheint. Paradigmatisch für diese Auseinandersetzung mit dem problematischen Verhältnis von Schein und Sein ist etwa Platons Höhlengleichnis und seither befasst sich die Philosophie mit der Frage, wie (und ob überhaupt) es möglich ist, hinter der Welt der Erscheinungen das Wesen zu erkennen, das ‚Ding-an-sich'. Obwohl diese grundsätzliche epistemologische Problematik also sehr alt ist, hat sie doch seit den 1970er-Jahren durch die spektakulären Interventionen poststrukturalistischer oder dekonstruktivistischer Provinienz und durch den griffigen Slogan von der ‚Krise der Repräsentation' sowohl eine massive Verschärfung als auch immense wissenschaftliche Aufmerksamkeit erfahren.[3] Die entscheidende Frage lässt sich etwa so formulieren:

„welche Gewissheit besteht dafür, dass das Symbol des Seins, das wir in unseren Vorstellungen zu besitzen glauben, uns seine Gestalt unverfälscht wiedergibt, statt sie gerade in wesentlichen Zügen zu entstellen?"[4]

---

3 Luhmann (1992, S. 31, Fußnote 23) spricht in diesem Zusammenhang von der „Erosion aller Referenz" und verweist auf Dean MacCannell, der außerdem als Begründer der modernen Tourismussoziologie gilt.

4 Cassirer zit. nach Freudenberger 2003, S. 71. Kritisch zur Aktualität dieser Tatsache Soeffner 2005, der erläutert, dass „eine Krise der Repräsentation nicht zum erstenmal und auch nicht nur für unsere Zeit diagnostiziert" werde und grundsätzlich bezweifelt,

Die heute gängige Antwort lautet: keine. Und es gibt dafür nicht nur keine Gewissheit, sondern es erscheint im Gegenteil recht gewiss, dass die Idee der ‚unverfälschten Wiedergabe‘, die Idee der Re-Präsentation selbst falsch ist. Ist das nun aber ein Grund, die Idee der Authentizität ganz zu verwerfen? Sie gründet ja in gewissem Sinn in der Vorstellung, etwas sei das, was es zu sein scheine, oder zeichentheoretisch: ein Zeichen sei seinem Referent irgendwie adäquat (was immer das genau bedeuten soll), zumindest nicht ganz arbiträr. Aus *theoretischer* Sicht, liegt dieser Schluss nahe, doch zeigt die empirische Arbeit sofort, dass die ‚Krise der Repräsentation‘ und die Verunsicherung darüber, was die Zeichen eigentlich bezeichnen, ob sie überhaupt etwas Außerdiskursives bezeichnen oder nur wechselseitig sich selbst, keineswegs dazu führt, dass das *praktische* Interesse am Authentischen schwindet, sondern es wird im Gegenteil gerade dadurch immer neu entfacht. Die vorliegende Arbeit ist ein Beitrag zu der Frage, wie mit diesem komplizierten erkenntnistheoretischen Grundproblem außerhalb wissenschaftlicher Fachdiskurse umgegangen wird. Als besonders fruchtbares Untersuchungsfeld erweist sich dabei der Tourismus. Er ist die soziale Institution, die sich auf die Thematisierung dieser Problematik spezialisiert hat. Jedenfalls wirft er sie ständig auf und verfolgt sie mit großem Engagement. Nahezu jedes Dokument touristischer Praxis trägt in sich den Verweis auf die Unterscheidung authentisch/inszeniert, das eingangs kurz besprochene Foto ist dafür ein Beispiel. Soziologische Versuche, den Tourismus zu erklären, kreisen deshalb seit vierzig Jahren um die prominente, in sich dialektische These der *staged authenticity*, wie Dean MacCannell sie 1973 erstmals formuliert hat. Die vorliegende Untersuchung tut dies auch und beansprucht in dieser Hinsicht deshalb auch keine Originalität. Sie strebt indessen Verbesserungen an in zwei verschiedenen Richtungen. Es soll zum einen der Begriff der Authentizität geschärft werden, zum andern soll dies nicht durch formale Definitionsarbeit geschehen, sondern durch die empirische Analyse exemplarischer Dokumente. Umgekehrt soll durch die Verwendung dieser begrifflichen Hilfsmittel die soziologische Erklärung des Tourismus weiter entwickelt und die Frage beantwortet werden, woher der Tourismus seine Sinnhaftigkeit bezieht. Es geht also – das vorab zur groben Verortung innerhalb des tourismologischen Fachdiskurses – nicht primär um die Bestimmung der gesellschaftlichen *Funktion* des Tourismus und auch nicht um die Erforschung von *Motiven*, die Touristinnen und Touristen im Einzelnen antreiben. Das Ziel ist die Rekonstruktion eines Deutungsmusters, das den ver-

---

ob sich „eine ‚Krise der Repräsentation‘ konstatieren und belegen lässt" (S. 62). Allerdings meint auch er, dass die „Authentizitätsproblematik im 20. Jahrhundert [...] den Status eines als krisenhaft verstandenen, allgemeinen Problems [erhält]" (S. 55).

schiedenen touristischen Praktiken und Institutionen ihren *Sinn* verleiht, der in einem Maße etabliert ist, dass er problemlos als kulturelle Selbstverständlichkeit durchgeht. Zu erklären hat sich heute nicht, wer im Urlaub verreist, sondern wer zuhause bleibt. Sein Kern hat dieses Deutungsmuster, so jedenfalls die These, die im Folgenden entfaltet und empirisch gesättigt wird, in der Idee der Authentizität. Sie bildet das 'semantische Gravitationszentrum', das das touristische Deutungsmuster zusammenhält und (nicht absolut und für immer, aber doch vorläufig in praktisch hinreichendem Maß) seinen Sinn sichert. Sie ist, frei nach Claude Lévi-Strauss, der Unsinn, der dem Sinn seinen Sinn gibt.[5]

Um diese Ziele zu erreichen, wird im ersten Kapitel zunächst der Forschungsstand rekapituliert und auf verschiedene ökonomische, historische, sozialanthropologische und soziologische Studien eingegangen. Ausführlicher behandelt wird dabei MacCannells Authentizitätsthese, die auch für die vorliegende Arbeit die klassische Referenz bildet. Außerdem soll anhand einiger Beispiele gezeigt werden, wie an diese These angeschlossen wurde, und inwiefern sie heute noch aktuell ist.

Im zweiten Kapitel wird der Fokus gesellschaftstheoretisch erweitert und der Frage nachgegangen, wie die moderne Suche nach dem Authentischen, die maßgeblich die Entwicklung des Tourismus angetrieben hat und das auch heute noch tut, entstanden ist und welche Transformationen sich ausmachen lassen. Von aktuellen Zeitdiagnosen (Ulrich Oevermann, Luc Boltanski und Eve Chiapello, Charles Taylor) ausgehend, wird zunächst ein relativ weitreichender Konsens darüber festgestellt, dass die protestantische Ethik zunehmend verdrängt werde von einer ästhetischen Form der Lebensführung, deren zentraler Wert in der Authentizität bestehe. Auf der Suche nach der Herkunft solcher Deutungen wird in der Zeit zurückgeschritten und die Vorstellungen der 1960er-Avant-Garde besprochen, die schon die Einheit von Kunst und Leben gefordert hatte. Authentizität wurde dadurch von einem genuin ästhetiktheoretischen Begriff zum allgemeinen Lebensideal. Doch zeigt sich auch an dieser Stelle, dass diese Ideen bereits berühmte Vorläufer hatten, v.a. in der Kulturkritik um 1900, in deren Klage über gesellschaftliche Entfremdungsprozesse und in der Hoffnung, die Kunst könne sich als 'funktionales Äquivalent' der Religion erweisen. Das wiederum verweist direkt auf die romantische Vorstellung einer 'Kunstreligion', wie sie gut hundert Jahre früher entwickelt und etwa von Schelling, Schlegel und Novalis vertreten wurde. Als historische Konstellation, in der die aktuelle Suche nach dem authentischen Leben gründet, wird also die deutsche Romantik bestimmt, deren Überzeugungen, als moderner Widerstand gegen die Moderne,

---

5   Vgl. Lévi-Strauss 1980, S. 86.

heute noch von großer Bedeutung sind, nicht nur, aber besonders deutlich für den Tourismus.

Im recht abstrakten dritten Kapitel werden die konstitutionstheoretischen Grundlagen dargestellt, auf denen die folgenden Analysen beruhen. Es wird ein formales Strukturmodell der touristischen Reise entwickelt, das sich ableitet aus einem zeittheoretischen Begriff der Muße und einem raumtheoretischen Begriff des Fremden. Die touristische Reise, so verstanden, gründet in der müßigen Konfrontation mit Fremdem, womit sie in theoretischer Hinsicht der ästhetischen Erfahrung gleicht.

Der zweite Teil des vorliegenden Buchs besteht aus empirischen Fallstudien. Es werden zwei verschiedene Datensorten besprochen und die wichtigsten Ergebnisse der Detailanalysen präsentiert. Einerseits wurden Dokumente der Tourismusindustrie untersucht und als Produzenten touristischer Imaginationen analysiert. Exemplarisch dafür sind drei Coverbilder des Schweizer Reiseveranstalters ‚Kuoni‘, da sich an diesen besonders gut sowohl die Einheit der touristischen Symbolik ablesen lässt wie auch ihre Tatsache, dass dieses einheitliche Grundmuster äußerst variantenreich gewandelt werden kann. Stets geht es dabei um das Authentische als Gegensatz zur modernen Gesellschaft aber dieser Gegensatz wird immer anders aufgezogen. Einmal durch den Kontrast zu traditionellen Hochkulturen, einmal durch den zu einfachen ‚Naturvölkern‘ und schließlich durch den zur jungfräulich unberührten Natur. Es zeigt sich dabei die überraschende Dominanz einer sehr klassischen Variation des Authentischen. Es erscheint hier stets als das Erhabene.

Andererseits wurden zahlreiche Internet-Reiseberichte eingehenden Sequenzanalysen unterzogen, von denen einige Ergebnisse hier präsentiert werden. Nach relativ knapp gehaltenen methodologischen Vorbemerkungen und einer kurzen Skizze der historischen Entwicklung des Reiseberichts als literarisches Genre wird auf den ersten Reisebericht und das Adressatenproblem eingegangen, das er explizit zum Ausdruck bringt, strukturell indessen für alle Blogs gilt: Für wen wird da überhaupt geschrieben? Wem wird berichtet? Und wieso? Das zweite Problem, das dieser Reisebericht sehr deutlich zur Sprache bringt, ist verbunden mit dem Zwangscharakter von Sehenswürdigkeiten, der sich in der Frage verdichtet, wieso man eigentlich zum Kolosseum *muss*. Um diese Frage zu beantworten, wird in einem Exkurs zur Institution des UNESCO-Weltkulturerbes deren Authentizitätsdiskurs rekonstruiert. Das Authentische wird darin in erster Linie als das Besondere behandelt, als Differenz also, als etwas, was sich in irgendeiner Art und Weise von anderem unterscheidet. Die Besonderheit gerät in dieser Deutung zum Wert an sich. Etwas ist nicht besonders, und somit vom Allgemeinen unterschieden, weil es authentisch ist, sondern umgekehrt gilt: etwas ist authentisch insofern es besonders ist. Und besonders ist schließlich das besonders Besondere. Nach diesen irritierend zirkulären Resultaten, wird der Blick wieder auf die Reiseberichte gerichtet und den genuin tourismusimmanenten Formen der Tourismuskritik nachgegangen. „Tourists dislike tourists"[6] hatte schon MacCannell festgestellt und es wird untersucht, weshalb das so ist und welche Versionen von Kritik sich da ausmachen lassen. Der Tourismus zeigt dort seine innere Spaltung am deutlichsten, wo er sich selbst zum Gegenstand der Kritik macht. Sein eigentliches Ziel ist ja das Authentische und genau das wird ihm als Inauthentizität vorgerechnet. Touristen sind für andere Touristen untrügliche Marker für die Inszeniertheit des jeweiligen Settings, in das sie geraten sind und ‚ent-authentifizieren' sich gegenseitig ihre Destinationen durch ihre bloße Präsenz.

Ein Erkenntnisobjekt hat bei der Analyse des zweiten Reiseberichts besonderes Interesse auf sich gezogen, weil es sowohl eng verbunden ist mit der Praxis des Reisens als auch als Gestaltungsmittel häufig auf Reise-Homepages verwendet wird: die Land- bzw. Weltkarte. Ein recht originelles Modell (formell sehr präzise, inhaltlich informationsleer) eignet sich besonders gut, die Vorstellungen von ‚Welt' zu rekonstruieren, die, wenn nicht für den Tourismus allgemein, so doch für die Touristen, die diese Internetseite produziert haben, typisch ist. Beeindruckend ist weiterhin die ostentative Präzision der Informationen, die sich auf Zeit oder Geld beziehen. Die Frage, die hintergründig den ganzen Bericht zu strukturieren scheint, lautet: läuft das Projekt ‚Urlaub' so ab, wie es geplant ist oder nicht? Klappt es oder nicht? Hier zeigt sich wieder dieselbe Logik, die oben schon bei den Coverbildern rekonstruiert wurde. Die touristische Reise als Gegenbild des alltäglichen Lebens, was sich hier manifestiert als Gegensatz von Heteronomie und Autonomie. Das Thema der Authentizität erscheint hier in der Variation der selbstbestimmten Planung der eigenen Handlungen. Dazu gehört selbstverständlich auch die Wahl des Essens. Die Tatsache, dass die Autoren des Reiseberichts in Hongkong wie in Thailand sich konsequent für die japanische Küche entscheiden, provoziert die Frage, wieso sie das tun und warum sie nicht regionalspezifischere Speisen vorziehen. Diese Frage wird zum Anlass genommen, in einem etwas allgemeineren Sinn dem Zusammenhang des Lokalen mit dem Typischen und dem Authentischen zu erörtern.

Der dritte Blog thematisiert das Reisen explizit unter dem Aspekt der Abenteuerlichkeit, einer besonders aufschlussreichen Form der authentischen Erfahrung. Es wird deshalb, unter praxistheoretischen Gesichtspunkten, allgemein bestimmt, worin das Abenteuerliche eines Abenteuers besteht. Georg Simmels

---

6   MacCannell 1976, S.10.

klassische Studie über die ‚Exklave des Lebenszusammenhangs' sowie Oevermanns Krisentheorie und, davon ausgehend, das explizierte Strukturmodell der
touristischen Reise bilden dabei die begrifflichen Ausgangspunkte. In ihrer konstitutiven Krisenhaftigkeit sind Abenteuer auch immer mehr oder weniger eng an
die konkrete Leiblichkeit der Akteure gebunden, was sich auch zeigt in der starken Betonung des Gegensatzes von Erschöpfung und Erholung, von körperlicher
Anspannung und Entspannung, die in erster Linie in der ‚Gemütlichkeit' gesucht
wird. Obwohl die Herausforderung und die Abenteuerlichkeit dieser Reise wesentlich in sportlichen Leistungen bestehen, ist es der Anspruch der Reisenden
doch auch, „das südamerikanische Lebensgefühl [zu] erleben."[7] Diesen Kontrast
zwischen asketisch-disziplinierter Leistungsbereitschaft und müßig-kontempla-
tiver Betrachtung zusammenzubringen, ist auch eine literarische Aufgabe, deren
Bearbeitung hier nachgezeichnet wird. Die Leiblichkeit ist außerdem noch in einem anderen Zusammenhang von Bedeutung, nämlich dort, wo es um Schmutz
(hier v.a.: Uringestank) als Authentizitätsmarker geht. Das Authentische, das einerseits das Heilige ist und das Reine (vgl. dazu die Analyse des Strand-
bildcovers), ist andererseits auch das Schmutzige. Das Zu-Saubere ist das Inszenierte, das Unnatürliche, während der Gestank in Indiz dafür ist, dass die Ordnung gestört und nicht alles perfekt ist. Genau in dieser Natürlichkeit kann das
Authentische gesehen werden, so dass sich das Unreine als eigentlich Reines erweist; als das zumindest, was von tourismusindustrieller ‚Verunreinigung'
(noch) nicht betroffen wurde.

Da Internetreiseberichte aber nicht nur aus Text bestehen, sondern zu einem
großen Teil aus Bildern, soll auch die Logik touristischer Fotografie rekonstruiert werden. Ausgehend von den klassischen Untersuchungen von Bourdieu et al.
wird die These entfaltet, inwiefern Fotos als Dokumente des touristischen Blicks
gelten können und was diesen Blick ausmacht. Vieles spricht für die Annahme,
dass dieser Blick weniger müßiger Wahrnehmung und dem ‚sehenden Sehen'
entspricht als vielmehr dem ‚wiedererkennenden Sehen', wie Max Imdahl das
nennt.[8] Die Fotografien lassen darauf schließen, dass es wichtig ist, Objekte eindeutig zu identifizieren und klar und deutlich *etwas* zu zeigen. Relativ leicht lässt
sich die praktische Dogmatik erkennen, die das Fotografieren hintergründig de-
terminiert. Von herausgehobener Bedeutung sind die Prinzipien der Zentralität,
der Frontalität und der Integralität. Schließlich wird noch das typische Touristenfoto diskutiert: ein Mensch oder eine Gruppe stehen vor einer Sehenswürdigkeit.
Dieses etablierte Fotografierschema wirft selbst wieder Probleme der Authentizi-

---

7 Stengert und Haun 2006/07, „Vorwort".
8 Vgl. Imdahl 1996, S. 304.

tät auf, deren sich die Autorin des vierten Reiseberichts sehr bewusst ist und mit denen sie auf verschiedene Art und Weise umzugehen versucht. Eine originelle Variante wird hier ‚A-tergo-Fotografie' genannt, worauf nicht nur zu sehen ist, was die Touristin sieht, sondern zu sehen, wie sie sich das Sehenswerte ansieht. Man wird also dadurch in die Position eines Beobachters zweiter Ordnung versetzt, der die Beobachterin erster Ordnung von hinten beim Sehen sehen kann – zumindest der Idee nach. Dass er das tatsächlich nämlich gerade nicht kann, verweist direkt auf die grundsätzliche Problematik, mit der sich diese Arbeit auseinandersetzt: auf die Möglichkeiten und Paradoxien der Vermittlung unmittelbarer Erfahrung oder der medialen Inszenierung von Authentizität.

1. Tourismus als Gegenstand wissenschaftlicher Forschung

Die sozialwissenschaftlichen Forschungsbeiträge zum Thema Tourismus zu überblicken, fällt aufgrund ihrer schieren Menge, mehr aber noch ihrer Vielfältigkeit wegen nicht leicht. In diesem Kapitel soll dennoch versucht werden, durch die kurze Besprechung exemplarischer Studien zumindest einen Eindruck davon zu vermitteln, welche Themen in den verschiedenen Fächern schwerpunktmäßig behandelt werden.

1.1. DESKRIPTIONEN: HISTORISCHE ENTWICKLUNG UND ÖKONOMISCHE BEDEUTUNG

Aktuelle Studien zum Tourismus setzten oft ein mit der Betonung seiner immensen wirtschaftlichen Bedeutung. Die ökonomischen Disziplinen haben sich deshalb auch sehr früh schon eingehend mit dem Gegenstand befasst und ihre Beiträge machen auch heute noch den größten Teil der wissenschaftlichen Literatur über den Tourismus aus.[1] Im Zentrum der Aufmerksamkeit steht dabei immer wieder die Frage nach den Möglichkeiten und Schwierigkeiten, die ökonomische Bedeutung des Tourismus quantitativ zu erfassen. Dafür wäre zuerst zu definieren, was da überhaupt gemessen werden soll, weshalb mit dem Mess- immer auch ein Definitionsproblem verbunden ist. Operiert wird dabei mit weiten und recht formalen Konzepten, die alle Reisen umfassen, „die den zeitweisen Aufenthalt an einem anderen als den Wohnort einschließen und bei denen die Rückfahrt Bestandteil der Reise ist."[2] Ähnlich definiert auch die UNWTO Tourismus:

---

1 Zur Ökonomie-Dominanz in der Tourismusforschung vgl. Bachleitner 2004.
2 Mundt 2013, S. 3.

„activities of persons travelling to and staying in places outside their usual environment for not more than one consecutive year for leisure, business and other purposes".[3] Damit werden in den Tourismus auch Geschäftsreisen mit einbezogen, die einen relativ großen Anteil an der internationalen Mobilität haben dürften. In dieser Arbeit wird hingegen ein engerer Begriff von Tourismus verwendet, der nur die Urlaubsreise umfasst. Die Schwierigkeit, die ökonomische Bedeutung des Tourismus aber genau zu bestimmen, gründet darin, dass wirtschaftliche Branchen gewöhnlich von der Angebotsseite her definiert werden, was beim Tourismus nicht möglich ist. So bringt es wenig, einfach die Umsätze der Reisebüros, der Hotellerie und der Fluggesellschaften zu addieren, weil man einerseits nicht weiß, wie viel davon ‚aufs Konto' des Tourismus geht – eine Möglichkeit, das näherungsweise doch zu bestimmen, ist die Konstruktion von ‚Satellitenkontos' – und dieser andererseits aus viel mehr besteht als aus Fliegen und Übernachten. Touristen essen, trinken, besuchen Museen und Discos, kaufen Souvenirs und betreiben Shopping, mieten Autos oder Velos, fahren mit Zug und Taxi, nehmen an Stadtrundgängen teil, kaufen Reiseführer, Sonnenhüte, Regenschirme etc. Es liegt deshalb nahe, den Tourismus von der Nachfrageseite her zu bestimmen, was auch versucht wird. Touristen werden dann gefragt, wie viel sie ausgegeben haben, aber erstens wissen sie das oft nicht genau und zweitens sind solche Erhebungen, im Verhältnis zur Bescheidenheit des Erkenntnisgewinns, sehr aufwendig. Sowohl Methoden, die auf die Einkommen zielen, die der Tourismus generiert, als auch solche, die Ausgaben zu erfassen versuchen, leiden also unter vielfältigen Defiziten. Das hält die Forschung nicht davon ab, trotzdem Zahlen zu erheben und die „Zahl der Studien, die weltweit zum Thema ‚Wirtschaftsfaktor Tourismus' in den letzten Jahrzehnten durchgeführt wurde, ist kaum überblickbar."[4] So schwierig genaue Berechnungen sind und deshalb gegenüber scheinbar exakten Zahlen – „Von den 30,4 Milliarden Franken Gesamteinnahmen wurden im Jahr 2005 18,4 Milliarden oder 61 % durch den Binnentourismus erwirtschaftet"[5] – einige Vorsicht angebracht ist, ist die wirtschaftliche Relevanz des Tourismus gänzlich unbestritten. Sie ist aber nicht Thema dieser Arbeit und die Frage, welchen Anteil er am BIP eines Landes hat, wird hier weder gestellt noch zu beantworten versucht.

Beschreibungen touristischer Tatsachen beziehen sich nicht nur auf die heutige Situation, sondern auch auf die historischen Entwicklungslinien, die zum modernen Massentourismus geführt haben. Vordergründig sind dabei die Veränderungen der Arbeits- und Urlaubszeit sowie die sozialstrukturellen Bedingun-

---

3 http://www.unwto.org/facts/eng/methodological.htm#2 (letzter Zugriff: 13.12.12).

4 Mundt 2013, S. 461.

5 STV 2009, S. 6.

gen der Möglichkeit des Tourismus. Arbeitern war um 1900 praktisch kein Urlaub gewährt, während ihr Anspruch darauf in der Folge stetig gestiegen ist und heute bei knapp 30 Tagen liegt. Besonders groß ist in Deutschland der Sprung zwischen 1914, da 10% der Arbeiter Anspruch auf Urlaub erheben konnten, und 1928, als dies für rund 90 % galt.[6] Außerdem hat sich die durchschnittliche Wochenarbeitszeit von etwa 60 Stunden um 1900 auf etwa 40 heute verringert. Auch die Haushaltseinkommen und der Anteil frei verfügbaren Einkommens sind ständig gewachsen. Zum Reisen braucht es zunächst einmal Zeit und Geld. Konsolidiert habe sich laut Christine Keitz der Massentourismus in Deutschland in der Zeit der Weimarer Republik, nicht früher und nicht später. Sie führt dafür ökonomische (Konkurrenzdruck, Tourismus als Alternative zur Industrie), sozialpolitische (Arbeiterurlaub) sowie, für diese Studie von besonderem Interesse, ‚kulturelle' Gründe auf und spricht etwas ungenau von einer Veränderung der „mentalen Bedingungen", einer „schichtübergreifenden Hebung des Reisebedürfnisses" und dem „völlig neuen gesellschaftlichen Stellenwert",[7] den das Reisen in den Zwanzigern erlangt hätte. Die Freizeit und insbesondere das Reisen bildeten nunmehr „eigengesetzliche Lebensbereiche" und wurden von der ökonomischen Entwicklung, wie oben schon gesehen, weitgehend unabhängig: „Im Deutschen Reich wuchs die Zahl der inländischen Übernachtungsgäste zwischen 1913 und 1929 um ca. 37%, während das verfügbare private Einkommen im gleichen Zeitraum annähernd stagnierte".[8] Keitz' Erklärungsversuche für diese Veränderung: Kompensation der Entbehrungen des 1. Weltkriegs und Werbeeffekte, bleiben jedoch eher dürr. Es kann aber festgehalten werden, dass die 20er Jahre die Zeit ist, in der das touristische Reisen seine Qualität als exklusives Luxusgut der herrschenden Klasse abstreift und endgültig auch die unteren Schichten der Gesellschaft erreicht.[9] Urlaubsreisen werden zur Normalität, obwohl, verglichen mit heute, natürlich noch immer sehr wenig gereist wird. Auch die touristische Infrastruktur erreicht in dieser Zeit einen neuen Stand: es entstehen zahlreiche professionelle Reiseorganisationen, Stadtmarketing kommt auf, es gibt „Reisestunden" im Radio und Reisebeilagen in Tageszeitungen.

Parallel zu diesen Entwicklungen hat die Reiseintensität zugenommen: ca. 75% der Deutschen unternehmen heute pro Jahr eine Reise von mindestens fünf Tagen, im Gegensatz zu nur rund 20% in den 50ern und etwa 50% in den

---

6   Siehe Keitz 1993, S. 184.
7   Ebd., S. 186f.
8   Ebd., S. 188.
9   Ebd., S. 199.

70ern.[10] Dieser Wert ist seit den Neunzigern relativ stabil, was insofern erstaunlich ist, als die Wirtschaft seither erheblichen konjunkturellen Schwankungen ausgesetzt war. Man kann vermuten, dass zur Entstehung und Institutionalisierung touristischen Reisens zunächst ausreichend zeitliche und finanzielle Ressourcen notwendig sind, dass aber, wenn es sich einmal konsolidiert hat, von einer direkten Abhängigkeit nicht die Rede sein kann. Stellt der Tourismus ein zum Überleben nicht nötiges Luxusgut dar, so doch eins, auf das bei sinkendem Einkommen nur ungern verzichtet wird: „Damit ist die jährliche Urlaubsreise nahezu zu einer sozialen Selbstverständlichkeit geworden [...], die man sich weitgehend unabhängig von konjunkturellen Entwicklungen und denen des eigenen Einkommens leistet".[11] Solche und zahlreiche weitere Einzelbefunde finden sich in ökonomischen Übersichtsbänden. Dem Versuch indessen, sie systematisch zu verbinden oder theoretisch zu integrieren, wird keine besondere Priorität beigemessen. Meist werden diese sozialstrukturelle Tatsachen lediglich dargestellt und nicht weiter erläutert.

In einen noch viel weiteren zeitlichen Rahmen binden großangelegte Überblicksdarstellungen den Tourismus ein, die unterschiedliche Schwerpunkte setzen, meist sich aber mit vier Reisetypen auseinandersetzen.[12] Erstens gibt es die religiös motivierten Pilgerreisen, die dem Tourismus darin ähnlich sind, dass das Reisen weniger Mittel ist, um irgendwo hinzukommen, sondern Selbstzweck.[13] Diesen müßigen Charakter und auch die Außeralltäglichkeit teilen sie mit dem modernen Tourismus, was zu vielen religionstheoretischen Analogien veranlasst hat. So spricht MacCannell etwa von „Sightseeing as Modern Ritual" oder „The Stages of Sight Sacralization".[14] Zweitens wird die aristokratische *grand tour* (‚Kavalierstour‘) behandelt, die sich in der Renaissance etablierte und jungen Adligen dazu diente, sich mit den höfischen Sitten der verschiedenen europäischen Königshäuser vertraut zu machen.[15] Daran schließt sich, zahlreiche Elemente und Destinationen der *grand tour* imitierend, im 18. Jh. drittens die klas-

---

10 Für die Schweiz gelten ähnliche Werte: vgl. BFS 2002, S. 10. Siehe auch die quantitativen Daten zum Tourismus, die vom Schweizer Bundesamt für Statistik zur Verfügung gestellt werden.

11 Mundt 2013, S. 44. Vorrangig seien nur Lebensmittel und Gesundheit.

12 Vgl. dazu Hachtmann 2007 oder Bausinger 1999.

13 Vgl. dazu jetzt Heisner und Kurrat 2012.

14 MacCannell 1976, S. 42ff. Vgl. Hennig 2001 oder Graburn, zit. nach Rickly-Boyd 2012, S. 8: „necessary structured breaks from ordinary life".

15 Zu all diesen Reiseformen gibt es wiederum detaillierte Einzelstudien. Zur Grand Tour siehe Brilli 2012.

sisch-bürgerliche Bildungs- bzw. Kunstreise an, worauf dann der moderne Massentourismus folgt. Für dessen Entstehung und Entwicklung waren folgende Ereignisse sicher von zentraler Bedeutung: das Aufkommen der Eisenbahn anfangs des 19. Jahrhunderts und die massive Ausweitung des europäischen Schienennetzes. 1840 betrug dessen Gesamtlänge 3000 km, 1910 schon rund hundertmal mehr.[16] 1889 lief der erste Hochseedampfer ohne Segel aus. Auch die allgemeine Motorisierung ist zu beachten. In der Schweiz gab es 1920 gut zwei PKWs pro 1000 Einwohner, über 26 im Jahr 1950 und heute rund 500.[17] Entscheidend ist außerdem die Entwicklung des Flugverkehrs. Der Flughafen Frankfurt z. B., 1936 gegründet, beförderte 1940 noch weniger als eine Million Fluggäste, 1970 etwa 20 und 2010 gut 50 Millionen. Aber nicht nur die Steigerung der allgemeinen Mobilität war für die Entwicklung des modernen Massentourismus von Bedeutung, sondern auch die Gründung entsprechender Institutionen. 1857 wurde in London der ‚Alpine Club' ins Leben gerufen, 1873 entstand der Deutsch-Österreichische Alpenverein, 1895 in Wien die sozialistischen ‚Naturfreunde' und 1901 der deutsche ‚Wandervogel'. Außerdem entstehen in dieser Periode auch zahlreiche Reiseveranstalter. Als wichtigste Pioniere und Erfinder der Pauschalreise gilt der Baptistenprediger Thomas Cook, der ab der Mitte des 19. Jahrhunderts Eisenbahn- und Schiffreisen organisierte und damit die unteren Gesellschaftsschichten vom Alkohol abzubringen suchte. Einen Nachahmer fand Cook in Carl Stangen, der 1845 anfing, von Berlin aus Pauschalreisen anzubieten. Auch der Druck von Reiseführern ist eine wichtige institutionelle Bedingung für den Massentourismus. 1829 kommt Murrays „Handbook for Travellers" auf den Markt und 1832 erscheint der erste Baedecker „Die Rheinreise".[18] Reiseführer fördern die Standardisierung der Routen und machten das Reisen so überhaupt erst präzise planbar. Zu erwähnen ist schließlich die Institutionalisierung von Hotelketten wie bspw. das ‚Ritz' 1880. Ein besonderes Interesse für die deutsche Entwicklung des Tourismus kommt dem faschistischen Verein ‚Kraft durch Freude' zu, der nicht wenig zur Mobilisierung der Bevölkerung und zur Popularisierung des Reisens beigetragen hat.[19] Zu berücksichtigen ist dabei aber, dass der spezifisch nationalsozialistische Tourismus nur etwa zehn Prozent der damaligen touristischen Aktivitäten in

---

16 Spode 2002, S. 120.

17 Müller 2008, S. 15.

18 Sauder (1995) nennt die „Rheinreise von Strassburg bis Rotterdam" von 1835 als den ersten Baedecker-Reiseführer (S. 552). Gemäß der Selbstdarstellung des Verlags (http://www.baedeker. com/verlag-und-redaktion/) handelt es sich dabei um die zweite, erweiterte Auflage der „Rheinreise".

19 Vgl. dazu Hachtmann 2007 und sein Vergleich mit dem italienischen ‚Dopolavoro'.

Deutschland ausmachte und deshalb sein Einfluss auch nicht überbewertet werden sollte. Sicher ist der Tourismus keine faschistische Erfindung. Die Möglichkeiten seiner ideologischen Instrumentalisierung indessen: Entpolitisierung und Einlullen der Arbeiterschaft, Abschöpfung von Kaufkraft und Kontrolle der Arbeiter in der Freizeit sowie Imagepolitik werden in diesem Zusammenhang besonders deutlich sichtbar. Und wie heute stand damals schon im Vordergrund das Bedürfnis nach Erholung, Ausspannen, Regeneration, ein Bedürfnis, das seinerseits auf Entfremdung und Ohnmacht zurückverweist.

Bei all diesen Veränderungen um die Jahrhundertwende ist nicht zu vergessen, dass der moderne Tourismus erst ab den späten 1970er Jahren langsam das Ausmaß und die Selbstverständlichkeit gewinnt, die er heute aufweist. Um 1960 lagen die Einnahmen, die in der Schweiz durch Tourismus generiert wurden – erinnert sei noch einmal ausdrücklich an die erwähnten Messschwierigkeiten – noch bei weniger als einer Milliarde Franken. Um das Jahr 2000 waren es rund zwölfmal mehr. Auch die erwähnte recht stabile Reiseintensität von gut 70% wird erst in den 90ern erreicht. Sprunghaft angestiegen ist in dieser Zeit auch der Anteil des Flugverkehrs, der bis dahin nur etwa 20% ausmachte und heute bei knapp 40% liegt.[20] Die UNWTO schätzt die weltweiten Ankünfte von Reisenden auf etwa 25 Mio. im Jahr 1950, auf knapp 200 Mio. 1970, gut 500 Mio. 1995 und fast eine Milliarde heute.[21] Obwohl die vorliegende Studie sich mit dem aktuellen Tourismus befasst, gilt es, diese historischen Entwicklungen im Auge zu behalten. Das ist gerade auch deshalb entscheidend, da es durchaus zweifelhaft ist, ob sich die Praxismuster des Tourismus über die Zeit wesentlich verändert haben. Hasso Spode etwa meint, die „Palette seiner Erwartungen, Verhaltensformen, Begründungs- und Distinktionsstrategien" seien heute prinzipiell die Gleichen wie am Anfang des 20. Jahrhunderts: „In der zweiten Hälfte des 20. Jahrhunderts veränderte sich der Tourismus quantitativ enorm, aber qualitativ wenig. Seine mentalen Grundlagen sind sogar seit nun bald drei Jahrhunderten wirkungsmächtig."[22] Die Entwicklung des Tourismus wird von ihm folgendermaßen zusammengefasst:

„Im 18. Jahrhundert entstand der Homo touristicus: ein gebildeter, sensibler Jüngling, der uns lehrte, die Welt mit anderen Augen zu sehen. Um 1900 war der touristische Raum etabliert, der Typus des Touristen weitgehend ausgebildet [...]. In der Zwischenkriegszeit

---

20 Freyer 2011, S. 112.
21 UNWTO, Tourism Highlights 2010. Erinnert sei daran, dass diese Zahlen sich allgemein auf Reisende beziehen, nicht nur auf Touristen. Vgl. zur historischen Entwicklung auch Spode 1988.
22 Spode 2002, S. 129 und S. 137.

wurde die Urlaubsreise zu einem Massenbedürfnis [...]. In der zweiten Hälfte des Jahrhunderts dann nutzte [...] der Homo touristicus die jeweiligen ökonomischen und technischen Gegebenheiten seiner Umwelt, um diesen Anspruch tatsächlich einlösen zu können".[23]

Im Tourismus verschränken sich technisch-industrieller Rationalismus und sentimentalistische Romantik – und so auch Modernisierung und Modernisierungskritik – aufs Engste: verschafft ihm jener die materiell-infrastrukturellen Bedingungen, so legt diese die sinnhaft-mentale Basis.

1.2. ERKLÄRUNGEN UND INTERPRETATIONEN: MACCANNELLS AUTHENTIZITÄTSTHESE UND DIE FOLGEN

Wie werden nun die oben erwähnten Entwicklungen und Tatsachen erklärt? Überblickt man die soziologische Literatur zum Tourismus fällt sofort die kritische Stoßrichtung auf, mit der der Gegenstand behandelt wird. Diese Richtung hat Hans Magnus Enzensberger mit seinem ‚Gründungstext' der deutschen Tourismustheorie eingeschrieben. Auch er identifiziert die „geistigen Wurzeln" des modernen Tourismus in der romantischen Verklärung der ursprünglichen Natur und des einfachen, unverfälschten Lebens.[24] Eine besondere Bedeutung weist er dabei dem englischen Alpinismus und seiner Vorliebe für das „'Elementare', das ‚Unberührte', das ‚Abenteuer'" zu.[25] Er formuliert in diesem Zusammenhang die dialektische Tragik des Tourismus, die in der Folge immer wieder aufgegriffen wurde: das Gesuchte wird im Moment zerstört, da es gefunden wird. Auch hier fällt es leicht, an die romantische Nostalgie anzuknüpfen, an den notwendig immer scheiternden Versuch, das Leben als solches zu erfassen, ohne es dadurch zu zerstören und an die „unendliche Sehnsucht": „Das ist die niemals endende Sehnsucht, das ist das Verlangen, deswegen treibt es uns in entlegene Länder, deswegen suchen wir nach dem Exotischen, reisen wir gen Osten".[26] Dabei kommt es gerade auf die Unmöglichkeit endgültiger Befriedigung oder Erlösung an. Nicht das Streben nach Erlösung ist romantisch, sondern das Streben danach

---

23 Ebd., S. 135.
24 Vgl. zum „Rousseaukomplex" Trupp und Trupp 2009, S. 15. Auch Taylor sieht in Rousseau einen „Urheber des modernen Authentizitätsdiskurses" (1997, S. 58).
25 Enzensberger 1962, S. 157.
26 Berlin 2004, S. 183f.

im tragischen Bewusstsein, dass es scheitern muss. Wer das Unberührte findet, berührt es notwendigerweise und nimmt ihm so genau die Eigenschaft, die der Grund der Suche war. Auch die künstliche Produziertheit des vermeintlich „'echten' Abenteuers" hat Enzensberger schon festgestellt,[27] woran sich nahtlos MacCannells *staged authenticity* anschließen lässt, worauf gleich ausführlich eingegangen wird. Diesen grundsätzlich kritischen Zugang zum Tourismus hat die soziologische Forschung nicht mehr aufgegeben. „Überschriften klingen z. B. so, als handle es sich bei Reisen und Urlaub um eine verabscheuungswürdige Handlung mit ausschließlich zerstörerischem Potential: ‚Aufstand der Bereisten', ‚totale Automobilmachung'".[28] Urlaubsreisen, wie generell Freizeitaktivitäten, werden als kulturindustrieller Massenbetrug beschrieben und kompensatorisch auf die entfremdete Arbeit bezogen.[29]

Von der Sache her ähnlich, allerdings ohne die scharfe kulturkritische Spitze, sind die Ansätze, die den Tourismus primär unter der Perspektive der Distanz zum Alltag behandeln, als „limited breaking with established routines and practices of everyday life".[30] Dabei wird auch mit der Fluchtsemantik operiert und völlig berechtigt merkt Jörn Mundt kritisch an, dass diese „Gleichsetzung von Urlaubsreisen mit einer Flucht wirklichkeitsfremd [ist] und zu einer Verniedlichung des Begriffes ‚Flucht' [führt]".[31] Ähnlich Peter Brenner:

„Es wäre eine makabre Überdehnung des Begriffs, wenn jene Formen erzwungener Mobilität [...] noch als ‚Reisen' bezeichnet werden sollten. Flucht und Vertreibung, Krieg und gar die Deportation in die Vernichtungslager bedürfen anderer Kategorien der Beschreibung".[32]

Im Bedürfnis nach Außeralltäglichkeit wird jedenfalls weniger ein Indiz für Entfremdung gesehen, sondern eine säkulare Form von Religiosität: „Das Heraustreten aus dem Alltag ist [...] Bestandteil aller religiösen Erfahrung."[33] Diese prinzipielle Außeralltäglichkeit und die Tatsachen, dass sowohl viele Religionen

---

27 Enzensberger 1962, S. 164. Vgl. Spode 1988: „In einer zunehmend gefahrlosen Welt wurde der künstlich erzeugte Nervenkitzel zum Bedürfnis" (S. 45).

28 Bachleitner 2004, S. 244.

29 Vgl. klassisch: Habermas 1958. Kritisch sich dagegen absetzend: Pott 2007.

30 Urry 1990, S. 2. Oder S. 11: „Tourism results from a basic binary division between the ordinary/everyday and the extraordinary".

31 Mundt 2013, S. 117.

32 Brenner 1997, S. 143.

33 Henning 2001, S.10 und: „Mächtige religiöse Unterströmungen durchziehen also das moderne Reisen" (S. 21).

die Institution der Pilgerreise kennen als auch die Reise selbst sich als ‚liminale Phase' verstehen lässt, dass sich außerdem auf Reisen wörtlich die Fragen stellen, die alle religiösen Mythen behandeln (woher komme ich? wohin gehe ich? wer bin ich?), legt die Parallelisierung von Reisen und Religion nahe. Sie spielt auch in dieser Arbeit eine wichtige Rolle. Sehenswürdigkeiten haben bspw. durchaus gewisse Ähnlichkeiten mit religiösen Kultobjekten und die verschiedenen Formen des Reisens weisen interessante Parallelen auf zu Webers Typologie religiöser Erlösungswege.

Über keinen Versuch, touristische Institutionen und Praktiken zu erklären, ist in der Soziologie indessen mehr gestritten und geschrieben worden als über MacCannells Konzept der *staged authenticity*: „The sociological treatment of the relationship between tourism and modernity has been focused on the concept of ‚authenticity', ever since MacCannell introduced it into the academic discourse in the 1970s".[34] Da es auch dieser Arbeit als Ausgangspunkt und Leitfaden dient, soll vorab geklärt werden, was im Folgenden darunter verstanden wird. Die größte Stärke der Authentizitätsthese liegt darin, dass sie sowohl relativ einfach ist als auch recht umfassend. Sie zielt nicht darauf, einzelne spezifische touristische Phänomene zu erklären, sondern auf die Struktur des Tourismus. Die These ist häufig so missverstanden worden, dass sie behaupte, alle Touristen würden immer nach Authentizität streben. Einige Formulierungen MacCannells lassen diese Lesart auch durchaus berechtigt erscheinen. So schreibt er etwa: „Tourist consciousness is motivated by its desire for authentic experiences".[35] Dass es ihm aber nicht um einzelne Touristen und individuelle Motive, Wünsche und Bedürfnisse geht, sondern um die Struktur touristischer ‚Settings', hat er jüngst noch einmal unmissverständlich klargestellt:

„The full title of my article was ‚Staged Authenticity: Arrangement of Social Space and Tourist Settings.' It was not ‚A Study of Tourist Motivation.' […] To critique ‚staged authenticity' on the grounds that not all tourist are searching for authenticity makes as

---

34 Cohen and Cohen 2012, S. 1295. Oder Hughes 1995, S. 781: „The issue of authenticity runs, like an obligato, through tourism studies". Übereinstimmend Cole 2007, S. 944: „Since MacCannell (1976) has initiated the debate on authenticity and tourism, it has been at the heart of discussions about sociocultural consequences." Das Streben nach Authentizität ist, zwar nicht so genannt, auch das zentrale Motiv der Romantik. Berlin (2004) sieht darin deren immanente Verbindung zum Existentialismus. Ihre wichtigste Tugend war nach ihm das, „was die Existenzialisten Authentizität oder Eigentlichkeit nennen und was die Romantiker Aufrichtigkeit oder Reinheit nannten" (S. 235).

35 MacCannell 1973, S. 597.

much sense as criticizing a linguist who worked out a detail of grammar by saying not everyone speaks grammatically."[36]

Die wissenschaftliche Erforschung touristischer Tatsachen verliert sich nicht selten entweder in statistischen Erhebungen oder in detaillierten Einzelfallbeschreibungen, deren Einbindung in gesamtgesellschaftliche Tendenzen dann unterbleibt.[37] Genau dies ermöglicht MacCannells Authentizitätsthese. Sie erreicht ihre hohe Generalisierungsstufe und zeitdiagnostische Erklärungskraft durch die fruchtbare Anbindung an eine sozialtheoretische Basisunterscheidung. MacCannells wichtigster Gewährsmann ist Erving Goffman und seine These beruht auf dessen Frontstage-Backstage-Dichotomie. Die umfassende und kohärente Perspektive, die die Authentizitätsthese erlaubt, konzentriert sich auf die „pretentious revelation of 'back region' procedures, even 'secrets'".[38] Gerade das Prätentiöse macht den entscheidenden Unterschied. Touristische Institutionen und Handlungen werden hinsichtlich des Verhältnisses von Frontstage und Backstage untersucht und der Tourismus als Versuch analysiert, in irgendeiner Form ‚hinter den Vorhang' blicken zu können oder, auf der Seite der Anbieter, solche Blicke zu ermöglichen.

Weil MacCannells These von der *staged authenticity* auch für diese Arbeit zentral ist und die unabdingbare Voraussetzung für ihr Verständnis – und auch für das Verständnis der Kritik, die sich daran anschließt – die Kenntnis dieser Frontstage-Backstage-Unterscheidung ist, wird sie hier kurz umrissen. Im Wesentlichen geht es um die gesellschaftstheoretische Vorstellung, dass das moderne Subjekt über eine feste, ihm gewissermaßen angeborene und als selbstverständlich voraussetzbare Identität nicht mehr verfügt, sondern in den verschiedenen Situationen und Interaktionen sie glaubwürdig vor einem Publikum darzustellen hat. Diese Selbstdarstellungen vollziehen sich auf bestimmten Bühnen, wo bestimmte Regeln gelten. Damit diese Inszenierungen gelingen können, ist das sich selbst darstellende Subjekt, das wie ein Schauspieler in eine Rolle schlüpft, darauf angewiesen, dass die Grenze zwischen der eigentlichen Bühne, auf der das Schauspiel stattfindet, und dem Backstage-Bereich von den Zuschauern (und anderen Anderen) respektiert wird. Dort bereitet es sich vor und richtet sich her einerseits, entspannt sich und kann sich gehen und „die Maske fallen

---

36 MacCannell 2011, S. 14. Der Vergleich mit der Grammatologie ist nicht zufällig, teilt doch der sozialwissenschaftliche Strukturalismus, dem sich MacCannell zurechnet, seine Grundlagen mit der strukturalen Linguistik.

37 Ein aktuelles und prägnantes Beispiel für eine solche Sammlung einzelner Fallstudien ist Wöhler et al. 2010.

38 MacCannell 2011, S. 13.

lassen"[39] andererseits. Weitgehend deckt sich die Unterscheidung mit der zwischen Öffentlichkeit und Privatsphäre. Hier sind Handlungen erlaubt, die dort verboten sind, hier wird erwartet, was dort verpönt ist. Goffman hat diese zunächst wenig spektakuläre Erkenntnis als analytisches Instrument dafür verwendet, eine Vielzahl aufschlussreicher Studien durchzuführen. Ein berühmtes Beispiel ist etwa seine Untersuchung von Psychiatrien, wo dem Patienten systematisch die autonome Kontrolle über einen eigenen Backstage-Bereich versagt wird. Er verliert dadurch die Möglichkeit, und mit der Zeit auch die Fähigkeit, selbst zu definieren, wer er ist und sieht sich gezwungen, die Identität als Geisteskranker, die ihm die „totale Institution" aufdrängt, zu übernehmen. Was ihm dann evtl. noch bleibt, ist eine ‚sekundäre Anpassung' und ein subversives Spiel mit dem Identitätsverlust. Solange er gegen die neue Zwangs-Identität rebelliert, liefert er den Vertretern der übermächtigen Institution immer mehr Belege für die Richtigkeit ihrer Definition. Wenn er aber so tut, als würde er die Identitätsdefinition akzeptieren und vorgibt, sich in seine Rolle als Geisteskranker zu fügen, wird er belohnt und mit Privilegien versehen, die es ihm gestatten, sowohl ein Selbst als auch Würde und Selbstachtung zu wahren. Es mag der Eindruck entstehen, das führe jetzt weit vom Thema ab. Aber genau damit setzt sich MacCannell auseinander. In seinem neuen Buch diagnostiziert er eine ubiquitäre Verbreitung der touristischen Logik. Was früher für den Tourismus typisch war: der systematisch organisierte Blick hinter den Vorhang, gelte nunmehr für die ganze Gesellschaft.[40] Wichtig ist hier aber primär, dass MacCannell den Ausdruck *‚staged authenticity'* einführt, um damit die paradoxe Struktur sozialer Räume (‚Settings') zu bezeichnen, für die Goffmansche Begriffe fehlen.[41] Es handelt sich dabei entweder um Frontstages, die so hergerichtet werden, als wären sie Backstages oder Backstages, die (mehr oder weniger) fürs Publikum geöffnet werden und dadurch Frontstage-Charakter annehmen.

Unklar bleibt bei dieser Gradualisierung, wie die Unterscheidungen zwischen den Stages jeweils getroffen werden und, da sie weiter mit der Front-

---

39 Goffman 1996, S. 105. Bezüge zu Marx' Charaktermasken drängen sich auf. Bei diesem als Kritik am falschen Zustand verstanden, gelten Goffman die Maskerade und die Schauspielerei als Grundprinzipien des sozialen Lebens überhaupt.

40 Auch Urry spricht von einer „'Universalisierung des touristischen Blicks'" zit. nach Hennig 1997, S. 182: „Die Erfahrung des Außer-Gewöhnlichen, die mit dem Reisen einhergeht, hat sich mit dem normalen Alltag verschränkt."

41 Nicht etwa, dass Goffman (1996) nicht gesehen hätte, dass man sich auch „hinter der Bühne verpflichtet fühlen [kann], in vertrauter Weise aus der Rolle zu fallen, und das kann mehr zur Pose werden als die Darstellung, von der man sich entspannen wollte" (S. 123).

Back-Differenz operiert, was sie analytisch bringt. Zur Beschreibung und Klassifikation realer ‚Settings' jedenfalls mag sie hilfreich sein und die Kritik an MacCannells Konzept entzündet sich auch nicht daran, sondern an seinem vermeintlichen Objektivismus oder Essentialismus.[42] Seine *staged authenticity*, so sinngemäß die Kritik, unterstelle die Existenz einer *real authenticity*, zumindest einer *non-staged authenticity*, was einleuchtet. Eine solche, so die kritische Position weiter, gebe es aber gar nicht, sondern sei Resultat von sozialen Konstruktionen und Zuschreibungen, die wiederum an die Verfügung über Machtmittel gebunden sind.[43] Diese Kritik aber prallt an MacCannell ab, da er gerade kein Objektivist ist, sondern, obwohl strukturalistisch inspiriert, selbst eher konstruktivistisch argumentiert. Ob etwas tatsächlich authentisch ist oder nicht, interessiert ihn gar nicht. Er interessiert sich dafür, was für authentisch gehalten wird und noch mehr dafür, was nachdrücklich als authentisch, natürlich oder echt angepriesen und inszeniert wird. *Staged authenticity* beschreibt nicht die Tatsache, dass Touristen betrogen werden und ihnen die wahre Authentizität vorenthalten wird, sondern, dass touristische Einrichtungen geprägt sind durch eine „pretentious relevation of back regions". Es beschreibt schlicht die Beobachtung, dass Tourismusproduzenten oft nachdrücklich auf die Möglichkeit hinweisen, man könne hier einen echten Basar besuchen, von der authentischen Küche kosten, den Einheimischen bei Handlungen zusehen, die besonders einheimisch sind usw. MacCannells Beispiele sind geführte Touren durch Fabrikanlagen oder Schulausflüge in Banken, wo Schüler Tresorräume betreten und eine Million Dollar sehen können. Auf der Konsumentenseite beschreibt sein Konzept die ebenso evidente Tatsache, dass Touristen gerne davon berichten, sie hätten den touristischen Schleier durchschauen und die berühmten ‚ausgetretenen Pfade' einmal verlassen können. Beispiele dafür zu finden, ist leicht und es werden unten einige besprochen.

MacCannells These geht also, an Goffman gelehnt, von der gesellschaftstheoretischen Annahme aus, Modernisierung bedeute primär das fortschreitende Auseinandertreten von Front- und Backstage. Auf die klassische Frage der Soziologie, was das Moderne an der modernen Gesellschaft sei und wie diese sich von vormodernen unterscheidet, gibt er eine Antwort, die man ‚reflexionstheoretisch' nennen könnte. Wie schon erwähnt, erhebt er auch offen den Anspruch, nicht nur etwas über Tourismus auszusagen, sondern über die moderne Gesell-

---

42 Vgl. dazu Wang 1999, S. 353 und MacCannells Verteidigung gegen die entsprechenden Vorwürfe Bruners (2008).

43 „Both Bruner (1994) and Taylor (2001) have pointed to the important question: who has the right, authority, or power to define what is authentic?" (Cole, 2007, S. 946) siehe auch Cohen, Cohen 2012, S. 1306f.

schaft als solche: „This book may also serve as an introduction to the structural analysis of modern society."[44] Die reflexionstheoretische Grundannahme besagt, dass der moderne Mensch im Gegensatz zum Primitiven nicht mehr einfach handelt, sondern diese Handlungen à la Goffman auf sozialen Bühnen darstellt; analog ist er auch nicht einfach, wer er ist, sondern hat seine Identität zu inszenieren. Darstellen bedeutet in diesem Zusammenhang vor allem eins: Selbstreflexion und die permanente Auseinandersetzung mit der Frage, wie das, was man gerade tut, auf andere wirkt und ob sie es auch so verstehen, wie man es verstanden haben möchte. Man nimmt dadurch, um es in der Sprache Meads auszudrücken, gegenüber sich selbst und den eigenen Handlungen die Haltung der anderen ein. Während dieser indessen noch davon ausgegangen ist, dass diese Selbstreflexion im Alltag die Ausnahme darstellt – „das ist keine natürliche Situation; man ist nicht immer Schauspieler"[45] –, klingt es bei Goffman, und in seiner Folge auch bei MacCannell, tatsächlich so, als ob man ständig schauspielern würde. Psychoanalytisch ausgedrückt bedeutet Selbstreflexion vor allem Selbstkontrolle und Triebverzicht, d. h. die Eingrenzung und Verdrängung eines Teils der eigenen Triebregungen in den Bereich des ‚Es' und auch Goffman spricht von seiner Backstage als Ort, „wo das, was man unterdrückt hat, in Erscheinung tritt."[46] Das Streben nach Authentizität wie MacCannell es ausführt, ist getrieben vom Interesse an diesen Hinterbühnen. Wenn das ganze Leben zum Schauspiel wird, so die These, entsteht der Verdacht, es sei irgendwie nicht echt und das echte Leben werde im Backstage-Bereich gelebt. Dieser werde geradezu mystifiziert und nehme im Bewusstsein des modernen Menschen die gleiche Stellung ein wie das Heilige des Primitiven. Aufgrund dieses Backstage-Kults, der sich zwar überall manifestiere, besonders deutlich aber im Tourismus, meint MacCannell: „tourism absorbs some of the social functions of religion in the modern world."[47]

Nachdem nun MacCannells Authentizitätsthese grob umrissen ist, sollen an dieser Stelle einige Studien erwähnt werden, die einen Eindruck davon vermitteln, wie die sozialwissenschaftliche Tourismusforschung daran angeschlossen und welche Art Fragen sie provoziert hat. Hervorzuheben ist dabei vor allem, dass sie die sozialwissenschaftliche Tourismusforschung in die Richtung gesell-

---

44 MacCannell 1976, S. 3.

45 Mead 1968, S. 189.

46 Goffman 1996, S. 104.

47 MacCannell 1973, S. 589. Und MacCannell 1976, S. 13: „Sightseeing is a kind of collective striving for a transcendence of the modern totality, a way […] of incorporating its fragments into unified experience. Of course, it is doomed to eventual failure: even as it tries to construct totalities, it celebrates differentiation."

schafts- und modernisierungstheoretischer Grundlagendebatten geführt hat, die
weit über die Fragen einer spezialistischen ‚Tourismussoziologie' hinausgehen
und beansprucht, ihren Gegenstand in umfassenden systemischen Gesamtzu-
sammenhängen zu sehen. George Hughes etwa untersucht zwei verschiedene
Kampagnen zur touristischen Vermittlung und kommerziellen Vermarktung von
schottischem Essen. In poststrukturalistischer Manier von einer allgemeinen
„crisis of representation" ausgehend und von der zunehmenden Schwierigkeit,
das Original von der Kopie oder die Wirklichkeit von der Simulation zu unterscheiden; ausgehend gar davon, dass die Unterscheidung selbst hinfällig werde,[48] interessiert er sich für die Frage, wie Authentizität und „Scottishness"
diskursiv produziert werden. Seine Antwort darauf lautet vereinfacht ausgedrückt: durch die Kommunikation von Einzigartigkeit d. h. durch die *Markierung von Differenz*. Diese Markierung einer eigenen Identität wird nach Hughes
durch die weltweite Verbreitung kapitalistischer Produktionsverhältnisse und der
damit einhergehenden globalen Standardisierung und Homogenisierung immer
prekärer. Die gleiche Problematik zeigt sich auch im Tourismus, wo die Standardisierung der einschlägigen Orte unaufhaltsam fortschreitet und diese zugleich sich immer stärker als besonders einzigartig ausweisen müssen um im
Konkurrenzkampf mithalten zu können. Was der Tourismus verkauft, so könnte
man zuspitzen, ist Einzigartigkeit. Gerade das Konzept der Natürlichkeit der
verwendeten Produkte und deren Verbindung mit dem schottischen Boden als
Garant für die Authentizität einer Speise werden angesichts intensiver Mechanisierung, Industrialisierung und kapitalistischer Rationalisierung der Landwirt-
schaft fragwürdig. Nicht zu sprechen von wachstumsfördernden Chemikalien
oder gar von gentechnisch modifizierten Produkten. Dennoch – oder besser:
gerade deshalb, sowohl als ideologische Marketingmaßnahme als auch als Widerstand gegen die kapitalistische Gleichmachung – lassen sich gemäß Hughes
fünf Strategien zur Konstruktion von Authentizität identifizieren, die alle auf
einem territorial fundierten Authentizitätskonzept beruhen, ein Konzept, das
aufgrund von Deterritorialisierungsprozessen des postmodernen Kapitalismus
prekär werde. Wie auch in der Finanzwirtschaft mit dem Zusammenbruch des
Bretton-Woods-Systems die Goldreserve als Wertbasis des Gelds aufgehoben
und die Währungen nur noch wechselseitig auf sich selbst, nicht mehr aber auf
eine dahinterliegende Substanz verweisen, verweisen auch die kulturellen Identitäten wie z. B. ‚Scottishness' nicht mehr auf eine sie begründende und ihre Bedeutung garantierende, extradiskursive Realität. Sie sind arbiträre Zeichen, die
relativ frei im Diskursuniversum flottieren. Hughes formuliert damit eine Kritik

---

48 Vgl. Bruner 2005, S. 5: „There is no simulacrum because there is no original".

an einer simplizistischen „deep territorial view of authenticity",[49] eine Kritik also an der Vorstellung, die Authentizität einer Sache könne an ihrem Verhältnis zum Ort ihrer Produktion oder Konsumtion gemessen werden. Entscheidend für die Argumentation, die hier entfaltet werden soll, ist die Feststellung, dass auch Hughes, der dem Authentizitätsbegriff äußerst skeptisch gegenübersteht,[50] zwischen einer ‚authentischen' Konstruktion von Authentizität – „conscious historical exercices by a society trying to interpret itself"[51] – und einer ‚inauthentischen', nämlich ökonomisch instrumentalisierten, unterscheidet. Es impliziert also einerseits der Authentizitätsbegriff keineswegs zwingend die naive Vorstellung einer ‚einfach so' gegebenen Realität. Und andererseits entbindet auch die gewagte Behauptung, die gesamte Wirklichkeit sei ein soziales Konstrukt, nicht von der Frage nach deren Authentizität.

Eine interessante Erweiterung und Modifikation der Authentizitätsthese stammt von John Taylor, der versucht, den Objektivismus, den auch er im Authentizitätsbegriff vermutet, zu umgehen indem er als Alternative die ‚Aufrichtigkeit' (*sincerity*) einführt. Während Authentizität als Eigenschaft eines Objekts zu verstehen sei, das von einem passiven Beobachter, einem voyeuristischen Konsumenten wahrgenommen wird, bezieht er Aufrichtigkeit auf den interkulturellen Kontakt und auf Begegnungen zwischen *guests* und *hosts*, in diesem Fall die neuseeländischen Maoris: „The gaze is returned"[52] und das touristische Objekt wird selbst zum Subjekt. „Sincerity demands a shift away from objectification towards negotiation."[53] Aufschlussreich ist außerdem, dass Taylor, komplementär zu Hughes, die temporale Dimension von Authentizität betont (und kritisiert). War diesem die Produktion von Authentischem an Territorialität gebunden, ist sie jenem primär auf die Vergangenheit bezogen. Als authentisch gilt das Alte, die Tradition, das Erbe, die Geschichte. Im Falle der Maori gilt deshalb alles als authentisch, das vor dem Kontakt mit der westlichen Zivilisation bereits bestanden hatte. Die Denkfigur ist bekannt und verbreitet: die Moderne ist wie ein Virus, das alle Kulturen infiziert, die mit ihr in Berührung kommen und die dadurch am selben Authentizitätsverlust erkranken, der der modernen Kultur selbst eigen ist. Authentizität, so wird suggeriert, ist das Andere der Moderne. Diese bedeutet in erster Linie Reflexivität, aus der es, ist sie einmal ‚im

---

49   Hughes 1995, S. 796.

50   Allerdings meint er, die Repräsentationskrise und die Schwierigkeit zwischen medial vermittelter und unvermittelter Erfahrung zu unterscheiden „does not imply the total destruction of authenticity but it does require its reformation" (Hughes 1995, S. 791).

51   Ebd. S. 793.

52   Taylor 2000, S. 24. Ähnlich: Tuckers Göreme-Studie (in Abram 1997).

53   Ebd.

Sattel', kein Entrinnen mehr gibt. Darin besteht die Tragik, die ,Melancholie' wie MacCannell es ausdrückt, die jede Inszenierung von Authentischem prägt. Wer den Primitiven spielen kann, ist modern, der wirklich Primitive kann sein Primitivsein nicht darstellen. Von Taylor ist zu lernen, dass authentische touristische Erfahrung – er würde es eben gerade nicht so nennen, sondern ,aufrichtig' – in der lebendigen Begegnung, im direkten Kontakt mit der Kultur besteht und nicht in der bloßen Wahrnehmung von irgendwelchen Darbietungen. Fraglich indessen, ob sein Authentizitätsbegriff nicht auch zu kurz greift und wie viel man durch die ,Aufrichtigkeit' gewinnt. Auf die Frage, wie man diese *sincere encouters* sich genau vorzustellen hat, finden sich bei Taylor, von diffusen Verweisen auf „the moment of interaction"[54] abgesehen, jedenfalls keine Antworten.

Die Einsicht, dass es ganz unterschiedliche Vorstellungen von Authentizität gibt und verschiedene Strategien, sie zu produzieren, steht im Zentrum von Chris Halewoods und Kevin Hannams Untersuchung des Wikingertourismus. Sie unterscheiden dabei verschiedene Grade der Verhandelbarkeit und des Interpretationsspielraums. Während es im Wikingermuseum in Bygdoy (Norwegen) mehr um historische Richtigkeit geht und die pure Echtheit archäologischen Materials präsentiert wird, wird auf Wikingermärkten mit der Authentizität der angebotenen Produkte spielerischer umgegangen. Sie werden als authentische Wikingerprodukte angeboten und sind es auch, da darauf geachtet wird, dass sie in der Wikingerzeit tatsächlich existierten und auch aus dem entsprechenden Material gefertigt wurden. Sie sind aber heute und natürlich auch von heutigen Menschen, nicht von Wikingern gemacht. Diese spielen ihrerseits mit dieser Rolle und beharren ironisch-ernsthaft darauf, echte Wikinger zu sein. Die Autoren sprechen von „a more sophisticated, nuanced, and negotiated engagement with authenticity akin to post-tourists who mocks the normative codes of conventional tourism" und zitieren Urry, der behauptet, der sogenannte Post-Tourist wolle nur spielen und sei sich bewusst, „that there is no authentic tourist experience."[55] Besondere Beachtung kommt in dieser Studie dem Verhältnis von Authentizität und Vermarktung zu. Authentizität und Warencharakter, so die Argumentation, müssen sich nicht unbedingt ausschließen. Dass sich der touristische Markt für ein Objekt oder eine traditionelle Praxis interessiert und darauf ein standardisiertes Souvenir fabriziert, muss sie als authentische nicht zerstören, sondern kann sie auch bewahren und sogar fördern. Halewood und Hannam meinen sogar: „Commodification [...] is a key factor in the negotiation of authenticity".[56]

---

54 Ebd.
55 Halewood, Hannam, 2001, S. 574.
56 Ebd., S. 578.

Yvette Reisinger und Carol J. Steiner wiederum sind der Auffassung, die Tourismusforschung solle das Authentizitätskonzept endlich aufgeben. Sie begründen diese dezidierte Forderung damit, dass der Begriff so unterschiedlich ausgelegt werde und keine Aussicht bestehe, diese fundamentalen Bedeutungsdifferenzen irgendwie zu beseitigen. Unterschieden wird zwischen objektivistischen, konstruktivistischen und postmodernistischen Positionen. Während die erste davon ausgeht, Authentizität sei eine eindeutig bestimmbare Eigenschaft von Objekten, betont die zweite die soziale Konstruiertheit von Objekten und bezweifelt deren Objektivität. Die Postmodernisten schließlich behaupten schlicht, Authentizität spiele keine Rolle im Tourismus, die Touristen würden sich darum gar nicht kümmern und deshalb sei es auch völlig gleichgültig, was sie sei: „There does not seem to be one argument for continuing to mention object authenticity in tourism research anymore."[57] Es scheint zunächst, als würden die Autorinnen selbst auch diese Haltung einnehmen, doch explizieren sie noch eine eigene Position, die es ihnen angeblich ermöglicht, an alle drei zuvor erwähnten Ansätze anzuschließen. Das wird versucht durch einen Bezug auf Heidegger, wobei die Argumentation ziemlich rätselhaft bleibt. Dinge würden sich sowohl zeigen als auch verstecken und die menschliche Existenz wird verstanden als „a partnership with what-is."[58] Was das genau heißen soll und was sich dadurch erklären lässt, erschließt sich nicht leicht und es soll auch gar nicht weiter darauf eingegangen werden. Die Tatsache, dass Unklarheit darüber besteht, was der Authentizitätsbegriff überhaupt bedeutet, ist jedenfalls nicht als hinreichende Begründung dafür zu akzeptieren, einfach auf ihn zu verzichten. Die Forderung, ihn zu verwerfen, wird durch die Autorinnen lediglich erhoben und nicht begründet. Und was sie als Alternative vorschlagen, entzieht sich aufgrund der obskuren Argumentation dem rationalen Urteil. Schließlich läuft sie auf die wenig aussagekräftige Behauptung hinaus, alles sei authentisch: „What is cannot be other than it is. What is given is always genuine, real, reliable and true"[59] und: „everything that tourists experience [...] is real and

---

57 Reisinger and Steiner 2006, S. 73. Vgl. Bruner 2005, S. 93: „all cultures everywhere are real and authentic, if only because they are there". Besonders interessant ist das irritierende Wechselspiel der Behauptung, alles sei authentisch mit der anderen, im Text unmittelbar zuvor geäußerten, nichts sei authentisch und Authentizität gäbe es gar nicht: „we know, that a single real authentic culture does not exist."

58 Reisinger and Steiner 2006, S. 78.

59 Ebd. Vergleichbar Baudrillard zit. nach Boltanski und Chiapello 2003, S. 492: „Die Illusion ist nicht länger möglich, weil das Wirkliche nicht länger möglich ist." Oder auch: „Today's world is a simulation which admits no originals" (Baudrillard zit. nach Wang 1999, S. 356).

authentic in itself."[60] Träfe das zu, gäbe es zum Problem der Authentizität tatsächlich nichts mehr zu sagen. Dafür spricht aber nicht viel.

Solche Vorschläge, auf den Authentizitätsbegriff künftig zu verzichten, finden nicht viel Zustimmung und Versuche, ihn genauer zu bestimmen, gibt es weiterhin in großer Zahl. Jilian M. Rickly-Boyd etwa referiert dafür auf Benjamins Auratheorie, woran auch die vorliegende Arbeit anschließt. Neben der begrifflichen Verknüpfung mit Tradition, Ritual und Aura, sieht sie den Hauptvorteil ihres Zugriffs darin, dass er erlaube, Authentizität relational zu verstehen. Es hat sich in der Tourismusforschung die Unterscheidung zwischen der Authentizität des Objekts und der der Erfahrung („existential authenticity") etabliert. Während sich jene harscher Kritik ausgesetzt sieht – sie gilt wie erwähnt als essentialistisch, objektivistisch, realistisch –, erfreut sich diese relativer Beliebtheit, wobei man sich gerne, wie gerade gesehen, auf Heidegger beruft. Rickly-Boyd stellt sich gegen diese schroffe Differenz und meint, das Benjaminsche Konzept der Aura sei „quite appropriate for linking objective authenticity to an authenticated tourist experience because it is a concept developed around the idea of an interaction [...] between person and object/site."[61] Inwiefern der Autorin diese Verbindung gelingt, ist nicht leicht zu beurteilen, da sie mit griffigen Beispielen geizt und weniger eine Argumentation präsentiert als eine Auseinandersetzung mit einschlägiger Literatur sowie eine recht lose Sammlung von Benjamin-Zitaten. Das größte Problem ist indessen das unklare Verhältnis von Aura und Authentizität. Die Autorin scheint unterscheiden zu wollen, sonst wäre schon die explizite Erwähnung beider Termini im Titel unnötig und auch die Rede von der ‚Verbindung' sinnlos, verwendet sie im Text dann aber meist äquivalent und spricht wiederholt in einem Atemzug von „aura, and therefore authenticity".[62] Diese semantische Überschneidung ist schon bei Benjamin angelegt. Die Authentizität spielt in seiner Studie zum ‚Kunstwerk im Zeitalter seiner technischen Reproduzierbarkeit' keine große Rolle. Er stellt lediglich fest, dass „mit der Säkularisierung der Kunst die Authentizität an die Stelle des Kultwerts

---

60 Reisinger and Steiner 2006. S. 80. Vgl. Häussler 1997: „In der Hyperrealität stellt sich die Frage, ob ein Objekt, ein Ereignis oder eine Erfahrung authentisch ist, nicht mehr [...] Nichts ist mehr authentisch, oder alles wird authentisch." Kritisch merkt Häussler indessen an: „Im Tourismus bleibt Authentizität das Ziel: Touristen verlangen weiterhin nach dem ‚Echten'; ebenso konstruieren und vermarkten es die Anbieter – da ist es unerheblich, ob Authentizität, philosophisch gesehen, möglich ist oder nicht" (S. 106f.).

61 Rickly-Boyd 2012, S. 9.

62 Ebd., S. 2.

[tritt].["]63 Die Aura (der Kultwert) gründet in der Einmaligkeit eines Werks, in dessen Originalität und Echtheit und ist eigentlich keine ästhetische, sondern eher eine religiöse Kategorie. Konsequenterweise wird sie deshalb sowohl von Benjamin als auch von Rickly-Boyd in den Zusammenhang von Magie, Kult und Ritual gestellt. Genau das unterscheidet sie von der Authentizität als genuin ästhetischer Kategorie, jedenfalls in dem Sinn, wie sie von Adorno eingeführt wurde.

Im deutschsprachigen Raum wird die Authentizitätsdebatte weniger explizit geführt, läuft aber hintergründig stets mit.[64] Das lässt sich gut zeigen an Andreas Potts Versuch, den Tourismus der Soziologie zu erschließen. Sein Ansatz kann, zumindest für den deutschsprachigen Raum, gewiss als der derzeit theoretisch elaborierteste angesehen werden. Er operiert mit systemtheoretischen Begriffen und entwickelt neben spezifisch tourismologischen Konzepten auch eine allgemeinere Raumtheorie. Pott positioniert seinen Ansatz zunächst gegenüber solchen, die von Motiven der Reisenden ausgehen. Diese Motive seien äußerst vielfältig und taugten deshalb nicht als Basis für eine allgemeine Tourismustheorie, deren Erklärungskraft über Einzelfälle oder Typologien hinausgehe. Weiter werden zwei Formen funktionalistischer Tourismustheorien von Pott kritisiert, die beide Kompensationstheorien genannt werden können. Der einen geht es um den Ausgleich von Zwängen und die Reproduktion der Arbeitskraft, der anderen mehr um die Suche nach authentischen Erfahrungen als Reaktion auf die „Fragmentierung, Differenzierung, Diskontinuität"[65] des modernen Alltags. Die dem Tourismus zugeschriebenen Funktionen: Reproduktion und Integration werden beide erfüllt durch vermeintliche Kompensationsleistungen. Ausgeglichen werden Erfahrungen der entfremdeten Arbeit respektive solche der „Sinnentleerung".[66] Die Kritik Potts basiert auf historischen Tatsachen, wobei der Einwand, der Tourismus habe sich schon vor der Industrialisierung entwickelt und er deshalb nicht als Reaktion auf diese gedeutet werden könne, wohl am schwersten wiegt. Grundsätzlich folgt Pott aber auch der Argumentationsstrategie, den Tourismus durch den funktionalen Bezug auf spezifische Strukturprobleme der modernen Gesellschaft theoretisch zu erschließen. Lediglich die identifizierten Probleme: entfremdete Arbeit oder fragmentiertes Leben hält er für nicht ange-

---

63 Benjamin 1977, S. 17.

64 Das heißt nicht, dass sie nicht auch explizit geführt wird. Vgl. etwa Bendix zur Problematik des Echtheitserlebnisses in: Pöttler (1994) oder das Kapitel „Post-Tourismus? – Künstliche Ferienwelten und Authentizität" in: Hennig 1997.

65 Pott 2007, S. 56.

66 Ebd.

messen. Als „gesellschaftliche[s] Bezugsproblem der Tourismus"[67] macht er die funktionale Differenzierung der modernen Gesellschaft in abgegrenzte Teilsysteme und die entsprechende Beziehung zwischen Individuum und Gesellschaft aus: die ‚selektive Multiinklusion'. Das bedeutet einerseits, dass Individuen nicht als ganze Menschen in die Teilsysteme inkludiert werden, sondern nur ‚ausschnitthaft' als Rollenträger, andererseits aber in mehrere Teilsysteme, was dem dann doch wieder sehr nahe kommt, was oben Fragmentierung genannt wurde. Etwas unvermittelt aber konsequent bezieht Pott den Tourismus direkt auf dieses Problem der selektiven Multiinklusion und meint, „dass es im Tourismus – ähnlich wie in der Familie – in erster Linie um Individuen als Ganze geht [...] und nicht um die Rollenträger"[68]. Analytisch fruchtbar könnte es sein, hier die Unterscheidung von Vergemeinschaftung („ganze Menschen") und Vergesellschaftung (Rollenträger, Vertragspartner) anzuschließen. Touristisches Reisen würde so gesehen auf der Erfahrung der Vergemeinschaftung beruhen (diffuse Sozialbeziehungen), was Turners ‚communitas' entspricht, die in der Tourismusforschung gerne zitiert wird. Die *Funktion* des Tourismus sieht Pott in der Lockerung bzw. Variation alltäglicher Inklusions- und Erwartungsstrukturen, was sich auch im zentralen Konzept der Tourismussemantik ausdrücke, der Erholung. Das Problem aber an dieser formal-funktionalistischen Erklärungsstrategie stellt Pott selbst fest: „Erholung und Strukturvarianz kann auch ein Saunaabend oder ein Wochenende bei Freunden stiften"[69] und wie unterscheidet sich touristisches Reisen von diesen Handlungsformen? An dieser Stelle greift Pott unter dem Motto: „Tourismus als organisierte Strukturlockerung durch Ortswechsel" zurück auf seine zuvor entwickelte konstruktivistisch-systemtheoretische Raumtheorie, deren Argumentation streckenweise etwas undurchsichtig erscheint und hier auch von geringerer Bedeutung ist. Vordergründig interessiert an dieser Stelle zunächst die funktionalistische Argumentationsstruktur, die Pott mit zahlreichen anderen Autoren teilt. Der Tourismus selbst, die Strukturen touristischer Praktiken und Institutionen, gerät gegenüber seinen (behaupteten) Funktionen in den Hintergrund. In diesem Sinne setzt Pott den Gegenstand, der die Funktion erfüllt, einfach voraus und behandelt primär, was er bewirkt.[70] Der Schwerpunkt liegt dabei auf der Erfahrung „physische[r] und psychische[r] Regeneration von Individuen sowie Identitätsreflexion, Körperbezug, Selbstvergewisserung und

---

67 Ebd., S. 62

68 Ebd., S. 70. Vgl. Luhmanns Definition von Intimbeziehungen, in denen „prinzipiell alle Eigenschaften einer Person bedeutsam werden" (1994, S. 14).

69 Ebd., S. 74.

70 Damit riskiert er, sein eigenes Programm zu verfehlen, eben gerade nicht „untheoretisch vorauszusetzen, dass bereits klar sei, wovon Tourismus handelt" (S. 51).

Selbstfindung."[71] Durch diesen theoretischen Fokus auf „Identitätsarbeit", „Identitätssuche und Identitätsbestätigung",[72] bringt sich Pott in die unmittelbare Nähe von Wangs Modifikation der Authentizitätsthese, die jüngst größte Aufmerksamkeit erfahren hat.

Ning Wang plädiert dafür, unter der Authentizität, die im Tourismus gesucht wird, nicht so sehr die von Objekten zu sehen, sondern die der eigenen Identität. Er spricht dabei von ‚existentieller Authentizität' und meint: „what tourists seek are their own authentic selves and intersubjective authenticity, and the issue of whether the toured objects are authentic is irrelevant".[73] Es ist indessen fraglich, inwiefern es sinnvoll und berechtigt ist, die Selbsterfahrung so stark von der Fremderfahrung abzukoppeln und ob die Authentizität des Selbst tatsächlich so weitgehend unabhängig ist von der Authentizität der Objekte wie Wang behauptet und wie es auch bei Pott erscheint. Damit soll nicht bestritten werden, dass Wang einen wichtigen Aspekt des touristischen Reisens beschreibt. Der Bedeutungsverlust der touristischen Objekte (Orte, Dinge, Handlungen) gegenüber der Erfahrung der eigenen Subjektivität ist tatsächlich empirisch zu beobachten. Er wäre allerdings selbst wieder zu erklären und nicht einfach zu registrieren. Welche Transformation touristischer Deutungsmuster drückt sich darin aus, dass Touristen nicht mehr primär daran interessiert sind, ‚die Welt zu sehen', sondern sich hauptsächlich auf sich selbst konzentrieren? Wie ist es zu deuten, dass touristisches Reisen immer mehr zum Selbstfindungs- oder Selbsterfindungstrip wird? Außerdem kommt Wang über eine Beschreibung des „fantastic feeling [...] characterizating existential authenticity"[74] nicht hinaus und die Behauptung, dass es dieses Gefühl sei, dass Touristen eigentlich suchen, ist so schwer zu überprüfen wie alle Theorien, die sich direkt auf Motive beziehen.

---

71 Pott 2007, S. 70.

72 Ebd., S. 71f. Dieser Fokus bleibt indessen theoretisch und zeigt sich in der empirischen Fallstudie zur Stadt Wetzlar, von einigen kursorischen Bemerkungen, praktisch gar nicht mehr. Allgemein herrscht bei Pott ein gewisses Missverhältnis zwischen dem großen theoretischen Aufwand, den er betreibt und dem relativ geringen analytischen Nutzen, den er daraus zieht.

73 Wang 1999, S. 366. Vgl. dazu auch Wöhler (2011): „Der Reisende ist [...] ein Existentialist [...] Der Tourismus eröffnet und hält Räume bereit, in denen Menschen ihren ‚Seinsmangel' zu beheben versuchen [...] Touristisches Reisen ist ein Laboratorium für das Experimentieren mit Identitäten und Sozialitäten." (S. 33ff.). Auch MacCannell (1976, S. 16) bringt den Tourismus in Verbindung mit dem Existentialismus (und Science-Fiction).

74 Wang 1999, S. 360.

Ein interessanter Perspektivenwechsel ergibt sich beim Übergang von soziologischen zu sozialanthropologischen Forschungen. Sie konzentrieren sich mehr auf die *hosts* und weniger auf die *guests*. Sie fragen nach den Folgen des interkulturellen Kontakts für die Einheimischen und deren Selbstbild, nach der touristisch induzierten Transformation traditioneller Werte, nach den Auswirkungen der Vermarktung von Kultur und Identität, nach dem Einfluss stereotyper Wahrnehmungs- und Handlungsmodi, nach Problemen der Folklorisierung etc. Ihre Fragen beziehen sich also eher auf die Folgen und Wirkungen des Tourismus als auf seine Gründe. Amanda Stronza reklamiert zu Recht, dass beide Perspektiven – die Untersuchung der Gründe des Tourismus und der Touristen einerseits, die Erforschung der Folgen des Tourismus für die bereisten Völker andererseits – die Sozialwissenschaften mit „only half-explanations" zurücklassen.[75] Vorsichtig zuzustimmen ist auch Stronzas Feststellung, dass auf der soziologischen Seite der Forschung, die sich mit den Gründen des Tourismus und mit den Touristen befasst, zwar großer theoretischer Aufwand betrieben wird, aber „relatively little empirical data has been analyzed to support or refute such theories."[76] Vorsichtig ist die Zustimmung deshalb, weil es eigentlich nicht wenig empirische Forschung gibt, auf der sozialanthropologischen Seite der Forschung über die bereisten Kulturen aber tatsächlich sehr viel mehr existiert. Das soziologische Empiriedefizit ist also nicht absolut, sondern relativ im Vergleich mit der Sozialanthropologie zu verstehen. Die ethnologisch ausgerichteten Studien leiden oft unter dem gegenteiligen Mangel. Es gibt zwar eine überwältigende Vielzahl ethnografischer *case studies*, die sich mit den Auswirkungen der Tourismus in bestimmten Kulturen befassen, eine einheitliche theoretische Perspektive ist aber nicht zu erkennen. Auch für diese Studien, gerade für solche, die sich explizit mit Identitätsfragen auseinandersetzen, wäre ein Fokus auf die Frage nach der Authentizität ein fruchtbarer Ansatz zur theoretischen Integration. Viele Probleme, die im Zusammenhang mit Akkulturation oder der Kultur-Vermarktung diskutiert werden, sind ohne das Konzept einer authentischen Kultur gar nicht formulierbar. Auch wer, wie Simone Abram[77] bspw., dem Authentizitätsbegriff äußerst skeptisch gegenübersteht, kommt an ihm nicht vorbei. Obwohl sie überzeugend zeigen kann, dass in der Auvergne die Dorfbewohner folkloristische Tänze und Lieder keineswegs nur für Touristen inszenieren, son-

---

75 Stronza 2001, S. 262. Diesen Vorwurf muss sich auch die vorliegende Arbeit gefallen lassen, die sich ausschließlich auf die Touristen beschränkt, und die Perspektive der ‚Gastgeber' nicht behandelt.

76 Ebd., S. 263. Andererseits wird aber gerade in der Soziologie häufig ein eklatantes Theoriedefizit beklagt.

77 Abram (1997).

dern auch für sich selbst sowie ihre urbanisierten Heimkehrer und es deshalb falsch wäre, Folklore als solche als inauthentisch zu bezeichnen, befasst sie sich doch mit dem Unterschied der Performances. Es gibt – sie nennt das nicht so – offensichtlich authentische und inauthentische Inszenierungen des Authentischen. So schwierig diese Unterscheidung auch sein mag, entdeckt Abram doch eine interessante Differenz im Grad der Explikation. Die Performances, die die avernische Identität für Touristen darstellen, unterscheiden sich vom authentischen Feiern der eigenen Traditionen dadurch, dass ständig darauf hingewiesen wird, dass es sich um authentische Lieder und Tänze handle. Ein Zeichen für die Authentizität einer Identitätsdarstellung scheint also zu sein, dass nicht extra herausgestrichen wird, dass sie authentisch ist. Und genau dieses Herausstreichen ist das Merkmal von MacCannells *staged authenticity*.

Auch Hazel Tuckers Fallstudie des zentralanatolischen Dorfs Göreme kreist um das Problem der Authentizität. Obwohl explizit auch theoretische Bezüge vor allem zu John Urry und Dean MacCannell wiederholt herzustellen versucht werden, liegt die Stärke ihres Beitrags doch eindeutig in der Beobachtung und präzisen Beschreibung der Auswirkungen des Tourismus auf das Dorf und seine Bewohner. Sie thematisiert etwa die sexuellen Begegnungen von Touristinnen mit einheimischen Männern und die moralischen Folgen dieser Kontakte – es handelt sich dabei offenbar ausschließlich um weiblichen Sextourismus, über die Suche westlicher Männer nach anatolischen Frauen wird jedenfalls nichts gesagt – oder auch, wie es ist, in einem Freilichtmuseum zu leben. So untersucht sie in einem interessanten Perspektivenwechsel nicht nur den *tourist gaze*, sondern den Blick der Einheimischen auf Touristen. Von größtem Interesse ist für die Authentizitätsfrage ihre Darstellung des Problems, dass Touristen zwar nach einem echten türkischen Dorf aus dem 6. Jh. verlangen, dass ‚zu echt' es aber auch wieder nicht sein darf, sondern schon an spezifisch touristische Bedürfnisse angepasst sein soll. In ein ähnliches Dilemma werden die Einheimischen selbst gedrängt, da sie zwar freundlich zu sein und die ‚typisch türkische' Gastfreundschaft zu repräsentieren haben, Touristen aber gegenüber *zu* freundlichen Menschen misstrauisch werden.[78] Diese Ambivalenz lässt sich verallgemeinern zum touristischen Grundproblem: „there is a very fine line between that which is considered worthy of tourist attention, and that which is perceived to be too

---

78 Boltanski und Chiapello (2003) sprechen treffend von einer „neuen Ära des Verdachts": „Wie soll man wissen, […] ob ein Lächeln, eine freundschaftliche Geste, eine Einladung zum Abendessen Ausdruck spontan und echt empfundener Sympathie ist oder z. B. auf einem Fortbildungskurs antrainiert wurde, um eine Dienstleistung attraktiver zu präsentieren, oder […] um Vertrauen zu wecken […] und so mit größerer Gewissheit rein geschäftliche Interessen zu erreichen?" (S. 482).

touristy for ‚real' experience."[79] Gerade um das vermeintlich Authentische des Dorfs zu erhalten, sind immer wieder Eingriffe nötig, wofür sich ein eigens eingerichtetes ‚Save Göreme Commitee' stark macht. Darin zeigt sich deutlich der nostalgische Konservatismus des sich selbst als alternativ verstehenden Authentizitätstourismus': „An australian women told me that she ‚would hate the Göreme people to all be driving cars in twenty years. Donkeys and horses and carts are much nicer. It's nice for time to stand still in some places'."[80] Authentizität wird hier mit Primitivität und Altertümlichkeit gleichgesetzt und von den Bewohnern verlangt, sie sollen in vormodernen Lebensverhältnissen verharren um den Touristen die Abwechslung zu bieten, für die sie bereit sind zu zahlen. Eine andere Studie zitiert dazu einen Dorfvorsteher eines thailändischen Akha-Dorfs:

„The tourists don't want development in our village. For example, they don't want to see modern roofs but modern roofs are better for us in the rainy season. *Tourists always want to see the old style.* They complain about modernization but don't understand the problems."[81]

Hier zeigt sich, was unten als die ‚romantische Wurzel des modernen Tourismus' behandelt wird. Herder – einer der „wahren Väter der Romantik" – gilt Isaiah Berlin auch als

„Urvater all jener Anhänger einer urwüchsigen Folklore […], die die Einheimischen so natürlich wie möglich haben wollen […] – all derjenigen, die das Wunderliche mögen, die die ausgesuchtesten Formen eines überkommenen Provizialismus bewahren wollen. […] Herder ist der Urvater all jener Reisenden […], die um die Welt ziehen, um vergessene Lebensformen aufzuspüren, die sich für alles Eigentümliche und Seltsame begeistern können, für alles Ursprüngliche und Unberührte."[82]

Die Touristen suchen aber nicht nur Authentisches, sondern, wie Tucker mehrmals hervorhebt, diese Suche soll auch Spaß machen, was nichts anderes bedeutet, als dass das Dorf nicht einfach alt, sondern auch auf moderne touristische Bedürfnisse ausgerichtet sein soll.

Neben den sozialanthropologischen Fallstudien, finden sich sozialphilosophische Beiträge zum Tourismus, die auf einer relativ hohen Generalisierungs-

---

79 Tucker in: Abram 1997, S. 115.

80 Ebd., S. 117.

81 Trupp und Trupp 2009, S. 17, kursiv RS.

82 Berlin 2004, S. 121

ebene argumentieren, aber auch mehr oder weniger direkt an die Authentizitätsthese anschließen. Paradigmatisch dafür steht etwa Zygmunt Bauman. Er sieht
im Touristen den Prototyp des postmodernen Menschen und im permanenten
Unterwegssein das Symbol der gegenwärtigen Zeit: „Der Angelpunkt der postmodernen Lebensstrategie heißt nicht Identitätsbildung, sondern Vermeidung
jeglicher Festlegung."[83] Obwohl solche Behauptungen auf einer für diese Arbeit
zu hohen Allgemeinheitsstufe liegen, ermöglicht Bauman doch den bruchlosen
Übergang zu dem Ansatz, der hier verfolgt wird. „Die Welt des Touristen ist
völlig und ausschließlich durch ästhetische Kriterien strukturiert".[84] Das „völlig
und ausschließlich" scheint übertrieben, aber auch hier wird versucht, den Tourismus aus einer ästhetiktheoretischen Perspektive zu untersuchen. Noch grund-
sätzlicher als Bauman setzt Neil Smelser an, der die Erfahrung der Reise, die
„Odyssey Experience", nicht nur als prototypische Praxis des postmodernen
Subjekts sieht, sondern als die des Menschen schlechthin. Er bezieht sie auf
universelle „necessities of the human condition" und findet sie repräsentiert in
„almost any mythological, religious, cultural, or literary tradition".[85] Fünf Eigenschaften der Odyssey Experience werden bestimmt: die Endlichkeit, ‚Entstruktu-
rierung' bzw. Krisenhaftigkeit und Aufbrechen alltäglicher Routinen, die Liminalität der Reise und, damit verbunden, die Vergemeinschaftung der Reisenden
(van Gennep, Turner), die Gefahr und der Sicherheitsverlust und schließlich eine
gewisse ‚Außerweltlichkeit' der Reise.[86] Im Kapitel über ‚säkularisierte und
kommerzialisierte Odysseen' befasst er sich mit dem touristischen Reisen und
versucht, die erwähnten allgemeinen Bestimmungen zu spezifizieren. Er erwähnt
folgende „Essentials": wieder die Separation vom Alltag, die Gefahr durchs
Unbekannte, die Idealisierung und ‚Paradisierung' der Destination, das Souvenir,
die Gemeinschaft, die Nostalgie, das Ende und: die Authentizität.[87]

Überblickt man nun die unzähligen Beiträge zur Authentizitätsthese, fällt
sofort auf, dass es trotz eminenter inhaltlicher Differenzen, doch weitreichenden
Konsens auf einer grundlegenderen Ebene gibt. Abgelehnt wird durchweg eine
essentialistische Vorstellung von Authentizität, eine Vorstellung also, gemäß
welcher sie im ‚Wesen' eines Objekts oder einer Praxis gründe. Kritisch wird
außerdem gegen das Konzept angeführt, es sei eurozentrisch und nicht objektiv
bestimmbar, sondern von persönlichen Interessen und Machtfragen abhängig:

---

83 Bauman 2003, S. 172. Auch MacCannell (1976) meint: „‚the tourist' is one of the best
    models available for modern-man-in-general." (S. 1).

84 Bauman 2003, S. 183.

85 Smelser 2009, S. 1f.

86 Ebd., S. 10ff.

87 Ebd., S. 102f.

„sie (die Authentizität, RS) kann für jede/n etwas anderes bedeuten und muss als sozial konstruiert und deshalb verhandelbar anerkannt werden."[88] Fast wörtlich gleich Cole: „As authenticity has no objective quality, it is socially constructed and thus negotiable. It varies according to the tourists and their point of view."[89] Auch Stronza sieht das Problem darin, „that authenticity is a subjective concept, and tourists often define for themselves what is authentic, relying on popular stereotypes as points of reference rather than on historical or ethnographic facts".[90] Ganz ähnlich Tucker mit Bezug auf Cohen: „In any case, the concept of authenticity is relative and socially constructed".[91] Weshalb das so sein soll, erfährt man nicht, der Relativismus wird einfach behauptet und erscheint so selbstverständlich, dass es der Begründung gar nicht mehr bedarf. Auch für Eric Cohen und Scott A. Cohen ist es selbstverständlich, dass Edward Bruner recht habe, wenn er meint, „a ‚fundamental question is not wether an object or site is authentic, but rather who has the authority to authenticate'".[92]

Verbreitet ist außerdem die Annahme, mit dem Begriff sei ein verstaubter Essentialismus verbunden, wogegen stets betont wird: „identity does not consist of some *authentic essence*, but is a strategic and positional activity" oder: „there is no absolute or static original or origin on which the absolute authenticity of the original relies."[93] Befürwortet wird dagegen durchgängig eine relationale Authentizitätsidee. Ob nun von Kontakt, unmittelbarer Erfahrung, direkter Begegnung, Interaktion, Aushandlung oder Partnerschaft die Rede ist, stets geht es um die Vorstellung, Authentizität käme nicht dem Objekt selbst als inhärente Eigenschaft zu, sondern einem spezifisch gearteten Zusammenspiel, einer wechselseitigen Austauschbeziehung von Objekt und Subjekt der Wahrnehmung. Sie sei also eine prinzipiell relationale Kategorie, was sich trifft mit der Position, die in dieser Arbeit vertreten wird. Hier ist der Begriff der Authentizität aber in einem radikaleren Sinn relational gedacht als in den Ansätzen, die dieses Relationieren so nachdrücklich einfordern. Sie begnügen sich meist mit einer ‚äußerlichen' Relationalität und behandeln die Interaktion, die unmittelbare Begegnung oder den direkten Kontakt von wahrnehmendem Subjekt und wahrgenommenem Objekt. Authentisch könne nicht dieses für sich sein, sondern Authentizität gründe eben in der Konfrontation von Subjekt und Objekt. Obwohl das fraglos zutrifft, ist der prinzipielle Relationalitätscharakter des Begriffs noch tiefer anzu-

---

88 Trupp und Trupp 2009, S. 18.

89 Cole 2007, S. 945.

90 Stronza 2001, S. 271.

91 Tucker in: Abram 1997, S. 115. Vgl. dazu auch Lenz 2010, S. 100f.

92 Cohen and Cohen 2012, S. 1306.

93 Abram et al. 1997, S. 4 (kursiv, RS) bzw. Wang 1999, S. 355.

setzen. ‚Authentisch' ist ein Prädikat, das eine bestimmte Art der Beziehung eines Zeichens zu einem Referenten bezeichnet.

Auch in dieser Studie wird an die Authentizitätsthese kritisch angeschlossen. Kritisiert wird allerdings weniger der Authentizitätsbegriff im Allgemeinen, sondern seine Verengung auf die Idee der Echtheit. Diese Engführung ist schon bei MacCannell angelegt und reproduziert sich seither recht konsequent. Wie er selbst feststellt, entnimmt er wie Goffman die Frontstage-Backstage-Unterscheidung einer „commonsense polarity" zwischen echt und unecht oder Wirklichkeit und Show, ohne diese selbst zu analysieren. *Dass* im Alltag überhaupt so unterschieden wird, ist nicht Gegenstand der Untersuchung. Stattdessen wird die Unterscheidung übernommen und geschaut, wie sie auf verschiedene Dinge angewendet wird. Was auf der Frontstage passiert, gilt dabei als künstlich, gespielt und unecht, Theater, Bühne und Maskerade. Die Backstage ist dagegen der Bereich der unverstellt-natürlichen Echtheit. Weder MacCannell noch Goffman behaupten, dass es sich tatsächlich so verhalte, sondern nur, dass die Unterscheidung gewöhnlich so verstanden wird.[94] Und dem Thomas-Theorem gemäß hat, was als real definiert wird, auch reale Konsequenzen. Goffman befasst sich zwar auch mit „Unwahre[n] Darstellungen". Allerdings nur um zu zeigen, dass die Unterscheidung zwischen wahren und unwahren Präsentationen fragwürdig sei. So werde es nicht als Täuschung gesehen, und sei deshalb auch keine unwahre Darstellung, wenn das Dienstpersonal lächelt, obwohl es bei schlechter Laune ist. Goffman scheint sich indessen nicht lange mit der Frage nach der Wahrheit herumschlagen zu wollen und bemerkt lapidar: „Wir wollen wissen, welcher Realitätseindruck den angestrebten Eindruck zerstören kann; was Realität überhaupt ist, müssen andere Wissenschaften beantworten".[95] Von dieser konstruktivistischen Position weicht die vorliegende Studie ab. Ohne die Vorstellung einer Realität, an der die Wahrheit von Aussagen geprüft werden kann, ist Wissenschaft – Erkenntnis ganz allgemein – nicht möglich. Das Problem jedenfalls ist, dass eine Unterscheidung, die Gegenstand der Analyse sein sollte, da sie ganz offensichtlich im Tourismus handlungsleitend ist, selbst zum Instrument gerät, mit der die Analyse durchgeführt werden soll. So kann die Unterscheidung nicht aufgeschlossen, sondern nur paraphrasiert werden, was MacCannell indessen virtuos zu tun versteht. Um die Unterscheidung selbst aber analysieren zu können, ist man auf begriffliches Werkzeug angewiesen, dass nicht seinerseits wieder auf ihr aufbaut und so sie letztlich immer nur zu reproduzieren vermag.

---

94 Das sieht Bruner (2005) anders und meint: "for him [MacCannell, RS] there is always a real and true at the very back" (S. 5). Vgl. auch: „there is a real authentic culture located somewhere beyond the tourist view" (S. 93).

95 Goffman 1996, S. 61.

Nachdem MacCannell mit unzähligen Beispielen unwiderlegbar gezeigt hat, dass in touristischen Handlungszusammenhängen die Differenz zwischen Authentischem, Natürlichem und Echtem einerseits, Inauthentischem, Unnatürlichem und Gefälschtem andererseits von großer Bedeutung ist, stellen sich die Fragen, warum das so ist und was es heißt, dass so unterschieden wird. Solche Fragen zu beantworten, ist ein Ziel dieser Arbeit.

Um sie überhaupt angehen zu können, ist es von Vorteil, entgegen der gängigen Vermischung und trotz semantischer Überschneidungen, Echtheit als *eine* Variation des Authentischen zu betrachten und sie von anderen zu unterscheiden. Stimmigkeit bspw. ist eine andere, spezifisch ästhetische Variation des Begriffs. Das Urteil über die Kohärenz eines Objekts, einer Handlung oder einer *performance* ist ein ästhetisches Urteil. Die Erfahrung von Authentizität ist in diesem Sinn eine ästhetische Erfahrung. Berufen kann sich diese Variation von Authentizität auf Theodor W. Adorno, der in den 50er Jahren den Authentizitätsbegriff als ,Wort aus der Fremde'[96] nicht in den ästhetiktheoretischen Diskurs eingeführt hat, um einen möglichst komplizierten Ausdruck für Echtheit zu haben, sondern im Gegenteil gerade, um sich davon absetzen zu können.[97] Er verwendet ihn als zugleich deskriptiven und normativen Begriff und bezeichnet Werke als authentisch, wenn sie gelungen, stimmig und konsequent durchgestaltet sind. ,Gültigkeit', ,Autorität' oder ,Autonomie' sind andere Ausdrücke, mit denen er diese Eigenschaft von Werken beschreibt. Das Gegenteil davon sind misslungene, kitschige, inkohärente, banale oder platte Ausdrucksformen. Adornos Verwendung des Authentizitätsbegriffs impliziert ein ästhetisches Urteil. Das kann auf ,Echtheit' auch zutreffen, muss aber nicht. Wenn etwa die Echtheit einer Urkunde, eines Diamanten oder eines Gemäldes bestimmt wird, ist man zwar auch auf sinnlich wahrnehmbare Eigenschaften des Gegenstands verwiesen, genuin ästhetische Fragen nach dem Grad des Gelingens, der Suggestivität oder der immanenten Schlüssigkeit der Gestaltung, lassen sich aber ausschließen. Das Gegenteil des Echten ist nicht das Misslungene, sondern die Fälschung, die Kopie oder die Reproduktion. Max Paddison nennt diese Konzeption von Authentizität als Echtheit positivistisch:

---

96 Vgl. Adorno 1997.

97 Vgl. die Aufsätze von Knaller und Müller in Knaller, Müller 2006. Den deutlichsten Ausdruck findet diese Abgrenzung im ,Jargon der Eigentlichkeit' (Adorno 1964). Vgl. dazu auch Hinrichsen 2012: „Freilich will seine [Adornos, RS] Vorstellung von Authentizität unterschieden sein von allem, was sie gerade nicht bedeuten soll: [...] ,Unmittelbarkeit', [...] ,Eigentlichkeit', [...] ,Ursprünglichkeit'" (S. 159).

„in the pure positivistic sense of ‚This painting is authentic, it is a genuine Chagall, it's not a fake', it boils down to a version of ‚true to itself' as that unique material object that can be authenticated by subjecting it to scientific tests to prove that it is what it purports to be".[98]

Die Echtheit eines Werks begründet, um einen Terminus Walter Benjamins aufzunehmen, der meiner Ansicht nach hier nützlich ist, seinen „Kultwert".[99] Idealtypisch unterscheidet er zwei Formen der Rezeption: eine, die diesen Kultwert akzentuiert und eine, die den „Ausstellungswert"[100] betont. Für diesen letzteren, etwas sperrigen Ausdruck wird im Folgenden der des Kunstwerts verwendet. Dieser gründet in sinnlich wahrnehmbaren Eigenschaften eines Objekts, wogegen der Kultwert sich auf dessen Einmaligkeit bezieht, auf „das Hier und Jetzt" und auf „sein einmaliges Dasein an dem Orte, an dem es sich befindet."[101] Werden Objekte in diesem ‚kultischen Modus' rezipiert, kommt es zum einen, in direktem Gegensatz zum ‚ästhetischen Modus', viel mehr darauf an „dass sie vorhanden sind, als dass sie gesehen werden."[102] Zum anderen, damit eng verbunden, steht dabei im Vordergrund das Interesse an ihrer Echtheit und Originalität, nicht an ihrer Authentizität im Sinne ästhetischen Gelingens und an ihrem objektiven Potential, produktive Wahrnehmungskrisen: ästhetische Erfahrungen zu provozieren. Vieles von dem, was in der oben gestreiften Literatur am Authentizitätsbegriff kritisiert wird, trifft meiner Ansicht ihn gar nicht – zumindest dann nicht, wenn er nicht vorschnell auf einen Aspekt verkürzt wird –, sondern den der Echtheit. Allerdings spiegelt die theoretische Verengung die praktische. Im empirischen Material zeigt sich, dass tatsächlich oft wenn in touristischen Handlungszusammenhängen von Authentizität oder der Suche danach die Rede ist, es meist um Echtheit geht. In diesem Interesse an der Echtheit eines Objekts oder an echten Erfahrungen manifestiert sich eine ‚kultische Ästhetik'. Sie zeigt sich in der Priorität der Existenz vor der Rezeption, wie

---

98   Paddison 2005, S. 201.

99   Benjamin 1977, S. 18

100   Ebd.

101   Ebd. S. 11.

102   Ebd. S. 19. Das stellt auch Hennig (2001) fest: „Es ist das Dasein, die physische Nähe zum Original – denn das es ein Original sei, darauf kommt es entscheidend an. Wie der Kunstmarkt, so sind auch die Reisenden vorwiegend an ‚echten' Werken interessiert. Dafür sind nicht unbedingt ästhetische Qualitäten verantwortlich [...]. Wesentlich kommt es auf das physische Dasein und Dagewesen-Sein an; der geistige Gehalt tritt dagegen zurück" (S. 16f.). Er bleibt bei dieser Feststellung aber stehen, ohne zu erklären, weshalb das so ist.

unten im Exkurs über die Sehenswürdigkeit und bezogen auf deren Zwangscharakter noch ausgeführt wird.

2. Das gesellschaftliche Interesse am Authentischen

In der sozialwissenschaftlichen Literatur, das hat der Überblick oben gezeigt, wird seit MacCannell die soziale Tatsache des Tourismus – mit unterschiedlichem Fokus und mit auch teilweise weit auseinandergehender begrifflicher Ausrichtung – durchgehend als Versuch beschrieben, authentische Erfahrungen zu machen oder Authentisches zu erfahren. Dieses Kapitel behandelt die Fragen, wie sich dieses Streben entwickelt und institutionalisiert hat, wo seine historischen Wurzeln liegen und was die Sehnsucht nach Authentizität mit dem gesellschaftlichen Modernisierungsprozess zu tun hat. Es handelt sich dabei um einen Rückblick, d. h. es wird von aktuellen Thesen ausgehend in der Zeit zurückgeschritten. Dazu muss etwas weiter ausgegriffen und zunächst kurz das Feld der Religionstheorie betreten werden.

2.1. ZEITGENÖSSISCHE BESCHREIBUNGEN: RELIGIONSSOZIOLOGIE, KAPITALISMUSKRITIK UND SOZIALPHILOSOPHIE

In der Religionssoziologie kursiert seit einiger Zeit die Vermutung, die calvinistisch fundierte Arbeitsethik, Max Webers berühmte ‚innerweltliche Askese‘, die ihrer spezifisch religiös-dogmatischen Grundlage in der doppelten Prädestinationslehre lange schon nicht mehr bedarf, würde zunehmend erodieren.[1] Ralf Dahrendorf etwa zitiert in diesem Zusammenhang Daniel Bell und dessen dialektische These von „der Erosion der protestantischen Ethik und der puritani-

---

1 Vgl. zu diesem Thema auch Reckwitz 2013 sowie Koppetsch 2006.

schen Haltung".[2] Der Entwicklung des Kapitalismus beruhe zwar, auf der Seite der Produktion, auf der protestantischen Lebensführung, bedinge aber, auf der Seite des Konsums, das schiere Gegenteil: „Arbeit, Ordnung, Dienst, Pflicht bleiben Erfordernisse der Voraussetzung des Wohlstands; der Wohlstand selbst aber bedeutet Genuss, Vergnügen, Lust und Entspannung."[3] Die protestantische Ethik treibt also ihren Antagonisten selbst aus sich heraus. Manuel Franzmann sieht, aus einer anderen Perspektive, in der traditionellen Leistungsethik gar ein akutes Hindernis für den Kapitalismus und meint:

„Die Frage nach der Krise der Arbeitsethik stellt sich angesichts des [...] Problems einer strukturellen, nicht konjunkturell bedingten Massenarbeitslosigkeit, wie es im klassischen Industriezeitalter nicht existiert hat."[4]

Ihm geht es nicht um Bells Dialektik, sondern darum, dass die Arbeitsethik durch die kontinuierlich steigende Sockelarbeitslosigkeit ihre ökonomische Basis verliere. Es hat also schlicht nicht mehr genug Arbeit für alle, das Ideal der Vollbeschäftigung wird obsolet und das einst kritisch intendierte ‚Recht auf Arbeit' selbst zur Ideologie. Statt sich nun über diese Entwicklung und die freigewordene Energie zu freuen, wird krampfhaft versucht, mit künstlichen Arbeitsbeschaffungsmaßnahmen und Ein-Euro-Jobs die Menschen in den Produktionsapparat einzuspannen. Die Arbeit gerät so immer mehr zur unnützen und nicht selten entwürdigenden Zeitverschwendung.

Unabhängig aber davon, wie diese Zeitdiagnosen und Erosionsthesen jeweils begründet werden und ob sie überhaupt zutreffen, knüpft sich an sie stets die Frage nach möglichen ‚Nachfolge-Religionen'. Angenommen, die Bewährung durch rationale Berufsarbeit würde tatsächlich ihre zentrale Stellung in der Lebensführung des modernen Subjekts einbüßen, was könnte an ihre Position

---

2 Dahrendorf 2009, S. 3. „Die protestantische Ethik wurde jedoch nicht vom Modernismus, sondern vom Kapitalismus selbst untergraben" (Bell 1991, S. 30).

3 Dahrendorf 2009, S. 10. Bell 1991 spricht von der „Preisgabe des Puritanismus und der protestantischen Ethik" und formuliert den immanenten Widerspruch des modernen Kapitalismus so: „Einerseits möchten die Wirtschaftsunternehmen, dass der Mensch hart arbeitet, eine Karriere anstrebt, Aufschub von Befriedigungen hinnimmt – dass er [...] ein Organisationsmensch ist. Im Gegensatz dazu propagieren sie in der Werbung und mit den Produkten Lust und Vergnügen, sofortigen Spaß, Erholung und Sichgehenlassen. Man hat am Tage ‚korrekt' und am Abend ein ‚Herumtreiber' zu sein" (S. 90).

4 Franzmann 2006, S. 3.

treten, was ihre Funktion übernehmen? Bei der Beantwortung dieser Frage scheint man sich in der einschlägigen Literatur, trotz sonst durchaus schwerwiegenden theoretischen Differenzen, erstaunlich einig: an die Stelle der weitestgehend säkularisierten Arbeitsethik tritt ein ästhetisches Ethos, dessen zentrale Werte nicht mehr Zuverlässigkeit, Fleiß und Disziplin sind, sondern Kreativität, Selbstverwirklichung und Authentizität.[5] Exemplarisch für diese These und an Stelle vieler meint etwa Ulrich Oevermann:

„Nicht jeder Mensch kann [...] ein Künstler sein [...].[6] Aber jeder Mensch kann sich bemühen, seine Biographie nach den Kriterien der Klarheit und Stimmigkeit zu rekonstruieren [...] und auf dieser Grundlage sein Leben wahrhaftig und stimmig zu führen. [...] Der *säkularisierte Bewährungsmythos nach der Leistungsethik* wird [...] immer mehr in der Verpflichtung auf nach Kriterien der *ästhetischen* Gestaltung *authentische* Lebensführung bestehen."[7]

Das mag plausibel sein und die Idee weist einige Tradition auf. Neu hingegen tatsächlich die Vorstellung, dass dieser ästhetische Ethos nicht nur für eine kleine Elite gelte, sondern virtuell für die gesamte Gesellschaft.

Mit einer anderen Stoßrichtung, nicht religionstheoretisch sondern ideologiekritisch und wirtschaftstheoretisch orientiert, formulieren Luc Boltanski und Eve Chiapello ein ähnliches Konzept.[8] Ihnen geht es dabei um die Tatsache, dass der Kapitalismus über die außerordentliche Fähigkeit zu verfügen scheint, sich seine Gegner „einzuverleiben" und so die Kritik an sich legitimatorisch zu instrumentalisieren. Historisch von großer Bedeutung ist dabei die sogenannte Künstlerkritik. Anders als die klassisch-marxistische Kritik („Sozialkritik") an

---

5   Kohler (2009) kurz und bündig: „Die Idee der Authentizität ersetzt [...] in der Moderne des 20. Jahrhunderts die Bestrebungen der innerweltlichen Askese [...]: den Prozess personaler Entwicklung zu steuern" (S. 203).

6   Trotzdem fordert schon Novalis (ähnlich wie später Beuys): „Jeder Mensch soll Künstler sein" (zit. nach Auerochs 2006, S. 472).

7   Oevermann 2003a, S. 381f., kursiv RS. Vgl. dazu Andrea Glausers Rekonstruktion eines Künstlerhabitus, der „die für Entscheidungen massgebliche Instanz konsequent in eigenen Stimmigkeitsurteilen" ausmache: „sie fungiert als nahezu einzig anzuerkennende, legitime Autorität" (2009, S. 219).

8   Vgl. dazu auch Glauser 2009: „In den vergangenen Jahren wurde mehrfach die These vorgebracht, dass in den gegenwärtigen Konstellationen Künstlerexistenzen nicht mehr als Gegenentwurf fungieren würden, sondern zum Modell avanciert seien" (S. 48).

der Ausbeutung und der materiellen Verelendung der Arbeiterklasse, übt sie eine eher kulturalistische Kritik an der Oberflächlichkeit und am eintönigen Stumpfsinn der kapitalistischen Lohnarbeit. Entfremdung wird in dieser Form der Kapitalismuskritik nicht mehr materiell verstanden, als Betrug am Arbeiter um den Mehrwert seiner Arbeit, sondern ideell: als Unmöglichkeit, die eigenen kreativen Potentiale und sich selbst zu verwirklichen. Im Zentrum dieser Kritik steht der Ruf nach Emanzipation, Autonomie und authentischem Leben. Diese Forderungen erscheinen

„in einer Gestalt, die ihnen die Pariser Künstlerwelt in der zweiten Hälfte des 19. Jahrhunderts gegeben hatte. Diese hatten die Ungewissheit in einen Lebensstil und einen Wert umgedeutet [...] nämlich den Wert, über mehrere Lebensformen und [...] vielfältige Identitäten zu verfügen".[9]

Mit diesem Streben nach freiem Identitätsspiel und individueller Selbstverwirklichung verbindet sich eng die Kritik an der Standardisiertheit und Warenförmigkeit kapitalistischer Produkte sowie an der Vermassung und Uniformierung der Menschen. Das Verlangen nach Authentischem zeigt sich im Wesentlichen als ein Verlangen nach Originalität und Einzigartigkeit, allgemeiner: nach Differenz. Die Pointe der Argumentation besteht nun im Nachweis, dass und wie der Kapitalismus diese Forderung vereinnahmt und sich zunutze macht. Zwei komplex miteinander verhängte Prozesse „und ihre verwirrenden Effekte"[10] sind dabei wichtig, beide sind von größter Bedeutung für die vorliegende Untersuchung des Tourismus. Erstens wird das Verlangen nach Authentischem, d. h. Einzigartigem selbst vermarktet: „Man bietet den Konsumenten ‚unverfälschte' und sich so stark unterscheidende Produkte, dass der Eindruck der Vermassung abgeschwächt wird."[11] Wiederholt wird hierfür exemplarisch die Tourismusbranche aufgeführt, an der sich auch die Grenzen dieser Inkorporationsstrategie aufzeigen lassen. Was immer auch in eine Ware verwandelt wird, verliert dadurch seinen Status als Authentisches, den es gerade seiner Position außerhalb des kapitalistischen Verwertungszusammenhangs verdankt. Wird etwa ein Ort als besonders authentisch angepriesen und so versucht, ihn auf dem touristischen Markt

---

9 Boltanski 2003, S. 467.

10 Ebd., S. 488.

11 Ebd. S. 477. Vgl. Enzensberger (1962): „Die Befreiung von der industriellen Welt hat sich selbst als Industrie etabliert, die Reise aus der Warenwelt ist ihrerseits zur Ware geworden" (S. 160f.).

als attraktives Angebot zu placieren, verliert er diesen Status in genau Maße, wie er dabei Erfolg hat.

Zweitens, das wurde im vorigen Kapitel schon festgestellt und soll hier noch einmal knapp ausgeführt werden, wird der Forderung nach Authentischem, epistemologisch, selbst der Boden entzogen. Bourdieu, Derrida und Deleuze gelten den Autoren als zentrale Akteure der Diskreditierung dieser Forderung und des Authentizitätsbegriffs als solchem. Diese Fundamentalkritiken an der ihrerseits einst selbst kritisch intendierten Forderung nach Authentischem wird von Boltanski und Chiapello wiederum kritisiert:

„Wenn alles [...] nur noch Konstrukt, Code, Schauspiel und Täuschung ist, stellt sich die Frage, von welcher Außenposition aus der Kritiker überhaupt noch dazu in der Lage ist, eine Illusion [...] zu kritisieren."[12]

Zusammenfassend lässt sich festhalten, dass laut Boltanski und Chiapello das Streben nach authentischer Erfahrung, welches auch den Tourismus speist, in der Künstlerkritik der späten 60er Jahre wurzelt, die ihrerseits Motive aus der Rebellion der Pariser Bohème gegen das Bürgertum aus den kapitalistischen Anfangszeiten Ende 19. Jahrhunderts aufnimmt. Diese entwickelt sie weiter, wobei sie heute durch die intensive Dekonstruktionsarbeit postmoderner Sozialphilosophie endgültig ihre Naivität verloren hat und deshalb „unablässig in ironischer Distanz zu sich selbst formuliert werden" muss.[13] Diese penetrante Ironie findet ihren touristischen Ausdruck in dem, was John Urry den Posttouristen nennt, der um die Ununterscheidbarkeit von Original und Kopie wisse und sich deshalb abgeklärt um die Differenz foutiert und durch das unverbindliche Spiel mit arbiträren Zeichen unterhalten lässt.[14]

---

12 Ebd., S. 492. Zum Problem der Unterscheidung bzw. zur Ununterscheidbarkeit von Original und Kopie sowie Realität und Simulation vgl. auch Imesch 2009. Aus poststrukturalistischer Perspektive wäre indessen darauf hinzuweisen, dass es ihr ja gerade darum gehe, die Unmöglichkeit einer solchen ,Außenposition' zu belegen. Dass sie sich dadurch den Boden unter den Füßen wegzieht, weiß sie selbst und tut dies mit Absicht.

13 Boltanski 2003, S. 489.

14 Vgl. Urry 1990, S. 100ff. Vgl. zu dieser Haltung auch Derrida (1972), der sie mit Nietzsche in Verbindung bringt (und Rousseau gegenüberstellt): „die fröhliche Bejahung des Spiels der Welt und der Unschuld der Zukunft, die Bejahung einer Welt aus Zeichen ohne Fehl, ohne Wahrheit, ohne Ursprung, die einer tätigen Deutung offen ist. [...] Sie spielt, ohne sich abzusichern" (S. 441).

Die differenzierteste Auseinandersetzung mit dem Authentizitätsbegriff und seiner Bedeutung für die Moral der modernen Gesellschaft leistet Charles Taylor. Er untersucht die moderne Idee der Selbstverwirklichung und der „Treue zu sich selbst" und verwendet für diese Vorstellungen den „Ausdruck ‚Authentizität' zur Bezeichnung des heute aktuellen Ideals."[15] Seine Kritik sowohl an einer oberflächlichen Umsetzung dieses Ideals im Sinne eines belanglosen Anythinggoes und eines inhaltsleeren Narzissmus als auch seine Kritik an der Kritik der Authentizitätsethik sind hier weniger wichtig, als seine konzisen Beschreibung dieses Ideals. Ganz ähnlich wie Oevermann, Boltanski und Chiapello meint Taylor, an dieser Stelle zwar hinsichtlich der Romantik Herders, aber wie gesehen auch heutige Zustände genau treffend: „Der Künstler wird [...] zum paradigmatischen Exemplar des Menschen, der als Handelnder eine originelle Definition seiner selbst anstrebt."[16] Der Grund dafür liegt darin, dass Ideale, die einst der ästhetischen Sphäre vorbehalten waren: Kreativität, Originalität und eben vor allem Authentizität zu allgemeinen Forderungen an das gelingende Leben geworden sind. Auch Taylor betont wie Boltanski und Chiapello die Wichtigkeit der Differenz – „Andersheit, Originalität und Anerkennung des Verschiedenartigen",[17] hinzuzufügen wären vielleicht noch: Individualität, Einzigartigkeit – für das Authentizitätsideal, ein Aspekt, der im Zusammenhang mit dem Tourismus noch eingehend erörtert wird. Ohne näher hier auf Taylors Studien eingehen zu wollen, lässt sich festhalten, dass das Streben nach dem Authentischen, das den Tourismus auszumachen scheint, keineswegs auf diesen beschränkt ist, sondern ein allgemeingültiges Ideal darstellt, dass sich in diesem nur besonders deutlich ausdrückt. Taylor betont außerdem, dass das Ideal keineswegs neu ist, sondern

„während des gesamten neunzehnten Jahrhunderts intellektuelle und künstlerische Eliten nach der authentischen Lebens- und Ausdrucksform gesucht [haben]. Neu ist jetzt, dass sich diese Art der Selbstorientierung offenbar zu einem Massenphänomen entwickelt hat."[18]

---

15 Taylor 1997, S. 22f.
16 Ebd. S. 72.
17 Ebd. S. 47.
18 Taylor 2009, S. 788.

2.2. ÄSTHETISCHE AVANTGARDE DER 60ER JAHRE: KUNST UND LEBEN

Die Vorstellung, das Leben sei ästhetischen Maßstäben gemäß einzurichten, ist also keineswegs neu. Boltanski und Chiapello verorten wie gesehen die Künstlerkritik in den 60er Jahren. Auch Susanne Knaller meint, dass Authentizität „erst seit der zweiten Hälfte des 20. Jahrhunderts ein [...] allseits verwendetes *catchword* wurde".[19] In dieser Zeit wurde von ästhetischen Avantgarden – Aktionskunst, Happening, Fluxus bspw., aber auch die Lebensreform („Vegetarier, Abstinenzler, Nudisten, Naturheilkundler...".[20]), Bewegungen also, die ihrerseits wiederum anschließen an Ideen älterer Strömungen wie Futurismus, Expressionismus, Dadaismus und Surrealismus – immer wieder mit aller Deutlichkeit die Forderung erhoben, Kunst sei ins praktische Leben zu überführen. Kunst, so etwa das Argument, könne sich nur dann noch verwirklichen und bewahren, wenn sie als Kunst-als-Kunst abgeschafft werde. Gemeinsamer Nenner der verschiedenen Bewegungen ist die Opposition zur bürgerlich-säuberlichen Scheidung von Kunst und Leben, die jene als Bereich des Irrationalen innerhalb der verwalteten Welt des ökonomischen Rationalismus duldet. Der Kunst kommt, so Adorno, dadurch die Rolle von Naturschutzparks zu. Sie gerät zur künstlich eingerichteten Sonderzone, in denen die Natur, die Emotionalität und das Triebhafte sich austoben dürfen. Dieses radikale Abschneiden der Kunst vom Rest des Lebens, ihre Etablierung als apartes und in sich geschlossenes System, auch das Prinzip des L'art pour l'art ist ein dialektischer Prozess. Einerseits ist autonome Kunst auf diese Differenzierung angewiesen, sie konstituiert sich als solche erst durch die Emanzipation von ihrer Instrumentalisierung durch Religion oder Politik, also von ihren kultischen oder herrschaftslegitimatorischen Funktionen. Andererseits birgt diese Entwicklung für die Kunst die Gefahr, vom realen Leben abgetrennt und in dem Maße, wie sie selbstgenügsam wird, auch belanglos zu werden. Tatsächliche Harmlosigkeit bezeichnet dabei noch den besten Fall, im schlechtesten wird sie schlicht zur Ideologie. Sie wird ein Spielplatz, eine trennscharf eingegrenzte Zone kontrollierter Triebabfuhr und hilft so der bestehenden Ordnung zur Stabilität. Genau diese Trennung zwischen rationalem Leben und irrationaler Kunst will die 60er-Jahre-Avantgarde aufheben. Sie zielt auf die reale Veränderung sozialer Machtkonstellationen, fordert gesellschaftliches Engagement, politische Positionierung und gibt sich selbst als Antikunst (besonders deutlich: art brut). Berühmter Theoretiker dieser Bewegung ist Herbert Marcuse,

---

19 Knaller, Müller 2006, S. 7 (kursiv i. O.).
20 Zeller 2010, S. 65.

der ein „neues Realitätsprinzip" aufkommen sieht, einen „ästhetischen Ethos" nämlich, in dessen Namen „das Sinnliche, das Spielerische, die Muße Existenzformen und damit zur Form der Gesellschaft werden". Unter dem angestrebten „Neubau der Gesellschaft" versteht er primär das Ziel, aus dieser „ein Kunstwerk [zu] machen", was „die Aufhebung von Kunst bedeuten [würde]: das Ende der Trennung des Ästhetischen vom Wirklichen". Auch er spekuliert über das „'Ende' der Kunst durch ihre Verwirklichung".[21] Deutlich wird hier der Versuch, die Grenzen zwischen Kunst und Leben aufzuheben, Leben soll Kunst werden und Kunst ins Leben treten: „*Als Kunst* sollte Leben zu erschließen, Leben wiederum ästhetisch zu gestalten sein."[22] Inwiefern dieser Versuch als gelungen bezeichnet werden kann, mag hier offen bleiben. Im Zusammenhang dieser Studie wichtiger ist die Rolle, die dabei der Authentizitätsbegriff gespielt hat. Die reale Lebenspraxis zum Kunstwerk machen zu wollen, bedeutet in erster Linie das Streben nach Authentizität. Was aber heißt das konkret? Ganz unmöglich ist es, den Authentizitätsbegriff definitorisch eindeutig zu bestimmen. Stattdessen soll versucht werden, ihn umschreibend einzukreisen. Oben wurden schon einige Ausdrücke aufgeführt: Originalität, Selbstverwirklichung, Kreativität, das Neue. Einen weiteren Zugriff erlaubt die Begriffstriade, die Zeller vorschlägt: Wahrheit, Reinheit und Einheit. Die Wahrheit, vielleicht besser noch: Wahrhaftigkeit, besteht darin, sich nicht von gesellschaftlichen Rollenzwängen das eigene Handeln diktieren zu lassen, sondern nur das zu tun und lassen, was man wirklich will oder nicht will, ein „Leben ohne Maskerade". Die angestrebte Reinheit ist wohl als rousseauistisches Ideal zu verstehen, als Ursprünglichkeit und Natürlichkeit, Unverdorbenheit und Freiheit von zivilisatorischen Zwängen. Einheit lässt sich als Ganzheitlichkeit verstehen, als Widerstand gegen Fragmentierung und soziale Differenzierungsprozesse. Das Leben soll sich nicht in den Bahnen rollenförmig-spezifischer Handlungsroutinen bewegen, sondern unmittelbarer Ausdruck der ganzen Person sein.[23] Damit wäre auch Zellers Zentralkategorie benannt: „Das Authentische bildet den Gegenentwurf zu einer medial vermittelten Wirklichkeit" und „Unmittelbarkeit war der Leitgedanke der künstlerischen Produktion" der 60er-Jahre-Avantgarde.[24] Authentische Erfahrungen sind unmittelbare Erfahrungen, wobei gerade die Kunst sich bemüht, diese Un

---

21 Alle Zitate aus Marcuse 1969, S. 44, 46, 54 und 71.

22 Zeller 2010, S. 12, kursiv i. O. Vgl. Bell 1991, S. 70: „Die post-moderne Haltung verlangt, es müsse im Leben ausagiert werden, was früher im Spiel der Phantasie [...] behandelt worden sei. Zwischen Kunst und Leben besteht kein Unterschied mehr."

23 Vgl. dazu auch Taylors „Expressivismus" (1997, S. 72f.).

24 Zeller 2010, S. 1.

mittelbarkeit zu vermitteln – ein recht paradoxes Projekt. Zeller zieht deshalb das Telos der modernen Kunst, und davon ausgehend ließe sich sagen: der modernen Kultur allgemein, in die Formel der ‚vermittelten Unmittelbarkeit' zusammen. Die Unmittelbarkeit der Erfahrung soll dabei darin bestehen, dass sie nicht medial vermittelt ist, sondern im direkten Kontakt mit dem erfahrenen Objekt gründet. Leicht ist nachzuvollziehen, dass der Unmittelbarkeitsbegriff in dem Maße wichtiger für das Konzept des Authentischen geworden ist, wie der Einflussbereich der modernen Medien expandiert hat.[25] Auch für die Untersuchung des Tourismus wird er, im ‚Mit-den-eigenen-Augen-Sehen' bspw., von allergrößter Bedeutung sein. Im Tourismus geht es – das wird im Folgenden zu zeigen sein – im Wesentlichen um die (mehr oder weniger standardisierte) Vermittlung unmittelbarer Erfahrungen. Deutlich zu erkennen ist also der Versuch, den Geltungsbereich ästhetischer Bewertungskritierien zu vergrößern und von der Kunst i. e. S. auf das ganze Leben zu übertragen. Damit kommt diesen die Funktion zu, die vormals religiöse Werte erfüllt hatten, weshalb mit Recht gesagt werden kann, die Avantgarden „erhoben die Kunst zur säkularen Religion."[26]

2.3. KULTURKRITIK UM 1900: KUNST ALS RELIGION

Damit wurde mit Nachdruck gefordert, was sich um die Jahrhundertwende als „Kunstreligion" bereits deutlich manifestiert hatte und immer wieder beobachtet wurde. Als zentrale Bezugspunkte werden Friedrich Nietzsches „ästhetische Rechtfertigung der Welt",[27] Richard Wagners ‚Gesamtkunstwerk', außerdem Wilhelm Dilthey, Henri Bergsons Lebensphilosophie, Georg Simmel, Stefan George, Rainer Maria Rilke, Hugo von Hofmannsthal und auch die psychoanalytisch inspirierte Kulturkritik genannt. Sigmund Freud selbst erwähnt den „interessanten Fall [...], dass das Lebensglück vorwiegend im Genusse der Schönheit

---

25 Ebd., S. 16: „Mit zunehmender Medialisierung wuchs [...] die Sehnsucht nach Ursprünglichen und Reinem, nach den Dingen hinter dem medialen Schein."

26 Ebd., S. 48. Vgl. dazu auch Bell 1991, S. 68: „Der traditionelle Modernismus wollte an die Stelle von Religion und Moral eine ästhetische Rechtfertigung des Lebens setzen; ein Kunstwerk schaffen, selbst ein Kunstwerk sein – dies allein gibt dem Streben des Menschen, über sich hinauszugelangen, einen Sinn."

27 Fellman in Braungart et al. 2000, S. 39.

gesucht wird" und die „ästhetische Einstellung zum Lebensziel.[28] So unterschiedlich diese Ansätze auch sind, sind sie alle moderne Reaktionen auf die Modernisierung. Und da diese wesentlich im Fortschreiten funktionaler Differenzierung besteht, kreist die kunstreligiöse Rebellion um die Idee der Entdifferenzierung. So spricht Klaus Lichtblau etwa davon, dass um die Jahrhundertwende

> „Kunst und Literatur sich nun offensichtlich anmaßten, anstelle der Religion ein spezifisches ‚Erlösungsbedürfnis' zu artikulieren und mit den zweifelhaften Mitteln eines ästhetisch-literarischen Schein-Surrogates zu befriedigen."[29]

Das Verhältnis von Kunst und Religion war damals auch Gegenstand soziologischer Reflexion, vor allem bei Werner Sombart, Max Weber und Georg Simmel. Ob man Simmel tatsächlich „als Repräsentanten einer spezifisch modernen Kunstreligion"[30] bezeichnen kann, soll hier nicht entschieden werden. Sicher stand er ihr weniger deutlich ablehnend gegenüber als Weber. Aber auch dieser – explizit in seiner berühmten „Zwischenbetrachtung" – anerkennt die psychologische Nähe des religiösen und des ästhetischen Erlebnisses und meint gar, dass beide in direktem Konkurrenzverhältnis stehen. Diese Konkurrenz wurzelt bei Weber letztlich im Potential der Kunst zur „innerweltlichen Erlösung",[31] das sie auch mit der Erotik teile. Vor diesem Hintergrund: Kunst als funktionales Äquivalent der Religion wird verständlich, weshalb immer wieder behauptet wurde, Kunst könne selbst zur Religion werden. Berühmt ist für diese Ansicht Wagner, der davon ausgeht,

> „dass da, wo die Religion künstlich wird, der Kunst es vorbehalten sei, den Kern der Religion zu retten, indem sie die mythischen Symbole, welche die erstere im eigentlichen Sinne als wahr geglaubt wissen will, ihrem sinnbildlichen Werte nach erfasst, um durch ideale Darstellung derselben die in ihnen verborgene tiefe Wahrheit erkennen zu lassen."[32]

---

28 Freud 1994, S. 49.. Besonders einflussreich zu dieser Zeit vor allem auch Langbehns „Rembrandt als Erzieher". Vgl. als informativen Überblick über kunstreligiöse Erscheinungen um 1900 Braungart et al., 2000.

29 Lichtblau 1999, S. 53.

30 Ebd., S. 60.

31 Auch Simmel geht von dieser Funktion aus und von einem „Gegenweltsbedarf" (vgl. Lichtblau 1997, S. 103).

32 Wagner 1914, S. 211.

Ganz ähnlich Friedrich Nietzsche:

„Die Kunst erhebt ihr Haupt, wo die Religionen nachlassen. Sie übernimmt eine Menge durch die Religion erzeugter Gefühle und Stimmungen, legt sie an ihr Herz und wird jetzt selber tiefer, seelenvoller".[33]

Und weiter: „ so wirft sich das Gefühl, durch die Aufklärung aus der religiösen Sphäre hinausgedrängt, in die Kunst". An die Idee einer ‚Kunstreligion', von Friedrich Schleiermacher 1799 das erste Mal wörtlich so genannt, 1807 als Begriff von Hegel wieder aufgenommen,[34] wird in der Folge, wie oben an einigen Beispielen schon gezeigt, von verschiedenen Philosophen und Kultur- und Sozialtheoretikern mit unterschiedlicher Wertung und Schwerpunktsetzung angeschlossen. Mit Schleiermacher und Hegel indessen ist man nun bereits in der Zeit angelangt, die als eigentliche Geburtsstunde der modernen Idee von der ästhetischen Lebensführung bezeichnet werden kann, in der Romantik um 1800. Rüdiger Bubner schreibt dazu:

„Stückweise zumindest ist [...] der Traum der Avantgarde von der direkten Verschmelzung des Lebens mit der Kunst in Erfüllung gegangen, ein Traum übrigens der auf die kühnen Visionen der Frühromantiker zurückgeht."[35]

2.4. ROMANTIK: DIFFERENZIERUNG UND ENTDIFFERENZIERUNG

Viele Motive, die heute noch einige Wirkung entfalten und nicht nur, aber gerade auch für den Tourismus von entscheidender Bedeutung sind – ästhetische Naturerfahrung, Überwindung der Entfremdung, Sehnsucht nach Ganzheit und Ursprünglichkeit, Betonung des Sinnlichen gegenüber dem Rationalen, Primitivismus, Exotismus und vor allem die Dialektik von der Emanzipation ästhetischer Bewertungsmaßstäbe: Differenzierung einerseits, und Verabsolutierung dieser Maßstäbe, d. h. die Aufhebung der Grenzen zwischen Kunst und Leben, also

---

33 Nietzsche 1999, S. 144 Vgl. auch Lévi-Strauss: „Wenn der Mythos stirbt, wird die Musik auf dieselbe Weise mythisch, wie die *Kunstwerke*, wenn die Religion stirbt, aufhören, einfach nur schön zu sein, und *heilig werden*" (zit. nach Zehentreiter 2008, S. 373).

34 Vgl. Bubner 1989, S. 653 sowie Detering 2011, S. 11.

35 Bubner 1989, S. 656.

Entdifferenzierung andererseits, die Suche nach dem Authentischen – weisen auf die Entstehungsperiode der deutschen Romantik im späten 18. Jh. bzw. auf ihre Repräsentanten Schleiermacher, die Schlegel-Brüder, Schelling und Novalis zurück.[36] Der ‚Homo touristicus‘, von dem Spode spricht,[37] ist im Wesentlichen ein Romantiker und sein neuer Blick auf die Welt gründet in Prinzipien der romantischen Bewegung, die nach Berlin „eine gigantische und radikale Transformation darstellte, nach der nichts mehr so sein sollte, wie es zuvor war", die eine „ungeheuerliche Revolution im menschlichen Bewusstsein bewirkt" und den „weitreichendsten Wandel im westlichen Bewusstsein zumindest unserer Zeit verursacht hat."[38] Obwohl der ideengeschichtlichen Ableitung zentraler und heute noch aktueller touristischer Motive aus der Romantik durchaus eine gewisse Plausibilität zuzugestehen ist, liegt deren Schwierigkeit darin, dass diese alles andere als eine einheitliche Bewegung war und geprägt durch eine Vielzahl von Widersprüchen.

„Sie ist Kunst um der Kunst willen und Kunst als Mittel der gesellschaftlichen Erlösung. Sie ist Stärke und Schwäche, Individualismus und Kollektivismus, Reinheit und Verdorbenheit, Revolution und Reaktion, Krieg und Friede, Lebenslust und Todessehnsucht."[39]

Einerseits wird die Emanzipation und die Autonomie ästhetischer Werte gefordert, was nichts anderes als Ausdifferenzierung heißt, andererseits wird gerade diese Differenzierung abgelehnt und dagegen eine umfassende „Ästhetisierung

---

36 Vgl. zur Romantik etwa Bunzel 2010 oder Berlin 2004. Zur Entdifferenzierung in der Postmoderne vgl. Hennig, 1997, S. 180. Die Spekulation sei hier erlaubt, dass die stereotype ‚Reiseweltmeisterschaft‘ der Deutschen auch darauf zurückzuführen ist, dass die Romantik ein recht deutsches Projekt ist. Auch der Authentizitätsbegriff selbst kann mit einigem Recht als „ein Kind der Romantik" bezeichnet werden (Taylor 1997, S. 34). „Das heutige Verständnis des Begriffs geht zurück auf das späte 18. Jahrhundert und steht in enger Verbindung zur Kunst und Literatur der Romantik" (Schulze 2011, S. 28).

37 Spode 2002, S. 129f. Vgl. auch Enzensberger (1962): „Diese Wurzeln [des Tourismus] lagen in der [...] Romantik" (S. 156).

38 Berlin 2004, S. 30 bzw. 53.

39 Berlin 2004, S. 51. Nietzsche (1941) nennt „die an der Verarmung des Lebens Leidenden, die Ruhe, Stille, glattes Meer, Erlösung von sich [...] suchen oder aber den Rausch, den Krampf, die Betäubung, den Wahnsinn." Diesen gegensätzlich-komplementären Bedürfnissen entspreche „alle Romantik in Künsten und Erkenntnissen" (S. 248).

oder Poetisierung des Alltagslebens"[40] propagiert. Als gemeinsame Basis kann aber immerhin ein Angriff auf den französischen Rationalismus der Aufklärung und ihrer Neigung zur formalen Logik, Analytik und Zergliederung, Systematik und Klassifikation, ihrer Suche nach allgemeinen Gesetzen nach dem Vorbild der Naturwissenschaften (vor allem der Newtonschen Physik) und ihrem Streben nach geometrischer Klarheit sowie der lückenlosen Widerspruchslosigkeit streng deduktiver Ableitungsketten, identifiziert werden. Dieser Geisteshaltung wird das Interesse an der Einzigartigkeit, Differenz und Ganzheit des Lebendigen gegenübergestellt und die schöpferische Unerklärbarkeit menschlichen Genies (Originalität, Kreativität) betont; außerdem die Leidenschaft und unmittelbare Erfahrung gegenüber der Vermittlung durch die Vernunft aufgewertet sowie das Interesse an der Innerlichkeit (Kultur) und der Seele des Menschen seiner äußeren Erscheinung (Zivilisation) vorgezogen.[41] Zahlreiche romantische Ideale zeigen sich im empirischen Material touristischer Praxis, das im zweiten Teil dieses Buchs besprochen wird.[42]

Diese kleine Geschichte des Authentizitätsideals ist bruchstückhaft und sehr knapp. Ihr Ziel ist die Antwort auf die Frage, wie das Streben nach dem Authentischen, wie es sich (auch) im Tourismus ausdrückt, eine so zentrale Stellung einnehmen konnte. Es sollte außerdem deutlich werden, dass die zeitgenössische Diskussion der Religionssoziologie um mögliche Nachfolger der protestantischen Arbeitsethik eine Idee wieder aufnimmt, die eine lange Tradition vorzuweisen hat. Ohne dieser Idee ihre Plausibilität absprechen zu wollen, bleibt sie und auch der Diskurs, der sich um sie entwickelt doch nicht selten etwas abstrakt. Was bedeutet sie konkret und was heißt es, auch außerhalb des Bereichs der Kunst nach Authentizität und ästhetischen Erfahrungen zu streben? Ohne hier definitorisch festlegen zu wollen, was ästhetische Erfahrungen ausmacht, kann man doch davon ausgehen, dass sie in der Muße ihre conditio sine qua non findet. Es liegt deshalb das Studium von Freizeitpraktiken nahe, denn wann

---

40 Weiss 1986, S. 286.

41 Darin sieht Berlin (2004) die pietistischen Wurzeln der Romantik. Den Pietismus wiederum deutet er als Reaktion auf die deutsche Rückständigkeit und Provinzialität im 17. Jahrhundert. und letztlich als Ausdruck eines tiefsitzenden Minderwertigkeitskomplexes vor allem Frankreich gegenüber.

42 Vgl. zur Entstehung des innerdeutschen Tourismus durch die „romantische Umwertung" von Harzgebirge, Rhein und Thüringer Wald ab 1800 bzw. die touristische Inszenierung anderer „Erinnerungsorte, die das alte echte Deutschland bewahrt hatten" Spode (2009, S. 254f.).

sonst, wenn nicht in der Freizeit, der Zeit der Muße, soll man ästhetische Erfahrungen machen können?

Es erstaunt, dass die Idee der Kunstreligion und die Vorstellung, das Leben sei nach ästhetischen Kriterien zu gestalten; der Wunsch also nach einem *authentischen* Leben und damit das Ausdehnen ästhetischer Maßstäbe weit über den eigentlichen Bereich der Kunst hinaus, ganz wie die Romantik es schon gefordert hatte und „Aufhebung von Kunst in Lebenspraxis", wie es auch die verschiedenen Avantgarden des 20. Jahrhunderts wieder verlangen, weitgehend unwidersprochen bleibt. Nicht etwa, dass sie nicht kritisiert wurde. Max Weber etwa hat sie mit äußerst bissigen Kommentaren bedacht. Das ist aber eine eher normative Kritik, die gerade auf der Anerkennung der Möglichkeit der wechselseitigen Ersetzbarkeit beruht. Weber behauptet gerade nicht, es sei unmöglich, aus dem Leben ein Kunstwerk zu machen, er hält es nur für nicht angebracht und spricht von einer „Regression" und Dekadenz. Diese Kritik aber gründet, gleich der Apologie, in der Überzeugung, es sei zumindest vorstellbar, dass Kunst an die Stelle von Religion trete und ästhetische Ideale die Position von religiösen einnehmen könnten. Wie schon ausgeführt, erfährt diese Vorstellung Kritik auch noch von anderer Seite: von dekonstruktivistischen Philosophien, die die Idee der Authentizität allgemein abzuschaffen suchen und behaupten, es sei gar nicht möglich, Authentisches von Nicht-Authentischem zu unterscheiden. Aus dieser Sicht ist natürlich auch ein authentisches Leben nicht denkbar. Diese Positionen enden aber – auch durchaus absichtlich – rasch in Aporien, weshalb sie, zumindest für die Fragestellung der vorliegenden Studie, meist recht wenig Substanzielles zu sagen haben.

Von größerem Interesse ist jedoch, dass die Idee der ästhetischen Lebensführung selten nur analytisch kritisiert wird. Richard Shusterman etwa meint schon gar nicht mehr begründen zu müssen, dass „Kunst die Rolle der Religion übernahm, indem sie eine säkularisierte Spiritualität in der materialistischen Welt ermöglichte".[43] Abgesehen einmal davon, ob man es gut oder schlecht findet, ein authentisches Leben zu fordern, stellt sich die Frage, ob es überhaupt möglich ist, Kunst in Lebenspraxis zu überführen und ästhetische Kriterien in allen Bereichen des Alltags zu verwenden. Eine besonders interessante Ausnahme bildet hier Bernd Auerochs' Untersuchung zur „Entstehung der Kunstreligion". Er sieht die entscheidende Differenz zwischen Kunst und Religion darin, dass diese das ganze Leben umgreife, was jene per Definition nicht tun kann. Religion, obwohl selbst in außeralltäglichen Erfahrungen gründend und solche in Festen und Ritualen auch stets aufs Neue provozierend, „überformt" den Alltag, das

---

43 Shusterman 2005, S. 23.

ganze Leben von der Geburt bis zum Tod und hat ihre Bedeutung gerade bei diesen besonders krisenhaften Ereignissen.[44] Weber spricht in diesem Zusammenhang vom religiösen ‚Gesamthabitus‘, der die Religion vom magischen ‚Gele-
genheitshandeln‘ unterscheidet. Und diese Tatsache der unmittelbar lebensprak-
tischen Relevanz und der Möglichkeit „vom ganzen Leben eines Menschen Besitz zu ergreifen"[45] unterscheidet Religion auch von der Kunst, die ihrerseits
nicht in dem Maße veralltäglicht werden kann wie Religion es muss, um überhaupt Religion zu sein. Würde sie das, verlöre sie ihren Status als Kunst und wäre Leben. Kunst definiert sich gewissermaßen in der Abgrenzung vom alltäglichen Leben, Religion hingegen gründet gerade in diesem Alltag, genauer: in der
Veralltäglichung des Außeralltäglichen. Intuitiv wird das erfasst, wenn im Zusammenhang mit der Idee von der Kunstreligion und mit Referenz auf die We-
bersche Entzauberungsthese von Verzauberung oder Wiederverzauberung gesprochen wird,[46] von Zauber also, und nicht von Religion. Präzise hat Weber
festgehalten, dass Kunst wie der „nackte formale magische Ritualismus" Erlösung *vom* Alltag biete und nicht, wie Religion, Hoffnung auf Erlösung *im* Alltag.
Jene Erlösung vom Alltag sei – wie die der touristischen Reise – „ihrer Natur
nach v o r ü b e r g e h e n d" und er meint, dass sie

„auf die Art des Handelns, nachdem die Zeremonie vorüber ist, oft fast ebenso wenig einwirkt, wie die noch so große Rührung eines Theaterpublikums beim Anhören eines schönen und erbaulichen Theaterstücks dessen Alltagsethik zu beeinflussen pflegt."[47]

Auerochs seinerseits argumentiert sehr stringent und kommt zum Schluss, es sei
schlicht „ausgeschlossen, dass die Grenze zwischen Kunst und Lebenspraxis je-

---

44 Soeffner 2005 zieht die Grenze etwas anders: Sowohl ästhetische als auch religiöse
   Erfahrung „entspringen der Einsicht in die prinzipielle Bedrohtheit der menschlichen
   Existenz, und beide setzen auf eine außeralltägliche Lösung. Aber während die religiöse Erfahrung darauf abzielt, sich aus dieser Lage durch den ‚Sprung in den Glauben‘
   zu befreien […], verweigert die ästhetische Erfahrung den Sprung auf ein ‚Definiti-
   vum‘". Anders gesagt: „der Springende weiß, dass ihm seine Landung keine Sicherheit bringen, sondern ihm seinen ‚utopischen Standort‘, seine ‚exzentrische Positionalität‘ in Erinnerung rufen wird" (S. 137f.)
45 Auerochs 2006, S. 44.
46 Vgl. Mommsen (1997) und Lichtblau (1997) sowie Weiss (1986).
47 Alle drei Zitate aus Weber 1980, S. 322.

mals aufgehoben werden kann."[48] Damit sind die oben erwähnten und auch von ihm behandelten Bewegungen der ästhetischen Avantgarden (bspw. der Wiener Aktionismus) keineswegs einfach als Unsinn abgetan. Ihren Reiz beziehen sie gerade aus der Provokation, diese Unmöglichkeit zu fordern und dadurch zur Reflexion über die Grenzen der Kunst anzuregen. Wirklich überschreiten oder gar auflösen indessen lässt sich die Grenze nicht – außer eben um den Preis der Aufhebung der Kunst.

Diese Problematik des Aufhebens der Kunst in Lebenspraxis lässt sich wiederum in Webers Formel von der Veralltäglichung des genuin Außeralltäglichen übersetzen, was sie in die unmittelbare Nähe der Religion rückt, von der diese Struktur abgelesen ist. Bezüglich des Tourismus zeigt sie sich in der Kommodifizierung des authentischen Orts oder der authentischen Erfahrung, wie sie Boltanski und Chiapello analysieren. Die unüberwindbare Aporie dieses Projekts gilt für den Tourismus als organisierte Suche nach Authentischem (,wenn gefunden, dann zerstört') nicht weniger als für die Idee der Kunstreligion und des ästhetischen Lebens (,wenn erreicht, dann gescheitert').

2.5. ZUSAMMENFASSUNG

Im ersten Kapitel wurde gezeigt, dass sich die sozialwissenschaftlichen Untersuchungen des Tourismus um eine zentrale These formiert, die auf MacCannells klassische Studie zur *staged authenticity* zurückgeht: touristische Handlungen und Institutionen werden als Versuch verstanden, Authentisches zu erfahren bzw. authentische Erfahrungen zu machen. Im zweiten Kapitel wurde versucht, dieses Streben nach Authentizität in einen weiteren gesellschaftstheoretischen Rahmen einzubinden. Es wurde dafür argumentiert, dass dieses Streben nicht auf den Tourismus beschränkt ist (obwohl es sich darin besonders deutlich manifestiert), sondern das zentrale Merkmal einer Ethik ist, die darauf zielt, das Leben nach ästhetischen Grundsätzen zu gestalten. Diese Ethik, heute wieder aktuell und in religionssoziologischen, wirtschaftssoziologischen und sozialphilosophischen Studien diskutiert (Oevermann, Boltanski und Chiapello, Taylor), greift Motive auf, die relativ alt sind. Es sollte gezeigt werden, dass sich die 60er-Jahre-Avantgarde auf die kunstreligiöse Kulturkritik um 1900 beziehen lässt und diese wiederum ihr Vorbild in der Romantik um 1800 findet. Vor diesem theore-

---

48 Auerochs 2006, S. 111. Vgl. ebd.: „beim ersehnten Übergang der Kunst ins Leben [kann] der Alltag [...] niemals überformt, sondern immer nur verdrängt, auf kurze Zeit beiseitegestellt werden" (S. 108).

tischen und ideengeschichtlichen Hintergrund wird nun im zweiten Teil der Arbeit der Tourismus untersucht und die Authentizitätsthese empirisch geprüft, allenfalls modifiziert und material gesättigt. Bevor dies geleistet werden kann, ist allerdings noch ein analytischer Zwischenschritt notwendig, der den Gegenstand der vorliegenden Studie in seiner formalen Struktur begrifflich hinreichend präzise bestimmen soll.

3. Formale Praxisstruktur der touristischen Reise

Das Ziel dieses Abschnitts ist die abstrakte Explikation der beiden wichtigsten Strukturmerkmale des touristischen Reisens. Sie bestimmt sich durch das freiwillige Verlassen der Heimat und die müßige Konfrontation mit Fremdem. Eine Untersuchung touristischer Praktiken und Institutionen ist deshalb angewiesen sowohl auf einen zeittheoretisch anspruchsvollen Begriff der Muße als auch auf einen raumtheoretisch fundierten Begriff des Fremden. Beide Begriffe spielen im empirischen Teil eine wichtige Rolle und sollen hier theoretisch verortet werden. Was Spode für die Arbeit des Historikers feststellt, gilt auch für diese Studie. Sie

„zielt nicht auf eine möglichst vollständige Erfassung sämtlicher Fremdenverkehrsarten und -formen, sondern auf die Herausarbeitung der Grundstruktur der touristischen Reise, ihrer Eigenart in Abgrenzung zu anderen Reiseformen."[1]

3.1. ZEITTHEORETISCHER BEGRIFF DER MUSSE

Touristisches Reisen ist im Gegensatz zu anderen Mobilitätsformen müßiges Reisen. Es wird in der Freizeit freiwillig vollzogen und geschieht ohne praktische Notwendigkeit: man könnte auch zuhause bleiben. Der Ausgangspunkt vieler soziologischer Überlegungen zur Freizeit ist ihr eigentümlich residualer Charakter. Freizeit ist nichts anderes als Nicht-Arbeit, ist die Zeit, die frei ist von Arbeit. Um Arbeit geht es bei der Freizeit, nicht um sie selbst und sie scheint un-

---

1   Spode 1988, S. 40.

auflösbar „an ihren Gegensatz gekettet"[2] zu sein. Hinzuzusetzen ist, dass es sich bei der Arbeit, deren Gegensatz diese Freizeit ist, um kapitalistisch organisierte industrielle Lohnarbeit handelt. Wie diese etabliert sich der Freizeitbegriff im heutigen Sinne in der zweiten Hälfte der 19. Jahrhunderts. Konsequenterweise behandelt Jürgen Habermas in seinen aufschlussreichen „Soziologische[n] Notizen zum Verhältnis von Arbeit und Freizeit" deshalb zuerst die Arbeit, auf deren Eigenschaften er die verschiedenen Freizeitbeschäftigungen funktional bezieht. Dabei geht es nicht um Arbeit im Allgemeinen, sondern um Spezifika der entfremdeten Arbeit, genauer: um „die spezifischen Belastungen der Industriearbeit".[3] Wie Adorno argumentiert er dabei grundsätzlich funktionalistisch. Die Freizeit wird nicht in ihrer Eigenlogik begriffen, sondern funktional darauf bezogen, was sie gerade nicht ist und worauf sie reagiert: auf die Versagungen entfremdeter Arbeit.[4]

Die funktionalistische Argumentationsstruktur ist indessen kritisch ausgerichtet. Dass Freizeit bloß „Freiheit von Arbeit [ist] und sonst nichts",[5] wird nicht einfach festgestellt, sondern als realer Mangel identifiziert. Dass Theorie sie funktional auf Arbeit zu beziehen hat, ist durch die tatsächliche historische Situation geboten, die dem Großteil der Menschen wirkliche Freiheit und Selbstbestimmung versagt.

„Die freie Zeit der Subjekte enthält ihnen die Freiheit vor, die sie geheim sich erhoffen, und kettet sie an das Immergleiche, den Produktionsapparat, auch dort, wo dieser sie beurlaubt."[6]

Diese Kritik impliziert eine Vorstellung einer wie immer ‚wahrhaften' Freizeit, sie bedingt einen normativen Maßstab, woran sich der Mangel messen lässt. Kehrseitig impliziert auch die Idee von der entfremdeten Arbeit eine von nicht entfremdeter. Ein prominentes Beispiel dafür wäre etwa Marx' Idee

„heute dies, morgen jenes zu tun, morgens zu jagen, nachmittags zu fischen, abends Viehzucht zu treiben, nach dem Essen zu kritisieren, *wie ich gerade Lust habe*; ohne je Jäger, Fischer, Hirt oder Kritiker zu werden".[7]

2　Adorno 1969, S. 57.

3　Habermas 1958, S. 221. Formal sehr ähnlich ist die Argumentationslinie Potts (2007)

4　In diesem Sinne ist Riesman zuzustimmen: „die Entdeckung des Freizeitmenschen steht noch aus" (1958, S. 289).

5　Habermas 1958, S. 219

6　Adorno 1964, S. 33.

Sowohl Habermas als auch Adorno verwenden dafür den Begriff der Muße als „Privileg unbeengten Lebens, daher auch dem Inhalt nach wohl etwas qualitativ anderes [als Freizeit, RS], Glückvolleres".[8] Er lasse „am ehesten noch etwas von ungekränkter Freiheit anklingen".[9] ‚Unbeengt', ‚ungekränkt' – es klingt deutlich Marx' „Reich der Freiheit" an, die „menschliche Kraftentwicklung, die sich als Selbstzweck gilt",[10] selbstbestimmte Produktivität, in der sich der Mensch nicht verliert, sondern überhaupt erst verwirklichen und gewinnen kann. Auf das vorige Kapitel zurückbezogen, ließe sich die Freizeit als Bereich des – potentiell – authentischen Lebens bezeichnen im Gegensatz zur entfremdeten Lohnarbeit. Sie ermöglicht die freie Entfaltung von Individualität, wie sie Boltanski und Chiapello in der „Künstlerkritik" identifizieren und Taylor sie als „Treue-zu-sich-selbst" im Authentizitätsideal ausgedrückt sieht.

Den Kulturkritikern Schwarzmalerei anzukreiden wäre, trotz aller Polemik, die sie gegen „Pseudo-Aktivität" und „institutionalisierte Ersatzbefriedigungen"[11] richten, überzogen. Sie anerkennen neben den erwähnten ideologischen Funktionen auch die „Chance von Mündigkeit"[12] und die „rationale[n] Elemente"[13], die in den Freizeitpraktiken angelegt sind. Adorno verzichtet „darauf, die Konsequenzen [ihrer Realisierung, RS] auszumalen", Habermas wagt recht optimistische Prognosen. Aufgrund steigender Produktivität verkürze sich die gesellschaftlich notwendige Arbeitszeit, was immer mehr Arbeitern immer mehr freie Zeit ermögliche. Die Arbeit könnte so ihre zentrale Stellung im „Lebenshaushalt der Menschen" verlieren, die Freizeit sich von ihr emanzipieren, „ihre Ziele aus sich" entwickeln und gar selbst „zum Lebensinhalt avancieren."[14] Das entspräche sowohl der Utopie der ‚Künstlerkritik', wie sie Boltanski und Chiapello explizieren, als auch Ulrich Oevermanns „ästhetischem Bewährungsmythos" sowie Taylors „Ethik der Authentizität". Damit würde die Freizeit ihren Status als Restkategorie abstreifen und wäre nicht mehr nur Funktion der Arbeit. Abgesehen von der Frage, inwiefern diese Spekulationen zutreffen, ist eine wichtige Aufgabe der Freizeitsoziologie damit benannt. Sie hat ihren Gegenstand, nunmehr real von seiner Abhängigkeit von der Arbeit sich zunehmend lö-

---

7   Marx, Engels 1953, S. 30, kursiv RS.

8   Adorno 1969, S. 57.

9   Habermas 1958, S. 231.

10 Marx, Engels 1981, S. 828.

11 Adorno 1969, S. 64.

12 Ebd., S. 67.

13 Habermas 1958, S. 228.

14 Ebd., S. 230.

send, in seiner Eigenlogik zu bestimmen und ihn von seinem begrifflichen Residualstatus zu entbinden. Sie hat zu untersuchen, was Freizeit ist, was sie sein könnte, wenn sie eben nicht mehr nur Nicht-Arbeit bedeutete, sondern Muße als Grundlage autonomer Aktivität. Da Muße wesentlich temporalen Charakters ist und eine bestimmte Zeitstruktur bezeichnet, erfordert ihre Bestimmung vor allem eine stabile zeittheoretische Grundlage. Ganz ähnliche Forderungen erhebt auch Prahl in seinem Standardwerk zur Freizeitsoziologie, worin immer wieder die Obsoleszenz „arbeitspolare[r] Definition[en]"[15] betont wird. Er behandelt die Verwischung oder gar Erosion der Grenzen zwischen Arbeit und Freizeit und bemerkt, „dass Freizeit nicht länger als Gegensatz zu Erwerbsarbeit begriffen werden kann, sondern zentral auf das Thema Zeit verweist."[16] Neu ist diese Vorstellung nicht. David Riesman schreibt schon 1950:

„Die Freizeit stellt weit mehr dar als eine von Arbeit und Pflichtgefühl nicht ausgefüllte Zeit; sie ist ein Bereich, in dem die Lebenskunst kultiviert und vervollkommnet werden kann. Die Freizeit und das Spiel könnten sich als die Sphäre erweisen, in der noch Raum für den nach Autonomie Strebenden ist".[17]

Auch hier soll deshalb versucht werden, die Qualität der Freizeit in ihrer spezifischen Eigenlogik angemessener zu erfassen und den Begriff nicht nur negativ zu konzipieren über das, was er gerade nicht bezeichnet, sondern positiv über einen temporaltheoretischen Begriff der Muße.

Die soziologische Zeittheorie krankt daran, dass sie sich häufiger als mit der Zeit mit Zeitvorstellungen, -wahrnehmungen, -diskursen, -regimes, -verwendungen etc. befasst. Das gilt schon für Otthein Rammstedts klassische Studie, an der sich auch heute noch viele Untersuchungen orientieren.[18] Ihm geht es darin um Formen des Zeitbewusstseins bzw. -verständnisses, um unterschiedliche mentale Repräsentationen der Zeit und nicht um die Zeit, nicht um das Repräsentierte. Um verschiedene Bewusstseinsformen aber überhaupt miteinander vergleichen zu können, müssen sie sich in ihrer Verschiedenheit aufs Gleiche beziehen. Dass die Vorstellungen von Zeit kulturell variieren, ist nur insofern eine interessante Beobachtung als es alles Vorstellungen der Zeit sind. Sonst wäre ihre Verschiedenheit nicht erstaunlich. Ein Großteil zeittheoretischer Arbeiten leidet unter der Vernachlässigung der Differenz zwischen dem Gegenstand und

---

15 Prahl 2002, S. 9, 10, 12, 133 und 139.
16 Ebd. S. 32.
17 Riesman 1958, S. 289.
18 Siehe Rammstedt 1975.

subjektiven oder kollektiven Vorstellungen des Gegenstands. Besonders deutlich wird das bei konstruktivistischen Ansätzen, die aufgrund epistemologischer Vorentscheidungen die Unterscheidung zwischen der Wirklichkeit und ihrer symbolischen Repräsentation nicht nur nicht mehr treffen können, sondern sie sogar gezielt unterlaufen wollen. Weil diese Strategie aber selten zu gehaltvollen Aussagen über den Gegenstand des Interesses führt, dessen Existenz ja gerade bezweifelt werden soll, wird sie hier nicht weiter diskutiert.

Für die vorliegende Untersuchung wichtiger ist die Bestimmung der objektiven Struktur der Zeit. Oevermann argumentiert dafür, dass eine *genuin soziologische* Zeittheorie erst vorläge,

„wenn auch die wissensmäßig *repräsentierte* Zeitlichkeit und Räumlichkeit [also Vorstellungen, Bewusstseinsformen, Zeitregime etc., RS] nicht mehr in der physikalischen, sondern in einer sozialen Zeitlichkeit und Räumlichkeit konstituiert"

seien, was für die „bisherigen – letztlich wissenssoziologisch verkürzten – Theorien"[19] nicht gelte. Er unterscheidet deshalb eine soziale von einer physikalischen Zeit. Die zentrale Differenz ist dabei, dass die physikalische Zeit ein kontinuierliches Nacheinander ist, ein bruchloses Ineinanderfließen von Vergangenheit, Gegenwart und Zukunft. Die soziale Zeit dagegen ist diskontinuierlich[20] oder präziser: sequentiell strukturiert. Das bedeutet in diesem Zusammenhang v. a. die Strukturiertheit durch bedeutungsgenerierende Regeln. Einzelne Handlungen einer Sequenz und auch die verschiedenen Sequenzen folgen nicht wie natürliche Ereignisse aufeinander, die zueinander im Verhältnis von Ursache und Wirkung stehen. Jede Handlung eröffnet einen Raum von Möglichkeiten, von denen eine durch die nachfolgende Handlung realisiert wird, die selbst wiederum Möglichkeiten eröffnet usf. Dieses Muster von Eröffnung und Beschließung konstituiert wesentlich den diskontinuierlichen sequentiellen Charakter der kulturellen Zeit.

Der Rekurs auf die Sequenzialität sozialer Praxis provoziert die Frage nach dem spezifischen Tempo dieser Sequenzen. Deshalb spricht Durkheim vom „Rhythmus der Kollektivtätigkeit"[21] und auch Pierre Bourdieu hat wiederholt darauf hingewiesen, dass der Praxis „zeitliche Struktur, d. h. ihr Rhythmus, ihr Tempo und vor allem ihre Richtung, für sie sinnbildend [ist]".[22] Für die Analyse

---

19 Oevermann 1995, S. 53. kursiv im Original.

20 Vgl. dazu klassisch: Sorokin, Merton 1937.

21 Durkheim 1994, S. 29, vgl. auch S. 588.

22 Bourdieu 1993, S. 149.

der Praxis ist also nicht nur ihre sequentielle Struktur von Bedeutung, sondern auch die Dauer der zeitlichen Intervalle, die zwischen einzelnen Handlungen einer Sequenz oder zwischen einzelnen Sequenzen liegen. Die Sequenzialität sozialer Praxis lässt sich genauer bestimmen, wenn man das Verhältnis von Gegenwart, Vergangenheit und Zukunft beachtet. Kulturelle Zeit, im Unterschied zur natürlichen,

„konstituiert sich mithin durch eine doppelte Unterscheidung, nämlich durch die Unterscheidung Aktualität/Inaktualität und, im Bereich der Inaktualität, Zukunft und Vergangenheit je nachdem, ob noch Einflussmöglichkeiten in Aussicht stehen oder nicht."[23]

Und ergänzend dazu: „Wir vermeiden sorgfältig einen verbreiteten dreiphasigen Zeitbegriff Vergangenheit-Gegenwart-Zukunft",[24] der auf die natürliche Zeit zugeschnitten wäre. Sehr ähnlich wie hier Niklas Luhmann schreibt Oevermann, für die der Praxis-Zeitlichkeit sei

„nicht zentral thematisch das für die physikalische Zeit zentrale Nacheinander von Vergangenheit, Gegenwart und Zukunft, sondern die grundlegende Opposition von Gegenwärtigkeit hier und Nicht-Gegenwart dort, die in sich wiederum in eine Opposition von Vergangenheit und Zukunft [...] zerfällt."[25]

Darin zeigt sich die Diskontinuität kultureller Praxis im Gegensatz zur Kontinuität natürlicher Abläufe.

Praxistheoretisch ist dieser Gegensatz von Aktualität und Potentialität von großer Bedeutung. Entscheidend ist dabei, dass es durch die Emergenz der Kultur, d. h. durch die Emergenz signifikanter Symbole (Sprachlichkeit) dem Menschen möglich wird, die unmittelbare Gegenwärtigkeit zu transzendieren. Durch die Fähigkeit der Repräsentation lässt sich die Präsenz überschreiten. Erst dadurch ist es möglich, eine Vorstellung von Vergangenheit und Zukunft auszubilden, Zeitmodi, in denen nicht konkret gehandelt, sondern über die nur gesprochen oder nachgedacht werden kann. Es ist dann möglich, sich zu überlegen, wie es früher gewesen ist und wieso es so gekommen ist, wie es gekommen ist und was später möglicherweise sein wird, was also geschehen wird, wenn man dies und nicht das tut: Erwartungen auszubilden. Diese Kontingenz, die Möglichkeit, dass es anders sein könnte als es tatsächlich ist, ist die notwendige Vorausset-

---

23 Luhmann 2005, S. 108.
24 Ebd., Fussnote 47, S. 124.
25 Oevermann 2000, S. 139.

zung für das Auftreten von Wann-Fragen, für die Entwicklung eines Bewusstseins von Zeit also. Handlungen zu koordinieren heißt, sie zeitlich und räumlich aufeinander abzustimmen und sie nicht bloß durch instinktive Triebprogramme automatisch ineinandergreifen zu lassen. In dieser Struktur der kulturellen Praxis gründet die Notwendigkeit, Zeitbegriffe auszubilden, die eine Antwort auf Wann-Fragen erlauben, die sich überhaupt nur stellen, wenn etwas nicht jetzt ist. Die Emergenz der Potentialität im Gegensatz zur Aktualität zieht den Zwang zur Entscheidung nach sich. Der Gegensatz zwischen Aktualität und Potentialität ist der Grund von Sequenzialität im Sinne der notwendigen Entscheidung zwischen Optionen. Objektiv ist jede Handlung eine Entscheidung. Sie ist die Verwirklichung *einer* Möglichkeit und damit der Ausschluss *aller anderen* Möglichkeiten, die auch hätten gewählt werden können, charakteristischerweise aber nicht gewählt worden sind. Das entspricht dem Sinn von Webers „und-nicht-anders" in seiner berühmten Forderung, „die Gründe ihres [der Wirklichkeit, RS] geschichtlichen So-und-nicht-anders-Gewordenseins"[26] zu verstehen. Subjektiv, d. h. aus der Perspektive der Handlungsinstanz, wird der Entscheidungszwang nur im Krisenfall wahrgenommen. In der Krise, wenn also bewährte Handlungsroutinen gescheitert sind, wird auch die Gegenwart als solche erfahren. Typischerweise stellt sich dann die Frage: ‚was jetzt?' Entscheiden kann man, wie Handeln, immer nur in der Gegenwart, nicht in der Vergangenheit oder in der Zukunft. Krisen kommen deshalb auch nur immer in der Gegenwart vor, im konkreten Hier und Jetzt einer Lebenspraxis. Das sind nur andere Formulierungen von Luhmanns treffendem Diktum, dass alles, was geschehe, gleichzeitig geschehe,[27] nämlich jetzt.

Vor diesem Hintergrund lässt sich nun die spezifische Zeitstruktur der Muße bestimmen. Die sequentielle Struktur der kulturellen Zeit führt wie gezeigt zum Entscheidungszwang, dessen Minderung Muße auszeichnet. Das kann nur heißen, dass die zeitlichen Intervalle zwischen einem krisenhaften Ereignis und der Reaktion darauf länger sind als in alltäglichen Handlungszusammenhängen. Eine Sequenz der Muße zeichnet sich also durch einen verlangsamten Rhythmus aus. Mit Hartmut Rosa könnte man das vielleicht „Entschleunigungsinseln" oder „-oasen"[28] nennen. Müßige Handlungen bedingen die Auskopplung aus alltäglichen Routineverrichtungen und stellen

---

26 Weber 1968, S. 171.
27 Luhmann 2005, S. 94.
28 Rosa 2005, S. 143.

„eigens aus dem kontinuierlichen und dominanten Strom der praktischen Tätigkeit her-
ausgelöste Daseins-Inseln [dar], z. B. im Tagträumen, im Museumsbesuch, im Lesen von
Belletristik, im vom Fitness entlasteten Spaziergang, in der Besichtigung von etwas"[29]

– in der touristischen Reise wäre hinzuzusetzen. Von hier aus lässt sich noch
einmal Bezug nehmen auf Boltanski und Chiapello und ihre Frage, wie sich „der
eiserne Griff der Unterdrückungsinstanz Kapitalismus lockern" ließe. Entscheidend dafür, dass die Forderungen der Künstlerkritik tatsächlich realisiert werden
könnten, ist nach ihnen ein „Verlangsamen, Hinauszögern, Hinausschieben und
zeitliches Strecken der Bewährungsproben" und ein Verlangsamen des „Rhythmus der Bewährungsproben", was „längere Zeithorizonte als die des „Projekts"
bedingen würde.[30] Hier zeigt sich eine interessante terminologische Parallele zu
Oevermann, der in der Dialektik von Entscheidungszwang und Begründungsverpflichtung die nicht stillstellbare Bewährungsdynamik angelegt sieht. Muße bedeutet also wesentlich die provisorische Minderung dieser Dynamik.

Muße eröffnet durch diese Entlastung, durch diese zeitliche Streckung der Intervalle zwischen den einzelnen Sequenzstellen, die Möglichkeit zu zweckfreier
Wahrnehmung und ästhetischer Erfahrung. Zu dieser steht sie in der Beziehung
einer notwendigen, nicht aber hinreichenden Bedingung. Ohne Muße ist ästhetische Erfahrung – und d. h. immer auch: authentische Erfahrung und Erfahrung
des Authentischen – nicht möglich. Um solche Erfahrungen aber machen zu
können, braucht es mehr als nur Muße, vor allem die Bereitschaft, sich auf ein
Objekt der Wahrnehmung einzulassen, sich seiner Logik unterzuordnen und
nicht, es einordnen zu wollen. Das gilt auch außerhalb der Kunst, was im Tourismus besonders gut zu sehen ist. Ästhetische Erfahrung gründet, wie jede Erfahrung, in einer Krise. Die Krise durch müßige Wahrnehmung erklärt sich
dadurch, dass je länger etwas aufmerksam betrachtet werden kann, desto größer
die Wahrscheinlichkeit ist, etwas Neues, Überraschendes zu entdecken, das dann
danach verlangt, bestimmt zu werden: ‚man kann nicht nicht reagieren'. Muße
bedeutet also nicht nur negativ und residual die Reduktion von Entscheidungszwang, die Distanz zur Praxis, sondern positiv die Erzeugung von Krisen. Sie ist
jedenfalls die temporalstrukturelle Bedingung der Möglichkeit dafür. Sie besteht
wesentlich in der Lockerung des Entscheidungszwangs und Amplifikation von
Kontingenz. Für eine Freizeitsoziologie, die von der Eigenlogik ihres Gegenstands: Handlungen, die in der Freizeit vollzogen werden, ausgehen und nicht

---

29 Oevermann, zit. nach Wagner 2004, S. 40.
30 Boltanski 2003 S. 509 und 511.

diesen stets nur residual auf seinen Gegensatz beziehen will, bietet sich der Begriff der Muße als Grundlage an. Insofern die Untersuchung des Tourismus als Teilbereich der Freizeitsoziologie angesehen wird, gilt das auch für sie.

Ein Aspekt der Urlaubsreise, der im erwähnten ‚insularen' Charakter begründet ist, ist zeittheoretisch von einiger Relevanz: ihre vorweg festgelegte temporale Begrenztheit. Thomas Mann sieht in „der Einschaltung von Um- und Neugewöhnungen" sogar den eigentlichen „Zweck des Orts- und Luftwechsels, der Badereise, der Erholsamkeit der Abwechslung und der Episode."[31] Diese Unterbrüche sind deshalb so wichtig weil „wenn ein Tag wie alle ist, so sind sie alle wie einer; und bei vollkommener Einförmigkeit würde das längste Leben als ganz kurz erlebt werden und unversehens verflogen sein."[32] Der Tourist weiß, dass er seine Heimat nicht für immer verlässt, sondern wieder zurückkehrt und dass sein Urlaub vorübergehen wird. Dieser zeitliche Rahmen ist meist durch die verfügbare Ferienzeit – und damit auch: durch das Arbeitsverhältnis, in das er eingebunden ist – bestimmt. Zunächst konstituieren diese Grenzen eine Identität der Reise, eine herausgehobene Individuiertheit dieser Zeit, die sich von der gewöhnlichen Zeit unterscheidet. Das allein macht temporalstrukturell und unabhängig vom Inhalt der Reise schon eine gewisse Außeralltäglichkeit aus. „Diese entschiedene Begrenztheit, mit der das Abenteuer sich aus dem Gesamtverlauf eines Schicksals heraushebt" gilt auch für die touristische Reise, auch sie ist eine „Exklave des Lebenszusammenhangs".[33] Die zeitliche Rahmung bewirkt, dass die verschiedenen Handlungen, die innerhalb dieser Zeitspanne vollzogen werden, dichter aufeinander bezogen erscheinen, als das im Alltag der Fall ist. Die zeitliche Begrenztheit lässt die Vielzahl von einzelnen Handlungen (Essen, Schlafen, Autofahren, Dinge besichtigen, Schwimmen, Faulenzen, Einkaufen etc.) sich zu einer Praxis-Einheit zusammenschließen und verleiht ihr den Charakter *eines* Ereignisses. Sie teilt diese Eigenschaft mit dem Spiel, das zeitlich auch aus dem mehr oder weniger kontinuierlichen Strom des Alltagslebens herausgeschnitten ist und dadurch eine immanente Eigenlogik zu entwickeln vermag, die es von der Wirklichkeit unterscheiden lässt. Für die touristische Reise ist damit ein wichtiger Sachverhalt bezeichnet. Durch ihren Exklavencharakter ist eine Verringerung der Konsequenzlogik alltäglichen Handelns möglich.[34] Was innerhalb des Zeitrahmens geschieht, muss außerhalb keine Konsequenzen haben. Was mit ‚Sportlichkeit' bezeichnet wird, ist die Fähigkeit, dem Gegner,

---

31 Mann 1991, S. 147.

32 Ebd., S. 146.

33 Vgl. dazu Simmel 1983, S. 26 und 33.

34 Auerochs 2006, S. 107ff.

den man innerhalb des Zeitrahmens des Spiels so erbittert bekämpft hat, nach dem Spiel die Hand zu schütteln. In dieser praktischen Konsequenzlosigkeit konstituiert sich das Spiel überhaupt erst. Natürlich soll damit nicht behauptet werden, Spiele hätten keine realen Konsequenzen. Sondern nur, dass es immer möglich ist zu sagen, es ist doch *nur ein Spiel* und nicht die Wirklichkeit. Wird die Grenze zwischen Spiel und Wirklichkeit aufgelöst, verliert das Spiel den Charakter des Spiels. Dasselbe Problem ist schon bei der Forderung nach der Aufhebung der Grenze zwischen Kunst und Leben aufgetreten. Wird die Grenze aufgelöst, würde das Leben also zu einem Kunstwerk, verlöre es den Charakter der Kunst. Die Konsequenzlosigkeit macht die müßige Provokation von Krisen überhaupt erst möglich. Sowohl der Entscheidungzwang als auch die Begründungsverpflichtung sind vermindert. Statt sich definitiv entscheiden zu müssen, kann man ausprobieren, man kann spielen, auch mit der eigenen Identität, worin der Kern der oben behandelten Künstlerkritik liegt. Und auch muss man für die gefällten Entscheidungen nicht in dem Maße geradestehen wie im ‚normalen Leben', sondern kann Dinge auch einfach tun, weil man gerade Lust drauf hat.

Diese Verringerung des Entscheidungszwangs und der Begründungspflicht gilt in Bezug auf den ganzen Lebenszusammenhang, aus dem wie erwähnt die Urlaubsreise zeitlich herausgeschnitten ist. Immanent indessen erhöht sich der Handlungsdruck stark. Durch das Bewusstsein von der Endlichkeit der Reise, von der relativen Unmöglichkeit, Handlungen hinauszuschieben, intensiviert sich der Zwang etwas jetzt zu tun. Das gilt auch, wenn diese Handlung im Nichts-Tun bestehen soll. Auch wer sich nur erholen und entspannen will, muss das jetzt, also innerhalb der dafür vorgesehenen Zeitspanne, tun, sonst ist es dafür zu spät. Was das menschliche Leben allgemein ausmacht und vom animalischen unterscheidet: das Bewusstsein von der Endlichkeit und die Möglichkeit, sich vorzustellen, einst nicht mehr zu sein (Grundlage aller Religiosität), gilt für die Urlaubsreise in gesteigertem Sinn. Es ist absehbar, dass (meist auch: wann genau) sie enden wird und dass Handlungen, die verwirklicht werden sollen, nicht weit aufgeschoben werden können.

Die Temporalstruktur der Urlaubsreise lässt sich also folgendermaßen zusammenfassen: innerhalb des zeitlich gerahmten Schutzraums der Muße, der eine Verringerung des Handlungsdrucks (Entscheidungszwang und Begründungsverpflichtung) bewirkt, erhöht sich immanent der Handlungsdruck. Diese Struktur teilt sie mit dem Spiel: dass es gegenüber dem wirklichen Leben eine eigenlogische Realität konstituiert, ermöglicht den Spielern eine zeitlich begrenzte Entlastung von den Handlungszwängen des realen Lebens. Aber gerade diese Entlastung und die Eigenlogik des Spiels erzeugen spielimmanent einen besonders starken Handlungsdruck, oder, was das Gleiche ist, ein geschärftes Bewusstsein von der Zeitlichkeit der Praxis mit ihren Eigenschaften der Endlichkeit und Irreversibilität: Noch einmal dazu Thomas Mann:

„Man schaltet dergleichen als Unterbrechung und Zwischenspiel in den Hauptzusammenhang des Lebens ein, und zwar zum Zweck der Erholung, das heißt: der erneuernden, umwälzenden Übung des Organismus, welcher Gefahr lief und schon im Begriffe war, im ungegliederten Einerlei der Lebensführung sich zu verwöhnen, zu erschlaffen und abzustumpfen. Worauf beruht dann aber diese Erschlaffung und Abstumpfung bei zu lange nicht aufgehobener Regel? Es ist nicht so sehr körperlich-geistige Ermüdung und Abnutzung durch die Anforderungen des Lebens, worauf sie beruht (denn für diese wäre ja einfache Ruhe das wiederherstellende Heilmittel); es ist vielmehr etwas Seelisches, das Erlebnis der Zeit, – welches bei ununterbrochenem Gleichmaß abhanden zu kommen droht".[35]

3.2. RAUMTHEORETISCHER BEGRIFF DES FREMDEN

Nachdem die touristische Reise von anderen Mobilitätsformen durch ihre temporalstrukturelle Bedingung, die Muße, abgegrenzt wurde, soll nun geklärt werden, wie die Praxis des Reisens soziologisch konzipiert werden kann. Es liegt auf der Hand, dass es dafür eine raumtheoretische Grundlage braucht, da Reisen prinzipiell Bewegung im Raum bedeutet.

Was, wie oben ausgeführt, allgemein für Freizeitaktivitäten gilt, trifft spezi-ell auch auf den Tourismus zu. Sozialwissenschaftliche Versuche, ihn theoretisch genauer zu bestimmen, haben oft eine funktionalistische Stoßrichtung. Die Habermassche Unterscheidung suspensiver und kompensatorischer Funktionen aufgreifend, lassen sich die verschiedenen Ansätze typisieren. Steht die Kompensationsfunktion im Vordergrund, geht es um den Ausgleich von Zwängen und Versagungen entfremdeter Arbeit und um die notwendige Reproduktion der Arbeitskraft. Liegt der Schwerpunkt auf der Suspension, geht es um den Versuch, arbeits-alltägliche Erfahrungen der „Fragmentierung, Differenzierung, Diskontinuität [...]; Rationalisierung, Mechanisierung, Spezialisierung und Sinnentleerung" zeitweilig aufzuheben und in ihr Gegenteil zu verkehren:

---

35 Mann 1991, S. 145f.

„In der Ferne wird gesucht, was man im Alltag nicht (mehr) findet: Natürlichkeit, Körperlichkeit, Ursprünglichkeit [...], Ganzheit, Gemeinsamkeit, Echtheit, kulturelles Erbe usw."[36]

An dieser Stelle stellt sich indessen die Frage, die funktionalistische Ansätze, unabhängig davon, welche Funktion oder welche Bezugsprobleme sie hervorheben, stets offen lassen: was erfüllt die Funktion? Den Tourismus über eine Funktion zu bestimmen, ist zumindest defizitär. Funktionen sagen wenig über die Struktur des Gegenstands aus, der diese Funktionen erfüllt. Dasselbe gilt im Übrigen auch für Motive, der zweite wichtige Ansatzpunkt tourismustheoretischer Überlegungen. Die Behauptung jedenfalls, der Tourismus erfülle eine bestimmte Funktion, setzt diesen voraus und erklärt ihn nicht. Andreas Pott, oben in der Übersicht über den Forschungsstand schon kurz eingeführt, stellt selbst fest: „Erholung und Strukturvarianz kann auch ein Saunaabend oder ein Wochenende bei Freunden stiften."[37] Um touristisches Reisen abzugrenzen von anderen Praktiken, die ebenfalls die Erholungsfunktion erfüllen können, führt er deshalb einen konstruktivistischen Raumbegriff ein. Aber wie oben im Zusammenhang mit der Zeittheorie schon ausgeführt, leidet die konstruktivistisch ausgerichtete Raumsoziologie unter der Vernachlässigung oder absichtlichen Verwischung der Differenz zwischen dem Raum selbst und Vorstellungen, Beobachtungen, Verwendungen, Diskursen etc., die auf ihn sich beziehen. Deshalb kann hier nicht gut an sie angeschlossen werden.

Ähnlich wie die soziale sich von der physikalischen Zeit unterscheidet, unterscheidet sich der soziale vom physikalischen Raum durch die Art der Grenzen und der durch sie unterschiedenen Objekte. Im Naturraum begrenzen sich die einzelnen Dinge gegenseitig durch ihre physische Ausdehnung, im Kulturraum durch die Bildung von kollektiven oder individuellen Identitäten, die sich überschneiden und ineinander verschachtelt sein können. Identitäten haben zwar auch ein materielles Substrat (Leiber, Bodenflächen usw.) und manifestieren sich in physischen Dingen, sind aber darauf nicht zu reduzieren. Eine solche Perspektive kann direkt anschließen an George Herbert Meads Unterscheidung zwischen dem Selbst und dem leiblichen Organismus: „Wir können sehr genau zwischen Identität und Körper unterscheiden".[38] Für Identitäten gilt, was allgemein auf den ontologischen Status von Sinnstrukturen zutrifft: sie sind abstrakt, d. h. sinnlich nicht wahrnehmbar, deshalb aber nicht weniger real als sinnlich Wahrnehm-

---

36 Pott 2007, S. 56f.
37 Ebd., S. 74.
38 Mead 1968, S. 178.

bares.[39] Im kulturellen Raum, ‚befinden' sich keine materiellen Dinge, sondern Identitäten und diese sind mithin der primäre Gegenstand der Raumsoziologie, nicht die „je subjektive [oder auch: kollektive, RS] Metrisierung und Rhythmisierung des dann doch physikalisch gegebenen Raumes..."[40] Im kulturellem Raum finden sich Sinngrenzen, nicht Dinggrenzen.[41]

Wenn aber die „Frage nach der Bedeutung des Raums hier also als eine Frage nach den Grenzen von Sozialsystemen reformuliert [wird]"[42], transformiert sich die Raumsoziologie in Identitätssoziologie. Deshalb erscheint es für sie noch wichtiger als für die Zeitsoziologie die Zusammenhänge zwischen physikalischem und sozialem Raum zu berücksichtigen.[43] Landesgrenzen können sich an Flüssen oder Bergen als natürlichen Grenzen ausrichten, müssen das aber nicht und vor allem sind Länder etwas anderes als die Erdoberfläche, die sie beanspruchen. Die Haut als Körpergrenze kann für die Identität einzelner Menschen relevant sein, muss aber im Fall von Paarbildung oder anderen Vergemeinschaftungsformen nicht die entscheidende Grenze sein.[44] Und auch selbstbewusste Subjekte sind auf ihr leibliches Substrat nicht reduzierbar, aber durchaus auf es angewiesen. Um diese Zusammenhänge zwischen kulturellem und natürlichem Raum geht es in der Raumsoziologie. Damit sie sich analysieren lassen, ist es unabdingbar, zunächst deren spezifische Eigenlogik zu begreifen.

---

39 Allerdings müssen sie sich irgendwie materialisieren und in sinnlich Wahrnehmbarem manifestieren. Das meint Searles (2011) Argument von der „logische[n] Priorität roher Tatsachen gegenüber institutionellen Tatsachen". Man müsse „irgendwann einmal einen festen Boden von irgendetwas erreichen" können und wenn es, wie beim Geld, „nur ein Stück Papier oder ein Knacken auf einer Diskette ist" (S. 65).

40 Oevermann 2003a, S. 356.

41 Stichweh (2000, S. 97) unterscheidet natürliche von künstlichen Grenzen, geht aber nur auf jene kurz ein, nicht auf diese. Der Ausdruck ‚künstlich' hat gegenüber ‚kulturell' den Nachteil, dass das Missverständnis provoziert werden könnte, sie seien nicht ‚wirklich', nicht ‚echt'.

42 Luhmann laut Stichweh 2000, S. 184.

43 Was heißt dabei: „auf der *Grundlage* einer [...] Abgrenzung durch die Außenhaut" (Oevermann 2003a, S. 362) oder: „nicht [...] ohne epistemische *Bezugnahme*" (S. 356) (kursiv, RS)?

44 Oevermann (2003a), der den Begriff der Lebenspraxis verwendet um nicht nur Personen, sondern Akteure unterschiedlicher Aggregationsniveaus fassen zu können, konzentriert sich in raumtheoretischen Zusammenhängen doch wieder eher auf Menschen (S. 362 und 367). Diese Einschränkung ist illustrativ, aber nicht zwingend.

Identitäten sind nicht einfach gegeben, sondern eigens zu bilden. Solche Bildungs- und Abgrenzungsprozesse gehören zu den klassischen Erkenntnisobjekten der Soziologie. Diese Grenzziehungen konstituieren die fundamentale raumsoziologische Differenz zwischen Innen (Hier, Präsenz) und Außen (Dort, Absenz). Mit diesen Grenzziehungen und der Ausbildung einer mehr oder weniger stabilen Identität, sind, anders als bei natürlichen Räumen, Ansprüche verbunden. In einem Museum oder einer Kirche etwa wird es Kindern meist verboten herumzurennen: dort ‚tut man das nicht'. Das hat nichts mit der natürlichen Raumstruktur zu tun, die langen Gänge und die Großräumigkeit lassen diese Orte sogar als besonders geeignet zum Rennen erscheinen. Das Verbot gründet darin, was Kirchen und Museen bedeuten, welche Identität ihnen im kulturellen Raum zukommt. Dasselbe gilt für Staaten und ihre unterschiedlichen Gewohnheiten, Sitten und Rechtsnormen. So verhält es sich auch mit der Raumdifferenz, deren Untersuchung die Soziologie häufig schon beschäftigt hat: der Differenz zwischen Öffentlichkeit und Privatsphäre. Niemand würde bezweifeln, dass es sich dabei um eine räumliche Unterscheidung handelt, sie lässt sich mit lokaldeiktischen Begriffen konkret bestimmen: *hier* sind wir in der Öffentlichkeit, *dort* im Privaten. Es handelt sich dabei aber nicht nur um Interpretationen des natürlichen Raums, obwohl diese dabei oft auch eine Rolle spielen. Die Grenze muss sich irgendwie material manifestieren. Sie selbst ist aber primär eine symbolische Sinngrenze, keine physische Dinggrenze. Was den Tourismus angeht, ist die entscheidende Differenz die zwischen der Heimat und der Fremde. Das Gegenteil von Verreisen ist das Daheimbleiben, Tourismus ist also wesentlich Nicht-Daheimbleiben. Um diese Differenz genauer zu bestimmen, ist eine weitere Unterscheidung von Bedeutung.

Die basale Differenz, die sowohl den sozialen Raum als auch die soziale Zeit strukturiert, ist die zwischen Gegenwärtigkeit und Nicht-Gegenwärtigkeit, zwischen Aktualität und Potentialität. Spezifischer für den Raum ist der Unterschied zwischen Präsenz und Absenz. Im Unterschied zur kulturellen Zeit ist die Potentialität nicht durch eine weitere Opposition (Vergangenheit/Zukunft) noch einmal klar unterteilt, sondern in sich relativ homogen. Die Grenze zwischen Hier und Dort ist diffuser als die zwischen Jetzt und Einst und außerdem verschiebbar.[45] Unterteilen lässt sich das Dort allenfalls, je nach Reichweite der Lebenspraxis, die das Hier bezeichnet, in das Nahe (Greifbare, bis zum Horizont) und das Ferne (Jenseits), graduell also nach Distanz gliedern. Für die soziale Praxis relevant ist vor allem die Differenz zwischen Innen und Außen. Das Hier

---

45 Vgl. dazu Klein 1978 und die daran sich anschließenden Studien der Deixistheorie bspw. Fricke 2002.

bezeichnet immer das Innere eines Handlungsfelds, das Dort das Außen. Hier ist alles, was greifbar ist oder mit dem man leicht in Kontakt kommen kann, dort ist alles, was außerhalb dieses Aktionsradius' liegt. Für die angesprochenen Identitätsbildungsprozesse ist diese Unterscheidung in zwei Hinsichten von zentraler Bedeutung. Einerseits vollziehen sie sich stets *innerhalb* einer Gemeinschaft, die sich selbst wiederum durch Inklusion und Exklusion gegen ihr Außen abgrenzt; andererseits konstituiert sie die „Mitte eines je konkreten Lebens: dessen Positionalität"[46] als perspektivischer Bezugspunkt der Differenz zwischen Innen (Hier) und Außen (Dort). Der kulturelle Ort, wo sich die Identität gebildet hat, wird als Heimat bezeichnet. Er grenzt sich gegen ein Außen ab, das die Fremde ist.

Durch diese Unterscheidung lässt sich die Krise, die Reisen strukturell (nicht unbedingt: empirisch) bedeutet, genauer fassen. Reisen ist immer auch eine Bewegung im natürlichen Raum, für eine soziologische Untersuchung ist aber die ‚Bewegung' im kulturellen Raum von größerem Interesse (wobei wie erwähnt die Zusammenhänge nicht vergessen werden dürfen). Aus dieser Perspektive ist Reisen nicht primär das Zurücklegen von Kilometern, sondern das Verlassen der Heimat, die zeitweilige Suspension der Sesshaftigkeit. Darin gründet der in touristischen Zusammenhängen oft verwendete Ausdruck der ‚Horizonterweiterung'. Parallel zur Unterscheidung von natürlichem und kulturellem Raum, lassen sich natürliche und kulturelle Distanzen unterscheiden. Das liegt auf der Hand. Reisen bedeutet aber vor allem deshalb eine Krise, weil dadurch die eigene Position prekär wird. Zentral fürs Reisen ist das Orientierungsproblem und das bedeutet, dass bestimmt werden muss, wo man ist. Um das aber tun zu können, ist die eigene ‚Origo' zu bestimmen, ist der Nullpunkt des Koordinatensystems festzulegen, von wo aus die Orientierungsleistung überhaupt erst erfolgen kann. Die Orientierung besteht – wiederum ähnlich wie bei der Zeit – in einer Relationierung. Der natürliche Raum und Dinge werden in Bezug gesetzt zum kulturellen Raum und Bedeutungen. Die Frage, wo man sich gerade befinde, ist identisch mit der nach dem Hier. Was sich auf Reisen immer fragt, ist: wo ist hier? Das Hier ist wie erwähnt die Kategorie der Präsenz, dort ist man selbst und deshalb ist es krisenhaft. Was dort ist, muss einen nicht kümmern, was hier ist schon. In den Reiseberichten werden oft intensivierte Präsenzerfahrungen beschrieben und die Faszination, die schlicht darin bestehe, da zu sein: ‚live vor Ort' und nicht nur eine Fotografie zu sehen. Das wird im nächsten Kapitel im Zusammenhang mit Sehenswürdigkeiten noch eingehender behandelt. Die Erfahrung der Präsenz, die Erfahrung, hier zu sein, ist immer auch eine Erfahrung

---

46 Oevermann 2003a, S. 362.

der eigenen Identität.[47] Darin gründet der krisenhafte Charakter des Reisens: in Frage steht durch das Orientierungsproblem stets auch die eigene Identität. ‚Wo bin ich?‘, heißt, weil im kulturellen Raum sich eben Identitäten ‚befinden‘, immer auch: ‚Wer bin ich?‘. Die eigene Identität ist auf Reisen notorisch prekär. Es hat sich daheim, d. h. in einem kulturräumlichen Zusammenhang und *innerhalb* von Gemeinschaften gebildet, deren Existenz und Geltung *draußen* nicht mehr so unproblematisch und selbstverständlich vorausgesetzt werden kann wie da-heim.

Die Heimat zu verlassen, bedeutet also wesentlich, den Ort zu verlassen, in dem sich Handlungs-, Denk- und Wahrnehmungsroutinen eingespielt und sich bewährt haben. Sie erlauben eine rasche Orientierung durch Einordnung sinnlicher Eindrücke in kognitive Schemata (Assimilation). Der Verreisende setzt sich freiwillig Neuem aus und Unbekanntem. Es stellt sich ihm nicht nur die Frage: Wo bin ich?, sondern auch Fragen wie: Was ist das für ein Gebäude? Wie heißt diese Straße, dieser Fluss, diese Brücke? Das sind Bestimmungen, die notwendig sein können um das Orientierungsproblem zu lösen. Da Gegenstände bestimmt werden müssen, für die die gewohnten Denk- und Wahrnehmungsschemata keine geeigneten Prädikate zu Verfügung stellen, ist der Tourist zur Akkommodation quasi gezwungen. Diese wiederum geht zurück auf müßige und selbstgenügsame Wahrnehmung. Sie ist natürlich auch in der Heimat möglich, in der Fremde drängt sie sich aber geradezu auf.

Ästhetische Erfahrung beruht auf der Krise durch müßige Wahrnehmung. Die Krise kann genauer beschrieben werden als – mehr oder weniger dramatischer – Zusammenbruch eingespielter Rezeptionsroutinen. Die Konfrontation mit Fremdem ist stets ein kritischer Moment. Fehlt die Muße, ist es wichtig, das Unbekannte assimilieren zu können und es so beherrschbar zu machen und in die Zweck-Mittel-Relation alltäglicher Praxis einzubinden. Unter den Bedingungen der Muße jedoch, kann man es sich leisten, *das Fremde als Fremdes* zu studieren und nicht, es möglichst schnell dem schon Bekannten anzugleichen. Das kann Bildungsprozesse anregen, d. h. die Erweiterung oder Modifikation kognitiver und praktischer Schemata. Kunstwerke zielen auf die Provokation solcher Krisen indem sie sich der Subsumtion unter bekannte Kategorien versperren. Was ein Kunstwerk originell macht, ist genau dieser Moment des Neuen. Kunst ist die institutionalisierte Produktion des Neuen. Das Neue ist gegenüber dem Alten immer auch das Fremde und bislang Unbekannte. In diesem Sinne sind authenti-

---

47 Diese Erfahrung stellt Wang (1999) ins Zentrum seines Authentizitätsartikels und spricht dabei von „existential authenticity", die unabhängig von der Authentizität der „toured objects" sei.

sche Kunstwerke stets ihrer eigenen Kultur fremd und auch der Künstler ist als
‚marginal man' oft als Fremder im eigenen Land beschrieben worden: drinnen
und zugleich draußen. „Fremdheit zur Welt ist ein Moment der Kunst; wer anders denn als Fremdes sie wahrnimmt, nimmt sie überhaupt nicht wahr."[48] Diese
strukturelle Affinität der Kunst zum Fremden zeigt sich besonders deutlich in der
Praxis des ‚Artist-in-Residence', wo junge Künstler durch die Auslandaufenthal-
te gefördert werden:

> „Der kreativitätsfördernde Impetus [...] verbindet mit der örtlichen Verschiebung Chan-
> cen auf Innovation. Um Neues hervorzubringen, müssen dieser Perspektive zufolge
> Kunstschaffende möglichst aus Routinen ausbrechen und mit ungewohnter Nahrung (in
> Form von neuen Eindrücken) versorgt werden. Die hierbei angewandte Technik sucht die
> Kunstschaffenden im Status des Fremden zu halten – in einer krisenhaften Situation, die
> sich dadurch auszeichnet, dass das ‚Denken-wie-üblich' aus dem Tritt gerät".[49]

Andrea Glauser spricht dabei treffend vom „Charakter der kalkulierten Krise, die
diesem System der Kulturförderung inhärent ist."[50] Dieser Charakter ist auch
dem Tourismus eigen, denn ästhetische Erfahrung beschränkt sich ja nicht auf
die Wahrnehmung von Kunstwerken im engen Sinn. Sie ist nicht an spezifische
Objekte gebunden, sondern beruht wie erwähnt zunächst schlicht darauf, etwas
müßig um seiner selbst willen wahrzunehmen. Das können natürlich auch alltägliche Gegenstände sein, Menschen, Straßen, Städte, Speisen, Verkehrsgeräusche
usw. Und genau darin besteht touristische Praxis zum großen Teil und darauf
zielen typisch touristische Institutionen.

Auf struktureller Ebene entspricht also das touristische Reisen der ästhetischen Erfahrung. Wie diese beruht es auf der Krise durch Muße, auf dem freiwilligen Bruch mit Wahrnehmungs- und Prädikationsroutinen, der mit dem Verlassen der Heimat und der Konfrontation mit Fremdem einhergeht. Das ist ein recht
allgemeines Argument, das auf die Bestimmung der Reise-als-Reise zielt und
von der je konkreten Praxis nicht abhängt. Aber auch auf der inhaltlichen Ebene,
auf der Ebene tatsächlicher touristischer Praktiken und Institutionen ist die Verbindung zur ästhetischen Erfahrung leicht zu erkennen. So sehen Touristen sich
etwa häufig Dinge an, Sehenswürdigkeiten bspw. aber auch mehr oder weniger
normale Straßen, Plätze, Menschen etc. Es gibt sogar Institutionen, die genau darauf ausgerichtet sind: Aussichtspunkte, ‚Cabriolet-Busse', Stadtrundgänge, ge-

---

48 Adorno 1989, S. 274.
49 Glauser 2009, S. 267f.
50 Ebd.

führte Besichtigungen von Märkten, Schlössern, Grotten usw. Häufig wird auch versucht, diese Ansichten festzuhalten und die Touristen üben sich in der Kunst des Fotografierens. Es gäbe zahlreiche weitere Beispiele dafür, die hier aufzulisten deshalb aber unnötig ist, weil sie Thema der Arbeit sind. Angemerkt sei lediglich noch, dass der Diskurs über Tourismus entsprechend der touristischen Praxis durch ästhetische Kriterien strukturiert ist. Zentral sind etwa die Fragen, ob es an einem Ort denn schön sei oder ob er als authentisch gelten kann. Gerade die Beschäftigung mit dem Authentizitätsproblem steht sowohl in der ästhetischen als auch in der touristischen Diskussion an oberster Stelle. Das zeigt sich in der sozialwissenschaftlichen Literatur zum Tourismus wie auch in Reiseberichten.

4. Tourismuswerbung

4.1. VORBEMERKUNGEN ZU TOURISMUSINDUSTRIELLEM WERBEMATERIAL ALS UNTERSUCHUNGS- GEGENSTAND UND ZUR REKONSTRUKTION DER TOURISTISCHEN IMAGINATION

Nachdem die Durchsicht der sozialwissenschaftlichen Literatur zum Tourismus deutlich die Dominanz der Authentizitätsthese gezeigt hat, wurde in einem ideengeschichtlichen Überblick danach gefragt, woher das Interesse an authentischen Objekten und Erfahrungen überhaupt kommt und wie es sich im Lauf der Zeit entwickelt hat. In groben Zügen wurde eine Genealogie skizziert, die ihren Ausgang in der deutschen Romantik nimmt und über die Kulturkritik um 1900 sowie die 60er Jahre-Avantgarde bis in die Gegenwart führt. Als aktuelle Beispiele wurden die Kapitalismuskritik Boltanskis und Chiapellos diskutiert, die Religionssoziologie Oevermanns sowie die Sozialphilosophie Taylors. Diese Ansätzen konvergieren, bei aller Unterschiedlichkeit, in der Betonung ästhetischer Erfahrungen auch außerhalb des artistischen Felds. Das ganze Leben, so die Vorstellung, werde zunehmend an ästhetischen Kriterien gemessen. Anschließend wurden die zeit- und raumtheoretischen Grundlagen expliziert, auf denen nun im zweiten Teil der Arbeit die empirischen Fallstudien durchgeführt werden sollen. Von zentraler Bedeutung ist dabei die Struktur ästhetischer Erfahrung, die sich mit den zentralen Eigenschaften des touristischen Reisens deckt: die müßige Wahrnehmung von Fremdem. Das Streben nach dem Authentischen und die Frage, ob etwas das ist, was es vorgibt bzw. das, was es beansprucht zu sein, ob es also hält, was es verspricht, ist der Struktur der touristischen Reise immanent und im Kern eine ästhetische Frage, d. h. eine, die durch müßige Wahrnehmung provoziert wird.

Im folgenden Teil wird die Frage erörtert, ob die Authentizitätsthese empirisch zutrifft, ob und wie sie allenfalls zu spezifizieren oder modifizieren wäre oder ob sie gar falsifiziert werden kann. Dazu werden zwei verschiedene Datentypen interpretiert. Zuerst werden die Titelseiten dreier Werbeprosekte eines großen Schweizer Reiseunternehmers besprochen, anschließend ausgewählte Segmente und Fotos von Internetreiseberichten. Diesem zweiten Teil sollen einige allgemeine methodologische Bemerkungen vorangestellt werden.

Im unmittelbaren Vollzug lässt sich Praxis allenfalls beobachten, nicht aber studieren. Ihre Flüchtigkeit, die Tatsache also, dass sie prinzipiell immer schon vorbei ist wenn man sie untersuchen will, entzieht sie dem direkten wissenschaftlichen Zugriff. Der methodischen Analyse zugänglich sind nur die Dokumente, in der sich die Praxis materialisiert und dem Kriterium der intersubjektiven Nachvollziehbarkeit genügen nur die Spuren, die sie hinterlässt. Wie es in den Sozialwissenschaften eine Vielzahl von Methoden gibt, Daten auszuwerten, gibt es auch unterschiedliche Verfahren, sie zu erheben. Der wichtigste Unterschied dabei ist der zwischen reaktiven und nicht-reaktiven Verfahren. Fragebögen etwa, Laborexperimente oder Interviews sind reaktive Methoden. Sie produzieren ihre Daten selbst. Die Daten entstehen überhaupt erst als Reaktion auf einen Stimulus, der bspw. in der Aufforderung zum Ankreuzen oder in der direkten Befragung bestehen kann. Diese Reaktivität hat Vor- und Nachteile. Der wichtigste Vorteil besteht darin, dass sich sehr gezielt Daten erheben lassen, die genau der jeweiligen Fragestellung entsprechen. Der kehrseitige Nachteil liegt darin, dass die Daten eben deshalb künstlich generiert sind, nicht also von der Wirklichkeit selbst hervorgebracht, sondern szientifisch produziert wurden. Es ist deshalb bei reaktiven Verfahren stets mit Verzerrungen zu rechnen, die der Erhebungssituation geschuldet sind und Fragen provozieren, ob etwa der Interviewte etwas vielleicht nur dem Interviewer zuliebe gesagt hat oder der Proband nur innerhalb des artifiziellen experimentellen Settings so reagiert und nicht in der realen Welt seines Alltags. Das kann beunruhigende Zweifel an der Validität der Erhebung nach sich ziehen, und es fragwürdig erscheinen lassen, ob die Daten das Erkenntnisobjekt überhaupt angemessen repräsentieren. Die vorliegende Studie operiert nicht zuletzt deshalb ausschließlich auf der Basis nicht-reaktiver Verfahren. Viel wichtiger aber ist ein anderer Grund: es ist schlicht unnötig, anderen Menschen mit Interviews und Fragebögen die Zeit zu stehlen und selber Daten zu generieren. Es liegt zum Tourismus eine unermessliche Menge geeigneter Daten parat, was es völlig sinnlos erscheinen lässt, noch mehr zu produzieren. Bevor dies getan wird, was aufgrund des erwähnten Vorteils der Zielgenauigkeit durchaus zweckmäßig sein kann, gilt es erst einmal, das bereits Vorhandene auszudeuten. Das methodische Hauptproblem dieser Studie besteht nicht darin, irgendwie an Daten zu kommen, sondern in der Selektion aus der immensen Fülle möglicher Untersuchungsobjekte.[1]

Eine äußerst ergiebige Quelle tourismussoziologisch interessanten Datenmaterials ist die Tourismusindustrie und die Werbung für ihre Produkte. Es drängt sich dabei sofort die Frage auf, in welcher Beziehung die Prospekte zur touristischen Praxis stehen und was sich durch die Analyse jener über diese überhaupt herausfinden lässt. Gegenstand dieser Untersuchung ist ja nicht eigentlich die Tourismuswerbung, sondern die Logik touristischer Praxis. Und Werbung bedeutet in erster Linie nicht die objektive Beschreibung des beworbenen Produkts, sondern ein Anpreisen. Ihre Funktion ist nicht die Information, sondern die Stimulation der Nachfrage. Es ist nicht zu erwarten, aus der Untersuchung von Werbematerial direkt Informationen über die Praxis touristischen Reisens selbst zu gewinnen, die das Produkt ist, das verkauft werden soll. Dass Hotelzimmer in Wirklichkeit nicht so sauber sind und der Strand nicht so weiß ist, wie auf den Fotos im Reisekatalog, ist trivial. „Interessante Gerüche und lebhaftes Stimmengewirr [...] auf den Märkten Kairos"[2] können sich vor Ort auch als Gestank und Geschrei herausstellen. Den Nachweis zu führen, dass die Werbung falsche Hoffnungen weckt, dass sie lügt und sie ihres ideologischen Charakters zu überführen, ist hier jedoch nicht das Ziel. Im ‚Lügen' besteht ihre Hauptaufgabe. Interessant ist nicht, dass sie das tut, sondern wie. Stellt die Werbung auch keine verlässliche Informationsquelle für das Verständnis des beworbenen Produkts dar, so informiert sie doch darüber, wie der Verkäufer sich seine Kunden und deren Wünsche und Bedürfnisse vorstellt. Solche Bedürfnisse müssen nicht schon vorhanden sein, sondern können durch die Werbung auch überhaupt erst produziert werden. Drastisch formulieren Boltanski und Chiapello in Bezug auf das Marketing:

„Was er [der Konsument, RS] für sein eigenes Wünschen hält, [...] ist in Wahrheit [...] das Produkt einer Manipulation, mit der die Warenanbieter seine Phantasie versklaven. Er will, was er wollen soll."[3]

---

1 Anders bei der quantitativen Forschung, die aufgrund des oben erwähnten Messproblems große Schwierigkeiten hat, überhaupt brauchbare Datensätze zu generieren.

2 Kuoni, Sehenswert, S. 16.

3 Boltanski 2003, S. 459. Das ist ein Marxsches Argument: „Die Production produciert daher nicht nur einen Gegenstand für das Subjekt, sondern auch ein Subjekt für den Gegenstand" (zit. nach ebd. S. 460). Ganz ähnlich auch Nietzsche (1941): „Das Bedürfnis gilt als die Ursache der Entstehung: in Wahrheit ist es oft nur die Wirkung des Entstandenen" (S. 205).

Dem soll nicht widersprochen werden. Anzufügen ist aber, dass die Verkäufer darauf angewiesen sind, mit ihren Slogans beim Käufer auf irgendeine Resonanz zu stoßen. Zum Kauf zwingen lassen sich die Kunden nicht und die Metaphorik der Versklavung geht an der Sache insofern vorbei, als die Manipulation des Bedürfnisses durch Werbung eben gerade nicht nur *force and fraud* ist. Das Geschäft der Werbung ist das Überreden, das darauf beruht, den Adressaten dazu zu bringen, *von sich aus* zu tun (d. h. zu kaufen), was von ihm verlangt wird. Überreden ist nicht Befehlen. An der psychischen Konstitution und der Triebstruktur der potentiellen Kunden ganz vorbeizureden, ließe die Werbung scheitern. Die Werbeprospekte werden hier daraufhin untersucht, welche Kundenbedürfnisse sie produzieren, unterstellen und stimulieren. Sollte es zutreffen, dass die Kunden wollen, was sie wollen sollen, fragt sich, *was* genau sie wollen sollen. Von der oben besprochenen These ausgehend, stellen sich die Fragen an die Analyse der Prospekte noch spezifischer: Unterstellt die Werbung beim Kunden das Streben nach Authentizität? Wie, wenn überhaupt, wird dieser Wunsch thematisiert, stimuliert oder manipuliert? Was wird unter Authentizität verstanden? Wie wird sie illustriert? Versucht der Anbieter tatsächlich im Sinn Boltanskis und Chiapellos, Authentizität zu kommodifizieren? Und sollte das der Fall sein: wie funktioniert die „Verwandlung des Authentischen in ein Marktprodukt" und wie werden konkret „Authentizitätsreserven erschlossen"?[4]

Der Zusammenhang zwischen der Werbung und der Praxis des Reisens ist also vermittelt über die Bedürfnisse der Touristen. Die Analyse von Werbematerial informiert nicht direkt über das Produkt (die Reise), kann aber Aufschluss darüber geben, wie der Anbieter sich seine Kunden vorstellt bzw. wie er sie gerne haben möchte und worauf er sie abzurichten versucht. Werbung zielt auf die Fantasie des Käufers und sagt viel darüber aus, wie diese sich das Reisen vorstellen und vorstellen sollen. Werbeprospekte sind Dokumente nicht der touristischen Realität, sondern der *touristischen Imagination*. Diese Imagination, Vorstellungen der idealen Reise, aber treibt nun ihrerseits wieder an, was der eigentliche Gegenstand dieser Studie ist: die touristische Praxis.

Einen umfassenden Überblick sowohl über verschiedene tourismusindustrielle Produkte als auch über die Varianten, für diese zu werben, ermöglicht das Studium einer Prospekt-Serie des Schweizer Reiseveranstalters Kuoni.[5] Die

---

4 Boltanski 2003, S. 479.

5 Kuoni ist ein international agierendes Reiseunternehmen mit rund 13000 Angestellten in ca. hundert Ländern, das in Zürich seinen Hauptsitz hat, wo es 1906 gegründet wurde. Es operiert im oberen Preissegment und erwirtschaftete nach eigenen Angaben 2011 über 5 Mia. Franken Nettoerlös.

Prospekte, die Gegenstand der Analyse sind, sind leider nicht mehr zu erhalten. Auf der Homepage von Kuoni kann man sich aber weiterhin „inspirieren" lassen, wobei mittlerweile nicht mehr sechs, sondern acht „Reisemotive" unterschieden werden.[6] „ERKUNDEN", „SEHENSWERT" und „EINFACH WEG", die drei Prospekte, die unten eingehend besprochen werden, sind immer noch dabei und die Beschreibung ist im Wesentlichen gleich geblieben. Diese Serie diversifiziert ihr Angebot nicht, wie es für Reisen zu erwarten wäre, nach Destinationen oder geografischen Regionen. Unterschieden werden stattdessen – getreu der Ideologie der Kundenorientierung und nach dem Motto: „zuerst kommen ihre wünsche. dann kommt das ziel." – sechs „Bedürfnisfelder". Überraschend ist im erwähnten Motto die scharfe Trennung von Wünschen und Reisezielen. Es ist ja davon auszugehen dass sie sich in der Tourismusbranche verbinden. So kann es des Kunden Wunsch sein, nach Mexiko zu reisen. Dann ist die Unterscheidung von Bedürfnis und Destination hinfällig, sein Bedürfnis wäre es, dieses Reiseziel zu erreichen. Der Veranstalter unterstellt dem Kunden ein recht geringes Interesse an der Destination als solcher. Er unterstellt, dieser wolle nicht primär an einen bestimmten Ort, sondern ein bestimmtes Bedürfnis befriedigen, wo auch immer. Der Ort selbst, das Ziel der Reise, gerät demgegenüber zum mehr oder weniger kontingenten Mittel. Die angesprochenen Wünsche kommen tatsächlich wohl kaum „zuerst", sondern sind selbst bereits Produkt der Werbung. Sie sind genau das, was gewollt werden soll. Adorno merkt dazu drastisch an: „Die Berufung auf Natur gegenüber irgendeinem Bedürfnis ist stets bloß die Maske von Versagung und Herrschaft".[7] Diese Wünsche sind, so könnte man es fassen, nicht ‚erste Natur', sondern zweite. Damit diese Manipulation aber funktioniert, ist sie wie jede Form der Machtausübung, auf eine legitimatorische Basis angewiesen, die ihrerseits nicht selbst wieder Produkt dieser Manipulation sein kann. Das ist in der politischen Propaganda, mit der die Werbung oft verglichen wird, nicht anders. Auch sie muss anschließen an kulturelle Deutungen des Wahren, Schönen und Guten, die sie selbst nicht zu produzieren vermag. Schreibt sie dem Kunden auch vor, was er zu bedürfen hat, so muss diese Vorschrift doch anschließen an Vorstellungen, die darüber hinausgehen, was ihm die Werbung selbst aufdrängen kann. Die bewusste Stimulation bedarf einer Voraussetzung im Unbewussten des Käufers, das selbst nicht wieder gänzlich der Produktion durchs Marketing unterliegen kann. Was nun der moderne Mensch

---

6 Siehe: www.kuoni.ch/reisemotive/. Die Motive sind: „Erkunden", „Sehenswert", „Körper, Geist & Seele", „Einfach weg", „Sun & Fun", „Unter Freunden", „Zeit für uns", „Für die Kleinen" (letzter Zugriff: 28.1.14).

7 Adorno 2003b, S. 392.

mehr als alles andere zu begehren (und zu vermissen) scheint, ist das authentische Leben, authentische Objekte oder sein eigenes authentisches Selbst. Wie im ideengeschichtlichen Überblick skizziert, ist dieses Verlangen keineswegs neu, sondern entwickelt sich parallel zur Modernisierung. In dem Maße wie sie fortschreitet und sich beschleunigt, intensiviert sich dieses Begehren. Wahrscheinlich ist es deshalb, dass Werbung daran anschließt. Das gilt besonders für die Tourismusindustrie, da ihr Produkt auf dieses Verlangen exakt zugeschnitten ist.

Schließlich sind dem ersten empirischen Kapitel noch einige Bemerkungen zur Methode voranzustellen. Ähnlich wie Sequenzanalysen von Texten auch provozieren Bildanalysen ein Darstellungsproblem, das sich nie ganz befriedigend lösen lässt. Die konkrete Forschungspraxis vollzieht sich in äußerst kleinen Schritten, sie ist sehr zeitaufwendig und erhebt die Konzentration auf noch so unbedeutend erscheinende Details zum obersten Prinzip. Nichts darf willkürlich ausgelassen, alles muss interpretiert werden. Die Objektive Hermeneutik etwa spricht vom ‚Wörtlichkeits-‘ und vom ‚Totalitätsprinzip‘, das sinngemäß auch für Bildanalysen gilt. Den gesamten Interpretationsprozess aber schriftlich wiederzugeben, ist nur dann sinnvoll, wenn um diesen als solchen geht, wenn es also um die Methode selbst geht und nicht um das, was damit analysiert wurde. Das ist hier ausdrücklich nicht der Fall. Es geht weder um die Methode der Bildanalyse noch um deren methodologischer Begründung, sondern um das touristische Reisen und die Frage, inwiefern sich in den Dokumenten ein Interesse an Authentizität manifestiert bzw. in welchem Sinn hier Authentizität – wenn überhaupt – thematisch ist. Es soll nicht gezeigt werden, wie bei Bildanalysen methodisch kontrolliert vorzugehen ist,[8] sondern nur, was dabei herausgekommen ist. Diese Ergebnisse werden zudem nicht isoliert dargestellt, sondern in einem umfassenden Interpretationszusammenhang und teilweise werden sie noch zusätzlich verdichtet und künstlich zugespitzt um die Argumentation deutlicher hervortreten zu lassen. Unter dieser Form der Darstellung kann natürlich die Nachvollziehbarkeit leiden, zumindest was die einzelnen Deutungsschritte angeht. Das ist der Preis, der für die Lesbarkeit der Fallstudien gezahlt wird. Aller-

---

8   Dazu findet sich mittlerweile sehr viel einschlägige Literatur. Im deutschsprachigen Raum aktuell besonders relevant: die Visuelle Wissenssoziologie von Jürgen Raab (2007, 2008, 2012), die Segmentanalyse von Roswitha Breckner (2010, 2012), die Dokumentarische Methode der Bildanalyse von Ralf Bohnsack (2011) sowie die Bildanalysen nach den Regeln der Objektiven Hermeneutik (bspw. Loer 1994 oder Ritter 2003). Vgl. außerdem das Themenheft „Perspektiven einer Visuellen Soziologie" (Soziale Welt 64, 1-2/2013) sowie den Sammelband über die „Grenzen der Bildinterpretation (Müller, Raab, Soeffner 2014) .

dings ist dieser Preis kalkulierbar und das Risiko, es könnten Zweifel an der methodischen Sauberkeit der Analyse aufkommen, hält sich in vertretbaren Grenzen. Die folgenden Ausführungen sind alle bezogen auf die Bilder und diese sind ja abgedruckt und so problemlos zugänglich. An diesen Bildern sind die Deutungen zu messen, an nichts anderem. Nicht wird behauptet, dass jene nicht noch mehr ‚hergeben' könnten oder dass man sie nicht auch anders interpretieren könnte. Einzig wird, umgekehrt, der Anspruch erhoben, dass alle Interpretationen durch die unmittelbare sinnliche Wahrnehmung gedeckt sind.

4.2. TAJ MAHAL: DAS ‚WUNDER' MAJESTÄTISCH-ERHABENER HOCHKULTUREN

Das Coverbild des ersten Prospekts zeigt das Taj Mahal, frontal fotografiert in der Dämmerung und gespiegelt in der glatten Wasseroberfläche vor dem Gebäude. Es handelt sich bei dem Foto nicht nur um das Bild eines Objekts, sondern auch um das Bild eines Bilds des Objekts. Die Unterscheidung zwischen Original und Bild kommt also im Bild selbst wieder vor, die Systemtheorie nennt das

‚Re-entry'. Von einiger Bedeutung ist dabei die Präzision der Spiegelung und die geometrisch exakte Entsprechung von Original und Bild. Zur Beschreibung des Bilds böte sich hier die Formel an: Gegenstand und Spiegel-Bild des Gegenstands sind quasi identisch, zumindest bis fast zur Ununterscheidbarkeit ähnlich. Es gibt zwar merkwürdige Stellen im Bild, wo die Spiegelung nicht mit dem Gespiegelten übereinstimmt, etwa in bei den Bäumen auf der rechten Seite des Bildes, doch vermag dies den Gesamteindruck nicht zu trüben. Einfach ausgedrückt, entspricht das Objekt dem Bild des Objekts. Dass das keineswegs notwendig ist, zeigt die Spiegelbild-Fotografie, die oben in der Einführung kurz besprochen ist. Castel bringt die Angleichung von Bild und Realität sowie die Fotografie allgemein in unmittelbare Nähe von Perversion, in der sich „der Unterschied zwischen realen und phantasierten Aktivitäten [verwischt]"[9] und zum Fetisch als Ersatzobjekt. Das ist im Zusammenhang mit touristischem Reisen von größter Relevanz, geht es dabei doch häufig um die Differenz zwischen dem Bild, das man von einem Objekt, einem Ort, einer Kultur hat und der direkten Wahrnehmung unter den Bedingungen räumlicher Kopräsenz. Diese *Differenz*, letztlich eigentlich das beste Verkaufsargument des Veranstalters, wird hier *als Identität* präsentiert. Das vorweggenommen, ist zuerst eine begriffliche Unterscheidung notwendig um das Authentizitätsproblem überhaupt angehen zu können.

Der Untersuchungsgegenstand ist die Fotografie des Taj Mahal und auf die Authentizitätsthese bezogen stellen sich zwei Fragen: Ist das Foto des Gegenstands authentisch? Authentizität des Fotos kann dabei einerseits bedeuten, ob die Fotografie glaubwürdig ist, ob sie echt ist, oder ob entweder die Situation fürs Foto inszeniert oder dieses nachträglich irgendwie manipuliert wurde. Im spezifisch ästhetischen Sinn ist die Frage nach der Authentizität andererseits eine nach dem Grad des Gelingens. Von Interesse wären dabei etwa die Wahl des Ausschnitts sowie Schärfen- und Lichtverhältnisse. Und zweitens: Ist der Gegenstand des Fotos authentisch? Da unten im Zusammenhang mit der Praxis touristischer Fotografie noch eingehend die Frage behandelt wird, was die Authentizität von Fotos ausmacht und wie sie beurteilt werden kann, steht hier zunächst die zweite im Zentrum. Festzuhalten ist gleich zu Beginn der Analyse, dass die bekannten und oben diskutierten Angebote der Tourismustheorie sich hier nicht als sehr hilfreich erweisen. Mit der Frontstage-Backstage-Differenz Goffmans, der die Authentizität der Hinterbühne vorbehält und auf der Vorderbühne nur Show und Spiel sehen kann, kommt man jedenfalls nicht weiter. Das Gebäude ist eine typische Frontstage. Auch MacCannells tourismusspezifischen Graduali-

---

9 Castel 1965, S. 249.

sierungen erlauben keine direkten Bezüge zum Bild: weder werden hier Backstages so hergerichtet, dass Touristen hineinschauen könnten, noch werden Frontstages so dekoriert, dass sie wie Backstages aussehen. Dazu passt die Art der Fotografie selbst, die nicht irgendeinen abgelegenen Winkel im Gebäude zeigt, nichts, was an Backstages erinnert, sondern frontal die Fassade und eine ausgesprochen konventionelle Perspektive.

a. Echtheit und Prägnanz als Variationen der Authentizität

Dennoch ist nicht zu bestreiten, dass das Taj Mahal authentisch ist. Es fragt sich indessen, und das ist die Frage, die dieser Studie zugrunde liegt, was das heißen kann oder soll. Zunächst einmal, dass das Taj Mahal ein authentisches Zeichen für die indo-islamische Kulturgeschichte des 17. Jahrhunderts ist und für die Zeit der Herrschaft der Mogule. Das wiederum kann zweierlei heißen, womit ein Faden wieder aufgenommen wird, der oben bei der Diskussion des Authentizitätsbegriffs in der soziologischen Literatur vorerst liegengelassen wurde: Es kann der Zeugnischarakter hervorgehoben werden und der Palast als Beweis für die tatsächliche Existenz dieser vergangenen Epoche angesehen werden. Betont wird dabei die Referenz auf etwas außerhalb seiner selbst, also die indexikalische Dimension. Unter diesem Gesichtspunkt ist es eine Spur, ein sinnlich wahrnehmbares Zeichen für etwas, das selbst nicht (mehr) wahrnehmbar ist, für eine vergangene Gegenwart. Ist dieser historisch-dokumentarische Aspekt des Objekts von Interesse, zählt in erster Linie, wofür oben der Begriff der Echtheit vorgeschlagen wurde. „Echt bedeutet historisch original. Beweisen, dass ein Ge-genstand original ist, heißt ihn als *Zeichen seiner eigenen Herkunft* betrachten".[10] Im Vordergrund steht dann, ob es wirklich zu dieser Zeit und an diesem Ort gebaut wurde, ob es also das einzig echte Taj Mahal ist oder ob es sich um eine Fälschung handelt oder um eine Replikation. Wie bei der Zeugenaussage vor Gericht kommt es einzig darauf an, dass die Ereignisse, wie sie sich zugetragen haben, korrekt wiedergegeben werden, nicht auf die ästhetische Prägnanz der Erzählung oder die Eloquenz des Zeugens. Aber:

„Gegenüber vielen auch heute noch kurrenten Authentizitätsbegriffen, die Referenzialität, Indexikalität, empirische Nachprüfbarkeit, Echtheit einfordern, akzentuiert er [Adorno, RS] entschieden: ‚Der Anteil des empirischen ist nicht, wie der Topos der Echtheit es möchte, der Ort von Authentizität'."[11]

---

10 Eco 2004, S. 244 (kursiv i. O.).
11 Müller 2006, S. 62.

Außer aus sich hinaus – auf den Herrscher, den Künstler, auf die Technik, den Stil, die Epoche – weisen Kunstwerke ‚in sich hinein' und provozieren Fragen nach ihrer Stimmigkeit und Konsequenz. Dass das Taj Mahal ein *authentisches Zeichen* der indo-islamischen Kultur ist, kann auch bedeuten, dass diese sich in ihm besonders prägnant manifestiert, dass es ein außergewöhnlich *gelungener* Ausdruck dieser Kultur ist. Prägnanz aber ist, wie Stringenz oder Kohärenz, ein ästhetisches Merkmal, d. h. ein Merkmal, das sich nur am unmittelbar sinnlich Wahrnehmbaren zeigen lässt. Die Frage nach der Authentizität, die ein ästhetisches Urteil über den Grad des Gelingens impliziert, ist also zu unterscheiden von der nach der Echtheit. Eco unterscheidet ähnlich, die „ästhetische Integrität" von der „archäologischen Echtheit" und merkt dazu an: „Freilich sind diese beiden Auffassungen von Authentizität und Echtheit in vielfältiger Weise und häufig unentwirrbar miteinander verflochten".[12] Einerseits lassen sich genuin ästhetische Merkmale thematisieren und Fragen etwa nach der Schönheit, der Stringenz, der Symmetrie des Objekts stellen. In diesem Sinne verwendet Adorno in der ‚Ästhetischen Theorie' den Begriff. Authentische Werke sind ihm solche, die konsequent durchgebildet sind und stringent und ohne Rücksicht auf Wünsche der Auftraggeber oder Betrachter ihrer immanenten Eigenlogik folgen. Adorno spricht dabei auch von der Autonomie und der Autorität des Werks. Sogar der Künstler selbst, will er ein authentisches Werk schaffen, habe seine Subjektivität auf- und sich restlos dem Werk hinzugeben. Authentizität schließlich sei kein Maßstab, der von außen an ein Werk herangetragen werden könne, sondern dieser sei stets aus diesem selbst zu entwickeln. Es gehe dabei um die Konfrontation dessen, was das Werk von sich aus sein will, mit dem, was es tatsächlich realisiert. Dieses Verhältnis zwischen Anspruch und Verwirklichung ist letztlich das, worauf das Urteil über die Authentizität eines Objekts sich bezieht.

Gemäß der oben explizierten Relationalität des Authentizitätsbegriffs, kann authentisch nicht das Taj Mahal sein, sondern die Beziehung zwischen dem Objekt aus Stein und dem, was es bezeichnet. Die schon angesprochene Krise der Repräsentation besteht genau darin, dass unklar wird, was Zeichen bezeichnen, wofür ein Objekt eigentlich steht. Auch wenn Adorno von der Authentizität eines Werks spricht – dasselbe gälte analog für eine Person oder eine Kultur –, behandelt er eine objektimmanente Beziehung: die Relation zwischen dem, was das Werk zu sein beansprucht und dem was es tatsächlich ist. Das erlaubt es, diese Dimension im Gegensatz zur oben indexikalisch genannten, als ikonisch zu bezeichnen. Die ikonische Beziehung zwischen Zeichen und Bezeichneten gründet in der Ähnlichkeit. Lässt sich nun eine Ähnlichkeit – nicht: Identität! – fest-

---

12 Eco 2004, S. 232.

stellen zwischen dem, was ein Werk ist (Zeichen) und dem, was es beansprucht zu sein (Bezeichnetes), lässt sich sagen, es sei authentisch im ästhetischen Sinn, d. h. auf seine ikonische Dimension bezogen.

Vor dem Hintergrund dieser Unterscheidung lässt sich die Eingangsfrage präziser stellen. Ist im Bild des Werbeprospekts die Echtheit des Taj Mahal thematisch oder dessen Stimmigkeit und Prägnanz? Näherliegen würde sicher die zweite Variante, da die erste kein Grund wäre, nach Agra zu reisen. Und Werbung heißt ja immer auch, Gründe für den Kauf anzuführen. Interessiert man sich für das Taj Mahal als Zeichen für die indo-islamische Kulturgeschichte, ist es nicht nötig, dorthin zu reisen. Es gibt zahlreiche Fotografien des Palasts, ganze Bildbände, die jedes Detail zeigen und auch kunsthistorische Informationen sind leicht zugänglich. Auf der UNESCO-World-Heritage-Homepage findet sich sogar die Möglichkeit eines virtuellen Rundgangs, wo man zoomen, sich drehen und das Objekt in beeindruckender Bildqualität aus allen möglichen Perspektiven betrachten kann. Es kann deshalb eigentlich nur das genuin ästhetische Interesse im Vordergrund stehen, das Interesse an der sinnlichen Wahrnehmung als solcher, das Interesse daran, etwas einmal ‚mit eigenen Augen zu sehen'. Es unterscheidet sich ja die unvermittelte Rezeption besonders bei dreidimensionalen Objekten wie Skulpturen oder architektonischen Werken ganz wesentlich von der Wahrnehmung technisch vermittelter Reproduktionen, wie etwa Fotografien.[13] Bei Gebäuden ist neben ihrer schieren Größe dabei die Tatsache von herausragender Bedeutung, dass man hineingehen kann. Sowohl diese praktisch-räumliche Erfahrung der Differenz von Innen und Außen als auch die des Übergangs lässt sich nur sehr schwer filmen oder fotografieren. Wenn es also um die Authentizität des Palasts gehen sollte, wäre zu erwarten, dass sie nicht im historischen Sinn der Echtheit, sondern im spezifisch ästhetischen Sinn thematisiert wird. Naheliegen würde es, den Unterschied zwischen Fotografie und unvermittelter Rezeption zu betonen. Man könnte etwa herausstreichen, dass und wie sich diese von jener unterscheidet. Interessanterweise ist – analog zur Hervorhebung der Identität, nicht der Differenz von Objekt und Spiegel-Bild – aber das gerade nicht der Fall. Ein erster Hinweis darauf findet sich im Symbol für das „Bedürfnisfeld" „SEHENSWERT", das nicht etwa ein Auge ist, sondern ein Fotoapparat. Das Ziel scheint nicht zu sein, sehenswerte Objekte zu sehen, sondern sie zu fotografieren. Und Fotografieren, der Blick durch Linse, ist eine Form der vermittelten Wahrnehmung, nicht unvermitteltes Sehen.

---

13 Für schriftsprachliche Texte oder Werke der Musik gilt diese Differenz nicht im gleichen Maß oder zumindest nicht in diesem Sinn.

Anders als bei den meisten Coverbildern von Reiseprospekten wird die Dominanz der Fotografie deutlich relativiert durch ein transparent-grün gerahmtes, zentral placiertes, quadratisches Textfeld mit weißem Hintergrund, das verhältnismäßig viel Fläche einnimmt. Das erfordert es, dem sprachlichen Element der Werbung einige Aufmerksamkeit zu schenken. Für die Analyse ist gerade die Kontrastierung von visueller und sprachlicher Bedeutung aufschlussreich.

b. Diskursiver Individualismus versus visueller Konventionalismus

Im grünen Rand steht der Namen des Anbieters, im Feld selbst: „der blick auf ein grosses zeugnis der zeit". In direktem Gegensatz zum gerade Ausgeführten wird erstaunlicherweise als erstes die indexikalische Dimension des Taj Mahal angesprochen, sein Zeugnischarakter. Nicht ästhetische Qualitäten sind von Interesse, nicht das, was sich sinnlich wahrnehmen lässt, sondern das, wofür das Gebäude steht und was man gerade nicht sehen kann. Im Vordergrund steht also die Echtheit, nicht Authentizität im spezifisch ästhetischen Sinn von Prägnanz oder Stimmigkeit. Wie dargelegt, erfordert das Verstehen dieses Zeugnischarakters des Objekts es nicht zwingend, nach Indien zu reisen. Natürlich ist es immer auch historisch interessant, solche Relikte einmal direkt vor Augen zu haben. Es ist, nur darauf kommt es hier an, aber nicht notwendig. Die ästhetische Erfahrung hingegen lässt sich nur in der direkten Konfrontation unter der Bedingung leiblicher Kopräsenz machen, was hier eigentümlich im Hintergrund bleibt.

Wenn aber am sehenswerten Objekt auch nicht das tatsächlich Sichtbare zu interessieren scheint, sondern das Unsichtbare: die „zeit", wofür es steht, ist doch eine Form der Wahrnehmung der propositionale Gehalt des ersten Satz: „der blick". Da Fotografien immer einen Blick registrieren, ist es ungewöhnlich, das extra hervorzuheben. Sinnvoll ist das allenfalls, wenn es sich um eine außergewöhnliche Perspektive handelt, die Perspektivität der Fotografie allgemein oder der Standort des Fotografen betont werden soll. Das erste ist gewiss nicht der Fall, die Frontalperspektive ist die allergewöhnlichste, die man sich vorstellen kann. Es bleibt deshalb eigentlich nur die Lesart plausibel, dass es bei dem Bild nicht so sehr auf das Objekt ankommen soll, sondern auf den unsichtbaren Betrachter bzw. auf den Blickkontakt zwischen Betrachter und Betrachtetem. Recht implizit zwar geht es damit doch um unvermittelte Wahrnehmung und ästhetische Erfahrung und nicht nur um den dokumentarischen Zeugnischarakter des Gebäudes. Indem der Text erklärt, es handle sich bei dem Foto nicht um eine Aufnahme des Taj Mahal, sondern um die Aufnahme eines Blicks auf das Taj Mahal, wird dem Bild ein persönlicher Charakter zu geben versucht. An dieser

Stelle zeigt sich deutlich der Widerspruch zwischen visueller und sprachlicher Kommunikation. Weshalb, wenn es nicht um das Objekt, sondern um einen subjektiven Blick gehen soll, wird die konventionelle Frontalansicht gewählt? Das erklärt sich nur, wenn davon ausgegangen wird, das Persönliche: der Blick und das Konventionelle: die Frontalperspektive würden zusammenfallen. Der Kunde wolle zwar ‚mit eigenen Augen' sehen, sich ein eigenes Bild machen, es geht ja um seinen Blick. Der Blick fällt aber nur gerade auf das, was auf den Fotos sowieso immer schon abgebildet ist. Die einzigartige Konfrontation eines Subjekts mit einem besonderen Objekt der Wahrnehmung wird zwar sprachlich hervorgehoben, die Fotografie soll einen Blick zeigen, nicht das Objekt, diese Einzigartigkeit aber bildlich eliminiert dadurch, dass es sich um den Standard-Blick schlechthin handelt.

Die Fallstruktur reproduziert sich: wie das Objekt seinem Bild entspricht, soll auch der persönliche Blick und die direkte visuelle Erfahrung der konventionellen Perspektive und der fotografischen Vermittlung entsprechen. Akzentuiert ist seltsamerweise nicht die Differenz zwischen der Krise durch müßige Wahrnehmungen unter den Bedingungen physischer Kopräsenz und den tourismusindustriellen Sehschablonen, sondern die Passung. Die Formel lässt sich prägnanter fassen: es gibt keinen Unterschied zwischen dem direkten Sehen eines Objekts und dem Sehen eines Bilds dieses Objekts, sondern was man sieht, wenn man dort hinreist, entspricht genau den Bildern, die man zuvor schon gekannt hat. Es geht also bei den Reisen, die dieser Prospekt anbietet, nicht darum, neue und deshalb krisenhafte ästhetische Erfahrungen zu machen, sondern darum, bereits Bekanntes bestätigen zu lassen und genau das zu sehen oder das genau so zu sehen, wie die Bilder es vorgeben. Das Ziel dieser Reisen ist also nicht die Erweiterung und die Modifikation eingefahrener Blickroutinen, sondern die routinemäßige Anwendung und Bestätigung bereits bewährter Schemata.

c. Moderne Fantasien des Traditionellen

Die Frage nach der Authentizität lässt sich noch anders wenden und direkt anschließen an oben bereits Expliziertes. Es stellt sich nicht nur die Frage, ob das Taj Mahal ein authentischer Ausdruck der indo-islamischen Kultur ist, sondern auch, ob diese Kultur selbst authentisch ist. Das scheint zunächst eine merkwürdige Frage zu sein, sie verweist aber direkt auf die Problematik, die MacCannell eingeführt und die in der Folge in vielfältiger Variation immer wieder aufgegriffen wurde.

„The progress of modernity [...] depends on its very sense of instability and inauthenticity. For moderns, *reality and authenticity are thought to be elsewhere*: in other historical periods, and other cultures".[14]

Wie ausgeführt, versteht MacCannell unter dem Modernen der modernen Gesellschaft in erster Linie ihre Selbstreflexivität, die mit der fortschreitenden Ausdifferenzierung von Vorder- und Hinterbühnen einhergeht. Diese Reflexivität deutet er weniger als Bedingung für Selbstbewusstsein und Sicherheit darüber, wer man ist, sondern im Gegenteil als zunehmende Verunsicherung durch ständiges Sich-selbst-infrage-Stellen. Immer weniger entspreche das, was vorne dargestellt wird, dem, was hinten vor sich gehe. Die kulturelle oder personelle Identität ist in der Moderne nicht mehr ‚einfach so' gegeben, sondern muss ständig inszeniert werden, wodurch ihr eine Dynamik und Kontingenz zukommt, die vormodernen Kulturen – so die moderne Projektion – nicht eignet. Kontrastiv dazu werden exotische Kulturen, die entweder räumlich oder zeitlich den Zentren der Moderne fernstehen, als solche imaginiert, die über eine stabile Identität verfügen. Nicht Kontingenz zeichnet sie aus, sondern Eindeutigkeit. Diese Kulturen erscheinen der Moderne als selbstbewusst im doppelten Sinn: sie wissen, wer sie sind (kognitiv) und sind darauf auch stolz (normativ). Der Wunsch nach Sicherheit darüber, wer man ist, wird in alte Kulturen projiziert. Authentizität bedeutet in diesem Zusammenhang eine stimmige Entsprechung von Selbstbild und tatsächlichem Selbst.

Der gewählte Gegenstand ist aufgrund seiner Schwere, Monumentalität, Massivität und Stabilität ein besonders prägnantes Symbol für diese Selbstsicherheit. Die symmetrische Bauweise – auf dem Foto zu erahnen, nicht deutlich zu erkennen – verstärkt diesen Eindruck noch zusätzlich. Der Palast kontrastiert damit sehr deutlich die Flüchtigkeit und Instabilität der Moderne, wo „alles Ständische und Stehende verdampft"[15] und nichts mehr für die Ewigkeit gebaut wird. Es ist ein Zeichen vornehmer Größe und erhabenem Stolzes, Sinnbild für die Imposanz und ästhetische Überlegenheit und das Monumentale sogenannter ‚Hochkulturen' gegenüber der industrialisierten und rationalisierten Welt. Der Eindruck von Würde, Ruhe und zeitloser Stabilität wird durch die fast makellose Spiegelung im Wasser noch verstärkt, da dem Gebäude so bildlich noch eine weitere Symmetrie hinzugefügt wird. Es entsteht dadurch der Eindruck eines In-sich-Geschlossenen, was der prinzipiellen Offenheit der Moderne gegenübersteht. Betont sei an dieser Stelle, dass mit keinem Wort behauptet werden soll,

---

14 MacCannell 1976, S. 3 (kursiv RS).
15 Marx 1988, S. 41.

dies sei so: dass also die Moderne eine offene und instabile Kultur sei und die indo-islamische ein stabile und in sich geschlossene war. Es geht hier zunächst nur um die Rekonstruktion der Imaginationen, die durch das Bild aufgerufen werden. Im Coverbild negativ chiffriert erscheint so die Kultur der Moderne als unsichtbares Gegenbild dieses Ausdrucks von erhabener Ruhe und selbstgewissem Stolz. Sie erscheint als zittrig, nervös und geprägt durch die prinzipielle Verunsicherung über sich selbst. Im Gegensatz dazu wird die fremde Kultur als eine imaginiert, die in sich selbst ruht und auf Abgrenzung von und Selbstdarstellung vor anderen Kulturen gar nicht angewiesen ist. Prägnanter Ausdruck dieses In-sich-selbst-Ruhen ist die nahezu perfekte Wasserspiegelung. Das (Selbst-)Bild des Objekts entspricht dem Objekt selbst. Hier zeigt sich deutlich, wie die Bilder des Tourismus, wie Bilder des Fremden dazu gebraucht werden können, Bilder des Eigenen zu beschreiben. Was in fremden Kulturen gesucht wird, ist – nicht ausschließlich, aber auch – das, was man an der eigenen vermisst. Deshalb eignet sich, wie es MacCannell schon behauptet hat, der Tourismus so vorzüglich zur Analyse der modernen Gesellschaft. Wenn in der indoislamischen Kultur, hier repräsentiert durch ihre berühmteste Manifestation, Authentizität gesucht wird, dann bedeutet das in diesem Zusammenhang also: Selbstsicherheit und Gewissheit über die eigene Identität.

Die Fallstruktur ist also folgendermaßen zu erweitern: Formal entspricht das Objekt dem Bild, der persönliche Blick entspricht dem konventionellen Foto und inhaltlich ist das Bild die Projektion des Wunsches nach Authentizität (Ruhe, Erhabenheit, Selbstsicherheit) auf eine ferne und alte Kultur.

d. Entzauberung und Interesse am Wunder

Im nächsten Satz wird das Taj Mahal als „wunder in stein, holz, metall" beschrieben, was direkt auf die Verzauberungs- und Wiederverzauberungsprozesse der Kunstreligion verweist. Blickt man über den Bereich der Ästhetik hinaus, verweist das Wunder im Allgemeinen auf eine vormoderne Zeit. Weber behandelt Modernisierung wesentlich als – zunächst religionsimmanenten, vom mosaischen Bilderverbot und der Verpflichtung auf die Schrift angestoßenen – Prozess der Entzauberung, was letztlich die unaufhaltbar fortschreitende Eliminierung des Wunders vorbereitet und die Etablierung des Gedankens, dass es in dieser Welt „prinzipiell keine geheimnisvollen unberechenbaren Mächte gebe, die da hineinspielen".[16] Einzig im Bereich der Kunst wird dem Wunder noch ein Existenzrecht zugesprochen, es wird von ihr gar erwartet:

---

16 Weber 1995, S. 19.

„Ästhetische Erfahrung wurde zum Refugium von Freiheit, Schönheit und idealistischer Bedeutung in einer entzauberten, kalten, materialistischen und von Gesetzen determinierten Welt."[17]

Auch die soziologische Ästhetiktheorie spricht im Zusammenhang von der Faszination – die ‚Behexung' –, die von Kunstwerken ausgehen kann und vom „zauberischen Bann".[18] Berühmt ist Adornos These von der Kunst als „Zauber [...], emanzipiert von seinem Anspruch, wirklich zu sein" und mit Bezug auf Webers Modernisierungstheorie: „In der entzauberten Welt ist [...] das Faktum Kunst ein Skandalon, Nachbild des Zaubers, den sie nicht duldet."[19] Das Wunder steht also in einem gewissen Spannungsverhältnis zur Entzauberung und in diesem Sinn auch das Taj Mahal zur modernen Welt, in der es keine Wunder mehr gibt.

Es zeigt sich im Wunder außerdem idealtypisch die Ästhetik der Romantik. Das Werk betrachtet sie insofern als Wunder als es ihr Ausdruck der nicht weiter erklärbaren Schöpfungskraft des künstlerischen Genies ist. Heute wird das ‚Talent' genannt oder ‚Begabung'. Dieser Kunst-Mystizismus steht im Gegensatz zu den Idealen der Klassik des französischen Rationalismus (Transparenz, Logik, Abbildfunktion).[20] Nur solche Werke gelten ihr als authentische Kunstwerke, die in diesem Sinne Wunder sind, nicht solche, die sich an äußerliche Formprinzipien halten. Ob das auf das Taj Mahal tatsächlich zutrifft, kann hier nicht beantwortet werden, seine Ästhetik wirkt durch die Strenge der Symmetrie indessen eher klassisch als romantisch. Das Authentische wird hier thematisiert als das Spontane und Ungebändigte, als das Geheimnisvolle und dem rationalen Zugriff prinzipiell Entzogene. Zu dieser Semantik passt die ungewöhnliche Formulierung, dass es ein Wunder „in" Stein etc. sei und nicht aus Stein. Als sei es in diesen Materialien inkarniert und trete in deren Kleid in Erscheinung. Betont wird damit, dass das eigentliche Wunder nicht der Bau des Gebäudes, sondern die geniale Idee des Schöpfers gewesen sei und der Palast ist gewissermaßen deren Epiphanie. Dass die Materialen „stein, holz, metall" überhaupt erwähnt werden, ist trotzdem merkwürdig. Welche Rolle spielt das Material, aus dem der Palast

---

17 Shusterman 2005, S. 23.

18 Oevermann 2003c, S. 462. Vgl. auch Soeffner 2005: Im „konjunktivistischen Stil der Ästhetik [...] wird unsere Wahrnehmung zur ästhetischen Erfahrung ‚verzaubert'. Die Glückserfahrung verdankt sich diesem Zauber. Es ist der Zauber einer *spezifischen Zeitempfindung*" (S. 144, kursiv i. O.)

19 Adorno 1989, S. 93.

20 Vgl. Berlin 2004, S. 88.

gebaut ist? Und wenn es schon erwähnt werden soll, warum nicht: Marmor? Das wäre viel charakteristischer fürs Taj Mahal. Hervorgehoben wird stattdessen allgemein die Natürlichkeit und die ,Echtheit' der Bausubstanzen – in der Reihenfolge ihrer ,Ursprünglichkeit' – im Gegensatz zu den Kunststoffen, die heute zur Gebäudekonstruktion verwendet werden. In das weite semantische Netz, das sich um den Authentizitätsbegriff ausspannt, gehören auch diese Aspekte der Natürlichkeit, der Einfachheit und des Unverfälschten. Er bezeugt eine Zeit, da auch die höchsten Kunstwerke eng mit dem verbunden waren, was die Erde als Baustoff hergibt.

Das Bild des Objekts der Begierde wird präzisiert: nicht nur Selbstsicherheit und Gewissheit charakterisiert die ferne und alte Kultur sondern auch die Möglichkeit von Wundern und die Verbundenheit mit der Natur.

e. Garantierte Überwältigung und Krise der ästhetischen Erfahrung

Der nächste Satz: „mit kleinen schritten, überwältigt, kommen wir näher" vollzieht wieder einen Perspektivenwechsel vom Objekt zum Subjekt der Betrachtung und zur direkten Begegnung in der physischen Kopräsenz. Näherkommen kann man ja nur vor Ort. Von Interesse ist hier aber vor allem der Einschub und die Betonung der Überwältigung.[21] Sie bedeutet stets, dass der Überwältigte der Gewalt eines anderen unterworfen wird. In der Krise der ästhetischen Erfahrung etwa erleidet der Betrachtende einen Kontrollverlust: er ist begeistert, fasziniert, gebannt oder betört. Jedenfalls bricht das Werk mit Gewalt in seine Erfahrung ein, überwältigt ihn eben, und stört seine Selbstbeherrschung. Mit Goffman könnte man sagen, dass so die Differenz zwischen der Fassade, die das Subjekt auf der Vorderbühne zu inszenieren versucht und dem, was es auf der Hinterbühne eigentlich ist, eingerissen wird. Diese Differenz beruht im Kern auf Reflexion, Triebverzicht und Selbstkontrolle, welche letztere im Zustand der Überwältigung verunmöglicht wird. Wer wirklich überwältigt ist, verliert die Herrschaft über sich. Eingerissen wird auch die Differenz zwischen Objekt der Betrachtung und dem Betrachter selbst: dieser geht in jenem geradezu auf und verliert sich selbst. Beruht die fehlende Authentizität nach MacCannell primär auf der permanenten Selbstreflexion, die die alltägliche Schauspielerei unerbittlich einfordert und überhaupt erst möglich macht, so ist die ästhetische Krise, der

---

21 Adorno (1989) spricht von „Erschütterung": „Er [der Rezipient, RS] verliert den Boden unter den Füssen" (S. 363) oder auch vom „Gefühl des Überfallen-Werdens" (S. 123).

choque, den die Hingabe an ein gelungenes Werk auslösen kann, der logische Ort der Authentizität. In der – selbst indessen wiederum kontrollierten – Suspension der Selbst- und Triebkontrolle, taucht das Subjekt auf der Höhe kultureller Erfahrung in seine Naturwüchsigkeit zurück. Es lässt sich vom Werk mitreißen, büßt dadurch zwar Kontrollmöglichkeiten ein, gewinnt aber den Rausch, der mit der Auflösung der Grenze zwischen dem Ich und der Welt verbunden ist. Gerade in der Überwältigung der ästhetischen Krise ist also die Authentizität thematisch, grundsätzlich als Gewalt, als suggestiver Zwang, der übers Subjekt hereinbricht und ihn gefangen nimmt: Authentizität als Verlust oder absichtliche Aufgabe der Selbstkontrolle und der Selbstreflexivität. Deutlich ist hier, dass es nicht um authentische Objekte geht, sondern um Authentizität als spezifischer Modus von Erfahrungen. Die Überwältigung als Erfahrung einer Krise steht in direktem Gegensatz zum Konventionalismus der Wahrnehmung und der standardisierten Reproduktion routinisierter Blickschemata, wie sie das Cover zeigt. Zudem unterläuft es systematisch die Differenzen, die für krisenhafte Erfahrungen gerade konstitutiv wären: die Differenz zwischen der unvermittelten Wahrnehmung des Objekts unter der Bedingung leiblicher Kopräsenz und der vermittelten Wahrnehmung eines Bilds des Objekts (Fotografie oder Zeichnung) sowie die Differenz zwischen persönlichem, potentiell autonomem Blick und standardisierter Frontalfotografie.

Der Ausgangspunkt dieser ersten empirischen Analyse eines tourismusindustriellen Dokuments war die Frage nach den Vorstellungen, den Wünschen und – wie immer kontrafaktischen – Idealbildern, die der Anbieter bei seinen potentiellen Kunden voraussetzt. Das Datum ist als Werbematerial wenig geeignet, die touristische Realität, umso mehr aber die touristische Imagination zu erschließen. In ihm finden sich Vorstellungen darüber, wie es sein sollte, nicht Informationen, wie es ist. Was lässt sich nun darüber sagen?

Unterstellt werden Touristen, die nicht danach streben, Neues und Fremdes zu sehen bzw. Bekanntes neu zu sehen, sondern das Altbekannte zu bestätigen. Es wird hervorgehoben, dass das Objekt genau dem Bild entspricht, das man von ihm bereits hat, dass es also in Wirklichkeit tatsächlich auch so aussieht, wie man es auf den Fotos schon gesehen hat. Kommuniziert wird dadurch, dass der Kunde keine Überraschungen zu erwarten braucht und vor Ort alles seinen Erwartungen entspricht. Diese Überraschung aber, die Differenz zwischen der unvermittelten Wahrnehmung und der direkten Konfrontation mit dem sehenswerten Objekt auf der einen Seite, standardisierten Blickroutinen, wie sie das Cover idealtypisch zeigt auf der anderen, wäre indessen genau die konstitutive Basis der ‚Überwältigung', d. h. der Krise der ästhetischen Erfahrung durch müßige Wahrnehmung, von der im Text die Rede ist. Zieht man diese beiden Momente zusammen, ergibt sich als Strukturhypothese, dass der Anbieter davon ausgeht, seine potentiellen Kunden suchten nach überwältigenden Erfahrungen und würden diese darin finden, dass die Wirklichkeit genau dem vorgefertigten Bild entspricht und ihr Blick genau der typischen Sehenswürdigkeitenfotografie. Überwältigt ist dieser Tourist, wenn alles genau seinen Erwartungen entspricht und es keine Devianzen gibt, wenn alles so ist, ‚wie es sein soll'. Ausgegangen wird also von einem ausgesprochen konservativen Tourist, der ja nichts Neues und Unbekanntes sehen will, sondern nur das Altbekannte zu reproduzieren sucht.

Das Fremde wird primär unter den Aspekten der Größe, der Ruhe, der stolzen Selbstgewissheit und der Gewalt (Überwältigung) thematisiert. Das Authentische, das in dem Fremden gesucht und im Eigenen vermisst wird, erscheint hier, die obigen Attribute in sich aufnehmend, als das Erhabene. „Das unwahrscheinliche, seltene Aufblitzen von unberührter Objektivität *ist* das Erhabene, weil es ein ‚Ereignis' ist, das Erhabene ist das Fremde, das Heteronome inmitten des Bekannten und Benannten, es ist das Negative in der Fülle der Positivitäten, die verheißungsvolle Spur des Nichtidentischen in der Wüste des Immergleichen", ein „kleiner Riss im gesellschaftlichen Schleier" und ein „Durchblick auf das ‚Andere', auf etwas, was noch nicht vergesellschaftet, zugerichtet, angeeignet und benannt ist." Ist das etwa „die Sehnsucht nach der Epiphanie des Heiligen in einer profanen Welt"? Jedenfalls ist es die Suche nach dem Authentischen, die Suche nach dem „Erlebnis der ‚Eigentlichkeit' in einer ‚uneigentlich' gewordenen Welt", ein Erlebnis, das aber oft „Produkt eines Arrangements" ist und unecht: „Der ontologische Hall ist bloß Theaterdonner, intentional fabrizierte Überraschung".[22] Majestätisch und würdevoll wird das Fremde imaginiert, Achtung gebietend. Das zeigt sich etwa darin, dass man sich dem Objekt „mit kleinen schritten" nähert, andächtig also und gemessen. Die Semantik, mit der hier operiert wird, klingt wie eine praktische Anwendung von Kants Analytik, die das Gefühl des Erhabenen noch explizit für Naturerfahrungen reserviert. Im Gegensatz zum Schönen führt das Erhabene nicht zu direkten Lustempfindungen, sondern gebietet zunächst „Bewunderung und Achtung".[23] Wichtig für die Begriffsbestimmung ist vor allem die Größe: „Erhaben nennen wir das, was schlechthin groß ist", „was über alle Vergleichung groß ist."[24] Und weil es so schlechthin groß ist, verschwindet das Subjekt ihm gegenüber und wird überwältigt oder erschüttert. „Betroffenheit durch bedeutende Werke [...] gehört dem Augenblick an, in denen der Rezipierende sich vergisst und im Werk ver-

---

22 Alle Zitate: Burger 1991, S. 605.

23 Kant 2006, S. 106.

24 Ebd., S. 110.

schwindet: dem von Erschütterung". Diese Erschütterung durch das Gefühl des Erhabenen steht im Gegensatz zur „ruhige[n] Kontemplation" gegenüber dem Schönen.[25] Die Erfahrung des Erhabenen steht also viel näher dem Modus der Krise als dem der Routine. Burger, der die Krise im Terminus der „'Plötzlichkeit'" fasst, sieht im Interesse am Erhabenen den prägnanten Ausdruck postmoderner Subjektivität:

„Das wiederentdeckte ‚Erhabene', [...] avanciert zum Zentralbegriff einer postmodernen Ästhetik, weil an ihm allein das Subjekt noch soll erfahren können, dass es nicht nichts ist und in der durchrationalisierten Welt von heute doch noch etwas passiert; dass das ‚Ereignis' möglich ist und nicht nur das Geplante; dass es jenseits der Simulakren ein Reales gibt".[26]

Mit dieser engen Verknüpfung des Erhabenen, als das das Fremde präsentiert wird, mit dem Krisenhaften, ergibt sich auch die Möglichkeit, die Strukturhypothesen zu verbinden: das Cover unterstellt ein Interesse an der Übereinstimmung von Bild und Objekt, von persönlichem Blick und Standard-Foto also an der Vermeidung von Krisen und Überraschungen (‚Ereignissen') und dem reibungslosen Funktionieren eingeschliffener Rezeptionsroutinen. Das Bild, dem das Objekt zu entsprechen hat, ist das Bild des Authentischen als Erhabenes, was selbst wiederum ein Bild des Krisenhaften und ‚Überwältigenden' ist. Was angeboten wird, ist also die merkwürdige Form der Standard-Krise, welche viele Produkte der Kulturindustrie auszeichnet. Nicht, dass damit schon eine besonders originelle Einsicht formuliert wäre. Allerdings ist sie empirisch fundiert und am Material intersubjektiv nachvollziehbar.

---

25 Kant 2006, S. 124.
26 Burger 1991, S. 601.

4.3. MASSAI: ‚EDLE WILDE' UND EXOTISTISCHE PRIMITIVITÄTSFANTASIEN

Es bietet sich an, den gleichen Weg zu wählen wie oben und wieder zu fragen, ob und inwiefern das fotografierte Objekt authentisch sei und was das heißen könnte. Auf dem Cover dieses Prospekts ist vor allem sehr viel Gras bzw. Steppenerde zu sehen, auf der hintereinander acht Afrikaner gehen, die in rote, gemusterte Gewänder gekleidet sind, welche so aussehen, als handle es sich um eine traditionelle Tracht. Die Tücher sind als Umhang getragen und im Stil einander sehr ähnlich. Es scheint sich um eine kollektiv relativ verbindliche Art der Kleidung zu handeln, die für individuelle Präferenzen wenig Spielraum lässt. Die Tatsachen, dass die Gruppe im Gehen fotografiert ist – angenommen, es sei damit nicht eine gänzlich kontingente, sondern eine irgendwie typische Praxis aufgenommen – und dass bei vier Personen ein Stock zu erkennen ist, lässt ein nomadisches Hirtenvolk vermuten. Einer der Männer trägt einen auffälligen

Kopfschmuck, der nicht gut zu erkennen ist, aber als Maske interpretiert werden kann, wie sie etwa Schamanen tragen. Unter Einbezug von Alltagswissen ist die Gruppe leicht als Massai-Trupp zu identifizieren. Die Massai sind ethnotouristisch besonders gut vermarktet und deshalb auch eines der berühmtesten afrikanischen Völker.

a. Inszenierte Natürlichkeit

Bezogen auf die Frage nach der Authentizität nicht des Fotos, sondern des Fotografierten, sticht sofort der Charakter des hochgradig Inszenierten ins Auge. Auffällig ist die Konsequenz, mit der alle Artefakte vermieden werden, die irgend an die Modernisierung erinnern könnten: Uhren, Sonnenbrillen, Mobiltelefone, Turnschuhe, T-Shirts, Jeans oder Baseballmützen. Nirgends sind Telefonleitungen zu sehen, Straßen oder Autos, nicht einmal Fahrräder. Das ist sicher nicht der typisch kenianische Alltag, sondern eine Maskerade und für die Fotografie gestellt. Es ist gerade die Konsequenz dieser Vermeidungsstrategie, die sie als solche und die fotografierte Szene zweifellos als Show enttarnt. Weiteres Indiz dafür ist das leuchtende Rot der Kleider und deren makellose Sauberkeit. Es ist keine Alltagskleidung und bei der Gruppe dürfte es sich wohl eher um einen Trachtenverein als um tatsächliche Nomaden handeln. Für den Charakter einer Performance spricht auch die Perspektive des Fotografen, der in einer Distanz zu den Vorbeigehenden befindet, die ihm eine ideale Zuschauerposition ermöglicht: nah genug um deutlich zu sehen, weit genug um die ganze Gruppe auf einmal erfassen zu können. Dass es sich um eine Zuschauer-Schauspieler-Beziehung handelt und nicht um eine natürliche, d. h. nicht-inszenierte Situation, erschließt sich auch daraus, dass es unwahrscheinlich wäre, dass die Gruppe (mit Ausnahme des Zweithintersten) den Fotografen so ostentativ ignorieren und völlig teilnahmslos an ihm vorbeiziehen würde. Diese dezidierte Vermeidung von Interaktion unter der Bedingung räumlicher Nähe ist ein typisches Merkmal von Theatersettings. Außerdem gäbe es in der Wirklichkeit keinen Grund, auf dieser weiten Fläche so hintereinander herzulaufen und nicht neben- und durcheinander, was der Kommunikation untereinander zuträglicher wäre. Die ‚Kettenformation' ist hier nur sinnvoll, wenn es darum geht, dass keiner einen anderen verdeckt und so dem fotografischen Blick entzieht.

Edward Bruner, Anthropologe und scharfer Kritiker MacCannells, unterscheidet in seiner aufschlussreichen Studie drei Formen von Massai-Tourismus, wobei das Titelfoto des Kuoni-Katalogs exakt dem „tourist realism" entspricht. Die Massai werden dabei in ihrer tribalen Identität fixiert, in der Vergangenheit ‚eingefroren' und als traditionelles Volk dargestellt, das von der Moderne unberührt geblieben ist. Es erscheint so als Projektionsfläche romantischer Fantasien und als „timeless and ahistorical": „Maasai men as exemplars of an african primitive, as natural man." Bruners Beschreibung der touristischen Vermarktung des afrikanischen Volks auf einer neo-kolonialistischen Farm in Kenia, trifft präzise auf das Kuoni-Cover zu:

„It depicted Maasai men as brave warriors, tall and athletic, [...] (as ‚Lords of East Africa'). The producers strived for [...] the *aura of authenticity* [...] The tourists viewed the Maasai from a colonial subject position, as did early explorers and ethnographers."[27]

Zentraler Gegensatz, der dieses touristische Setting strukturiert, der ‚Code' dieses Kommunikationssystems, ist die binäre Opposition zwischen dem Wilden (Afrikaner) auf der Bühne und dem Zivilisierten (Engländer) als detachiertes Publikum. Bruner konstatiert einen paternalistischen Anachronismus und kritisiert in deutlicher Sprache diese Form des Tourismus: „representing them [die Massai, RS] as primitive, denying their humanity, and glorifying the British colonialism that had enslaved them." Für die vorliegende Studie interessanter als diese Kritik, ist Bruners Analyse der touristischen Produktion, die auf dieser Farm angeboten wird. Auch er operiert explizit mit einer Theatertheorie und bespricht wiederholt das Problem der Inszenierung von Authentischem.[28] Er richtet sich dabei aber ausdrücklich gegen die Vorstellung, der Tourismus handle grundsätzlich von Authentizität und argumentiert dafür, dass die Suche nach Authentischem lediglich eine und zudem eine besonders rückständige und naiv-provinzielle Form des Tourismus sei. Diese sei orientiert an den Idealen einer lang vergangenen Ethnologie, die noch davon ausgegangen sei, das Fremde ließe sich als Fremdes objektiv erfassen und realistisch abbilden. Wie aber die moderne – oder: postmoderne? – Ethnologie diese Idee zugunsten der Vorstellung permanenter Konstruktions-, Dekonstruktions- und Rekonstruktionsprozesse aufgegeben habe, sei auch der postmoderne Tourist an Authentizität gar nicht mehr interessiert: Die sogenannten ‚Posttouristen' in einer anderen touristischen

---

27 Bruner 2005, S. 73, kursiv RS. Vgl. S. 77: „The entire performance was produced to achieve tourist realism, an ambience of authenticity, the appearance of the real".

28 Ebd., S. 18f.: „My conceptualization, based more on performance theory [...], sees tourism as improvisational theater with the stage located in the borderzone, where both tourist and locals are actors".

Einrichtung „were not interested in authenticity [...], but only in a good show".[29]
Mit dieser fundamentalen Kritik am Authentizitätsbegriff steht Bruner in der Linie dekonstruktivistischer Philosophen, die oben im Zusammenhang mit
Boltanskis Kritik an dieser Form von Kritik behandelt wurden. Dessen Hauptar-
gument ist hier wieder aufzugreifen: auch diese Kritiken kommen letztlich um
eine Vorstellung von Authentizität nicht herum. Zum Ausdruck kommt dieses
Problem darin, dass das, was Bruner dem Authentischen entgegenstellt: in erster
Linie Reflexivität,[30] Ironie, ein spielerischer Zugang, „a focus on encounters"
oder „dialogic interplay",[31] genau dem entspricht, was oben als konstitutiv dia-
logischer Charakter authentischer Erfahrung behandelt wurde und in der Literatur weitreichenden Konsens findet. Und diese reflexive Verspieltheit ist es wohl
auch, die eine Show zu der *guten* Show macht, an der die ‚Posttouristen' doch so
interessiert sind.[32] Das bedeutet, dass sie durchaus in der Lage sind, eine gute
von einer schlechten Show zu unterscheiden und dass ihnen dieser Unterschied
auch wichtig ist. Damit aber rückt in das Zentrum ihrer Aufmerksamkeit nichts
anderes als die Authentizität der Darstellung, verstanden hier im spezifisch ästhetischen Sinn des Worts und nicht als vermeintlich dokumentarische Echtheit.
Bruner formuliert seine Fundamentalkritik an der Authentizitätsthese auf der
Grundlage eines verengten Authentizitätsbegriffs. Er versteht darunter Echtheit
und Ursprünglichkeit, weshalb er ihm zum Inbegriff eines plumpen touristischen
Konservatismus verkommt, dessen Realität hier im Übrigen gar nicht bestritten
werden soll. Das Cover des Kuoni-Prospekts zeigt eine solch nostalgische Perspektive auf das Fremde sogar sehr deutlich. Allerdings besteht weder die Notwendigkeit, Authentizität darauf zu reduzieren, noch ist das eine besonders geschickte Begriffsstrategie. Deutlich wird das spätestens an der Stelle, wo benannt

---

29 Ebd., S. 3. Vgl. S. 75: „a good show rather than staged authenticity." Vgl. Eco (2004),
    bezogen auf das Getty-Museum in Malibu: „vielen Besuchern ist es gleichgültig, was
    Original und was Kopie ist" (S. 233).

30 Das Verhältnis des Authentischen zur Reflexivität ist komplex und durchaus wider-
    sprüchlich. Einerseits – gerade in der Kunst – ist das Authentische das Reflexive und
    das Selbst-Bewusste. Andererseits gelten als besonders authentisch die unkontrollier-
    ten Ausdrücke unvermittelter Spontaneität, die Suspension also von Reflexivität. Bei-
    de Aspekte sind in dieser Studie von einiger Bedeutung.

31 Bruner 2005, S. 9 und 17.

32 Vgl. dazu Urry 1990: „Furthermore, it has recently been argued that some visitors –
    what Feifer (1985) terms 'post-tourists' – almost delight in the inauthenticity of the
    normal tourist experience. 'Post-tourists' [...] know that there is *no* authentic tourist
    experience, that there are merely a series of games or texts that can be played" (S. 11).

werden soll, was, wenn nicht diese restringierte Authentizität, die postmodernen Touristen denn interessiert. Dort bleibt dann nur noch der diffuse und alltagssprachliche Verweis auf die ‚gute' Show, die selber begrifflich nicht mehr erfasst werden kann. Die Tatsache, dass es sich bei der Szene eindeutig um einen karnevalesken Umzug und nicht um eine dokumentarische Aufnahme der ‚ungeschminkten' Realität handelt, spricht als solche natürlich nicht gegen ihre Authentizität. Sonst würde man sich der gleichen Verkürzung schuldig machen, die an Bruner gerade kritisiert wurde. Die Szene ist zwar offensichtlich nicht echt, sie zeigt nicht die wirkliche Welt, sondern ist gespielt. Das gilt aber für jede Kunst und aus ästhetiktheoretischer Perspektive stellt sich dann die Frage nach der Authentizität der Performance. Ist es eine ‚good show'? Ist sie gelungen, woran ließe sich das festmachen und wie wäre das Urteil zu begründen? Bevor diese Fragen angegangen werden können, soll aber zunächst genauer bestimmt werden, welches Stück überhaupt gespielt wird.

Als Strukturhypothese lässt sich vorerst festhalten: Afrikaner inszenieren sich (oder sie werden inszeniert) als Primitive, als vormoderne Hirtennomaden, die durch die unberührte Savanne ziehen.

b. Edle Wilde

Die Massai werden oft als ‚Naturvolk' bezeichnet, was pejorativ klingt, geraten sie dadurch doch in einen merkwürdigen Gegensatz zur Kultur. Das Cover zeigt die – tatsächliche oder vermeintliche – Naturverbundenheit jedenfalls sehr deutlich schon nur durch den übergroßen Anteil, der darauf dem Erdboden zukommt. Authentizität ist hier thematisch unter den Aspekten der Natürlichkeit und der Primitivität der Lebensweise. Es geht also nicht nur um die Frage, ob das Stück authentisch ist, sondern Authentizität ist selbst auch das zentrale Thema der Aufführung. In der Art des romantischen Exotismus wird die Einfachheit verklärt als glückselige Freiheit des unschuldigen Hirtennomaden, der sein Leben im Einklang mit den Rhythmen der Natur zu führen versteht. Unverdorben von den modernen Versuchungen und frei von der Vielfalt ihrer Zerstreuungsangebote, so ließe sich die Imagination paraphrasieren, die hier angesprochen wird, leben diese ‚edlen Wilden' ein Leben, das aufs Wesentliche beschränkt ist, was immer das sein mag. Nach Urs Bitterli geht die Vorstellung vom edlen Wilden und der „Glaube an die Güte, Unschuld und Glückseligkeit des im Naturzustand lebenden Menschen" der Romantik voraus und etabliert sich schon im 17.Jh.[33] Ihre

---

33 Bitterli 1986, S. 273. Seit der zweiten Hälfte des 18. Jahrhunderts führte die „Sehnsucht nach dem ‚Naturzustand'" vermehrt in die Alpen: „Der Älpler wurde quasi zum

gedanklichen Wurzeln dürfte dieser Glaube an den Wert des natürlich-einfachen Lebens in der „religiöse[n] Verklärung des Bauern" und im Glauben „an den ganz spezifischen Wert seiner Frömmigkeit" haben als „Produkt einer sehr modernen Entwicklung", zudem spezifisch westlicher Natur, denn „[k]eine der bedeutenderen ost-asiatischen Erlösungsreligionen weiß davon etwas."[34]

Obwohl die nomadische Lebensweise auch im Gegensatz zur Moderne steht, ist dieser Kontrast anders gebaut als beim Cover, welches das Taj Mahal zeigt. Dieses ist nicht Ausdruck von Natürlichkeit, sondern im Gegenteil Zeichen einer ‚Hochkultur'. Komplementär zur Bewunderung der erhabenen Großartigkeit alter Kulturen drückt sich auf dem Afrika-Cover die Neigung zum Einfachen aus und zum Zurück-zur-Natur: die „melancholische Sehnsucht", mit der auf die vermeintlich „glücklicheren Ahnen, die dem natürlichen Urzustand näher gewesen waren" und „in einem Zustand sorgloser Autarkie und ungetrübter Glückseligkeit dahinlebten",[35] geblickt wird. Dieser doppelte Gegensatz – modernes Europa vs. traditioneller Rest-der-Welt und innerhalb des Traditionellen: Natur vs. Kultur – weist eine beeindruckend lange ideengeschichtliche Karriere auf. Als das Bild des edlen Wilden sich in Europa im 18. Jahrhundert verbreitete und auf immenses und bis dato wenig beruhigtes Interesse stieß, formierte sich dagegen auch die scharfe Kritik. Im Sinne Voltaires etwa ist der Primitive keineswegs, wie es Rousseau suggeriert, durch angeborene Gutartigkeit charakterisiert, sondern ein grausamer und hässlicher Menschenfresser. Als positives Gegenbild und Projektionsfigur der europäischen Moderne eignet sich nicht nur der Primitive – „Neben den glücklichen Kariben, den edlen Huronen und den arglosen Neger trat, durch die Fülle seines exotischen Liebreizes alles überstrahlend, der Südseeinsulaner"[36] – sondern auch der „zivilisierte Orientale".[37] Ist dieser in

---

europäischen Indianer, zum ‚edlen Wilden', dem sich die romantische Jugend verbunden fühlte" (Spode 1988, S. 44).

34 Weber 1980, S. 287. Was hier „sehr modern" heißt, ist etwas unklar. Weber verbindet die Vorstellung zunächst allgemein mit dem Luthertum (im Gegensatz zum Calvinismus) sowie mit der „modernen, slawophil beeinflussten, russischen Religiosität". „Für das modernisierte Luthertum" dann soll „der Kampf gegen den intellektualistischen Rationalismus und politischen Liberalismus [...] das leitende Interesse" gewesen sein, während es der Slawophilie auch um den „Kampf gegen den Kapitalismus und modernen Sozialismus" gegangen sei. Politische Wirksamkeit entfaltet also die volkstümelnde Bauernbegeisterung offenbar erst im 19. Jahrhundert.

35 Bitterli 1986, S. 273.

36 Ebd., S. 276.

37 Ebd., S. 279.

der Prospekt-Serie durch das Taj Mahal repräsentiert, so jener durch die Massai. Wichtiger als der Gegensatz zwischen diesen beiden Antipoden der Moderne ist hier indessen ihre Gemeinsamkeit, „denn darin, dass beide irdische Glückseligkeit in hohem Grade verkörperten, blieben sie sich nah verwandt."[38] Diese Verwandtschaft liegt funktional primär darin, dass sie als Projektionsbilder der Moderne funktionieren. Was auf sie projiziert wird, ist das, was die moderne Gesellschaft an sich vermisst. Die inhaltliche Einheit der Differenz zwischen dem edlen Wilden und dem zivilisierten Orientalen der alten Hochkulturen (Persien, Indien, China) liegt in ihrer glückseligen Gewissheit darüber, wer sie sind, wo sie her kommen und wo ihre Bestimmung liegt. Sie haben es nicht nötig, auf irgendwelchen Front-Stages ihre Identität darzustellen, wofür sie erst reflexiv einzuholen ist, sie sind einfach, was sie sind. Dieses Selbstbewusstsein – noch einmal: als moderne Illusion nicht als historische Wirklichkeit – gibt ihnen die Ruhe, Gelassenheit und Würde, die dem modernen Menschen angeblich abgeht:

„Der erste [der Wilde, RS] atmet nur Ruhe und Freiheit […] Der Bürger dagegen ist von beständiger Thätigkeit immer in Schweiss, er strengt sich immerdar an, er quält sich ohne Aufhören".[39]

Eine wichtige Gemeinsamkeit der zwei Bilder liegt also darin, dass sie beide in je unterschiedlicher Weise Ruhe und Erhabenheit zum Ausdruck bringen: das Taj Mahal durch seine majestätische Unerschütterlichkeit und die ausgewogenstabile Symmetrie der Bauweise, die Massais durch ihre souveräne Gelassenheit und ihren selbstsicheren Gang, der zielstrebig ist – weder trödeln sie noch irren sie umher – und zugleich völlig frei sowohl von Hektik als auch Trägheit. Diese Verbindung von lockerer Entspanntheit und gemessener Contenance begründet die würdevolle Erscheinung der Gruppe und der einzelnen Individuen. Suggeriert wird durch das Bild die Freiheit vom Stress und der alltäglichen Hetzerei des modernen Berufsmenschen.

Die ideologische Phantasmagorie des edlen Wilden betont außerdem dessen Aufgehobensein und Verwurzelung in der Gemeinschaft gegenüber dem Individualismus der modernen Gesellschaft, der als anomische Vereinzelung diskreditiert wird. Es gehen auf dem Bild nicht einfach acht Männer zufällig hinterei-

---

38 Ebd.

39 Rousseau zit. nach Bitterli 1986, S. 283. Vgl. auch Berlin (2004), der den Primitivismus, „der zu Beginn des 18. Jahrhunderts in englischen Gedichten […] in Erscheinung trat" und „den edlen Wilden, das einfache Leben, die Regellosigkeit der spontanen Handlung [feiert]" zum „Inventar der Romantik" zählt (S. 51).

nander und jeder für sich, sondern deutlich zu erkennen ist die Kollektivität der Gruppe. Auch in tourismologischen Studien ist der Zusammenhang zwischen der Liminalität der Reise und der Erfahrung der Vergemeinschaftung v. a. mit Bezug auf die klassischen Untersuchungen Turners über die ‚rites de passage' wiederholt behandelt worden. Die touristische Reise wird dabei mit der Pilgerreise verglichen und die „unmediated, ‚pure' inter-personal relationship amog pilgrims" betont.[40] Es drängt sich daher die Vermutung auf, die Massai-Wandergruppe sei das Vorbild für die touristische Reisegruppe:

> „the pleasure of tourism exists not only in seeing exotic things, but also in sharing and communicating this pleasure with other tourists who are seeing the same sights together."[41]

Wiederum gilt hier, dass das nicht als empirische Aussage missverstanden werden soll. Ob diese Communitas-Erfahrung tatsächlich als Freude erfahren wird und nicht als nervend und belastend, sei hier dahingestellt. Zur – wie immer kontrafaktischen – touristischen Imagination jedenfalls gehört auch diese Vorstellung vom gemeinsamen Unterwegssein und der Vergemeinschaftung durch kollektive Krisenbewältigung. Auf Reisen sind die Beziehungen, in Parsons' Terminologie, nicht spezifisch, sondern diffus, es begegnen sich die Menschen nicht als Rollenträger oder Vertragspartner, sondern als ‚ganze Menschen'. Und das Ideal der Unvermitteltheit dieser Relationen und der Ganzheit ist eine wichtige Variation des Authentizitätsthemas: es sind authentische Beziehungen zwischen authentischen Menschen.

Wie sich gleich zeigen wird, geht diese Interpretation konsequent in die Irre. Nicht die Gemeinschaftlichkeit des Reisens wird thematisiert, sondern die Individualität. Gerade deshalb aber ist es wichtig, die Deutungsmöglichkeiten, die das Foto offeriert, deutlich zu explizieren. Nur so lässt sich dann überhaupt die Frage stellen, weshalb sie nicht realisiert wurde. Wieder ist es der Kontrast zwischen Bild und Text, dessen Interpretation sich als besonders aufschlussreich erweist.

Festhalten lässt sich, dass das Stück, das die afrikanische Trachtengruppe aufführt, sich um den edlen Wilden, die zentrale Projektionsfigur der modernen Gesellschaft, dreht. Für eine ironische Brechung und eine kritische Reflexion

---

40 Wang 1999, S. 364. Ähnlich wie Pott (2007) streicht er im Hinblick auf Turner heraus: „strucures fall apart" und Menschen würden sich nicht als Rollenträger begegnen, sondern als „total and individuated, human beings, stripped of structural attributes".

41 Ebd., S. 365.

dieses Topos finden sich im Bild keine Hinweise. Es ist Ausdruck eines naiven „romantischen Rassismus".[42]

c. Tourismusindustrielle Kritik an der Tourismusindustrie

Als Werbetext könnte man sich etwa vorstellen: ‚Beobachten Sie die Massai aus nächster Nähe'. Oder, Bruners Beobachtungen aufnehmend, ‚Never mind about Realness and just enjoy the Show!' Vielleicht auch einfach das rousseausche Retour-à-la-Nature. Der Text beginnt jedoch ganz anders: „auf dem eigenen weg in die winkel der welt." Neben dem folkloristischen Interesse und dem ‚nostalgischen Konservatismus', das der Veranstalter dem Kunden unterstellt, geht er von dessen Wunsch aus, seine Wege selbst bestimmen zu können, vom Wunsch also nach Autonomie. Nicht die berüchtigten ‚beaten tracks', sollen abgelaufen, sondern eigene Wege gefunden werden. Der Individualtourismus reagiert als Institution schon auf eine Dimension des Authentizitätsproblems. Authentizität der Erfahrung steht hier im *Gegensatz zu Standardisierung und Massenförmigkeit*[43] und ist eng verbunden mit Autonomie, Selbstbestimmung und Entscheidungsfreiheit. Dabei ist die Authentizität des bereisten Orts oder des besuchten Objekts, der Massai bspw., zweitrangig. Zentral ist die der eigenen Reise. Selber den Weg wählen zu können, gibt dem Touristen mehr Möglichkeiten, seine Reise nach seinen persönlichen Neigungen auszugestalten. Das bezahlt er mit der Unsicherheit über das Ergebnis. Eigene Wege wählen zu können heißt immer auch: scheitern zu können. Die Möglichkeit des Scheiterns ist für autonome Entscheidungen konstitutiv. Das Reisen wird dadurch riskanter, es wird – potentiell – zum eigentlichen Abenteuer.

Die Paradoxie des organisierten Individualtourismus liegt auf der Hand. Wofür, wenn die Route selbst gewählt, wird der Reiseveranstalter gebraucht, dessen Geschäft ja gerade darin besteht, dem Touristen die Entscheidungen abzunehmen, bzw. deren Riskanz durch Empfehlungen und Ratschläge zu mindern? Die Aufforderung, eigene Wege zu gehen, kann verstanden werden als eine zur Abwendung vom Produkt des Anbieters, als Anti-Werbung. Das ist sehr unwahrscheinlich und es wird faktisch eher so sein, dass die angebotenen Reisen keine Pauschalreisen sind, sondern solche, die dem Kunden es erlauben, nach dem Modell des Buffets, sich seinen Trip nach seinen Vorlieben zusammenzustellen. Ein eigener Weg ist das nicht, sondern einfach die Auswahl aus mehreren, die im Angebot vorgesehen sind, aber Übertreibung ist das Wesen der Wer-

---

42 Rubik zit. Nach Kaufmann, Haslinger 2002, S. 23.

43 Vgl. Kapitel 2.1. zu Boltanski und zum Wunsch nach Differenz.

bung. Nicht also, wie die Interpretation des Bilds es suggeriert hatte, die Erfahrung von Vergemeinschaftung durch Reisen, ist der Wunsch, mit dem die Werbung hier spielt, sondern gerade das Gegenteil davon: der Individualismus und die Möglichkeit, eigene Entscheidungen zu treffen.

Wichtiger ist aber ein anderer Kontrast zwischen Text und Bild. Die Fotografie zeigt, wie schon beim Taj Mahal, eine konventionelle Perspektive. Das bedeutet bei diesem Cover weniger die formale Konventionalität der Perspektive (frontal, zentriert, ganz) als eher ein vollständig konventionalisiertes Objekt. Die Darstellung der Massai wandernd durch die Steppe ziehend, ganz ohne moderne Artefakte, in Trachten gehüllt, ist so bruchlos typisch, dass der Unterschied zum Klischee verdampft. Es ist nicht einfach ein Bild von Massai-Männern, sondern ein Bild des stereotypen Bilds, das zum modernen Kanon über das Andere gehört. Das lückenlos Stereotype des Blicks, der hier gezeigt wird und der Konventionalismus des Fotos kontrastieren scharf mit dem Individualismus, den der Text betont. Der ‚eigene Weg‘ zeichnet sich gerade durch die Abweichung vom Stereotypen und Standardisierten aus, durch einen Widerstand gegen das Typische und die Aufgeschlossenheit gegenüber dem Besonderen und Einmaligen. Der ‚eigene Weg‘ zu den Massai würde über das „dialogic interplay“[44] führen, das Bruner anführt, über die Begegnung mit der fremden Kultur und nicht über das distanzierte Beobachten eines Folklore-Events. Der ‚eigene Weg‘ führt also direkt auf Bruners ‚Mayers Ranch‘.[45] *Der eigene Weg ist der beaten track.*

Damit manifestiert sich die gleiche Strukturlogik wie beim ersten Coverbild. Dort wurde der subjektive „blick“ der konventionellen Fotografie gleichgesetzt, hier nun der „eigene weg“ dem standardisierten Klischeetourismus. Allgemein ausgedrückt lautet die Formel also: *das Besondere* und Individuelle *ist das Allgemeine* und Standardisierte.

Der ‚eigene Weg‘, der so eigen gar nicht ist, führt laut Ankündigung „in die winkel der welt“. Die Winkel sind weniger in ihrer ‚Eckhaftigkeit‘ hier thematisch, sondern in ihrer peripheren, abgelegenen Position. So gibt es auf Dachböden oder in Kellern aber auch in Städten oder Dörfern Winkel, die meist eher dunkel und verborgen sind und deshalb sich zum Geheimnis eignen. Aufgrund dieses Charakters des Geheimnisvollen gibt es in diesen Winkeln auch etwas zu entdecken und zu erforschen: zu „ERKUNDEN“, wie es dem ‚Bedürfnisfeld‘ entspricht. Das macht sie interessant, aber, wie die wirklich eigenen Wege, ten-

---

44 Bruner 2005, S. 9 und 17.

45 Vgl. dazu Bruner 1994. Die ‚Mayers Ranch‘ ist eine neokolonialistische Touristenfarm, wo Massai für Weiße tanzen und offenbar plumpe exotistische Klischees besonders aufmerksam gepflegt werden.

denziell auch gefährlich. Zum zweiten Mal wird also die Abenteuerlichkeit hervorgehoben, die Gefahr und das Risiko, das in Kauf genommen werden muss für das Verlassen der vorgebahnten Wege und der beleuchteten Zentren.[46] Reisen in die Zentren der Welt wären typischerweise Städtereisen, die Winkel hingegen sind abgelegene und unbekannte Orte. Wird im ersten Teilsatz der Gegensatz zur Standardisierung betont, so ist das Authentische, wie es im zweiten Teilsatz aufscheint, das Gefährliche, das Ungewisse, das Dunkle. Von der Spiegelthese ausgehend,[47] davon also, dass sich im Tourismus all das findet, was im Alltag vermisst wird, liegt es nahe, dass dieser als wenig abenteuerlich, langweilig und strukturiert wahrgenommen wird, als Alltag, der einem wenig Entscheidungsspielraum lässt. Die Winkel sind Zonen des Außeralltäglichen, sie sind die Orte, wo man sich normalerweise nicht aufhält, nicht also Orte der Routine, sondern Orte der Krise.[48]

Der Kuoni-Prospekt preist also authentische (d. h. selbstbestimmte, nichtstandardisierte) Reisen in authentische (d. h. abgelegene, abenteuerliche, geheimnisvolle, off-the-beaten-paths) Regionen an, wo authentische (d. h. natürliche, primitive, einfache, edel-wilde) Menschen leben. Was es berechtigt erscheinen lässt, diese verschiedenen Bedeutungsdimensionen als Variationen über das eine und immer gleiche Thema der Authentizität zu sehen; was also hier die *Einheit der Differenz von Selbstbestimmung, Peripherie und Primitivität* ausmacht, ist der Aspekt der Krisenhaftigkeit. Authentische Erfahrungen sind Erfahrungen von Krisen, nicht Routinen. Für Selbstbestimmung und Autonomie ist das wie erwähnt konstitutiv: eine Entscheidung, die nicht dem Scheitern ausgesetzt ist, ist nicht autonom, ist eigentlich nicht einmal eine Entscheidung. Krise und Entscheidung sind semantisch aufs Engste verbunden und bezeichnen mehr oder weniger das gleiche. Die Authentizität der abgelegenen Winkel liegt in der Krisenhaftigkeit der weniger strengen Regulierung und der Lockerung der Machtstrukturen. In den Banlieues ist es stets gefährlicher als im Zentrum. Schließlich ist die Primitivität eine krisenhafte Lebensform: es existieren wenig soziale Institutionen, wenig geronnene Formen der Krisenbewältigung und man lebt in direkter Konfrontation mit den Naturgewalten. Das bezieht sich nicht nur auf die äu-

---

46 Vgl. dazu auch Potts Studien zum Armutstourismus, z. B. in Wöhler 2010.

47 Auch das eine Idee, die auf Enzensberger (1962) zurückgeht, der den Tourismus versteht als „das Spiegelbild der Gesellschaft, von der er sich abstößt" (S. 163).

48 Spode (1988) bezeichnet „die Bewegungsrichtung vom Zentrum in die Peripherie" sogar als Merkmal, das, in Kombination mit der Zweckfreiheit, „den Tourismus idealtypisch von älteren Reiseformen unterscheidet" (S. 39). Das gilt für seine Genese und stimmt so allgemein heute nicht mehr.

ßere, sondern auch auf die ‚innere Umwelt', da primitive Gesellschaften sich vor allem durch einen niedrigeren Grad von Triebkontrolle auszeichnen. Der erwähnte Widerspruch erscheint hier in besonders hellem Licht. Die ‚Mayers Ranch' ist kein „winkel der welt" und liegt nicht in der dunklen Peripherie, sondern ein Zentrum des Massentourismus, wenn auch des gehobenen.

e. Erhabene Natur

Der nächste Satz: „die werke der natur und der menschen erforschen" gibt nun Aufschluss darüber, was in den „winkel[n] der welt" zu tun ist. Da es sich um eine Forschungsreise handeln soll, kann das Ziel nur im Erkenntnisgewinn liegen, darin also, Neues zu erfahren und sich bisher Unbekanntes zu erschließen. Das passt zu den Winkeln als Orten, wo es dunkel und geheimnisvoll ist und es deshalb, potentiell zumindest, etwas zu entdecken gibt. Was das ist, wird hier präzisiert. Erforscht und erkundet werden sollen ‚Werke der Natur und der Menschen', das Ziel sind also sowohl natur- als auch kulturwissenschaftliche Studien. Dass nicht die Natur untersucht werden soll, sondern deren Werke, spricht dafür, dass sie als Subjekt gesehen wird: die Natur als Schöpferin. Sie ist nicht einfach als Welt thematisch, sondern als ‚Mutter Erde'. Diese mythische Sichtweise steht im direkten Gegensatz zur wissenschaftlichen Naturerkenntnis. Sie steht auch im Gegensatz zur rationalistischen Naturbeherrschung und zur ökonomisch-materialistischen Vorstellung von Natur als Ressourcenquelle, die es möglichst effizient auszubeuten gilt. Wie beim Taj Mahal-Cover oben im Zusammenhang mit dem Wunder schon erwähnt, wird auch hier eine spezifisch vormoderne Ausdrucksweise gewählt. Wie das Wunder ist auch die Vorstellung, die Natur sei ein göttlich-schöpferisches Subjekt durch die fortschreitende Rationalisierung weitestgehend eliminiert worden. Die Welt verliert in diesem Prozess ihre metaphysische Sinnhaftigkeit und gerät zum Zufallsprodukt, geprägt durch die in sich sinnleeren Kräfte der Mutation und Selektion sowie die endlosen quasi-automatischen Kausalketten, die Ereignisse nur als Wirkungen von Ursachen fassen können und die Frage nach dem Grund im Sinne einer Absicht eines Schöpfers oder nach einer anderen transzendenten Bedeutung zu stellen gar nicht mehr gestattet. Der Glaube an eine Schöpfung ist schwer erschüttert und damit der Glaube an einen Anfang. Was übrig bleibt ist die Leerstelle der Emergenz. Der Geschichte wurde außerdem das Telos genommen, das in säkularisierter Form Marx noch kannte, eine Erlösung ist nicht mehr denkbar, allenfalls ein Aufhören der Existenz, ein Weltuntergang durch nukleare Destruktion, solare Explosionen, Meteoriteneinschläge oder andere Katastrophen. Damit ist die metaphysische Geborgenheit des Menschen in einen übergreifenden Schöpfungsplan für immer verloren und die Welt und das Leben im eigentlichen Sinn sinnlos. Auf diese metaphysische Obdachlosigkeit des modernen Menschen reagiert die Rede von den Werken der Natur und damit von dieser als Schöpferin. Unwahrscheinlich indessen, dass die Position einer Naturmythologie eingenommen werden soll. Wie das Wunder, ursprünglich eine magische Kategorie, ist auch das Werk zunächst als creatio ex nihilo eine religiöse Kategorie und eng verbunden mit der Idee der göttlichen Souveränität. Und wie das Wunderbare und Zauberhafte in der entzauberten Gesellschaft sein ‚Reservat' weniger in der Religion, sondern in der Kunst gefunden hat, so auch das Werk. Die Natur, deren Werke hier erforscht werden sollen, erscheint also nicht so sehr als Göttin, sondern als Artistin. Das wiederum führt zurück zum Erhabenen, das im Zusammenhang mit dem Taj Mahal schon eine zentrale Rolle eingenommen hatte. Ob nun die Natur als Göttin oder, was plausibler erscheint, als Artistin thematisiert wird, es wird ihr dadurch Macht zugeschrieben. Diese Zuschreibung ist die Bedingung der Möglichkeit, das Naturschöne wahrnehmen zu können, Natur also in einem ästhetischen Rezeptionsmodus zu erfahren und nicht nur als Aktionsobjekt: „Die Natur im ästhetischen Urteile als Macht, die über uns keine Gewalt hat, betrachtet, ist dynamisch-erhaben."[49] Das Erhabene der Natur ist das Furchtbare und Bedrohliche, das aber keine direkte Bedrohung (mehr) darstellt. Der ästhetische Reiz solcher Erscheinungen, „[k]ühne, überhangende, gleichsam drohende Felsen, am Himmel sich auftürmende Donnerwolken, mit Blitzen und Krachen einherziehend, Vulkane in ihrer ganzen zerstörenden Gewalt, Orkane mit ihrer zurückgelassenen Verwüstung, der grenzenlose Ozean in Empörung versetzt", korreliert eng mit dem Grad ihrer Gefährlichkeit, „wenn wir uns nur in Sicherheit befinden".[50] Wenn aber auch diese Sicherheit und die Gewissheit durch die Naturgewalt nicht unmittelbar an Leib und Leben bedroht zu sein, die Voraussetzung ist, sie ästhetisch wahrnehmen zu können, schwindet doch die Möglichkeit solcher Erfahrungen des Erhabenen der Natur in dem Maße wie diese beherrscht und gezähmt wird. Die moderne Gesellschaft hat diese Naturbeherrschung auf einem Niveau erreicht, wo es schwierig ist, Natur überhaupt irgendwie noch als bedrohlich wahrnehmen zu können. Gelegenheit dazu bieten allenfalls noch Regionen, wo die Zivilisierung aus geografisch-tektonischen Gründen an ihre Grenzen gerät, zuvorderst natürlich die hohen Berge. Daher auch die ungebrochene Faszination des Alpentourismus. Weniger die Berge selbst, so wäre also die These, sind dort von Interesse, sondern die Tatsache,

---

49 Kant 2006, S. 127, §28 „Von der Natur als einer Macht".

50 Ebd., S.128f. Vgl. Adorno 1989: „In Zeitläuften, in denen Natur den Menschen übermächtig gegenübertritt, ist fürs Naturschöne kein Raum" (S. 102).

dass in den Bergen Natur gar nicht im gleichen Maß beherrscht werden kann wie in der Ebene. Allerdings ist das karge Gras der Serengeti, das das Cover hauptsächlich zeigt, nicht gerade ein besonders eindrückliches Beispiel für solch ein Naturwerk. Da das Sujet des Fotos eindeutig der Massai-Trupp ist, scheint es geboten, das Naturschöne vorerst noch zurückzustellen – es wird beim nächsten Cover im Vordergrund stehen – und sich auf den zweiten Teil des Satzes zu konzentrieren.

f. Forschen als nicht-entfremdete Arbeit

Die „werke [...] der menschen [zu] erforschen", ist die eigentliche Aufgabe der Kultur- und Sozialwissenschaften. Die Fotografie lässt ein spezifisch sozialanthropologisches Interesse vermuten. Es bezieht sich auf Ideen, Mythen, Sitten, Bräuche und Artefakte fremder Kulturen, allgemein: auf kulturelle Institutionen, mit denen die Menschen ihr Verhältnis untereinander sowie gegenüber der Natur regeln. Es wird vom Veranstalter also unterstellt, der Kunde sehe sich selbst als Anthropologe, zumindest als Hobby-Forscher; er sei ein mehr oder weniger gebildeter und neugieriger Mensch, der seine freie Zeit nicht mit dumpfem Herumhängen und spaßigen Vergnügungen verbringt, sondern ernsthaft nach neuen Entdeckungen sucht. Nicht Entspannung steht dabei im Vordergrund, sondern Spannung, Konzentration, Anstrengung und Hingabe an die Sache. Authentizität bezieht sich hier wieder nicht auf das Objekt der Reise, sondern auf die Haltung und Einstellung des Reisenden. Das wissenschaftliche Forschen – weniger in Wirklichkeit, aber seinem Prinzip nach – ist, wie die künstlerische Produktion, der Idealtyp nicht-entfremdeter Arbeit. Der Forscher wählt den Gegenstand seines Studiums selbst und seinen eigenen Neigungen, Kompetenzen und Interessen entsprechend. Autonomie zeichnet sowohl die künstlerische Arbeit wie auch die wissenschaftliche Forschung aus. Wichtiger ist hier aber, dass beide Formen Muße zur Voraussetzung haben, die Möglichkeit also, sich ohne unmittelbaren Praxisdruck auf ein Objekt einzulassen. Auch Forschung gründet in ästhetischer Erfahrung, d. h. in der in sich zweckfreien Wahrnehmung eines Gegenstands um seiner selbst willen. Mit der bislang sich recht gut bewährenden ‚Spiegeltechnik' lässt sich feststellen, dass mit der Vorstellung der Forschungsreise nicht der Gegensatz zwischen Arbeit und Freizeit als Kontrast von Stress und Nichtstun, sondern der zwischen heteronomer (sinnloser) und autonomer (sinnvoller) Arbeit aufgezogen wird. Diese Letztere kann als Signatur authentischen Lebens gesehen werden, ein Leben, das nicht nur „Lebensmittel" ist (Marx), sondern in dem sich der Mensch produktiv entäußern und verwirklichen kann. Es ist eine Arbeit, mit der der Arbeitende sich identifizieren kann, weil es sein eigenes Projekt ist

und er sich für die Sache interessiert, er also intrinsisch motiviert ist.
Forschung erscheint hier als authentische Arbeit im Gegensatz zur
Entfremdungserfahrung der alltäglichen Lohnarbeit, in der der Arbeiter sich

„nicht bejaht, sondern verneint, nicht wohl, sondern unglücklich fühlt, keine freie physische und geistige Energie entwickelt, sondern seine Physis abkasteit und seinen Geist ru-
iniert. Der Arbeiter fühlt sich daher erst außer der Arbeit bei sich und in der Arbeit außer
sich. Zu Hause ist er, wenn er nicht arbeitet, und wenn er arbeitet, ist er nicht zu Hause."[51]

Forschung ist aber immer die Erforschung eines bestimmten Gegenstands. Im
Widerspruch zu diesem Interesse an der Sache, steht das ganze Bedürfnispro-
gramm. Die Destinationen als solche werden ja ganz offen als zweitrangig dargestellt: „zuerst kommen ihre wünsche. dann kommt das ziel". Im Gegensatz
zum Forscher, der als Ziel die Erkenntnis hat und seine persönlichen Wünsche
und Bedürfnisse zurückstellt, geht es dem Kunden, so wie er vom Veranstalter
behandelt wird, zunächst einmal um sich selbst, nicht um das Objekt. Gemäß Foto handelt es sich dabei um die folkoristische Inszenierung von Primitivität. Forschen bedeutet Zukunftsoffenheit und besteht im Versuch, Neues herauszufin-
den. Das Foto zeigt im Gegenteil das Altbekannte und Stereotype. In die paradoxe Strukturformel ‚das Besondere ist das Allgemeine' umgesetzt, ließe sich formulieren: der Tourist soll selbst herausfinden, was allgemein bekannt ist, soll
sich selbst davon überzeugen, dass die standardisierten Klischees der Wirklichkeit entsprechen und die Massai tatsächlich erhabene Hirtennomaden in roten
Tüchern sind, die fernab von allen Modernisierungsprozessen ein harmonisch-
einfaches Leben im Einklang mit der Natur führen.

g. Bildungsreise: gehobener Tourismus

Nicht nur die Forschungsreise wird indessen als touristische Imagination akti-
viert, sondern noch umfassender die Bildungsreise im klassischen Sinn. Ihr Ziel
ist die Bildung des autonomen Subjekts, das durch das Reisen seinen Horizont
erweitert und dadurch gewissermaßen ‚größer' oder ‚weiter' wird: „… wachsen
an der freiheit." Es wird damit der Aspekt der Herausforderung betont, die Freiheit mit sich bringt. Wer frei ist, kann sich frei entscheiden, er *muss* es aber auch.
Mehr noch, die Freiheit selbst wird als Herausforderung gesehen. Das jedenfalls
legt die sprachliche Ausdrucksweise nahe, die angelehnt ist an die Formel, man
wachse an seinen Aufgaben, dass also Bildung und Entwicklung der Persönlich-

---

51 Marx 1966, S. 55.

keit konstitutiv auf Überforderung beruht. Je schwieriger die Aufgabe, die es zu bewältigen gilt, desto mehr kann das Subjekt ‚daran wachsen', d. h. sich daran bilden. Diese Semantik spannt zwei Gegensätze auf, die die Art touristischen Reisens, die hier angepriesen wird, treffend charakterisiert. Zum einen wird der Zweck solcher ‚Erkundungsreisen' wieder in scharfen Kontrast gestellt zu Erholung, Entspannung und Spaß, die andere Urlaubsreisen zu motivieren vermögen. Das erinnert an die in der Kulturindustrie omnipräsente, in sich deren Logik reproduzierende, Trennung zwischen ernsthafter und unterhaltender Kultur. Diese Differenz findet sich ähnlich schon bei Kant und seiner Unterscheidung der Erfahrung des Erhabenen vom Schönen, jene „von Ernsthaftigkeit, Erstaunen, und Angst begleitet", diese „mit Fröhlichkeit, Lebendigkeit und Heiterkeit verbunden".[52] Nicht zu überbieten ist die soziologische Originalität, die Bourdieu diesem theoretischen Gegensatz abgerungen hat und die Vielfalt an Perspektiven, die er darauf ermöglicht. Immer wieder neu formuliert er dabei die eine zentrale Basisunterscheidung:

„Die Negation der minderwertigen, grobschlächtigen, vulgären, käuflichen und servilen, in einem Wort: der natürlichen Lust, schließt in sich ein die Affirmation des sublimen, erhabenen Charakters derer, die an sublimierten, verfeinerten, distinguierten, interesselosen, zweckfreien und freiwilligen Vergnügen ihr Wohlgefallen finden."[53]

Aus dieser Sicht sind die Kuoni-Prospekte zweifellos dem ernsten, sublimen, Tourismus zuzurechnen. Die Ferien und die Freizeit sind hier nicht thematisch als Zeit der Regeneration und Reproduktion der Arbeitskraft, es geht nicht nur ums ‚Auftanken' körperlicher und psychischer Kraft, die dann den Anforderungen der Berufsarbeit zugeführt werden kann. Das Reisen wird zu einer ernsthaften Angelegenheit, bei der die Entwicklung des eigenen Selbst im Zentrum steht. Wie oben schon ausgeführt,[54] wird die Freizeit nicht mehr einfach residual als das Andere der alltäglichen Berufsarbeit gesehen, sondern im Gegenteil als der Bereich, in dem sich ‚das eigentliche Leben' abspielt und wo die wahren Herausforderungen zu meistern sind. Interessant ist zudem, dass hier die Freiheit selbst als Herausforderung eingeführt wird, an der man wachsen könne. Darin klingt die Vorstellung an, der Kunde handle grundsätzlich heteronom und schon Freiheit als solche sei ihm eine Aufgabe, deren Bewältigung er erst lernen müsse. Nicht nur zum tourismusindustriellen ‚Amüsierbetrieb' steht diese Form von

---

52 Aguado 1994, S. 41.
53 Bourdieu 1987, S. 767.
54 Vgl. dazu Kapitel 3.1.

Reisen im Kontrast, sondern auch zur Heteronomie des Arbeitslebens, was oben schon ausgeführt ist.

Viel Neues fügt diese letzte Sequenz aber der Strukturlogik nicht zu und es lässt sich, die beiden ersten Coverbilder zusammenziehend, resümieren: die Fotos sind jeweils ausgesprochen konventionell und in einem Maße standardisiert, das sie ins Stereotype übergehen lässt. Sie zeigen nicht nur das Objekt, sondern das klischeehafte Bild dieses Objekts. Der Text dagegen suggeriert stets die Erfahrung von Krisen (Wunder, Überwältigung, eigene Wege, Winkel, Forschung, Bildung). Als Formel bietet sich an: das Besondere, Individuelle, Krisenhafte – alles Variationen über das Authentische – ist das Allgemeine, Routinisierte. Unterstellt wird ein Kunde, der überwältigt nicht von der unmittelbaren Erfahrung ist, und ihrer Differenz zu eingefahrenen Blickroutinen und bekannten Klischees, sondern davon, dass in Wirklichkeit alles tatsächlich genau so ist, wie man es immer schon gewusst hat. Bildung wird nicht gesehen als Erfahrung von Neuem, sondern als Bestätigung des Alten, Reproduktion des Immergleichen.

Von der Tourismusindustrie erfährt die dekonstruktivistische These von der ‚Krise der Repräsentation‘ und vom Einbruch der Unterscheidung zwischen Original und Kopie sowie zwischen Authentischem und Nicht-Authentischem überraschend also Unterstützung. Es ist weniger so, dass standardisierte Produkte als authentisch und etwas ganz besonderes ausgegeben werden, dass also dem Kunden ein A als ein B verkauft wird; es wird davon ausgegangen, dass zwischen A und B gar nicht mehr unterschieden werden kann; dass das Authentische und Krisenhafte gerade in der Kopie und im Routinisierten gefunden wird.

4.4. EINSAMER STRAND: INNERWELTLICHE ERLÖSUNG UND MODERNE VIRGINITÄTSFANTASIEN

Waren die Sujets der beiden besprochenen Covers jeweils individuiert und deutlich erkennbar, handelt es sich beim Prospekt zum ,Bedürfnisfeld' „EINFACH WEG" um ein relativ unbestimmtes. Zu sehen ist, senkrecht nach unten aufgenommen, die Fotografie eines Sandstrands, der von dunkelbraunen Felsen sowie von Wald oder Gebüsch und natürlich von Wasser umgrenzt ist. Das Wasser ist türkis und klar. Seine gekräuselte Oberfläche, vor allem aber die Schärfe des Bilds lassen vermuten, das Bild sei von einem Hubschrauber aus geschossen worden.[55] Eine so scharfe Aufnahme bedingt es, in der Luft ,stehen' zu können. Der zweite deutliche Unterschied zwischen diesem und den beiden anderen be-

---

55 Es wäre auch ein Heißluftballon vorstellbar, der das Wasser-Kräuseln aber nicht verursachen könnte.

steht darin, dass es hier um die Fotografie von Natur und nicht von Kultur handelt. Obwohl im Text des Massai-Covers von Natur schon die Rede war, ist es erst dieses Bild, das zweifellos von Naturtourismus handelt. Die Frage ist wieder: inwiefern ist der Strand authentisch und was könnte das heißen? Welche Variationen über das Authentische sind hier thematisch?

a. Blick von oben und Virginitätsmythos

Bildimmanent auffällig ist bei diesem Foto primär, dass es nicht, wie die beiden anderen, die Perspektive des imaginierten Touristen zeigt, es sei denn, es handle sich bei dem Angebot nicht um Strandurlaub, sondern um Flugtouren. Davon wäre eigentlich auszugehen. Es soll, der Prägnanz der Darstellung geschuldet, hier aber das methodologische Prinzip der künstlichen Naivität nicht überdehnt und direkt auf die Frage nach möglichen Gründen für diese Perspektive eingegangen werden.[56] Zunächst ist festzuhalten, dass es sich um einen sehr außeralltäglichen Blickwinkel handelt. Waren bei den anderen Coverfotos die Objekte außeralltäglich, jedenfalls einigermaßen exotisch, der Blick aber jeweils sehr gewöhnlich und eingeschliffenen Blickroutinen entsprechend, handelt es sich hier um ein weniger außeralltägliches Objekt. Nicht etwa, weil in der westlichen Zivilisation solche Strände zur alltäglichen Erfahrung gehören würden, sondern weil es sich beim Fotografierten in viel geringerem Maß überhaupt um *ein* Objekt handelt. Es ist vielmehr ein recht arbiträrer Ausschnitt aus der Welt und hat nichts von der immanenten Geschlossenheit und eigenlogischen Ab- und Eingegrenztheit des Taj Mahal oder, in geringerem Maß, der Nomadengruppe. Im Gegensatz aber zu den beiden anderen Fotos handelt es sich hier um eine äußerst ungewöhnliche Perspektive, um ein Luftbild. Mit den alltäglichen Blickroutinen bricht diese Aufnahme schon allein deshalb, weil, anders als in Städten, wo auch hohe Gebäude und Glasbalkons diese Möglichkeit eröffnen können, hier die außergewöhnliche Fähigkeit des Fliegens vorausgesetzt ist. Der Blick von oben herunter ist stets ein Herrschaftsblick, der Blick eines Verfügenden auf etwas, das ihm verfügbar ist und unterworfen. Das Foto, umso mehr als es mit dem Meer eine der stärksten Naturgewalten zeigt, zeugt allein durch die Perspektive von der Herrschaft über die rohe Natur.

Es ist ein eindrückliches Dokument der menschlichen Kontrolle natürlicher Kräfte, die nun nicht mehr nur Bedrohung sind, sondern aus sicherer Distanz als Erhabenes genossen werden können, zu dem oben schon einiges gesagt ist und

---

56 Das Symbol des ‚Bedürfnisfelds' ist die Zeichnung einer Palme auf einer kleinen Insel, deutliches Indiz für Strand- und gegen Flugurlaub.

woran hier wieder angeschlossen wird. „Wer sich fürchtet, kann über das Erhabene der Natur gar nicht urteilen".[57] Weil man sich durch die Flugtechnologie im
wörtlichen Sinn über die Natur *erheben* kann, lässt diese wiederum sich als *erhaben* wahrnehmen. Das Erhabene ist wie erwähnt das Furchterregende und Bedrohliche der Natur, vor dem man sich nicht (mehr) zu fürchten braucht, da man
es entweder zu zähmen gelernt hat, oder sich seinem Machtbereich hinreichend
zu entziehen vermag. Es ist der Empfindung des Erhabenen deshalb immer auch
eine ‚Angstlust' eigen, die „negative Lust genannt zu werden verdient." Anders
als das Gefallen am Schönen, das „directe ein Gefühl der Beförderung des Lebens bei sich führt", ist die Erfahrung des Erhabenen

„eine Lust [...], welche nur indirecte entspringt, nämlich so, dass sie durch das Gefühl einer augenblicklichen Hemmung der Lebenskräfte [durch die Bedrohung, RS] und darauf
sogleich folgenden desto stärkeren Ergießung derselben erzeugt wird".[58]

Wie Immanuel Kant ausführt, steigert sich diese indirekte Lust in dem Maße
wie die Naturphänomene bedrohlich sind: „ihr Anblick wird nur umso anziehen-
der, je furchtbarer er ist". Es fragt sich dann aber, wieso hier das Meer nicht in
einem bedrohlicheren Zustand gezeigt wird. Warum nicht der „grenzenlose Ozean in Empörung versetzt"?

Die ästhetische Wahrnehmung der Natur stand ganz am Anfang der Entwicklung des modernen Tourismus' und es erstaunt nicht, dass hier daran angeschlossen werden soll. Das Natürliche ist schließlich – im Sinne des Unverstellten, Ursprünglichen und Echten – eine der prominentesten Variationen über das Authentische. Es ist indessen das Coverbild nicht so sehr ein Zeugnis des spezifisch
ästhetischen, sondern viel mehr eines kartografischen Blicks à la ‚Google-Earth'.
Der Blick von gerade oben, geometrisch die ‚Aufsicht', verunmöglicht die
Wahrnehmung der Dreidimensionalität der Objekte und lässt die Welt als Fläche
erscheinen. Er eignet sich gerade aufgrund dieser perspektivischen Reduktion
gut zur Übersicht, zur Planung und zu organisatorischen Zwecken wie etwa der
Anordnung verschiedener Objekte. Architektonische Grundrisse oder Karten

---

57 Kant 2006, S. 128.
58 Kant 2006, S. 106. Das Indirekte der Erfüllung gleicht dem, was Freud Sublimierung
    nennt. Vgl. Bourdieu (1987), der die ‚reine' ästhetische Erfahrung – aus ideologiekri-
    tischer Perspektive – so beschreibt: „Asketische, vergebliche Lust, die in sich den
    Verzicht auf Lust birgt, von Lust gereinigtes Vergnügen". Dieser Einstellung gilt dann
    das Kunstwerk entsprechend als „Maß für das den Menschen *als Menschen* auszeich-
    nende Sublimierungsvermögen" (S. 766, kursiv i. O.).

sind so gestaltet und sind deshalb ein unverzichtbares Instrument zwar der Naturbeherrschung, taugen aber wenig zur ästhetischen Wahrnehmung des abgebildeten Bauwerks oder der Landschaft. Die Fotografie zeigt einen instrumentellen Blick auf die Natur, zeugt davon, dass diese beherrscht, vermessen, organisiert und verwaltet werden kann.

Die wichtigere Frage aber ist, wieso nicht, wie auf den anderen Coverbildern, die Perspektive des Touristen eingenommen und etwa der Blick vom Strand aus aufs Meer, gerahmt vielleicht noch von Palmen,[59] gezeigt wird. Sind die beiden oben besprochenen Fotografien als Antworten auf die Frage zu interpretieren: ,was kann man dort sehen?', ist dieses Bild eine Antwort auf die Frage: ,wie sieht es dort aus?' Es ist keine Aufnahme davon, was *von* dem Ort aus, wo die Reise hinführen soll, gesehen werden kann, sondern ein Blick *auf* diesen Ort. Was bedeutet dieser Unterschied im Zusammenhang mit der touristischen Suche nach dem Authentischen? Eine Möglichkeit, die Wahl dieses Fotos zu erklären, besteht im folgenden Argument. Auffällig an dem fotografierten Strand ist, dass er völlig menschenleer ist. Auch keine Spuren menschlicher Präsenz (Fußabdrücke, Feuerstellen, Sonnenschirme, Liegestühle, Strandkörbe oder Badetücher, Sandburgen, Surfbretter, Strandhütten, Bars etc.) sind auszumachen. Er erscheint vollkommen unberührt und entspricht so dem romantischen Ideal der jungfräulichen Unschuld der Natur und dem als paradiesisch imaginierten Urzustand (vor dem Sündenfall). Eine Fotografie hingegen, die den Blick vom Strand aus aufs Meer zeigt, impliziert notwendig die Präsenz zumindest des Fotografen, der den Strand schon betreten und damit irreversibel entjungfert haben muss. Ein wirklich unberührter und darum auch radikal einsamer Strand lässt sich nur von oben zeigen. Diese Art des Fotografierens produziert indessen seine eigenen Probleme. Das Foto verweist auf die Präsenz eines Hubschraubers direkt über dem Strand, der den Aufenthalt dort durch Lärmen seinerseits massiv beeinträchtigt, stärker als das der Fotograf am Strand je könnte. Wie bei den anderen beiden Coverbildern zeigt sich jedenfalls auch hier, dass weniger das reale Objekt als ein Idealbild des Objekts fotografiert ist.[60] Die Fotografie zeigt einen Strand in Reinform, einen reinen, unbefleckten Strand. Das lässt sich auf die anderen Prospekte übertragen. Auch sie zeigen radikal nur, was sie zeigen: das Taj Mahal in Reinform, ohne Touristen, sowie die Massai in Reinform, ohne jegliche moderne Artefakte. Das Streben nach Authentizität präsentiert sich bei diesen Pros-

---

59 Im Katalog (S. 4) wird diese Version auch tatsächlich realisiert.

60 Ist das ein Indiz für Hyperrealität? Sind die Bilder „echter als echt" (Häussler 1997, S. 109) sind sie „copies that are presented as disclosing more about the real thing than the real thing itself discloses" (MacCannell 1973, S. 599)?

pekten als primär als Streben nach Reinheit, eine Variation, die im Strandprospekt ihre deutlichste Manifestation findet.[61]

Das Bild nimmt damit eine verbreitete Kritik am Strandurlaub vorweg. Badeferien am Meer ist der Inbegriff des industriell organisierten Massentourismus
und ruft sofort die abstoßenden Bilder dicht gedrängter schwitzender Leiber auf
und von nervenaufreibenden Kämpfen um den rechtmäßigen Anspruch auf Liegestühle. Ähnlich also wie oben mit den ‚eigenen wegen' formuliert hier der
Veranstalter selbst die Kritik am Produkt, das zu veranstalten gerade sein Geschäft ist: eine tourismusindustrielle Kritik an der Tourismusindustrie. „Die Kritik am Tourismus, die er vorbringt, gehört in Wahrheit zu diesem selbst."[62] Die
Kritik zielt auf die Standardisierung, die Warenförmigkeit und vor allem auf die
Masse, der man in den Ferien entgehen will.[63] Der Anbieter formuliert diese Kritik nicht explizit, sondern nimmt sie implizit vorweg, in dem er sich selbst als
Lösung dieses Problems der Masse inszeniert. Er ermöglicht, nimmt man das
Bild ernst, den Urlaub an absolut einsamen Stränden. Die Kritik am Tourismus
als standardisiertes Massenprodukt hat als seine normative Grundlage die Anerkennung und Hochschätzung des Besonderen, des Nicht-Normierten und Einzigartigen. Diese genuin romantische Variation des Authentizitätsideals lässt sich
hier durch einen spezifisch zeitlichen Aspekt anreichern. Die makellose Jungfräulichkeit des Strands verweist auf die Fantasie, nicht nur der einzige, sondern
auch der oder die erste dort zu sein, Neuland zu betreten und Spuren zu hinterlassen an einem Ort, der zuvor noch rein war. Ganz ähnliche Fantasien sind im
Schneesport bekannt, wenn es darum geht, als erster einen ‚jungfräulichen' Hang
herunterzufahren. Es drückt sich darin die sowohl die Freude darüber aus, Spuren hinterlassen zu können, sich so einschreiben und (zumindest provisorisch) verewigen zu können als auch der Wunsch, etwas zu hinterlassen, dass
noch da ist, wenn man selbst schon weg ist. Das erklärt die Luftbildaufnahme,
die anders als ein konventionelles Strandbild keine Berührung impliziert.[64]

---

61 „Dies, die unberührte Landschaft und die unberührte Geschichte, sind Leitbilder des
Tourismus bis heute geblieben" und: „Das Unberührte ist zur ideologischen Mystifi-
kation geworden" (Enzensberger 1962, S. 156 bzw. 158).

62 Enzensberger 1962, S. 152. Vgl. Kapitel 5.4. über touristische, nicht tourismusindustrielle, Kritik am Tourismus.

63 Vgl. Boltanskis (2003) Künstlerkritik als „Kritik an Standardisierung und Vermassung" und an „Uniformierung oder [...] Differenzabbau zwischen Objekten und Menschen" (S. 473) und die darauf reagierende „Ökonomisierung der Differenz" (S. 476).

64 Vgl. zum Unberührten im Tourismus Günther 1996.

Wird aber die Reinheit und Jungfräulichkeit des Orts so stark betont, und anders ist die Luftaufnahme schwer zu deuten, wird damit auch gesagt, dass es dort keine kulturellen Einrichtungen gibt, sondern es sich um einen Ort im rohen Naturzustand handelt. Das aber ist nun keineswegs einfach romantisch, sondern verbunden mit großen Herausforderungen und der Lösung existentieller Krisen. Vordringlich wären die Nahrungssuche, der Bau von Schutzvorrichtungen gegen Stürme oder Tiere und der Versuch, Feuer zu entzünden. Es wäre ausgesprochen viel zu tun, schon nur um sich irgendwie am Leben zu erhalten. Das Bild hat, wenn auch nicht durch den kantisch-erhabenen „Ozean, in Empörung geraten", doch etwas Furchterregendes. Es evoziert Angst vor Einsamkeit, Hunger, Kälte und Tod.

Die Kombination der beiden Interpretationen zur Perspektive und zum Sujet der Fotografie führt zu folgender Fallstrukturhypothese: die ‚Aussage' des Bilds ist die instrumentelle Verfügung über einsame und unberührte Strände. Aus der Perspektive des Anbieters formuliert: ‚wir verfügen über einsame Strände, haben solche im Angebot und Sie, Kunde, können solche, bzw. den Aufenthalt dort, bei uns kaufen'. Abgesehen von der Frage der Legitimität dieses Besitzanspruchs, lässt sich leicht feststellen, dass es sich bei dem angebotenen Produkt explizit um anachoretischen Tourismus handelt: Reisen um allein zu sein. Das entspricht Webers

„Intellektuellenweltflucht, welche sowohl eine Flucht in die absolute Einsamkeit, oder – moderner – in die durch die menschliche Ordnungen unberührte ‚Natur' (Rousseau) und die weltflüchtige Romantik, wie [auch] eine Flucht unter das durch menschliche Konvention unberührte ‚Volk'",[65]

welche letztere sich wiederum im Massai-Cover so deutlich gezeigt hat.

b. Einfach sein und einfach sein

Es ist sehr deutlich, dass es bei den Reisen, die in diesem Prospekt angeboten werden, nicht darauf ankommt, etwas Bestimmtes zu sehen wie das Taj Mahal oder die Massai. Das Objekt ist gänzlich unbestimmt, der Strand nicht ohne weiteres genauer zu identifizieren.[66] Gewiss ist einzig, dass es um Urlaub am Meer

---

65 Weber 1980, S. 308.

66 Spode (2002) spricht von einer „'Vergleichgültigung des Reiseziels' [...]: Es wird lediglich ‚Sonne' gebucht" (S. 136). Hier wird weniger Sonne als primär eben Einsamkeit gebucht.

geht. Wichtig ist dabei nicht die Destination, von Interesse nicht ein bestimmter Ort, ein Land oder eine Region, sondern die Tatsache, dass es dort einen unberührten Strand gibt. Das deutet eine Subjektivierung des Reisens an, die zum Motto des Veranstalters passt, das die Bedürfnisse von den Zielen klar trennt. Es wird unterstellt, dem Kunden sei ziemlich egal, wo er hinreise, Hauptsache, es gibt dort einsame und unberührte Sandstrände. Da es also offensichtlich nicht um diesen besonderen Strand geht, sondern um die abstrakte Strandheit des Strands, liegt die Lesart nahe, dass die Authentizität, die gesucht wird, hier nicht die des Objekts ist, sondern die des eigenen Selbst.

„In a number of tourism types such as nature, landscape, beach […], what tourists seek are their *own authentic selves* and intersubjective authenticity [communitas, RS], and the issue of whether the toured objects are authentic is irrelevant or less relevant".[67]

An den fotografierten Strand geht man nicht um etwas Besonderes zu tun – wenn man das könnte: Segeln, Surfen oder Tauchen bspw., wäre es irgendwie markiert –, sondern um im Gegenteil nichts zu tun, Muße in Reinform zu erleben. Man kann dort nur sitzen und aufs Meer hinausschauen, ins Wasser gehen oder herumschlendern. Es gibt kein klar fokussiertes Objekt der Aufmerksamkeit wie das Taj Mahal oder die Massai-Gruppe. Es ist deshalb nicht unwahrscheinlich, dass der Blick ziellos schweifend wird, man in Tagträume versinkt, die Aufmerksamkeit von der Außenwelt abzieht und auf die subjektive Innenwelt richtet. Das entspräche dem schon erwähnten Subjektivismus, dem Interesse am eigenen Selbst, das sich vor das Interesse an der Welt schiebt. Dem Urlaub käme dann ein meditativer Charakter zu, das Ziel wäre eine ‚Reise nach innen' und damit so etwas wie Besinnung und Selbstfindung, wiederum ein typisch romantisches Motiv: „Der wahre Inhalt des Romantischen ist die absolute Innerlichkeit."[68]

Es fragt sich allerdings, weshalb man für die mystische Versenkung überhaupt irgendwo hinfahren oder -fliegen sollte. Das Problem hat Petrarca, Autor eines sehr frühen und berühmten Reiseberichts, 1336 schon beschäftigt. Endlich auf dem Gipfel des Mont Ventoux angekommen, erfreut er sich zunächst an der Aussicht, derentwegen er überhaupt die Strapazen auf sich genommen hatte. Es fällt ihm dann aber ein, in den ‚Bekenntnissen' des Augustinus' zu lesen und er schlägt genau die Stelle auf, wo dieser die ästhetische Betrachtung der äußeren Welt verspottet und dreist behauptet, die Menschen „verlassen dabei sich selbst." Damit ist Petrarcas müßige Wahrnehmung beendet und er wird „zornig auf mich

---

67 Wang 1999, S. 366 (kursiv, RS).
68 Hegel 1986, S. 129.

selber, dass ich noch Irdisches bewunderte, ich, der ich schon längst [...] hätte lernen müssen, dass nichts bewundernswert ist als die Seele". Das führt ihn dazu „die inneren Augen auf mich selbst"[69] zu richten und sich mit Äußerlichkeiten nicht mehr zu befassen. Die einzige Reise, die wirklich zählt, so wäre das asketisch-augustinische Dogma zu paraphrasieren, ist die Reise zum Selbst. Dann könnte man aber prinzipiell auch zuhause bleiben. Wichtiger ist für die Interpretation aber die Frage, ob die einsame Insel für meditative Praktiken nicht sogar ein denkbar ungeeigneter Ort ist. Evoziert wird hier das Bild des Eremiten, der sich von der Welt zurückzieht um zu sich selbst zu finden. Um aber so ‚einfach sein‘ zu können, ist eine Umgebung sehr viel besser geeignet, die die Institutionen zur Verfügung stellt, die es ermöglichen, sich nicht ums nackte Überleben zu kümmern. Klöster etwa erfüllen genau diese Funktion, denn „Kontemplation bedarf, um zu ihrem Ziel zu gelangen, stets der Ausschaltung der Alltagsinteressen."[70] Wie bei der ‚Forschungsreise‘ wird hier wieder ein Gegensatz zur alltäglichen Berufsarbeit aufgezogen. Dieses Mal geht es nicht um den Gegensatz von (prinzipiell) autonomer Forschung und heteronomer Lohnarbeit, nicht um verschiedene Formen der Arbeit also, sondern um den Gegensatz von Aktivität und Konzentration einerseits, Passivität und Entspannung andererseits; um den Gegensatz von Praxis und Muße. Diese aber eben setzt die Sicherstellung zumindest der überlebensnotwendigen Ressourcen voraus. Der karge Strand, den zuvor niemand betreten hat, gewährt diese Absicherung indessen gerade nicht.

Die Bildinterpretation zusammenfassend lässt sich festhalten, dass das angebotene Produkt darin besteht, anachoretische Reise zu einem authentischen (im Sinne von: rein, jungfräulich, einsam, karg) Strand zu organisieren, wo es die Abgeschiedenheit wohl ermöglichen soll, sein eigenes authentisches Selbst (einfach, ruhig, reduziert aufs Wesentliche) zu finden. Sowohl das Objekt (einsamer Strand) als auch das Subjekt (auf sich selbst zurückgeworfen) befinden sich in äußerst krisenhaften Zuständen, denn auf dem einsamen Strand kann es aufgrund der Absenz kultureller Einrichtungen gar keine Handlungsroutinen geben.

c. Kontemplation auf der einsamen Insel

Diese Interpretation des Bilds wird nun kontrastiert mit der Beschreibung, die auf dem Cover selbst zu lesen ist. Wie schon beim Taj-Mahal-Prospekt kommt auch beim Strandprospekt im Textfeld eine ungewöhnliche Zeitformulierung vor: „so fern von der zeit." Die große Distanz zur Zeit kann nur heißen, dass man

---

69 Alle drei Zitate aus: Petrarca 1995, S. 25.
70 Weber 1980, S. 330.

sich von der Welt entfernt hat, in der Zeit eine Rolle spielt. Das Cover kann geradezu als Illustration zu Thomas Manns Ausführungen zum „Strandspaziergang" gelten. Es ist dort die Rede von „Ferienlizenzen" für „Phantasien der Lebensmuße"[71]; auch von der „Verwirrung und Verwischung der zeitlich-räumlichen Distanzen bis zur schwindligen Einerleiheit" und dem „Untertauchen in ihrem Zauber für Ferienstunden".[72] Er behandelt das Eintauchen in einen Temporalmodus, den er andernorts plastisch „Ewigkeitssuppe" nennt: „die Zeitformen verschwimmen dir, rinnen ineinander, und was sich als wahre Form des Seins dir enthüllt, ist eine ausdehnungslose Gegenwart".[73] Bezeichnet ist damit ein Zustand, in dem

„dort ist wie hier, vorhin wie jetzt und dann; in ungemessener Monotonie des Raumes ertrinkt die Zeit, Bewegung von Punkt zu Punkt ist keine Bewegung mehr, wenn Einerleiheit regiert, und wo Bewegung nicht mehr Bewegung ist, ist keine Zeit."[74]

Das ewige Vor-und-Zurück des Meeres ist ein Symbol für diese ‚Zeitlosigkeit' und die Bewegung, die keine ist. Die Aufnahme zeigt das Meer in dem liminalen Moment, da es sich wieder zurückzieht und nur noch eine dünne Schaumschicht auf dem Strand zurückbleibt.[75] Dem Wasser ist so besonders gut seine rhythmische Bewegtheit anzusehen. Diese repetitive Monotonie des Vor-und-Zurück ist weniger Bewegung als Stillstand.[76] An dem Strand, so ließe sich die bildliche Suggestion paraphrasieren, steht die Zeit still. Sie vergeht zwar objektiv, ist aber praktisch nicht relevant. Man kann die Zeit vergessen, zurücktreten in den paradiesischen Dämmerzustand des bewusstlosen Vor-sich-hin-Lebens und sowohl die drängende Vergänglichkeit als auch die unerbittliche Irreversibilität des Lebens ignorieren, „denn du bist der Zeit und sie dir abhanden gekommen."[77] Bes-

---

71 Mann 1991, S. 750.

72 Ebd., S. 748.

73 Ebd., S. 256.

74 Ebd., S. 749.

75 Auch das passt genau zum Manns Strandspaziergang: „wir wandern, wandern und sehen die Schaumzungen der vorgetriebenen und wieder rückwärts wallenden See nach unseren Füßen lecken" (1991, S. 749).

76 Das deckt sich mit Freuds Darstellung des Repetitionszwangs als der genuine Ausdruck des Todestriebs. Wiederholung ist das Verhindern von Veränderung und deshalb nicht Bewegung, sondern Stillstand. Der Tod seinerseits ist der radikale Stillstand.

77 Mann 1991, S. 749.

ser noch als Wiederholung und Stillstand, ist Manns Idee der „Einerleiheit", die Unterschiedslosigkeit als Aufhebung der konstitutiven Sequenzialität der Lebenspraxis. Sequenzialität ist wesentlich die Differenz zwischen vorher und nachher. Die Eröffnung einer Handlungssequenz produziert einen Bruch im kontinuierlichen Fluss der natürlichen Zeit. Genau diese Einteilung der Zeit, ihre Diskontinuität ist, wie oben ausgeführt, für die kulturelle Zeit spezifisch. „fern von der zeit" zu sein, kann hier nur bedeuten, dass diese Sequenzialität und die Brüche, die sonst den Alltag strukturieren, eingeebnet werden. Vorübergehend soll dadurch der nicht stillstellbaren Bewährungsdynamik entgangen werden, die mit der immanenten Zeitlichkeit sozialer Praxis und ihrer Dialektik von Entscheidungszwang und Begründungsverpflichtung einhergeht. Temporaltheoretisch ausgedrückt, ist das der Versuch, die Differenz zwischen Aktualität und Potentialität (in ihren zwei Modi der Vergangenheit und der Zukunft) aufzuheben, und in der ausdehnungslosen Gegenwärtigkeit aufzugehen. Das kann man sich nicht immer leisten, vor allem nicht unter den Bedingungen des alltäglichen Handlungsdrucks leisten und insofern verspricht der Katalog die Erlösung „vom Alltag und [...] von dem zunehmenden Druck des theoretischen und praktischen Rationalismus",[78] wie Weber es von der ästhetischen Erfahrung aussagt. Das lässt sich noch präzisieren und generell ist die religionssoziologische Typologie der ‚Erlösungswege' ein sehr nützliches Instrument zur Analyse touristischer Reisen, die ja selbst eine Form von Erlösungswegen darstellen. Hier drängt sich die Analogie zur weltflüchtigen Mystik auf:

„Nichthandeln, in letzter Konsequenz Nichtdenken, Entleerung von allem, was irgendwie an die ‚Welt' erinnert [...] sind der Weg, denjenigen inneren Zustand zu erreichen, der als Besitz des Göttlichen [...] genossen wird".[79]

Negativ scheinen in dieser Absicht der übermäßige Handlungsdruck und die rastlose Betriebsamkeit der modernen Arbeitswelt auf. Zum Ausdruck kommt die Ansicht, der randvolle Terminkalender verunmögliche es dem permanent eingespannten Subjekt, sich zu besinnen, in sich zu gehen und einmal zu überlegen, wer es ist und was es will. Das bezeichnet die defizitäre Authentizität des modernen Menschen und genau das, was MacCannell mit seiner Bühnensemantik zu treffen versucht. Im Alltag stehe man immer auf irgendwelchen Bühnen und spiele Rollen, nie könne man einfach sich selbst sein. Der Reiseveranstalter

---

78 Weber 1988, S. 555.
79 Weber 1980, S. 330.

beansprucht, gerade das zu ermöglichen: eine Auszeit, eine Zeit „fern von der zeit", also fern vom Zeitdruck. Der Vergleich zum ‚Zauberberg' verdeutlicht noch einen anderen wichtigen Aspekt, der schon angesprochen wurde. Das Eintauchen in die zeit-räumliche ‚Einerleiheit' wird dem Helden des Romans ermöglicht dadurch, dass er vollständig umsorgt ist und sich um gar nichts zu kümmern braucht. Sein leibliches Wohl ist rundum abgesichert, die permanente medizinische Betreuung steigert diese Absicherung noch massiv. Auf dem Strand des Coverbilds ist dieses Abtauchen nicht gut möglich. Er ist karg und einsam und es ist nicht zu erkennen, wie das Überleben, geschweige denn das leibliche Wohlbefinden gesichert werden soll, wo man doch der erste ist, der den Strand betritt. In eigentümlicher Verdrehung stellt sich wieder ein Kontrast ein zwischen Bild und Text. Zeigen die beiden oben besprochenen Coverbilder jeweils klischeehafte Fotos, die eingefahrenen und konventionalisierten Blickroutinen genau entsprechen und ins Stereotype fallen, während der Text Individualität und Krisenhaftigkeit suggeriert, zeigt das Strandcover dagegen ein Bild der Krisenhaftigkeit (einsamer Strand, jungfräulich, nie betreten, nichts vorhanden), suggeriert durch den Text aber Erholung und Muße.

Es folgt ein Vorschlag, wie diese zeitlose Zeit zu nutzen wäre: „an einem weiten ufer atem schöpfen." Dieser Vorschlag ist nötig, denn es stellt sich tatsächlich die Frage, was man an so einem verlassenen Ort eigentlich tun soll und wie die Zeit der Muße inhaltlich gefüllt werden kann. Wenn man tatsächlich der erste Mensch ist, der diesen Strand betritt, gibt es wie erwähnt sehr viel zu tun. In scharfem Kontrast zum Bild, behauptet der Text indessen wie selbstverständlich, man könne sich an diesem Ufer erholen und durchatmen. Die Betonung der Atmung unterstreicht den meditativen Charakter der Reise, die verkauft werden soll. Meditation und mystische Versenkung setzen, wie erwähnt, indessen eine gefahrlose Umgebung und die Absicherung der leiblichen Integrität voraus, wie etwa ein Kloster oder ähnliche Einrichtungen, die den Meditierenden von der Außenwelt abschirmen, damit er sich angstfrei seiner Innenwelt zuwenden kann, es gewähren. Ein karger Strand, noch dazu ein Strand im absolut rohen Naturzustand, bietet diesen Schutz gerade nicht und ist deshalb eine einigermaßen ungeeignete Umgebung für meditative Praktiken. Die Kontemplation selbst ist „keineswegs ein passives Sichüberlassen an Träume, auch nicht einfache Autohypnose", sondern beruht, trotz aller Vermeidung von Aktivität, dann auf der doch mehr oder weniger aktiven „Abwehr der Störungen durch Natur und soziale Umwelt."[80]

---

80 Weber 1980, S. 331.

d. Innerweltliche Erlösung und anachoretischer Tourismus

Es folgen alternative Gründe, an diesen abgeschiedenen Ort zu reisen: „sinne wecken, wieder klar sein." Vorausgesetzt sind damit ‚schlafende', jedenfalls irgendwie inaktive Sinne und ein Zustand der Unklarheit und Verwirrung. Die Frage stellt sich wieder, ob es sich bei dem öden Strand um den geeigneten Ort handelt, diese Ziele zu erreichen. Was könnte die Sinne stimulieren? Nichts ist auf dem Bild erkennbar, was zu essen oder zu trinken wäre; hören wird man wahrscheinlich nur das monotone Rauschen des Meers – allenfalls noch den Hubschrauber, aus dem das Foto geschossen wurde –, vielleicht animalische Geräusche, im besten Fall Vogelgezwitscher; zu sehen ist nichts außer die Weite des Ozeans; fühlen wird man aufgrund der Einsamkeit gewiss nicht die Körper anderer Menschen, wahrscheinlich dafür Hunger, tägliche Hitze und nächtliche Kälte; der Geruch wird der der salzigen Meeresluft sein, seinerseits nicht besonders interessant, jedenfalls nicht, wenn er beständig ist und deshalb kaum noch wahrgenommen wird. Die Betonung der Sinnlichkeit ist überraschend, da die Sinne gereizt (‚geweckt') werden gerade durch Differenz und nicht durch die unterschiedslose ‚Einerleiheit', die das Bild suggeriert. Außerdem kontrastiert die Sinnlichkeit mit dem asketisch-anachoretischen Charakter der Reise, der sein Ziel gerade darin findet, von sinnlichen Wahrnehmungen nicht mehr abgelenkt zu sein und sich so eben auf sich selbst konzentrieren zu können. Darum verziehen sich Eremiten typischerweise in die einsame Bergwelt, in die Wüste oder an so einsame Strände. Dort sollen die Sinne aber gerade nicht ‚geweckt' und gereizt, sondern durch die Monotonie der Umgebung eingeschläfert werden.

Ein weiteres Ziel einer solchen Reise ist es, „wieder klar [zu] sein". In der Formulierung, dass dieser Zustand nicht einfach erreicht, sondern *wieder*gewonnen werden soll, drückt sich die Annahme aus, er sei bereits einmal realisiert gewesen, dann aber verloren gegangen. Ungewöhnlich ist dabei, dass nicht versucht werden soll, klar zu sehen oder klar zu denken und auch nicht, etwas zu klären, sondern selbst klar zu sein. Wer dieses Ziel erreicht, müsste sagen können: ‚ich bin klar' – eine recht seltsame Ausdrucksweise. Das Klare, im Wasser visuell prägnant ausgedrückt, ist das Reine und Unverschmutzte und rückt damit ganz in die Nähe der unbefleckten Virginität, die am Strand selbst schon festgestellt wurde. Dadurch erhält der Text eine unüberhörbar esoterisch-religioide Note. Suggeriert wird eine Verfallsgeschichte, dem Sündenfall analog: dem ursprünglichen Zustand paradiesischer Unschuld folgt die Entfremdung bzw. die Verschmutzung und die Sehnsucht danach, die Reinheit *wieder* erlangen zu können. Was hier verkauft wird, scheint eine Selbstreinigung zu sein, Ferien mit psychotherapeutischem Nutzen. Klarheit bedeutet Transparenz und ist die Möglichkeit zum Durchblick. Da man selbst „klar sein" soll, könnte das heißen, dass man sich selbst durchsichtig wird und (wieder) weiß, wer man eigentlich ist, was man will usw. Wie beim Objekt, dem jungfräulichen Strand, ist also auch beim Subjekt der Reise das Authentische in der Variation des Reinen thematisch.

Die Glückseligkeit dieses Zustands der meditativen Selbstversenkung wird abschließend noch folgendermaßen umschrieben: „ruhe streichelt das herz." Was sich bei allen drei Prospekten durchzieht, sind solche ungewöhnlichen Ausdrucksweisen. ‚Das Herz streicheln', obwohl einigermaßen suggestiv und so gehalten, dass man sich darunter vage etwas Zärtliches und Wohltuendes vorstellt, ist wie ‚fern von der zeit', ‚weite ufer' oder ‚klar sein' keine gängige Formel, deren Bekanntheit unproblematisch vorausgesetzt werden könnte. Möglicherweise ist das einer mangelhaften Übersetzung geschuldet. Abgesehen davon ist aber doch sehr klar, worum es hier geht. Verkauft werden soll eine ‚Reise nach innen', von Interesse ist nicht die Authentizität eines Objekts – wie beim Taj Mahal oder den Massai – sondern die des eigenen Selbst. Verkauft wird eine ‚negative' Reise: wichtig ist nicht, wohin sie führt, sondern wovon sie wegführt. Sie führt weg vom Alltag und den Handlungsdruck, der diesen auszeichnet, eben weg von der Zeit; sie führt weg von der Hektik und der bruchlosen Aneinanderkettung verschiedener Verpflichtungen, weg von Stress und Unruhe. Angesprochen ist hier also, was oben die suspensive Funktion des Tourismus genannt wurde, die Möglichkeit, dem Alltag ein Ganz-Anderes entgegenzusetzen und die Regeln aufzuheben, die ihn durchziehen. Das alles ist bekannt und bereitet keine weiteren Probleme. Worauf die Cover-Analyse indessen aufmerksam gemacht hat, ist wieder eine merkwürdige Nicht-Entsprechung von Bild und Text. Wieso, wenn es doch um Versenkung, Durchatmen, in sich leere Müßigkeit, Selbstfindung und anachoretischen Meditationstourismus geht, wird das nicht gezeigt? Ein Blick in den Katalog bestärkt noch diese Frage. Auf der vierten Seite ist ein Foto abgedruckt, auf dem von oben ein Mann zu sehen ist, der mit dem Gesicht nach oben und geschlossenen Augen ruhig auf dem Wasser liegt:

„Rien faire comme une bête, auf dem Wasser liegen und friedlich in den Himmel schauen, sein, sonst nichts, ohne alle weitere Bestimmung und Erfüllung' könnte an Stelle von Prozess, Tun, Erfüllen treten"[81]

wie Adorno einmal eine mögliche Utopie beschreibt. Wieso zeigt das Cover nicht diesen ruhenden Menschen, was treffender wäre und viel näher liegen würde als der einsame, karge Strand im Naturzustand? Eine mögliche Erklärung

---

81 Adorno 2003a, S. 179.

dafür ist, dass Nichts-Tun nicht gezeigt werden kann, die in sich leere Muße in Reinform, die verkauft werden soll, ist nicht darstellbar. Die Menschen, die man zeigen könnten, würden in ihrer Entspanntheit ja doch stets etwas tun: meditieren z. B., sitzen oder liegen. Solche Praktiken sollen nun aber gerade nicht vorgegeben werden, sondern es soll völlig offen sein, was man in diesem Ferien tut oder wie man gedenkt, das Nichts-Tun zu tun. Was der Reiseveranstalter verkauft, ist eigentlich das Nichts, die Leere, die nicht leicht zu präsentieren ist. In diesem Sinne ist das Foto geschickt gewählt. Der Strand ist völlig leer, es hat dort nichts. Viel spricht dafür, dass der Strand gar nicht der Ort ist, wo Atem geschöpft und Klarheit wieder erlangt werden soll. Das Foto zeigt nicht gar die Destination, sondern ist ein präsentatives Symbol für die innere Verfassung, die der Tourist erreichen soll: es zeigt eigentlich den Touristen selbst. Er soll leer sein, einfach sein, elementar und ursprünglich, unbefleckt rein, im Naturzustand und in diesem Sinne: authentisch.

4.5. ZWISCHENBETRACHTUNGEN ZUM AUTHENTIZITÄTSBEGRIFF UND DEN EMPIRISCHEN ANALYSEN TOURISMUSINDUSTRIELLER DOKUMENTE

> „in der Stockung, die es [das Wort ‚Authentizität', RS] bewirkt, flammen all jene Begriffe auf, an die es mahnt und die dennoch vermieden worden sind"
>
> (ADORNO 1997, S. 231)

Theoretische Ergebnisse

Wenn Authentizität die Antwort ist, was ist die Frage? Für welches Problem ist der Begriff eine Lösung oder zumindest ein Lösungsversuch? Worauf reagiert er? Oben wurde argumentiert, der Ausdruck sei prinzipiell relational zu verstehen, als Bezeichnung einer bestimmten Art der Beziehung zwischen Zeichen und Referent. Authentizität ist also ein sprachliches Zeichen für die Relation von Zeichen und Bezeichnetem. Der Terminus reagiert auf

„Probleme, die aus der prinzipiellen Unsicherheit und stets möglichen Inkongruenz der Beziehung zwischen Zeichen und Bezeichnetem resultieren, mithin aus der Krise der Repräsentation, die in der sozialen Praxis jederzeit aufbrechen [...] kann."[82]

Die Frage, die die Verwendung der Kategorie des Authentischen konstituiert, lautet: *ist etwas tatsächlich (wirklich, wahrhaftig) das, als was es erscheint oder auftritt bzw. das, was es zu sein beansprucht?* Und ganz offensichtlich ist das eine Frage, die sich im Zusammenhang mit dem touristischen Reisen besonders nachdrücklich in den Vordergrund drängt.

Der Ausdruck ‚Inkongruenz', der im Zitat oben verwendet wird, verweist auf die Problematik, die mit der Beziehung zwischen Zeichen und Referent verbunden ist. Authentizität setzt ein Passungsverhältnis voraus, eine Kongruenz, eine Stimmigkeit oder gar eine Identität. Dass der Signifikant ontologisch etwas anderes ist als das, was er bezeichnet, ist nicht zu bestreiten, zwischen Begriff und Sache existiert ein unüberwindbarer Hiatus, wie Adorno das nennt. Diese konstitutive Differenz vorausgesetzt, besteht aber dennoch der Anspruch auf ‚Entsprechung' oder zumindest auf eine nicht-zufällige Verbindung. Die Menschen bspw., die auf dem zweiten Kuoni-Prospekt abgebildet sind, sind durch den Ausdruck ‚Massai' sicher nicht exhaustiv benannt, vielleicht ist dieser nicht einmal besonders treffend und es handelt sich um eine kenianische Schauspieltruppe. Diese Differenz zwischen Begriff und Objekt, das er begreifen will, kann aber Geltung für sich beanspruchen. Man kann nicht mit dem gleichen Recht behaupten, bei den Fotografierten handle es sich um koreanische Touristen oder einen Oberwalliser Trachtenverein. Diese Ausdrücke treffen die Sache nicht, sind ihr nicht adäquat. Angemessen wäre der Begriff ‚Massai' insofern als es sich wirklich um Massai handelt, d. h. um Menschen, denen bestimmte Eigenschaften zukommen, die typisch sind für die Gruppe, die durch diesen Namen bezeichnet wird.

---

82 Lamla, Authentizität in: Amrein 2009, S. 330. Die ‚Krise der Repräsentation' signalisiert also nicht das Ende der Unterscheidung von Authentischem und Inauthentischem, wie der Dekonstruktivismus behauptet, sondern sie ist genau das Problem, auf das diese Unterscheidung reagiert. Alternativ identifiziert Knaller (2006) das Problem darin, dass „der Einzelne in seinen Zuschreibungen als allgemeiner Mensch, als besonderes Mitglied von Gemeinschaften und als unvergleichbares Individuum keinen archimedischen Punkt mehr findet, von aus er/sie den unterschiedlichen [...] Zumutungen gerecht werden kann. Auf diese Krise antwortet der Authentizitätsbegriff" (S. 31).

Allgemein die Art der Entsprechung zu bestimmen, die als authentisch bezeichnet und von inauthentischen Signifikationsverhältnissen unterschieden werden kann, ist indessen schwierig. In der Formulierung der Frage, auf die der Begriff antwortet, sind die beiden wichtigsten, jedenfalls äußerst prominente, Variationen enthalten:

1. Ist etwas das, was es zu sein scheint? Das ist die Frage nach der *Echtheit*, die sich etwa in Bezug auf Gold, Geld, Kunstwerke, Unterschriften stellen kann.[83] Diese Frage kann eine normative Komponente enthalten, muss aber nicht.

2. Ist etwas das, was es zu sein beansprucht? Das ist die Frage nach der *Stimmigkeit*, die sich bezüglich Personen und Artefakten stellen kann. Dabei geht es um die Frage, ob ein Werk *gelungen* ist. Diese Frage enthält immer auch eine evaluative Komponente.

Susanne Knaller unterscheidet analog eine ‚empirische' „Objektauthentizität", die sich „aus der Rückführung auf einen Urheber/eine Urheberin oder auf Zugehörigkeit" und die institutionell garantierte Echtheit ergebe, von der „Kunstauthentizität", die „über diesen empirischen Authentizitätsbegriff hinaus" eine ästhetische Qualität bezeichne und sich etwa mit „unverfälschten Kunstwollen" verbinden lasse.[84] Es ist fraglich, wie weit solche klassifikatorischen Gegenüberstellungen tragen. Statt einfach geschieden, sind beide Formen der Authentizität ineinander verwickelt und beziehen sich wechselseitig aufeinander. Dass sie aber trotzdem auseinanderzuhalten sind, lässt sich exemplarisch ablesen an Adornos Verteidigung Bachs „gegen seine Liebhaber". Er richtet seine Kritik gegen Puristen, die Authentizität als historische Richtigkeit (erste Variante) begreifen, sich an der „Idee der historisch ersten Wiedergabe" orientieren und darauf bedacht sind, dass Instrumente und Inszenierung dieser möglichst nahe kommen. Das ‚wahre' Stück dürfe nicht durch moderne Interpretationen verzerrt werden. Adorno hält dagegen eine Vorstellung ästhetischer Authentizität, die das Werk nicht in seiner Entstehungszeit fixieren, sondern es mit dem aktuellen

---

83 Paddison (2005) spricht vom "purely positivistic sense" des Begriffs. Diese Variation interessiert sich für "that unique material object that can be authenticated by subjecting it to scientific tests to prove that it is what it purports to be" (S. 201). Dabei "verwenden wir das Wort so wie im Museum Fachleute, die prüfen, ob Kunstwerke wirklich sind, was sie zu sein scheinen oder sein sollen" (Trilling 1989, S. 91).

84 Knaller 2006, S. 22. Vgl. allgemein zum Begriff auch Fischer-Lichte, Pflug (Hg.) 2000.

Stand des musikalischen Bewusstseins und der technischen Entwicklung kon-
frontieren will und in dieser Reibung „ihm die Treue hält, indem es sie bricht".[85]

Obwohl vorgeschlagen wird, Stimmigkeit und Prägnanz von Echtheit und
Originalität zu unterscheiden, soll natürlich nicht behauptet werden, dass sie sich
nicht überschneiden und noch mit anderen Begriffen so eng verflochten sind,
dass sich fragt, inwiefern diese semantischen Verflechtungen überhaupt aufzulösen sind. Wann immer von Authentizität die Rede ist, reiht sich daran eine Kaskade weiterer Ausdrücke. Prominent sind „Wahrhaftigkeit, Aufrichtigkeit, Echtheit, Ursprünglichkeit, Eigentlichkeit",[86] hinzuzufügen wären außerdem die in
dieser Studie relevanten der Unvermitteltheit und des Erhabenen sowie Natürlichkeit und Spontaneität. Das gilt auch für genuin tourismustheoretische Be-
trachtungen: „Das Urlaubsleben wird nicht nur als anders, sondern in spezifischer Weise als anders empfunden, als ursprünglicher und damit authentischer –
als das ‚eigentliche Leben'."[87] Max Paddison, profunder Kenner von Adornos
Ästhetiktheorie, spricht deshalb von ‚Kräftefeldern' und ‚Konstellationen', in
denen das Konzept der Authentizität zu denken ist. Angesichts dieser Vielfalt
von Bedeutungsnuancen und des verwirrenden Schillerns des Begriffs ist es
nachzuvollziehen, dass immer wieder für seinen Verzicht plädiert wird. Kohler
z. B. meint, man solle

„wenn immer möglich, auf den Einsatz des Terminus' ‚Authentizität' verzichten und
stattdessen Ersatzwörter einsetzen [...]: Verlässlichkeit, Wahrhaftigkeit, Originalität, Ei-
genständigkeit, Angemessenheit [...] – All diese Begriffe dürfen je nach Kontext für den
schummrigen Begriff der Authentizität eingesetzt werden."[88]

Zweifelhaft ist indessen, wie ‚schummrig' nicht ihrerseits die vorgeschlagenen
Alternativen sind. In dieser Studie wird jedenfalls eine andere Strategie verfolgt
und auf den Begriff nicht verzichtet. Ihm wird sogar eine besonders zentrale
Stellung eingeräumt. Die spezifische Schwierigkeit des Begriffs beschreibt Paddison plastisch:

---

85 Adorno 1977, S. 151.
86 Lamla 2009, S. 322. Vgl. Schultz 2003, die feststellt, das Konzept der Authentizität
   „lebt von einem reichen begrifflichen Assoziationsfeld: Echtheit, Natürlichkeit, Originalität, Individualität, Unnachahmlichkeit, Spontaneität, Ursprünglichkeit, Unmittelbarkeit, Wahrhaftigkeit, Glaubwürdigkeit etc." (S. 12).
87 Spode 2009, S. 258.
88 Kohler 2009, S. 206.

„Keeping its different and opposing aspects in view at any one time is difficult, as one is compelled always to view the whole from a particular perspective, like walking around a large three-dimensional object where the experience of the totality is always partial and restricted and where a conception of the whole can only be pieced together later".[89]

Es scheint nahezu unmöglich zu sein, von Authentizität zu sprechen, ohne gleich auf eine Serie anderer Wörter zurückzugreifen, von denen bereits zahlreiche aufgeführt wurden. Susanne Knaller und Harro Müller sprechen von „Authentizität mit seiner Aura von Echtheit, Wahrhaftigkeit, Ursprünglichkeit Unmittelbarkeit, Eigentlichkeit" und von der „Sehnsucht nach Unmittelbarkeit, nach Ursprünglichkeit, nach Echtheit, nach Wahrhaftigkeit und nicht zuletzt nach Eigentlichkeit, welche von einer global betriebenen Authentizitätsindustrie betreut, kanalisiert und ausgenutzt wird";[90] im Zusammenhang mit der Kunst von „original, echt, wahrhaftig, unmittelbar",[91] auch von: „Unverfälschtheit, Unverstelltheit"; von den „gegenwärtig konstanten Bedeutungen von authentisch/Authentizität – wahrhaftig, eigentlich, unvermittelt, unverstellt, unverfälscht" sowie, auf die romantische Subjektphilosophie bezogen, von „sincerité, naivité, transparence, intimacy, Empfindsamkeit, sentiment du l'être, moral sense, Originalität".[92]

Sogar im „most straightforward and everyday sense" von Authentizität findet sich diese Multidimensionalität: „'the real thing', the original, the unique, as opposed to the illusory, the imitation, the reproduction, the fake, the counterfeit, or the mass produced"[93] – alles Nuancen, die bei den Analysen oben tatsächlich eine mehr oder weniger wichtige Rolle gespielt haben. Diese verwandten Ausdrücke klingen, mal harmonisch, mal dissonant, immer irgendwie mit, wenn von dem Authentischen die Rede ist. Umgekehrt wird, wie in den Texten auf den Coverbildern, Authentizität zwar nicht explizit verwendet, ist aber trotzdem als Thema sehr deutlich herauszuhören. Die Idee, in dieser Studie das Verhältnis von Authentizität zu seinen zahlreichen Synonymen theoretisch zu begreifen als ein Verhältnis von Thema und Variation, findet sein Vorbild in Adornos Rekonstruktion des ‚Jargons der Eigentlichkeit'. Dieser „verfügt über eine bescheidene Anzahl signalhaft einschnappender Wörter. Eigentlichkeit ist dabei nicht das vordringlichste; eher beleuchtet es den Äther, in dem der Jargon gedeiht, und

---

89 Paddison 2005, S. 200.

90 Knaller, Müller 2006, S. 7f.

91 Ebd. S. 13.

92 Knaller 2006, S. 17 bzw. 25f.

93 Paddison 2005, S. 201. Vgl. auch Luckner 2007, S.9: „echt, glaubwürdig und wahrhaftig [...], also nicht erfunden, gefälscht, nur aufgesetzt oder vorgetäuscht."

die Gesinnung, die latent ihn speist." Exemplarisch listet er auf: „existentiell, ‚in der Entscheidung', Auftrag, Anruf, Begegnung, echtes Gespräch, Aussage, Anliegen, Bindung" und meint „der Liste ließen nicht wenige unterminologische Termini verwandten Tones sich hinzufügen."[94] Der Ausdruck ‚Eigentlichkeit' bezeichnet also die Einheit dieser verschiedenen Ausdrücke und den Ton des Jargons. Es verdeutlicht das strukturalistische Grundprinzip, dass Bedeutung nicht einem Ausdruck als solchem zukommt, sondern erst entsteht durch seine Abgrenzung von anderen und seine Verflechtung in ein umfassenderes Begriffsnetz. Das gilt natürlich auch für Authentizität als ein Ausdruck *in* einer solchen diskursiven Verflechtung. Wenn von ihr hier aber als Thema die Rede ist, gilt sie als Name für das ganze Netz, als logischer Kern, der das ganze Deutungsmuster strukturiert. Es bezeichnet damit den ‚Ort', auf den alle anderen Ausdrücke hinweisen, ein semantisches Gravitationszentrum, der die ganze Diskursformation zusammenzieht. Poststrukturalistische Positionen vertreten in irgendeiner Form oft die Ansicht, Zeichen würden gar nicht auf eine außerdiskursive Realität verweisen (können), sondern nur wechselseitig aufeinander. Dabei wird gerne die Floskel von den ‚frei flottierenden' Signifikanten verwendet um sowohl die grundsätzliche Arbitrarität der Bezeichnungen als auch die Dynamik diskursiver Sinnzusammenhänge zu betonen.[95] Dass diese Position hier nicht vertreten wird, ist unnötig zu wiederholen. Die einzelnen Ausdrücke des Authentizitätsdiskurses verweisen zwar tatsächlich alle aufeinander und kreisen oft dynamisch um den gleichen Gegenstand. Sie ‚flottieren' aber deshalb nicht frei umher, sondern bewegen sich alle um das gleiche Zentrum, das hier mit der Authentizität bezeichnet werden soll. Sie sind verschiedene Variationen des gleichen Themas.

Empirische Resultate

Die empirischen Analysen haben leicht zeigen können, dass die Authentizitätsthese, die in den sozialwissenschaftlichen Tourismusstudien nunmehr seit fast vier Jahrzehnten diskutiert wird, einige empirische Evidenz aufweisen kann. Die Tourismusindustrie jedenfalls setzt bei ihren potentiellen Kunden ein starkes Interesse an authentischen Erfahrungen und Objekten voraus und versucht, dieses

---

94 Adorno 1964, S. 9.

95 Ein Beispiel aus der Tourismustheorie: „Sie [die Simulationen, RS] sind jenseits des Realen und deshalb ‚hyperreal'. Die Signifikanten und Signifikate strömen in einem ‚leeren Raum von Zeichen' umher. ‚Leer', weil die Signifikante sich nicht mehr auf etwas ‚Reales' beziehen, sondern nur noch auf andere Signifikate" (Häussler 1997, S. 105). Sollte das aber nicht ‚auf andere Signifikanten' heißen?

Interesse anzusprechen oder überhaupt erst wachzurufen. Es zeigt sich ebenso deutlich, dass Authentizität ein Thema ist, dass sehr vielfältig variiert werden kann. Diese Variationen sind zwar meist schon als Variationen *eines* Themas zu erkennen, in sich aber doch recht unterschiedlich. Die auffälligste Gemeinsamkeit der drei Coverbilder besteht darin, dass sie alle auf unterschiedliche Weise das Andere der westlich-modernen Kultur zeigen. Die Bilder und Beschreibungen sind eine Form von positiv gespiegelter Zivilisationskritik. Dass sie so deutlich den Alltag im rationalen Betriebskapitalismus kontrastieren und dieses Andere so pathetisch anpreisen, verweist implizit auf die tourismusindustriellen Vorstellungen von den Versagungen in der verwalteten Welt. Die Fantasien, die durch die Werbung produziert oder zumindest provoziert werden sollen, sind Projektionen im genauen Sinn. Viel mehr als über die gezeigten anderen Kulturen, besagen sie über die eigene und über deren Wunschträume. Das Authentische ist in dieser Variation das Andere, authentisch ist die Differenz. Diese ‚differenzlogische' Variation lässt sich in sich nun selbst wieder variieren. Sowohl die indo-islamischen Mogule sind das Andere der Moderne als auch die ostafrikanischen Hirtennomaden. Beide sind sie erstens – räumlich – exotisch und nicht-westlich, zweitens – zeitlich – nicht modern, sondern traditional. Sie sind es aber in einem je anderen Sinn. Das Taj Mahal steht für eine überlegene Hochkultur, für selbstgewissen Adel, souveräne Herrschaft, stolzen Prunk und für das majestätisch Erhabene. Es ist das schlechterdings Großartige, Monumentale und für die Ewigkeit Gebaute, das es heute nicht mehr gibt und im Gegensatz zum Flüchtigen und Ephemeren, das laut Baudelaire die Moderne kennzeichnet. Die Massai dagegen stehen für das Einfache und Primitive. Sie sind keine sogenannte Hochkultur, sondern gelten als autochthones Naturvolk, keineswegs negativ im Sinne kannibalischer Bestien, sondern positiv als edle – ihrerseits also ebenso: erhabene[96] – Wilde. Gegenüber dem Taj Mahal und dem, für das es steht, erscheint die moderne Kultur als profan und würdelos, oberflächlich und banal, gegenüber den Massai als entfremdet von ihren natürlichen Grundlagen. Gegenüber dem Ersten ist sie gewissermaßen zu wenig, gegenüber dem Zweiten zu viel Kultur. Wieder anders ist der Gegensatz zwischen der westlichen Moderne und der rohen Natur, wie er auf dem dritten Cover aufgezogen wird. Auch hier ist das Authentische das Andere und auch hier ist es die Differenz. Ebenso lässt es sich dabei auf die Formel des Erhabenen ungebändigter Naturgewalten bringen. Die Differenz ist aber in sich wieder eine andere, spielt sich nicht mehr innerhalb

---

96 Dabei zu berücksichtigen ist: „Das Erhabene und das Authentische sind sicherlich nicht dasselbe, aber sie haben gemeinsam, dass sie beide in entschiedenem Gegensatz zum Schönen stehen" (Trilling 1989, S. 92)

des Bereichs der Kulturkontraste ab (darin sind die Massai die „Natur"), sondern ist die noch grundlegendere Unterscheidung zwischen Kultur und unbeherrschter, unverschmutzt-jungfräulicher Natur.

Aus einer praxistheoretischen Perspektive lassen sich diese Ergebnisse folgendermaßen integrieren: als authentisch gilt allgemein das Andere der Moderne, wobei das Andere, wie gerade ausgeführt, recht Verschiedenes sein kann. Gemeinsam ist diesen drei Subvariationen des Authentischen der Bezug auf das Erhabene als das „schlechthin Große" und deshalb auf die Erfahrung der Überwältigung. Abstrakter ausgedrückt dreht es sich bei allen drei Covers um die Erfahrung von Krisen. Und auch hier gilt es, gleich wieder zu differenzieren. Die Krise, die im Zusammenhang mit dem Taj Mahal suggeriert wird, ist die der ästhetischen Erfahrung, ausgelöst durch den suggestiven Zwang gelungener Werke; beim Massai-Cover ist es eine Krise im Sinne des potentiell gefährlichen Abenteuers; beim Strandcover im Sinne der Einsamkeit und ebenfalls eine ästhetische Krise angesichts des Naturschönen und der Angstlust angesichts des Übergewaltig-Erhabenen des grenzenlosen Ozeans, das bedrohlich erscheint ohne eine unmittelbare Bedrohung für Leib und Leben darzustellen.

Diese Ergebnisse können wohl allgemeinere Gültigkeit für tourismusindustrielle Dokumente beanspruchen. Spezifisch für die drei analysierten Prospekte ist indessen die bemerkenswerte Inkongruenz von Text- und Bildsprache. Das Taj-Mahal-Cover suggeriert die Krise explizit sprachlich durch die Überwältigung und das Mit-kleinen-Schritten-näher-Kommen; außerdem durch die personalisierende Formulierung des Blicks. Allgemein gefasst, hebt es die Krise hervor, die durch die Differenz zwischen unmittelbarer – und notwendig: eigener, weil an den Leib und die physische Kopräsenz gebundener – Erfahrung und medialer Vermittlung besteht. Das Bild hingegen streicht die Identität von Bild und Objekt hervor und zeigt die konventionelle Frontal-, Zentral- und Integralperspektive auf das Bauwerk, zeigt ein typisches, ein geradezu klischeehaftstereotypes ‚Postkartenfoto'. Dieselbe Unstimmigkeit drückt sich im Massai-Cover aus. Auch hier betont der Text das Authentische als Krise, im Sinne des abenteuerlichen „eigenen Wegs" in abgelegene Regionen, während das Foto weniger die Massai selbst zeigt als das stereotype Bild von ihnen, in seiner Überdeutlichkeit fast eine Karikatur. Das Foto des Strand-Covers zeigt mit dem einsamen Strand und der unbeherrschten Natur, dagegen tatsächlich etwas Krisenhaftes, der Text aber spricht von Durchatmen und Erholung, von der Abwesenheit jeglicher Krise also. Die Inkongruenz ist damit zwar gegenüber den anderen Prospekten gerade ‚verkehrt', von Bedeutung ist aber zunächst, dass sie auch hier besteht. In dieser auffälligen und charakteristischen Unstimmigkeit zeigt sich, so die These, der immanente Widerspruch der Tourismusindustrie. Sie versucht, etwas zu verkaufen, was sich per Definition nicht verkaufen lässt. Das Authentische nämlich ist, als eine andere wichtige Variation des Begriffs, gerade das Nicht-Warenförmige, das absolut Einzigartige, Persönliche und Nicht-Reproduzierbare. Die Tourismusindustrie will über das Medium Geld vermitteln, was nicht zu vermitteln ist: das Unmittelbare. Sie organisiert krisenhafte Erfahrungen, die gerade weil sie organisiert sind, eben nicht mehr krisenhaft sein können. Diese Interpretation greift indessen insofern zu kurz als deutlich ist, dass die Unstimmigkeit relativ einfach auch hätte vermieden werden können. In den Prospekten selbst gibt es Fotos, die viel besser zum jeweiligen Text gepasst hätten. So passt etwa die junge Frau, die entspannt im Strand und im Schatten einer Palme liegt oder der Mann, der sich auf dem Wasser treiben lässt, besser zur Erholungssemantik, die der Text entfaltet. Auch im Taj-Mahal-Prospekt finden sich etwas eigenwilligere Bilder des Monuments, die besser geeignet wären, einen ‚Blick‘, eine subjektive Perspektive also, darzustellen.

Dass diese Widersprüchlichkeit zwischen Bild und Text so konsequent gesucht wird, wo sie doch auch leicht hätte umgangen werden können, legt den Verdacht nahe, dass das durchaus intentional geschehen ist. Allein schon die Tatsache, dass es sich bei diesen Dokumenten um hochgradig edierte, nicht um spontan erzeugte handelt, spricht dafür. Es ist deshalb unwahrscheinlich, dass es sich nur um den unbewussten Ausdruck eines strukturellen Problems – des Problems der Vermittlung von Unmittelbarkeit – handelt, noch weniger zureichend ist die These einer Verwechslung oder Fehlleistung. Die Titelseiten sind Produkte bewusster Gestaltung und die Widersprüche sind nicht nur einfach in Kauf genommen worden, sondern absichtlich erzeugt. Die Tourismusindustrie scheint den Gegensatz von Krise und Routine gezielt zu untergraben zu wollen. Sie unterminiert damit den Kontrast zwischen dem Authentischen und dem Inszenierten, der laut MacCannell das Spannungsverhältnis konstituiert, in dem sie notwendig agiert. Das kann als Versuch verstanden werden, auf die klassische Form der Tourismuskritik zu reagieren, auf die Kritik an ihrem strukturellen Authentizitätsdefizit. Sie unterstützt postmoderne Positionen, die behaupten, der Unterscheidung zwischen Authentischem und Inauthentischem käme gar keine Relevanz mehr zu und die sogenannten ‚Posttouristen‘ seien stattdessen an einem unverbindlich-ironischen Spiel mit Zeichen interessiert. Solche Positionen erweisen hier ihr ideologisches Potential, auf das Boltanski und Chiapello schon hingewiesen haben: wenn nicht mehr unterschieden werden kann, kann auch keine Kritik mehr geübt werden.[97] Ist erst das Interesse an authentischen Erfahrungen gründlich als zurückgebliebener Essentialismus stigmatisiert, kann die Touris-

---

97 Vgl. oben Kapitel 2.1.

musindustrie ihr größtes Problem als gelöst betrachten und mit dem guten Gewissen, sogar der vermeintlichen philosophischen Avantgarde zuzugehören, Inszeniertes als Authentisches, das Klischee als Einzigartiges und das Falsche als das Echte verkaufen.

5. Internet-Reiseberichte

5.1. Methodologische Vorbemerkungen

Nachdem sich die Werbeprospekte der Tourismusindustrie als empirisches Material für die Rekonstruktion der touristischen *Imagination* bewährt haben, rückt nun ein anderer Datentyp in den Fokus, der ‚näher‘ an der touristischen *Praxis* selbst steht: der Reisebericht. Auch hier besteht das Problem nicht in der Erhebung oder der Produktion von brauchbaren Daten, sondern darin, eine Auswahl zu treffen und diese zu begründen. Der Reisebericht ist ein literarisches Genre mit einer langen Tradition, auf die gleich eingegangen wird. Von Interesse sind hier indessen weniger literarische Werke, sondern der Reisebericht im allgemeinen Sinn als Text, in dem jemand eine Reise schildert. Es soll sich dabei weder um außergewöhnliche Texte, noch um außergewöhnliche Reisen, noch um außergewöhnliche Autoren handeln, sondern um möglichst Gewöhnliches und für die aktuelle touristische Praxis Typisches. Das Internet hat sich dabei als unerschöpfliche Datenquelle erwiesen. Es ermöglicht ‚ganz normalen‘ Menschen von ihren ‚ganz normalen‘ Reisen zu berichten und diese Berichte einer großen Öffentlichkeit zugänglich zu machen. Ein weiterer Vorteil des Web 2.0 besteht darin, dass leicht auch Fotografien hochgeladen und präsentiert werden können. Fotos sind für die Rekonstruktion der Reisepraxis sehr aufschlussreich, ergänzen und konterkarieren oft den Text. Nicht selten ersetzen sie ihn sogar, denn: „Was gezeigt werden *kann, kann* nicht gesagt werden".[1]

Bevor auf die Reiseberichte näher eingegangen werden kann, soll zuvor aber ein gewichtiger Einwand entschärft werden, den gegen die Anlage der vorliegenden Studie vorzubringen naheliegt. Es drängt sich die Kritik auf, die Datenbasis leide vielleicht nicht unter den erwähnten Verzerrungen reaktiver Methoden, aber doch unter einem anderen und möglicherweise viel schwerer wie-

---

1 Wittgenstein 2006a, S. 34 (kursiv i. O.).

genden Bias. Untersucht man Internet-Reiseberichte als Dokumente touristischen Reisens, erhält man Einblick bloß in die Reisearten, über die nicht nur geschrieben wird, sondern deren Beschreibungen dann auch noch online publiziert werden. Beides ist keineswegs selbstverständlich. Wer schreibt schon darüber, auf Gran Canaria eine Woche lang faul im Liegestuhl gelegen und vor sich hin gedöst, außerdem vielleicht noch ein Buch gelesen und sonst einfach gut gegessen, viel getrunken und sich an der Hotelbar amüsiert zu haben? Damit nicht genug: wer, wenn jemand wider Erwarten doch darüber schriebe, würde das auch noch veröffentlichen? Und trotzdem ist nicht zu verkennen, dass gerade die Hingabe an die Völlerei und der inhaltsleere Müßiggang eine charakteristische und zudem weit verbreitete Form des Tourismus darstellt. Eine sozialwissenschaftliche Tourismusstudie, die auf deren Untersuchung verzichtet, nur weil dafür gerade kein Material verfügbar ist, würde sich deshalb einer groben Fahrlässigkeit schuldig machen, die sehr schwer nur zu legitimieren wäre. Das Problem stellt sich also so dar: die empirische Grundlage bilden nur Berichte von Touristen, die ihre Reisebeschreibungen online publizieren. Das scheint eine recht spezielles Sample zu sein, das keineswegs für sich beanspruchen kann, allgemein für den Tourismus repräsentativ zu sein.

Dieser Kritik ist dreierlei entgegenzuhalten: erstens ist die Diversität sowohl der schreibenden Reisenden als auch die der beschriebenen Reiseformen erstaunlich – und meiner Ansicht nach durchaus hinreichend – groß. Es ist jedenfalls nicht so, dass nur junge, computeraffine Adventure-Touristen im Internet ihre Berichte publizieren. Man findet leicht auch Blogs älterer Ehepaare und leicht auch solche, in denen von ganz normalen und auch relativ ereignisarmen Wochenend-Trips nach Paris berichtet wird. Zweitens wird auch davon erzählt, nichts getan zu haben. Im Reisebericht des Paars, das seinen Urlaub in Hongkong und Thailand verbracht hat, ist unter der Überschrift „Faulenzen in der Sonne von Koh Samui" zu lesen: „Die nächsten drei Tage verbringen wir mit süßem Nichtstun" und „auf Koh Samui sind wir einfach nur faul!".[2] Außerdem ist Nichtstun auch eine Praxis und es fragt sich, was man tut, wenn man nichts tut. Schließlich ist drittens die Art des Reisens, deren wesentliches Merkmal das Nichtstun ist, oben beim Kuoni-Prospekt „EINFACH WEG" schon besprochen worden. Das hebt die Beschränktheiten der Fallauswahl zwar nicht auf, vermag sie aber doch auf ein vertretbares Maß zu reduzieren.

Die größere Problematik besteht wie erwähnt darin, aus der schieren Fülle des Materials geschickt auszuwählen und diese Selektion nachvollziehbar zu begründen. Es soll hier gleich vorweggenommen werden, dass man sich mit einem

---

2 Blösl 2002, S. 6.

gewissen Maß an Willkür abfinden muss. So viel auch im Folgenden in Bemühungen investiert wird, diese Auswahl, wenn nicht zwingend, so doch hinreichend plausibel erscheinen zu lassen – der Einwand, man hätte auch jenen und nicht gerade diesen Reisebericht nehmen können, lässt sich nicht aus der Welt räumen. Verschiedene Kriterien haben die Auswahl geleitet: zentral war primär die Eignung des Berichts, zur Untersuchung der Authentizitätsthese etwas Relevantes beizutragen, und das in möglichst prägnanter Form. Die Berichte werden nicht als solche und schon gar nicht in ihrer Totalität besprochen, an einzelnen Segmenten soll jeweils etwas aufgezeigt werden. Sie sollen der Authentizitätsthese ein möglichst harter Prüfstein sein, nicht mehr und nicht weniger. Ein weiteres Selektionskriterium ist die Kontrastivität. Ob sie maximal ist und welche Vergleichsdimensionen die wichtigsten sind, ist nicht endgültig zu entscheiden. Das Ziel war es jedenfalls, sowohl verschiedene Arten von Reisen als auch von Berichten in den Datenkorpus aufzunehmen. Ausgangspunkt war, mit der Intention etwas möglichst Gewöhnliches zu haben, ein Reisebericht einer etwa vierzigjährigen Frau, die von ihrer Reise nach Rom erzählt. Daran anschließend wurde eine Reise gesucht, die etwas weiter in die Fremde führt und auch aufwendiger ist. Angeboten hat sich dabei ein Ehepaar, das nach zunächst nach Hongkong, dann nach Thailand geflogen ist. Weil die Auswertung ihres Blogs u.a. ergeben hat, das es darin oft um organisatorische Fragen geht, wurde als nächstes ein Bericht gesucht, in dem die Reise abenteuerlicher, weniger streng organisiert, ausgefallen ist. Mit dem Fahrrad durch Südamerika zu reisen, schien diesen Anforderungen genügen zu können. Weil die Reisenden in diesen Berichten alles Erwachsene sind, sollte außerdem noch ein junger Tourist vertreten sein, der ein möglichst großes Abenteuer wagt. Ein richtig großes Projekt sollte noch dabei sein. Die Weltreise einer jungen Frau, die gerade ihr Abitur abgeschlossen hatte, erschien dafür geeignet.

Eine weitere Schwierigkeit ergibt sich durch den Umfang der Datenmenge. Obwohl nur vier Reiseberichte ausgewählt wurden, hantiert man dabei mit einer recht großen Textmenge.[3] Die Auswertung hat sich orientiert an den Prinzipien der Sequenzanalyse, d. h. es wurde zunächst stets die Einstiegssequenz ausgelegt, anschließend eine Strukturhypothese gebildet, die an anderen Stellen, die durch gezieltes ‚Scannen' gefunden wurden, geprüft werden sollte. Die Darstellung in dieser Studie entfernt sich indessen weitgehend vom tatsächlichen Ablauf der Analyse. Es werden einzelne Textstellen oder Bilder herausgegriffen, an

---

3 Deshalb wurde darauf verzichtet, die Reiseberichte dieser Studie anzuhängen und den Umfang des Buchs so immens zu vergrößern. Sie sind im Internet problemlos zugänglich, und sollten sie einst gelöscht werden, beim Autor einzusehen.

denen sich besonders deutlich etwas zeigen lässt, das für die Untersuchung der Authentizitätsthese wichtig ist. Das ist damit gemeint, dass die Berichte ausgebeutet werden: sie dienen der Argumentation sozusagen als Souffleure, geben die Stichworte, anhand derer besprochen wird, was unter Authentizität im Zusammenhang mit touristischem Reisen zu verstehen ist.

5.2. REISEBERICHT ALS LITERARISCHES GENRE

Es ist vor dem Hintergrund der immensen Menge und Vielfalt an Reiseberichten einigermaßen irritierend, dass in den Literaturwissenschaften regelmäßig die These vom vermeintlich unaufhaltsamen Niedergang dieser Gattung diskutiert wird. Das ist nicht unbestritten. Michael Harbsmeier bspw. spricht gegenteilig vom „Wachstum der Gattung der Reiseberichte" und führt diesen auf „Expansion und Verdichtung der internationalen Kommunikation und Interaktion in Form von Krieg, Mission, Handel, Diplomatie, Kolonialismus [...] oder auch Massentourismus" zurück.[4] Ob nun aber Wachstum oder Niedergang, für diese Diskussion charakteristisch ist eine eigentümliche Verwirrung über den Gegenstand. Viele Untersuchungen des Genres des Reiseberichts behandeln über weite Strecken nicht eigentlich dieses, sondern das Reisen. Die Niedergangsthese bezieht sich deshalb nicht nur auf die literarische Gattung, sondern stets auch auf die Handlung, die durch sie beschrieben wird. Es ist dabei allgemein die Rede von einem „Funktionsverlust des Reisens und der Reiseliteratur"[5] und in erstaunlicher Verkennung der tatsächlichen und oben kurz umrissenen Verhältnisse wird dreist behauptet: „Der moderne Tourist schreibt nicht, er liest bestenfalls."[6] Nicht nur der Reisebericht, sondern das Reisen selbst verende. Interessant ist dabei die Begründungsstruktur des Arguments. Der Niedergang sowohl des Reiseberichts als auch des Reisens vollzieht sich nicht einfach parallel, sondern dieser wird als Grund für jenen angegeben. So schreibt Barbara Korte etwa: „Für das 20. Jahrhundert ist das Genre des Reiseberichts des öfteren totgesagt worden, *da* die Art des Reisens, auf der frühere Reiseberichte basierten, nicht mehr möglich sei."[7] Die steile These vom Untergang der Reiseliteratur findet ihr Fundament oft in einer rabiaten, zumindest aber jeweils durchaus zugespitzten Tourismuskritik. Die „Normierung und Schematisierung des Reisens" durch den modernen

---

4   Harbsmeier 1982, S. 13.
5   Sauder 1995, S. 553.
6   Brenner 1997, S. 139.
7   Korte 1996, S. 179 (kursiv, RS).

Massentourismus führe etwa dazu, dass Fremdes gar nicht mehr als solches erfahren werde und das Reisen generell den Charakter des Abenteuers weitestgehend einbüße; es werde „kataloggerecht und ohne Risiko."[8] Und weil, so die ungefähre Stoßrichtung der Kritik, nichts mehr erlebt werde, gäbe es auch nichts mehr zu berichten. Bezeichnenderweise setzt sich Peter Brenner, prominenter Vertreter der doppelten Niedergangsthese, auch weniger mit dem Reisebericht selbst auseinander, sondern mit der Frage nach den Bedingungen der Möglichkeit der Erfahrung der Fremde oder des Fremden überhaupt. Diese Bedingungen würden mit der Modernisierung zunehmend prekär und mit der tatsächlichen Realisierung des ‚One-World-Prinzips' eigentlich ganz wegbrechen. Im Zusammenhang sowohl mit den drei Werbeprospekten ist oben schon darauf hingewiesen worden, dass das Fremde, im Sinne des räumlich oder zeitlich der Moderne Fernstehenden, im Sinne des Exotischen oder des Alten also, eine sehr wichtige Variation des Authentizitätsthemas darstellt. Authentisch, so lautet hier die Formel, ist das Andere der Moderne. Weil dieses Thema von allgemeiner Bedeutung für die Fragestellung der vorliegenden Studie ist, soll kurz nachgezeichnet werden, worin das Problem mit dem Fremden in der modernen Welt besteht.

Die moderne ‚One-World' kennt, in Kontrast zur vormodernen Welt, nichts wirklich Fremdes mehr im Sinne des Ganz-Anderen, das sich dem Verstehen kategorisch verschließen würde. Webers Theorie der Entzauberung erfasst genau das. Sie besagt, das moderne Denken gründe in der Überzeugung, dass es „prinzipiell keine geheimnisvollen unberechenbaren Mächte gebe, die da hineinspielen".[9] Dieses grundlegende Prinzip der Moderne impliziert notwendig die Prämisse, dass es nur eine einzige Welt gibt und nicht verschiedene, in denen wesentlich verschiedene Regeln gelten würden:

„Der neuzeitlichen Wirklichkeitsauffassung erscheint die gesamte Welt grundsätzlich als homogen; nicht mehr als ein Nebeneinander von differenzierten Räumen, die je eigene Prinzipien unterworfen sind."[10]

---

8 Sauder 1995, S. 552f. Auf genau diese Form der Tourismuskritik reagiert die Industrie wie gesehen durch Angebote, die sowohl durch den angeblich peripheren Charakter der Destination als auch die „eigenen wege" das Abenteuer, das Risiko und die Gefahr betonen. Vgl. die Analyse oben Kapitel 4.4.

9 Weber 1995, S. 19. Wie oben ausgeführt, provoziert das die Eliminierung des Wunders als des prinzipiell Unerklärbaren.

10 Brenner 1989, S. 22.

Die Aufhebung kategorischer Dichotomien (Hellenen vs. Barbaren, Christen vs. Heiden, Zivilisierte vs. Wilde etc.) hat keineswegs zu einem umfassenden Harmonismus und einer Welt friedlichen Zusammenlebens geführt. Im Gegenteil entstehen erst in der Neuzeit „Ansätze eines Bewusstseins von soziokultureller Verschiedenheit".[11] Die vormodernen Dualismen waren wohl radikal, doch boten sie – zumindest prinzipiell – die Möglichkeit der Indifferenz. Die Vielfalt der Kulturen ist nur vor dem Hintergrund der Einheit der Menschheit überhaupt ein interessantes Phänomen, auf das in irgendeiner Form reagiert werden muss. Das Andere und Fremde kann nicht mehr einfach als Ganz-Anderes und damit Unverständliches akzeptiert und guten Gewissens ignoriert werden, sondern wird in Bezug gesetzt zum Eigenen. Das Bewusstsein, andere Kulturen seien anders als die eigene, setzt den Vergleich voraus. Dieser aber beruht auf einem Gemeinsamen, das die Unterscheidung überhaupt erst zu einer sinnvollen Operation werden lässt, beruht auf der prinzipiellen Homogenität der Welt. Eine besonders prominente Form dieser Relationierung ist bspw. das universalhistorische Entwicklungsschema.[12] Die Einheit dieses Schemas, die einlinige Zeitlichkeit kultureller Evolution, ist konstitutiv für eine spezifische Vorstellung von Differenz. Die theoretische Explikation der prinzipiellen Einheit der Welt datiert Berger auf das 17. Jahrhundert und primär auf Descartes zurück, dessen Idee, alle Dinge seien letztlich bestimmt durch ihre räumliche Ausdehnung, es ermögliche, sie hinsichtlich dieser einheitlichen Qualität zu vergleichen. Auch Montaigne, Hobbes, Spinoza, Leibniz, Kant und Herder werden von Brenner, trotz aller Unterschiede der Positionen, als wichtige Vertreter des – zunächst nur theoretisch proklamierten – Homogenitätspostulats aufgeführt. Dessen praktische Realisierung sei dann im 19. Jahrhundert mit der „'Europäisierung der gesamten Erde'" abgeschlossen worden.[13]

Ob das wirklich der Fall ist, mag hier dahingestellt bleiben. Die historische Stichhaltigkeit der Argumentation soll nicht en detail nachvollzogen und beurteilt werden, die Pointe ist klar und für diese Studie nicht unwichtig: die Welt ist kartographiert, jeder Quadratmeter erforscht, genau vermessen. Es gibt die weißen Stellen auf den Land- oder Weltkarten nicht mehr. Man muss nicht so weit gehen und behaupten, dass „[d]as Fremde künstlich hergestellt [wird]" und „nur noch einen Reizbedarf [befriedigt], den die monotone Vereinheitlichung der

---

11 Harbsmeier 1982, S. 23.

12 Harbsmeier (1982) spricht hier von einer „Bewegung der systematischen Verzeitlichung asymmetrischer Gegenvorstellungen" (S. 20).

13 Brenner 1989, S. 24.

Welt hervorgerufen hat."[14] Ohne Zweifel aber bedeutet ‚entdecken', wenn anders die Möglichkeit, überhaupt Neues zu erfahren, auch nicht gleich grundsätzlich in Abrede gestellt werden soll, heute etwas fundamental anderes als im 14. oder 15. Jahrhundert. Auf ein Land oder eine Kultur zu stoßen, die ‚noch niemand' zuvor gesehen hat, ist unmöglich geworden. Das war schon immer eine problematische Vorstellung. Von Kolumbus ist Amerika ja nicht in diesem Sinn entdeckt worden. Viele Menschen kannten es bereits und lebten dort. Dennoch gilt, für den Planten Erde zumindest, fraglos und endgültig: „'the age of geographical discovery has gone'".[15] Noch viel drastischer formuliert es Claude Lévi-Strauss:

„Nie wieder werden uns die Reisen, Zaubertruhen voll traumhafter Versprechungen, ihre Schätze unberührt enthüllen. [...] Was uns die Reisen in erster Linie zeigen, ist der Schmutz, mit der wir das Antlitz der Menschheit besudelt haben."[16]

Insofern ist das Reisen sicher anders geworden. Fraglich allerdings, ob diese Entwicklung zur Annahme berechtigt, es sei deshalb eigentlich gar nicht mehr möglich, zumindest aber irgendwie „schwierig geworden."[17] Denn: „'To see what one has not seen before, is not that almost as good as to see what no one has ever seen?' Of course it is."[18] Und selbst Dinge oder Orte, die man bereits gesehen oder bereist hat, sind nicht schon allein deshalb weniger interessant. Eine Reise kann problemlos auch dann noch ein Abenteuer sein, wenn man bereits dort war. Den Endzeitgerüchten um das Reisen und das Berichten darüber ist entgegenzuhalten, allein die Tatsache, dass fast überall schon einmal jemand gewesen ist und man heute auch in den abgelegensten Winkeln der Welt Coca-Cola trinken und bei McDonalds essen kann – ein äußerst beliebter, vom rebellischen Charme der Kapitalismus- und Globalisierungskritik noch profitierender,

---

14 Brenner 1989, S. 39.

15 Korte 1996, S. 188.

16 Lévi-Strauss 1988, S. 33. Vgl. Adorno 1969, S. 31: „nicht länger ist es [...] in weiter Ferne anders."

17 Brenner 1997, S. 176. Das fragt auch Korte (1996): „Bedeuten solche Schwanengesänge tatsächlich das Ende des Reisens und damit das Verschwinden des Reiseberichts?" (S. 184).

18 Gavin Young, zit. nach ebd.

Topos der These vom Niedergang des Reisens als Verschwinden des Abenteuers –, berechtigt keineswegs zu Aussagen wie: „'adventure [...] is obsolete.'"[19]

Die These vom Ende des Reiseberichts, begründet durch die vom Ende des Reisens, ist also weder besonders aufschlussreich noch wirklich haltbar. Von größerem Interesse ist hier die Feststellung der relativen Kontinuität formaler Merkmale des Genres gerade bei gleichzeitigem Wandel der tatsächlichen Reisepraxis.[20] Auch weitum anerkannte Reiseberichte der jüngsten Zeit, „hätten der Gattungsentwicklung keine neue Richtung gewiesen" und griffen auf Gestaltungsprinzipien zurück, die „die Reportage der Weimarer Republik schon entwickelt hatte".[21] Was aber sind diese formalen Merkmale des Genres des Reiseberichts? Korte bemüht sich, griffige Kriterien zu liefern, verbleibt aber doch in recht vager Allgemeinheit. Neben „hohe[r] Welthaltigkeit", dass die Reise also und die Welt, in der sie spielt, keine freie Erfindung ist, und der Trivialität, der Gegenstand der Erzählung sei stets eine Reise, sei grundlegend, dass diese eben erzählt werde. Reiseberichte hätten prinzipiell eine narrative Struktur. Die Reise werde „als Handlung präsentiert"[22] im Gegensatz etwa zu einer bloßen Auflistung von Daten und Orten verschiedener Reisestationen. Diese narrative Struktur verbindet Korte mit einer „grundsätzliche[n] *Fiktionalität*" und mit der wenig aufregenden Einsicht, Reiseberichte seien „immer kreative Nachschöpfungen der zugrundeliegenden Reise".[23] Diese wird also nicht einfach ‚kopiert', sondern interpretiert und *re*konstruiert. Dass der Bericht oder die Erzählung indessen nicht die Reise selbst ist, versteht sich von selbst. Allerdings stehe diese Fiktionalität nicht im Gegensatz zum „Glaube[n] an die Authentizität der berichteten Reise",[24] sondern dieser Glaube sei für Reiseberichte, genauer eigentlich: für ihre

---

19 Ebd., S. 188. Vgl. auch S. 183 zur Coca-Cola-Flasche als wichtigstes Symbol der One-World. Zum Abenteuer unten mehr. Brenner (1989) meint, das „Reisen soll zum Vergnügen werden; und das Fremde wird [...] auf seine reizauslösende Funktion reduziert" und gleich anschließend, das Reisen werde „auf eine reizbefriedigende Funktion reduziert" (S. 38). Ob nun reizauslösend oder -befriedigend: die subjektivistische Reduktion erscheint problematisch.

20 Wobei Spode betont, dass der Wandel der Praxis nur oberflächlich ist und die Grundstruktur im Wesentlichen gleich bleibt (vgl. oben Kapitel 1.1.)

21 Brenner zit. nach Sauder (1995, S. 554). Sauder indessen bezweifelt genau das: „Brenner ist den Beleg dafür schuldig geblieben, dass ähnliche Formen der Sprachkritik in der Reiseliteratur bereits in der Weimarer Republik ausgebildet worden seien."

22 Korte 1996, S. 12f.

23 Ebd., S. 14 (kursiv i. O.).

24 Ebd.

Rezeption, sogar konstitutives Merkmal. Nicht, ob die Reise tatsächlich stattgefunden hat, nicht also Authentizität im Sinne historischer Tatsächlichkeit ist von Bedeutung, sondern dass der Leser das glaubt. Die Frage nach dem Verhältnis des Reiseberichts zur Reise, von der er berichtet, ist durchaus nicht einfach und führt, wie oben bei Brenner gesehen, zu einiger Konfusion über den Gegenstand. Deutlicher noch wird das bei Harbsmeier, der ein „allgemeine[s] Grundmuster der Gattung"[25] zu bestimmen versucht. Reiseberichte erzählen nach ihm, angelehnt an eine Analyse des strukturalistischen Linguisten Trubetzkoy, nahezu immer von einer Abreise, einem Unterwegssein und einer Heimreise. Die Unterscheidung zwischen „statisch-deskriptiven" und „dynamisch-narrativen" Sequenzen kann nicht darüber hinwegtäuschen, dass die Dreiteilung der Reise gilt und erst sekundär dem Bericht. Auch das „wesentliche Kennzeichen der Logik oder Semantik von Reisebeschreibungen": das „duale oder binäre Grundmuster der Gegenüberstellung von ‚hier', ‚uns' und ‚Heimat' einerseits und ‚da', den ‚anderen' und der ‚Fremde' andererseits"[26] beschreibt primär die Struktur der Praxis des Reisens, davon abgeleitet erst die der Berichte.

Von diesen Schwachstellen abgesehen, hat das Studium der Literatur über die Gattung zur Einsicht in eine formale Differenz geführt, die für das Genre recht spezifisch zu sein scheint, es erlaubt, Reiseberichte in ein idealtypisches Schema einzuordnen und so möglicherweise eine erste, grobe Orientierung gestattet. Es handelt sich um die Differenz zwischen dem subjektiven und dem objektiven Bericht, zwischen der Innen- und der Außenorientierung.[27] Der objektive Bericht, dessen explizites oder implizit verfolgtes Ziel darin besteht, die wirkliche Welt so realistisch wie möglich zu beschreiben, der Anspruch auf wissenschaftliche Präzision und Wertneutralität erhebt, etabliert sich im 16. Jahrhundert im Zusammenhang mit den großen Entdeckungs- und Forschungsreisen. Für die Reiseberichte bis zu dieser Zeit dagegen ist charakteristisch eine unauflösbare Vermischung realistischer und fantastischer Momente. Gerade für die Berichte über religiöse Pilgerreisen gilt, dass die heiligen Stätten viel weniger objektiv beschrieben als heilsgeschichtlich und biblischen Quellen gemäß gedeutet wer-

---

25 Harbsmeier 1982, S. 2.

26 Ebd., S. 3.

27 Korte (1996) unterscheidet „Wege zur Wirklichkeit" und „Wege zum Ich" (S. 27 bzw. 55). Vgl. auch Petrarca (1995), der die Wendung nach innen schon vorgezeichnet hat. Siehe dazu die Analyse des Strandprospekts oben, wo dafür argumentiert wird, dass der Gegenstand der Erfahrung nicht so sehr in der objektiven Welt als im Selbst des Reisenden zu sehen ist.

den.[28] Erst die Konfrontation mit dem Ganz-Anderen, vor allem mit dem Orient und Amerika und damit die Unmöglichkeit, diese Erfahrungen gewohnten Denk- und Wahrnehmungsschemata zu assimilieren, erzwingt es, das Fremde zunächst einmal als solches möglichst präzise zu beschreiben. Dass dabei nicht bloß wissenschaftliche Neugier und das zweckfreie Interesse an Erkenntnis das entscheidende Motiv war, sondern auch materielle Interessen an den vorhandenen Ausbeutungsmöglichkeiten, liegt auf der Hand. Was genützt und beherrscht werden soll, muss man zuerst einmal hinreichend verstehen. Für objektive Berichte gilt: „Sie basieren auf empirischer Beobachtung und sind autobiographische Berichte über authentische Reisen."[29] Mit Habermas ließe sich hier davon sprechen, dass der primär wichtige Geltungsanspruch dieser Form von Berichten der der Wahrheit ist. Im Gegensatz dazu steht der Anspruch auf subjektive Wahrhaftigkeit, der unten gleich beschrieben wird und sich erst im späten 18. Jahrhundert konsolidiert.

Zuvor sei noch erwähnt, dass die Tradition des objektiven Reiseberichts nicht mit der Zeit der großen Entdeckungen endet, sondern sich bis ins 20. Jahrhundert weiterzieht. Parallel zur Entwicklung des modernen Massentourismus etablieren sich in der Weimarer Republik mit dem Aufkommen der Reportage „neue Formen der Beschreibung der Wirklichkeit", die, wie gerade gesehen, so neu gar nicht sind und sich vor allem gegen den „wirklichkeitsfremden Innerlichkeitskult" abzusetzen sucht.[30] Ihre Ideale sind nüchterne Sachlichkeit und faktentreuer Realismus. Laut Brenner findet aber diese objektive Reise-Reportage durch die zunehmende „Feuilletonisierung"[31] des Reiseberichts und dessen Orientierung am Publikum ihr rasches Ende. Kurt Tucholskys „Pyrenäenbuch" ist ihm dafür das paradigmatische Beispiel. Die Reise und die Gegenden und Orte, durch die sie führt, sind nicht mehr an sich von Interesse, sondern nur noch als recht beliebiger Stimulus zur Selbstreflexion: „Die Pyrenäen gehn mich überhaupt nichts an."[32] Ganz ähnlich Graf Keyserling: „Was gehen mich die Tatsachen als solche an?"[33] Auch Brenner spricht davon, die „Hoffnung, dass Welterfahrung in Ich-Bildung umgesetzt werden könne" sei geradezu zum Dogma westeuropäischer Reiseliteratur geworden. Er erwähnt den „subjektzentrierte[n] metaphysische[n] Innerlichkeitskultus" und erklärt, die bereisten

---

28 Vgl. dazu Korte 1996, S. 31ff.

29 Ebd., S. 47.

30 Brenner 1997, S. 134.

31 Ebd. 136ff.

32 Ebd. 137

33 Zit. nach ebd., S. 132.

Orte seien nurmehr als „Medium von Innerlichkeitserfahrung"[34] benutzt worden. Allerdings leidet auch diese Darstellung unter der schon erwähnten Vermischung von Reisen und Bericht, die es schwierig werden lässt zu bestimmen, wovon jeweils gerade die Rede ist. Jedenfalls geht es um die Tatsache, dass nicht die Außenwelt als solche beschrieben wird, sondern, wenn überhaupt, nur deren Wirkung auf die eigenen Gefühle und Gedanken. Ins Zentrum rückt an die Stelle der externen Wirklichkeit die Subjektivität und innerpsychische Verfassung des Reisenden.

Die Entwicklung der Subjektivierung des Reiseberichts zeigt auch, dass dieser keineswegs einfach der literarische Niederschlag der jeweiligen Praxis des Reisens ist und die oben beklagte Verwirrung über den Gegenstand durchaus nicht notwendig wäre. Dieser Verwirrung hat diese Übersicht über das Genre sich indessen selbst schuldig gemacht, als behauptet wurde, der Objektivismus des Berichts habe sich erst mit der Entdeckung des Ganz-Anderen (Orient, Amerika) durchsetzen können. Es soll auch nicht gesagt werden, Reisepraxis und die Praxis des Schreibens darüber, stünden in keiner Beziehung zueinander, aber doch, dass es sinnvoll ist, zwischen ihnen genauer zu unterscheiden als es teilweise gemacht wird. Die Relevanz dieser Differenz zeigt sich an den Subjektivierungsbewegungen besonders deutlich: subjektiviert wird nämlich zunächst nur das Reisen, *nicht* der Reisebericht. Damit ist gemeint, dass sowohl die Grand Tour der jungen Adligen als auch die bürgerliche Bildungsreise nicht so sehr an der objektiven Wirklichkeit der bereisten Orte interessiert ist, als daran, was die diese im Reisenden auszulösen vermögen. Die Reiseberichte allerdings ließen „obwohl der Zweck der Bildung auf das Subjekt abzielt, oft nur wenig Subjektives erkennen" und seien durch einen „'merkwürdigen Objektivismus'" geprägt.[35] Man konzentrierte sich darauf, nützliche Informationen zu vermitteln und zu beschreiben, was man gesehen hat. Erst im späten 18. Jahrhundert setzt sich die Subjektivierung nicht nur des Reisens, sondern auch des Reiseberichts und die explizite, sogar mehr oder weniger ausschließliche, „Darstellung der Persönlichkeit und der Emotionen des reisenden Ich", „mit seinen individuellen Erlebnissen, Gedanken, Moralvorstellungen" durch.[36] Objektive Informationen geraten zunehmend in den Hintergrund, wesentlich wird die Stimmungslage des Subjekts. Nachdem oben relativ ausführlich auf die romantischen Wurzeln des Interesses an authentischen Erfahrungen und des modernen Tourismus eingegangen wurde, erstaunt es nicht, dass auch die Subjektivierung der Gattung Rei-

---

34 Ebd. S. 133
35 Korte 1996, S. 66.
36 Ebd., S. 73ff.

sebericht auf diese Bewegung zurückgeführt wird.[37] Ihre Betonung von Innerlichkeit und Emotionalität gegenüber Sachlichkeit und Rationalität manifestiert sich im subjektiven Reisebericht. Leicht zu finden ist das explizite Bekenntnis zur Subjektivität auch in aktuellen Reiseblogs: „Diese [Reiseberichte, RS] geben unsere persönlichen Eindrücke und Erlebnisse wieder. Sie erheben nicht den Anspruch auf Vollständigkeit oder Objektivität."[38] Ein interessantes Detail, das noch einmal auf andere Art die Relevanz der Differenz zwischen Reise- und Schreibpraxis verdeutlicht, ist im Zusammenhang mit der Subjektivierung noch hervorzuheben. Die Subjektivierung des Berichts setzt sich sogar bei der Beschreibung solcher Reisen durch, die explizit objektivistischen Zwecken dienen, in erster Linie also Forschungsreisen. Besonders überzeugend dafür sei Darwins Reisebericht, in dessen ‚Voyage of the Beagle' sich zahlreiche Beschreibungen seiner subjektiven Gefühlszustände und persönlichen Eindrücke fänden.[39]

Die Unterscheidung zwischen subjektiven und objektiven Berichten, das sei nochmals betont, ist analytischer Natur, nicht empirischer. Tatsächlich finden sich in allen Reiseberichten stets beide Elemente, meist eng miteinander verbunden. Was sich aber feststellen lässt, sind doch recht große Unterschiede in der Schwerpunktsetzung: Einige Autoren halten sich selbst und ihre Gefühle und Impressionen – gleichgültig, ob bewusst oder nicht – im Hintergrund, andere stellen sie ins Zentrum des Berichts, wobei die Destination im Extremfall zur bloßen Kulisse der Selbstinszenierung und zum austauschbaren Stimulus ohne eigenen Wert gerät.

5.3. DAS ADRESSATENPROBLEM VON BLOGS

> „Ich könnt natürlich jetzt lang und breit drüber
> reden, wo ich wie lange war aber das interessiert
> am Ende doch eh keinen."
>
> SCHULZE, ROM 2008, DIENSTAG

Der erste Blog, der hier besprochen wird, ist der Bericht über eine viertägige Reise nach Rom.[40] Die Autorin ist etwa vierzig Jahre alt und im Einzelhandel angestellt. Der Text findet sich nicht auf einer ‚Sammelseite' für Reiseberichte,

---

37 Vgl. Korte 1996, S. 78.
38 http://www.bloesl.de/Reiseberichte/Uebersicht-Reiseberichte.htm
39 Vgl. Korte 1996, S. 82.
40 Schulze 2008.

sondern auf einer eigenen Homepage, die der Autorin nicht nur, aber hauptsächlich zur Publikation ihrer touristischen Erfahrungen dient. Die Startseite zeigt oben einen Ausschnitt einer relativ alten französischen Karte der US-amerikanischen Ostküste[41] und die Überschrift „Reiseberichte aus aller Welt". Gleich unterhalb ist die deutsche Übersetzung eines längeres Zitat des englischen Gelehrten Samuel Johnson placiert: „Der Sinn des Reisens besteht darin, die Vorstellungen mit der Wirklichkeit auszugleichen, und anstatt zu denken, wie die Dinge sind, sie so zu sehen, wie sie sind." Anders als auf den ersten beiden Kuoni-Prospekten wird hier die Differenz zwischen den Vorstellungen und der Realität betont, nicht die Identität. Sowohl die Karte als auch dieses Zitat aus dem frühen 18. Jahrhundert zeugen von einer Orientierung an einer Zeit, in der Reisen noch eine äußerst außeralltägliche Angelegenheit war und ein Abenteuer. Im Zitat drückt sich aber bereits eine spezifisch ästhetische Vorstellung vom Sinn dieser Praxis aus, es geht um den Gegensatz von begrifflich vermitteltem Denken und unmittelbarer Wahrnehmung. Unter dem Zitat sind acht Fotos zu sehen, die mit Orts- und Zeitangaben versehen sind und in recht großer Schrift ist darunter wiederum geschrieben: „Willkommen, auf meiner kleinen Reisehomepage!!!" Es folgt die Erläuterung, dass hier keine Reisen gebucht werden könnten, man könne „nur dabei sein, wenn ich von meinen Touren erzähle", und die Frage „Interessiert?" In dieser unscheinbaren Frage erscheint die allgemeine Kommunikationsproblematik von Internetblogs, weshalb die Aufmerksamkeit zunächst ihr gewidmet werden soll. Dabei geht es auch um die oben getroffene Unterscheidung zwischen objektiven und subjektiven Reiseberichten.

Bei Berichten, ob es sich nun um Reiseberichte, Tagungs-, Forschungs-, Wetter- oder Zeitungsberichte oder militärische Formen der Berichterstattung handelt, stellt sich unabhängig vom Inhalt jeweils immer die Frage, *wer wem was berichtet und warum*. Berichte haben grundsätzlich eine dialogische Struktur, man berichtet sich nicht selbst etwas, sondern stets jemand anderem, sei das ein Mensch, eine Gruppe oder ein anonymes Publikum. Für die Berichterstattung konstitutiv ist zudem eine Informationsasymmetrie. Wer berichtet, weiß etwas, was der Empfänger des Berichts nicht weiß. In vielen Fällen ist der Rezipient auch Auftraggeber, er fragt den Bericht nach und will wissen, was der Berichtende über ein bestimmtes Ereignis zu berichten hat. Dieser Auftrag muss dabei nicht jedes Mal explizit erteilt werden, sondern kann, wie etwa im Falle journalistischer Berichterstattung, institutionalisiert sein und so latent ständig gelten.

---

41 Wohl aus der ersten Hälfte des 18. Jahrhunderts, vor dem ‚Pariser Frieden' von 1763. Louisiana scheint noch die große französische Kolonie zu sein und reicht jedenfalls bis weit in den Norden und den Osten.

Wann immer etwas Interessantes passiert, ist es zu berichten. Die Initiative muss außerdem nicht unbedingt vom Hörer, sondern kann auch vom Berichtenden selbst ausgehen. Ohne, dass ein Auftrag erteilt wurde und ohne, dass er gefragt wurde, was er zu berichten habe, kann er seinen Bericht dem oder den anderen anbieten oder aufdrängen. Was aber auch in diesem Fall gegeben sein muss, ist das Interesse des Rezipienten oder zumindest die Annahme des Informanten, das Berichtete sei für diesen irgendwie interessant. Das tatsächliche oder – mit welchen Recht auch immer – unterstellte Interesse des Adressaten ist also die Legitimation der Berichterstattung. Das genau zeigt sich in der Frage Schulzes: „Interessiert?"

Das Legitimationsproblem provoziert im Falle der Internet-Reiseberichte nun einige spezifische Schwierigkeiten. Ein Interesse an der Welt und daran, was sich auf ihr ereignet, kann bis zu einem gewissen Grad generell vorausgesetzt werden. Wer auf Reisen etwas Interessantes erfahren hat, hat einen nachvollziehbaren Grund, das zu berichten. Objektive Reiseberichte und Reportagen, die beschreiben, wie es an einem Ort ist, was dort passiert, wie es aussieht, was die Menschen dort tun und was man essen kann etc. sind deshalb prinzipiell für alle interessant. Das Interesse an subjektiven Gefühlsregungen aber und an ganz persönlichen Eindrücken oder Assoziationen beschränkt sich auf Menschen, die einem entweder nahestehen oder Personen von öffentlichem Interesse sind. Blogs haben nun nicht selten die eigentümliche Struktur, dass sie formal öffentlich, inhaltlich aber sehr persönlich sind. Es stellt sich deshalb stets die Frage, weshalb überhaupt berichtet wird, was berichtet wird. Wer hat danach gefragt? Wer könnte sich dafür interessieren oder wessen Interesse ließe sich zumindest unterstellen? Zahlreiche Blogs unterlaufen so die konstitutive Dialogizität von Berichten und informieren über Dinge, die niemand wissen will und die für niemanden interessant sind. Die Blog-Kommunikation nimmt dadurch eine Struktur an, die Piaget bei Kindern im Vorschulalter beobachtet und ‚kollektiver Monolog' genannt hat.[42] Alle sprechen durcheinander, aber man bezieht sich nicht aufeinander. Alle möglichen Sätze werden geäußert, Feststellungen, Behauptungen, auch Fragen, sie werden sogar an bestimmte Personen gerichtet, aber deren Reaktion ist nicht von Belang. Es ist zwar ein äußerst reger Gebrauch von Sprache festzustellen, Kommunikation aber findet nicht statt, höchstens eben in der egologischen Form des Selbstgesprächs.

Ruft man den Rom-Reisebericht von Frau Schulze auf, variiert sie die Frage nach dem Interesse und verdeutlicht so noch einmal das kommunikative Grundproblem aller Blogs: „Wiesooooo sollte man sich das hier alles durchle-

---

42 Vgl. Piaget 1972, S. 29f.

sen?"[43] Die Wiederholung des letzten Buchstabens betont die Dringlichkeit der Frage und verstärkt sie noch visuell. Für die Analyse des Blogs stellt sich hier die Frage, warum sich diese Frage stellt und was sie bedeutet. Sie stellt sich, weil es offenbar nicht klar ist, für wen der Bericht interessant sein könnte und warum. Im Prinzip, die oben eingeführte Differenz anwendend, gibt es darauf zwei Antworten: entweder man interessiert sich für Rom und einen objektiven Reisebericht, der möglichst realitätsnah beschreibt, wie es dort ist; oder das Interesse richtet sich mehr auf Frau Schulze und darauf, was sie persönlich erlebt hat und über Rom denkt, auf einen subjektiven Reisebericht also. Wer objektive Informationen über die italienische Hauptstadt sucht, wird sich zwar kaum ausschließlich auf einen Reise-Blog verlassen, zumal die Autorin nicht einschlägig als Romexpertin bekannt ist. Trotzdem ist die Hoffnung, Wissenswertes oder besonders Aktuelles zu erfahren, nicht unbegründet und die Interessantheit der Destination fraglos gegeben. Eine mögliche Antwort auf die Frage, mit der die Verfasserin beginnt, würde demnach lauten, dass man sich für Rom interessiert und man durch die Lektüre des Berichts über Rom etwas erfahren kann, dass man zuvor noch nicht wusste: von einem preiswerten Hotel an guter Lage etwa oder einem empfehlenswerten Restaurant. Diese Tatsache aber, das Interesse an der ‚ewigen Stadt' ist so selbstverständlich, die Antwort ist so einfach, dass der Frage selbst eine gewisse Merkwürdigkeit zukommt. Es ist deshalb nicht unwahrscheinlich, dass sie ein anderes Problem vorwegnimmt. Ein tatsächliches Problem besteht darin, dass ein Interesse an der Person der Autorin nicht gleichermaßen zwanglos zu unterstellen ist. Sollte es sich also um einen subjektiven Bericht handeln, stellt sich die Frage, wer sich für die Gefühle und Gedanken von Frau Schulze interessiert. Auf der Startseite spricht sie von „meinen Touren" und „Erlebnisberichte[n]", was für subjektive Berichte spricht. Daran interessiert sein könnten Verwandte, Bekannte, Freunde und Kollegen. Man kann auch davon ausgehen, dass der Bericht hauptsächlich für diese geschrieben ist. Das ergibt sich allerdings bis hier nicht aus dem Text und wird deshalb zurückgestellt. Außerdem ist die Homepage öffentlich und nicht passwortgeschützt. Der Reiseblog richtet sich objektiv, unabhängig vom Willen und den Absichten der Schreibenden, an ein anonymes Online-Publikum, das potentiell alle umfasst, die die deutsche Sprache verstehen und lesen können. Dann stellt sich tatsächlich die Frage, wieso jemand, der Frau Schulze nicht kennt, sich für sie, ihre Reise und ihre Erlebnisse interessieren sollte. Genau diesen Personen stellt sich die Frage, die die Autorin für sie stellvertretend zum Einstieg aufwirft.

---

43 Schulze, Rom 2008, Prolog.

Da die Frage rhetorisch ist und man als Leser nicht darauf antworten kann, ist anzunehmen, dass die Autorin sie selbst beantwortet. Sie könnte im Falle eines – stets: relativ – objektiven Reiseberichts wie erwähnt darauf verweisen, dass in ihrem Bericht Informationen enthalten sind, die für andere Rom-Touristen interessant sein könnten (a). Wenn aber das Interesse an Rom oder an einer Reise nach Rom der Grund gewesen ist, überhaupt nach Reiseseiten zu suchen und den Bericht von Frau Schulze herunterzuladen, wäre es merkwürdig, den Leser jetzt noch einmal über den Grund seines Handelns aufzuklären. Das Interesse an Rom war ja sein Motiv, sich die Homepage überhaupt anzusehen und ihm nun zu erklären, dass er den Bericht liest, weil Rom interessant sei, wäre irgendwie verdreht. Im Falle eines eher subjektiv gehaltenen Berichts, ließe sich antworten, dass ihre subjektiven Erfahrungen allgemein für touristische Erfahrungen in Rom typisch sind, so dass sie auch für andere Reisende potentiell informativ oder sonst relevant sein können. Die Antwort auf die aufgeworfene Frage könnte im Falle eines subjektiven Berichts entweder lauten: weil du, Leser, mich kennst (b) – das hätte im Übrigen dieselbe merkwürdige Struktur wie die Antwort, die sich auf das Interesse an Rom bezieht – oder: weil meine Erlebnisse nicht nur für mich und mein persönliches Umfeld relevant sind, sondern in irgendeiner Form typisch touristische Erlebnisse sind, die deshalb auch den unbekannten Leser etwas angehen könnten (c). Der Bericht könnte dann die Struktur der charismatischen Rede aufweisen: ‚es steht (im Reiseführer bspw.) geschrieben, man solle A tun, ich aber sage euch (aufgrund meiner Erfahrung), man tue besser B'. Vor dem Hintergrund dieser objektiven Möglichkeiten ist nun zu prüfen, welche davon realisiert wird.

Die Autorin beantwortet die Frage, wieso man ihren Bericht lesen solle, zunächst gar nicht, sondern präzisiert sie auf unerwartete Weise: „Ich meine, wer interessiert sich schon für Rom?" Damit verdeutlicht sie, wie die Frage zu verstehen sei. Diese bezieht sich gar nicht, wie angenommen, auf das Adressatenproblem, die Verfasserin fragt nicht, für wen der Bericht von Interesse sein könnte und wieso, sondern unterstellt mit einer weiteren rhetorischen Frage die Selbstverständlichkeit eines grundsätzlichen Desinteresses an der italienischen Hauptstadt. Damit verschiebt sie das Adressatenproblem und die Frage, für wen ihr Reisebericht, der Bericht über *ihre* Reise, überhaupt interessant sein könnte, auf die Destination der Reise. Man könnte diesen Einstieg als Ironie deuten, würde sie ihr Argument nicht noch ausbauen: „Berichte über die USA oder Australien oder die Südsee sind schließlich viel spannender" – wieso das wohl? – „Aber Rom?" Weiter stellt sie fest: „Rom ist ne Stadt. In Europa", nichts Besonderes also, eine Stadt in Europa, von denen es viele gibt. Hervorgehoben wird dadurch die Gewöhnlichkeit und Austauschbarkeit. Es drückt sich aber auch eine realistische Haltung aus: Rom ist ihr kein Mythos, sondern eine Wirklichkeit. Sehr deutlich wird hier, dass die Autorin sich vom touristischen Rom-Kult abgrenzen will, doch ist ihre Abwertung grotesk überzogen. Sie kulminiert schließlich in der Behauptung: „In 3 Tagen hat man alles gesehen".[44] Rom, wie sie die Stadt zu Beginn des Berichts darstellt, ist nichts Außergewöhnliches und es gibt dort auch nicht besonders viel zu sehen. Wieso diese abenteuerliche Verdrehung der Tatsachen? Klar ist nur, dass sie Coolness und Abgebrühtheit kommuniziert. Sie gerät nicht in Aufregung nur schon wegen der historischen Bedeutung und des kulturellen Reichtums der Stadt. ‚Was ist schon Rom?‘, so etwa ist ihre Haltung zu beschreiben. So leicht lässt sich Frau Schulze nicht beeindrucken.

Nachdem sie die Stadt noch als stinkend, laut und zerfallen denunziert hat, wiederholt sie die Eingangsfrage: „Wieso sollte man sich also die Mühe machen, den ganzen Schmus hier zu lesen?"[45] Wieso sollte man einen Bericht lesen über eine Stadt, die gewöhnlich und uninteressant ist? Wer könnte Interesse an dem Bericht haben und warum? Variante (a) ist ausgeschlossen, ein Interesse an Rom kann nicht der Grund sein für die Lektüre, denn „wer interessiert sich schon für Rom?" Es bleiben die Varianten (b): Interesse an Frau Schulze, weil man sie persönlich kennt, und (c): Interesse an ihren Erfahrungen in Rom, weil sie typische Erfahrungen sind, die aufgrund ihrer Allgemeingültigkeit auch für andere Touristen interessant sein könnten.

Die Verfasserin gibt dann einen Grund an, besser: sie macht einen Vorschlag, worin dieser bestehen könnte. „Nunja…. vielleicht, weil Rom einzigartig ist?" Damit wird die Behauptung der Gewöhnlichkeit und Austauschbarkeit der Stadt wieder zurückgenommen und ins Gegenteil gedreht. „Weil Rom zu jeder Jahreszeit etwas zu bieten hat?" Auch der erwähnten Langweiligkeit der Stadt wird nun direkt widersprochen. Man könne in Rom sogar den ganzen Tag auf einer Steintreppe sitzen „und es [würde] einem niemals langweilig". Außerdem gibt es viel zu sehen, es „[gibt] keinen cm^2, an dem man nichts entdeckt". Es folgen andere, mehr oder weniger nachvollziehbare Vorschläge, weshalb Rom eine interessante Stadt sein könnte und ihre Singularität wird noch einmal ausdrücklich betont, da „kein New York, kein Sidney, kein Tokio und kein Rio mit dieser Stadt vergleichbar" sei. Damit aber rennt sie offene Türen ein, niemand würde das bezweifeln. Anstatt die Frage zu beantworten, weshalb man *ihren* Reisebericht lesen sollte und für wen dieser interessant sein könnte, beantwortet sie die Frage, weshalb Rom überhaupt sehenswert ist und eine legitime Destination darstellt. Sie beantwortet letztlich die Frage, weshalb sie dorthin gereist ist: „Für

---

44 Alle Zitate aus: Schulze, Rom 2008, Prolog.
45 Ebd.

mich war der Grund, dass Ryanair Flüge dahin für 1ct anbot […] ich schon einmal in Rom war und vieles noch sehen musste".[46] Außerdem fiel ihr Geburtstag in diese Woche und sie hatte keine Lust, eine Feier zu organisieren.[47] Und schließlich brauchte sie auch einfach Abwechslung. Das sind natürlich alles legitime Gründe, nur keine Antwort auf die eingangs gestellte Frage, wieso man „den ganzen Schmus hier" überhaupt lesen sollte.

Will man diese Verschiebung nicht einfach als zufällige Unachtsamkeit wegerklären, ist sie ernstzunehmen und zu fragen: was zeigt sich in der Verwechslung der Gründe, die man für die Lektüre des Berichts vorbringen kann, mit Gründen, die für eine Reise nach Rom sprechen? Was drückt sich aus in der Verschiebung der Frage, warum jemand ihren Reisebericht lesen sollte, zur Frage warum man nach Rom reisen sollte? Offensichtlich finden eine Vermischung statt von ‚Bericht über Rom lesen' und ‚nach Rom reisen'. Die Autorin setzt implizit das Lesen des Berichts gleich mit einer Reise nach Rom und untergräbt damit die Unterscheidung zwischen unmittelbarer und (diskursiv oder visuell) vermittelter Erfahrung. Der Leser, so wird suggeriert, kann durch die Lektüre eine Reise nach Rom unternehmen. Die Autorin ist also gewissermaßen vikariierend für die künftigen Leser gereist. Damit wird ein recht hoher Anspruch auf Identifikation gestellt, der Leser macht die Reise *durch sie* und erlebt, was sie erlebt. Grund für diese Gleichsetzung könnte eine Extremform der erwähnten Variante (c) sein. Die Erfahrungen, die sie in Rom macht, sind in hohem Maß verallgemeinerbar, es spielt eigentlich gar keine Rolle, ob sie sie macht oder jemand anders, es sind die typischen Rom-Erfahrungen, wie sie jede/r Tourist/in macht. Es ist einerlei, ob man selbst dorthin fährt oder zuhause den Bericht liest. Ihre persönliche Erfahrung fällt zusammen mit der allgemeinen Standard-Rom-Erfahrung; die Vermittlung durch den Bericht mit der unvermittelten Erfahrung vor Ort.

---

46 Alle Zitate aus: Schulze, Rom 2008, Prolog.

47 Diese ‚Geburtstagsflucht' ist ein klassisches Motiv, das schon Goethe nach Italien getrieben hat: „Früh drei Uhr stahl ich mich aus Carlsbad, weil man mich sonst nicht fortgelassen hätte. Die Gesellschaft, die den acht und zwanzigsten August meinen Geburtstag auf eine sehr freundliche Weise feiern mochte, erwarb sich wohl dadurch ein Recht, mich fest zu halten" (1993, S. 11).

Exkurs zum Zwangscharakter von Sehenswürdigkeiten und zum formalistischen Authentizitätsdiskurs der UNESCO über das ‚Weltkulturerbe'

Eine der wichtigsten touristischen Institutionen ist fraglos die Sehenswürdigkeit, deren Behandlung hier deshalb einiger Platz eingeräumt wird. Im Kuoni-Prospekt ‚SEHENSWERT', dessen Coverbild das gespiegelte Taj Mahal zeigt, wird der ‚kategorische Imperativ' des Tourismus expliziert und mit einer Selbstverständlichkeit, die keinen Zweifel duldet, dekretiert: „Manche Dinge auf der Welt muss man einmal im Leben gesehen haben."[48] Es ist gerade die vermeintliche Unhinterfragbarkeit, das Höchstmaß an Plausibilität und Selbstverständlichkeit dieser Aussage, die eine Auseinandersetzung mit Fragen erfordern wie: Was sind das für Dinge? Wieso *muss* man sie gesehen haben? Wer bestimmt das? Worin besteht die legitimatorische Grundlage des Imperativs? Frau Schulze stellt sich genau solche Fragen und schreibt, noch bevor sie die Rom-Reise antritt:

„In letzter Zeit mache ich mir immer mehr Gedanken zum Thema Tourismus und über das ‚must see'. Es ist doch so, dass, egal wohin man fährt oder fliegt, man schon im Vorfeld eingetrichtert bekommt, was man UNBEDINGT anschauen muss und was man nicht verpassen darf. Und da wir beim Thema Rom sind, besteht das ‚must see' zwangsläufig aus dem Kolosseum, das Pantheon, dem Vatikan, zig Brunnen und der spanischen Treppe. Wieso? Wieso MUSS ich zum Kolosseum oder in den Vatikan oder zur Treppe?"[49]

Auffällig ist, dass sie hier von ‚Must-Sees' spricht und nicht von Sehenswürdigkeiten. Der Unterschied ist für die Beantwortung der Frage nach der legitimatorischen Grundlage des Zwangs wichtig, denn die sprachliche Differenz verweist auf unterschiedliche Vorstellungen von den Gegenständen, die damit bezeichnet werden. Eine Sehenswürdigkeit ist etwas, das es wert ist, sich anzusehen.[50] Ihr kommt also ein genuin ästhetischer Wert zu, den sich der Betrachter durch visuelle Rezeption gewissermaßen ‚aneignen' kann. Dieser Wert kann in der Schönheit oder der Authentizität des Objekts gründen, in der Stimmigkeit seiner Gestaltung, in seiner Eignung, eine kulturspezifische Eigenart besonders prägnant auszudrücken, in seinem Potential, Irritationen zu provozieren und Wahrnehmungsroutinen zu durchbrechen oder in anderen ästhetischen Eigenschaften. Die

---

48 Kuoni, S. 26.

49 Schulze 2008, Prolog.

50 Obwohl es zwischen ‚Wert' und ‚Würde' kleine Bedeutungsunterschiede geben mag, werden die Ausdrücke im Folgenden als weitgehend austauschbar behandelt.

Sehenswürdigkeit ist indessen „der Besichtigung nicht nur würdig, sie verlangt nach ihr auf gebieterische Weise. Sehenswürdig ist, was man gesehen haben muss."[51] Es mag erstaunen, dass in Zusammenhängen mit ästhetischer Wahrnehmung überhaupt von Zwang die Rede ist. Ästhetische Erfahrung setzt *müßiges* Wahrnehmen voraus, was in erster Linie gerade die Abwesenheit von Zwang bedeutet. Damit ist das Fehlen ‚äußeren' Zwangs gemeint, des Zwangs, etwas tun zu müssen. Davon zu unterscheiden ist der ‚innere' Zwang, der ein Werk auf den Rezipienten auszuüben vermag, die bezwingende Suggestivität gelungener Werke, der „unhintergehbare[] Zwang der sinnlichen Präsenz ihrer materialen Gestaltung".[52] ‚Inneren' von ‚äußerem' Zwang zu unterscheiden ist zwar nicht besonders elaboriert, zeigt aber ungefähr an, worum es geht.[53] In Anlehnung an die Habermassche Formulierung zum herrschaftsfreien Diskurs könnte man vom ‚zwanglosen Zwang ästhetischer Suggestivität' sprechen, in dem der Aufforderungscharakter des Werks gründet. Je stringenter die immanente Logik des Werks, je schlüssiger es durchgestaltet ist, desto intensiver dieser Zwangscharakter. Das authentische Werk gebietet die Unterwerfung unter seine Logik, es verlangt Hingabe, nicht Konsum. Für diesen genuin ästhetischen Zwang paradigmatisch ist der Rhythmus der Musik. Nietzsche spricht im Zusammenhang mit dem magisch-praktischen Ursprung der Poesie von der

„elementaren Überwältigung [...], welche der Mensch an sich beim Hören der Musik erfährt: der Rhythmus ist ein Zwang; er erzeugt eine unüberwindliche Lust, nachzugeben, mit einzustimmen; nicht nur der Schritt der Füße, auch die Seele selber geht dem Takte nach".[54]

Darin besteht sowohl die Autonomie als auch die Autorität und Verbindlichkeit des Werks und darin: in ihrem Zwangscharakter liegt der genuin ästhetische Wert der Sehenswürdigkeit als Kunstwerk.

Während der Ausdruck ‚Sehenswürdigkeit' also ein ästhetisches Urteil über das Objekt impliziert – etwas ist es wert, angesehen zu werden –, ist ‚Must-See' ein Befehl an das rezipierende Subjekt. Auch dabei geht es um einen Zwang und

---

51 Enzensberger 1962, S. 161.

52 Oevermann 2003b, S. 134.

53 Offensichtlich und absichtlich ist die Nähe zu Riesmans Unterscheidung von außen- und innengeleiteten Formen der gesellschaftlichen Konformitätssicherung: „Das gemeinsame Merkmal der außengeleiteten Menschen besteht darin, dass das Verhalten des einzelnen durch die Zeitgenossen gesteuert wird" (1958, S. 38).

54 Nietzsche 1941, S. 99.

um ein Müssen. Der Grund, weshalb man sich etwas ansehen muss, ist dabei aber nicht die bezwingende Wirkung der Suggestivität gelungener Werke, sondern sozialer und also ‚äußerer' Zwang: Gruppendruck. Auf das Werturteil, die Bewertung des Objekts als sehenswert und damit Träger eines ästhetischen Werts, wird verzichtet. Stattdessen wird ein vermeintlich wertneutraler Ausdruck gewählt, der nur besagt, dass es den sozialen Zwang gibt, ein bestimmtes Objekt anzusehen, ihn aber weder in diesem verankert noch sonst irgendwie begründet. Konstatiert wird die bloße Tatsache seiner Existenz: Es hat sich irgendwie durchgesetzt, dass man sich dieses Objekt ansehen muss. Weshalb sich dieser Befehl durchgesetzt hat, nun Geltung beanspruchen kann und ob er gerechtfertigt ist, bleibt offen. Man muss es halt. Während die Sehenswürdigkeit sich also selbst begründet, verzichtet das Must-See auf jegliche Begründung. Das Urteil über ein Objekt wird ersetzt durch den Befehl ans Subjekt, im Deutschen noch unspezifischer als ‚ein Muss' bezeichnet. Auf einer Rom-Reise bspw. gilt es als ein ‚Muss', sich das Kolosseum anzusehen. Das ‚Muss' unterscheidet sich von der Pflicht durch seinen Anspruch auf völlige Unhinterfragbarkeit, weshalb es oft in Verbindung mit dem Prädikat des Absoluten oder des Unbedingten verwendet wird. Das ‚Muss' ist losgelöst von jeder Begründungspflicht, es hat es nicht nötig, sich zu rechtfertigen, es gilt schlicht, weil es gilt. Die Frage nach der sachlichen Legitimitätsgrundlage des Befehls wird also durch den Ausdruck vorweg abgeschnitten. Was die Autorin beschreibt, ist eindeutig ein sozialer Zwang, kein ästhetischer. So spricht sie davon, dass einem etwas „eingetrichtert" werde und stellt die zunächst etwas rätselhafte Frage, ob es nicht genüge, „wenn Mio anderer Touristen es tagein-tagaus tun" und die „immer gleichen Dinge" fotografieren. Das ‚Eintrichtern' verweist darauf, dass der Zwang von außen auf das Subjekt einwirkt und zeugt von autoritärer Bevormundung. Dieser Zwang ist als sozialer das genaue Gegenteil von müßiger Wahrnehmung wie sie oben bestimmt wurde. Sie bedingt das zwanglose Sich-Überlassen an die immanente Eigenlogik des Werks. Die Frage, ob es nicht genüge, wenn andere Touristen die Sehenswürdigkeit betrachten, bringt noch deutlicher zum Ausdruck, dass es sich bei dem Zwang des ‚Must-See' nicht um die Autorität des Objekts handelt, sondern um Gruppendruck. ‚Warum muss ich das tun, was sowieso schon alle tun?' – so ließe sich die Frage umformulieren. Eine solche Frage stellt sich in Bezug auf authentische Werke nicht. Was sehenswert ist, verliert diesen Wert nicht durch die Vielzahl seiner Betrachter. Der ästhetische Wert liegt im Objekt selbst und ist unabhängig davon, wer es rezipiert und wie viele das tun.

Was man gesehen haben muss, ist also die Sehenswürdigkeit, eine der wichtigsten touristischen Institutionen überhaupt. Wieso muss man sie aber gesehen haben? Und wer bestimmt das? Die wichtigste Instanz ist dabei die

UNESCO und ihre Ernennung gewisser Dinge zum Weltkultur- oder Weltnaturerbe. Da diesen Zertifikaten eine nicht zu unterschätzende Bedeutung bei der Unterscheidung touristisch attraktiver Orte von touristisch uninteressanten zukommt, soll hier kurz darauf eingegangen werden, wie sie vergeben und legitimiert werden. Nicht alle touristischen Sehenswürdigkeiten gehören zum Welterbe, aber alle 962 Objekte auf der UNESCO-Liste sind Sehenswürdigkeiten, sogar besonders wichtige. In der „Convention Concerning the Protection of the World Cultural and Natural Heritage" von 1972 ist definitorisch festgehalten, was als Kultur- bzw. Naturerbe gelten kann. Es geht dabei um Gebäude („monuments"), Gebäudegruppen und andere Werke sowie um natürliche Formationen. Das entscheidende Kriterium ist jeweils, dass das Objekt „of outstanding value" ist. Das führt zur Frage, wie dieser „outstanding value" bestimmt werden kann. Dafür gibt es die mehrfach überarbeiteten „Operational Guidelines for the Implementation of the World Heritage Convention"[55] und die „Criteria for the assessment of outstanding universal value". Eine oder mehrere der folgenden Anforderungen gilt es zu erfüllen: „(i) to represent a masterpiece of human creative genius". Meisterwerke zeichnen sich gegenüber anderen Werken entweder dadurch aus, dass sie besonders gut gelungen sind oder einfach dadurch, dass sie das Werk eines Künstlers sind, der als Meister gilt, als herausragender Virtuose. In beiden Fällen geht es um etwas Besonderes, entweder ums Werk oder um den Künstler. Dieses Besondere aber ist genau das, was bestimmt werden soll. Von besonderem Wert, so lässt sich die erste Bestimmung etwa paraphrasieren, ist das Besondere. Das zweite Kriterium ist etwas diffus: „(ii) to exhibit an important interchange of human values, over a span of time or within a cultural area of the world, on developements in architecture or technology, monumental arts, town-planning or landscape design". Drittens sollte erfüllt sein: „(iii) to bear a unique or at least exceptional testimony to a cultural tradition or to a civilization wich is living or wich has disappeared". Etwas soll ein einzigartiges oder zumindest außergewöhnliches Zeugnis sein für eine Kultur.[56] Wieder steht man vor dem gleichen Problem. Was bestimmt werden soll: der Grund des Besonderen, kommt in der Bestimmung selbst wieder vor. Besonders ist das Einzigartige, die Ausnahme. Das ist eine Tautologie. Die weiteren sieben Kriterien werden hier nicht alle aufgezählt. Darin ist viermal von „outstanding examples" die Rede, einmal von „outstanding universal significance", außerdem von „superlative", „exceptional" und noch einmal von „outstanding universal value". Das Be-

---

55 Vgl. Anhang I.

56 Deutlich, wie die Tourismusindustrie diesen Sprachstil imitiert. Vgl. v. a. oben Kapitel 4.2.

sondere des besonders Wertvollen liegt also darin, dass es etwas Besonderes ist und von besonderer Bedeutung. *Besonders ist das besonders Besondere.* Diese Zuspitzung macht deutlich, dass das entscheidende ästhetische Kriterium das der Besonderheit (oder: der Einzigartigkeit, Außergewöhnlichkeit, des Heraus- oder Überragenden) ist und wirft die Frage auf, weshalb gerade ihm diese herausgehobene Bedeutung zukommt und wie die eigentümliche Zirkularität dieser Bestimmung zu verstehen ist.[57]

Das Gegenteil des Besonderen ist das Allgemeine, das Gewöhnliche und Ununterschiedene. Besonderheit ist ein formales Kriterium, das nur besagt, dass etwas sich vom Rest abhebt, dass es heraussticht und irgendwie auffällt. Besonderheit markiert Differenz. Es operiert hier eine Bewertungslogik, die die Einzigartigkeit eines Objekts als solches ins Zentrum rückt, seine ‚Aura' im Sinne Benjamins. Sie rangiert in diesem Kriterienkatalog höher als klassisch ästhetische Werte wie etwa Schönheit, Stimmigkeit oder Authentizität. Um diese kommt aber auch die UNESCO-Liste nicht herum. Was als Kulturerbe gelten will, hat natürlich auch authentisch zu sein. Verwiesen wird auf den Anhang 4 und das ‚Nara-Dokument', das auf eine Konferenz von 1994 zurückgeht, die ihrerseits grundlegende Motive der Charta von Venedig von 1964, dem Gründungsdokument internationaler Denkmalpflege, aufnimmt und weiterentwickelt. In dieser Charta erscheint der Authentizitätsbegriff noch ohne nähere Bestimmungen, in Nara wurde dann explizit festzulegen versucht, was authentisch ist.[58] Aufschlussreich ist, dass schon in der Präambel dieses Dokuments der „respect for cultural and heritage diversity" und kehrseitig dazu die Bedrohung durch die „forces of globalization and homogenization" erwähnt werden. Und noch bevor auf Authentizität überhaupt eingegangen wird, kommt unter der Überschrift „Cultural Diversity and Heritage Diversity" die Vielfalt und Verschiedenheit der Kulturen und Traditionen zur Sprache, die als ‚unersetzbare Quelle geistigen Reichtums' bezeichnet und unbedingt gefördert und geschützt werden sollen. Wie bei der Bestimmung der Objekte, die dem Weltkultur- bzw. Weltnaturerbe zugerechnet werden, sind auch hier die Besonderheit, die Verschiedenheit und das Anderssein als solches die zentralen Variationen des Authentischen. Die etwas übertriebene Formulierung, dass diese Verschiedenheit Respekt für andere Kulturen und „*all aspects* of their belief systems" sowie im Konfliktfall die Anerkennung der Legitimität „of the cultural values of *all* parties" (kursiv, RS) verlange, lässt vermuten, dass auf den impliziten Vorwurf reagiert wird, die

---

57 Ganz ähnlich dazu Urry (1990): „They are famous for being famous, although such places have lost the basis of their fame" (S. 12).

58 Siehe Anhang.

UNESCO und ihre Institutionen sei letztlich nur ein weiteres Herrschaftsinstrument, mit dem die westliche Kultur ihre globale Hegemonie zu sichern suche.[59] Vorweggenommen wird der Vorwurf des Kulturimperialismus. Nachdem Europa seine Vorstellungen legitimer Staats- und Wirtschaftsformen dem Rest des Planeten aufgezwungen habe, wolle er dies nun auch mit seiner Ästhetik und seiner Idee von Authentizität erreichen – so ließe sich die Anschuldigung explizieren, die zwar nicht erhoben, auf die aber reagiert wird. Versucht wird darum die Flucht nach vorne in einen radikalen Kulturrelativismus, der mit dem universalistischen Anspruch der UNESCO notwendig konfligiert. Ihr eigener Anspruch ist es ja, die Weltgemeinschaft zu repräsentieren. Sie muss ausgehen von der Einheit und Zusammengehörigkeit aller Menschen und auch beim Weltkultur- sowie Weltnaturerbe handelt es sich um „the world heritage of mankind as a whole".[60] Es ist also davon auszugehen, dass das schwierige Verhältnis von Partikularismus und Universalismus das Authentizitäts-Dokument durchzieht. Wenn authentisch alles sein kann, was von irgendjemandem dafür gehalten wird, verlöre der Versuch der UNESCO, allgemeine Kriterien für die Bestimmung von Authentizität zu finden, vorweg jegliche Berechtigung und Bedeutung. Genau darauf aber läuft es hinaus.

Im nächsten Abschnitt des Nara-Dokuments wird schließlich die Authentizität thematisiert und in enge Verbindung mit ‚Werten' gebracht. Um die Authentizität eines Objekts zu bestimmen, sei es von entscheidender Bedeutung, die Werte zu kennen, die diesem zugeschrieben würden. Authentizität ist also einerseits Bedingung für den universellen Wert eines Guts, hängt aber andererseits selbst wieder an Werten, die ihm zugeschrieben werden. Das ist nicht so leicht zu verstehen. Schwieriger wird es noch insofern, als auch diese Werte authentisch (im Sinne von „credible or truthful") sein sollen, was man nur wissen kann, wenn man die Werte kennt, die diesen Werten zugeschrieben werden. Jedenfalls hängen sowohl das Verständnis von Werten als auch die Zuschreibungen von Authentizität von den verfügbaren Informationsquellen und deren Glaubwürdigkeit ab. Weil diese wiederum kulturrelativ und kontextabhängig gedacht sind („differ from culture to culture, and even within the same culture"), sei es nicht möglich, „to base judgements about values and authenticity within fixed criteria." Die Schwierigkeit zu entscheiden, ob ein Objekt authentisch ist oder nicht,

---

59 Vgl. dazu Falser 2012 zur Kritik am Postkolonialismus, an den „eurozentristischen UNESCO-Richtlinien in Sachen Kulturerbe", die zu einer „stetigen ‚Verwestlichung des ganzen Planeten' [...] geführt" habe und an der „*Westernization*" (S. 74f., kursiv i. O.).

60 UNESCO 1972, S. 1.

wird hier als Informationsproblem dargestellt. Um zu bestimmen, was authentisch ist, müsse man *wissen*, welche Werte einem Gegenstand innerhalb seines kulturellen Kontexts zugeschrieben werden. Dazu ist man auf vertrauenswürdige Informationsquellen angewiesen und die Bestimmung von deren Glaubwürdigkeit und Wahrheit erscheint als eigentliche Herausforderung. Das Nara-Dokument erweist sich in diesem Relativismus nicht als die „practical basis for examining the authenticity", die es laut den Guidelines sein soll. Die einzig greifbare Aussage ist die Behauptung, dass etwas als authentisch gelten könne, wenn glaubwürdige Quellen diesem Objekt Authentizität zuschreiben. Die „Operational Guidelines" der UNESCO-World-Heritage-Institution, die die Formulierungen des Nara-Dokuments weitgehend übernehmen, geraten in dieselbe Zirkularität, die oben schon im Zusammenhang mit dem ‚Must-See' angesprochen wurde. Sie verbieten sich in relativistischer Manier ein eigenständiges Urteil mit dem Verweis auf „cultural contexts" und anerkennen als authentisch, was Andere für authentisch halten, wenn diese Anderen glaubwürdig sind. Das verschiebt indessen das Problem nur weiter und löst es nicht. Die Glaubwürdigkeit kann in nichts anderem bestehen als darin, dass man den Informanten die Kompetenz zugesteht, ein *angemessenes* Urteil über die Authentizität einer Sache zu fällen. Dieses Urteil kann nicht selbst wieder auf Informationen und Wissen beruhen, man geriete sonst immer weiter in einen infiniten Regress, der über das Objekt selbst nichts aussagt, sondern nur darüber, wie es von wem beurteilt wird.

Bezeichnenderweise wird über die Bedingungen eines sachhaltigen ästhetischen Urteils nicht ein einziges Wort verloren. Müßige Wahrnehmung etwa, das bedingungslose Sich-Einlassen auf das je konkrete und sinnlich erfahrbare Werk oder Naturphänomen werden nicht erwähnt. Ästhetische Urteile werden in Fragen des Kontextwissens transformiert. Als Antwort auf die Frage, wie die Authentizität eines Gegenstands oder einer Praktik sachlich angemessen bestimmt werden kann, hält die UNESCO mit Bezug auf das Nara-Dokument letztlich nur den Verweis auf glaubwürdige Informationsquellen bereit. Dadurch verankert sie ihr Urteil nicht in sinnlicher Erfahrung, sondern in theoretischem Wissen über den Gegenstand. Die Beurteilung eines Objekts wird so zu Klassifikationsaufgabe. Cohen und Cohen nennen diese Zertifikationspraktiken „Cool authentication":

„a single, explicit often formal or even official, performative (speech) act, by wich the authenticity of an object, site, event, custom, role or person is declared to be original, genuine or real, rather than a copy, fake or spurious".[61]

---

61 Cohen and Cohen 2012, S. 1298.

Grundlage für solche Deklarationen sind meist akademische Expertisen. Ästhetische Urteile aber beruhen dagegen auf der Rekonstruktion der Eigenlogik des Gegenstands, nicht auf seiner Subsumtion unter bereits bekannte und von außen an ihn herangetragenen Schemata. Kontextwissen, wie immer elaboriert, trägt zur Bildung ästhetischer Urteile nicht zwingend etwas bei, kann diese sogar eher behindern. Jedenfalls gilt: um zu einem angemessenen ästhetischen Urteil über die Authentizität einer Sache zu gelangen, ist Vorwissen und Information nicht nötig.[62] Es kann hilfreich sein, aber auch hinderlich. Ästhetische Urteile gründen in der unmittelbaren sinnlichen Erfahrung der Sache selbst und nicht im Wissen darüber, wer was darüber gesagt hat. Sie sind also nicht primär ein Problem der Informationsbeschaffung wie das Nara-Dokument es suggeriert, sondern ein Problem der Möglichkeit uneingeschränkter und vorurteilsloser Wahrnehmung. Und auch wenn von Urteilen lokaler Experten ausgegangen werden soll, ist nicht deren persönliche Glaubwürdigkeit das Entscheidende, sondern die Nachvollziehbarkeit des Urteils. Wie die UNESCO den Begriff verwendet, spricht viel dafür, dass sie Authentizität aber auch gar nicht im Sinne ästhetischer Stimmigkeit, Gültigkeit und als Grad des Gelingens eines Werks verstehen will, sondern als Echtheit im Gegenteil zur Fälschung. In der Betonung der Glaubwürdigkeit der Informationsquellen drückt sich die Angst vor der Täuschung aus. Bei der Bestimmung der Authentizität scheint es der Kulturerbe-Organisation in erster Linie darum zu gehen, ob etwas das ist, was es zu sein vorgibt oder ob es sich um ein ‚fake‘ handelt. Ähnlich etwa wie bei der Frage, ob es sich bei einem Gemälde um einen echten Rembrandt handelt oder nicht. Damit ist über die ästhetische Qualität des Objekts, über seine Stimmigkeit, Stringenz und Suggestivität nichts gesagt. Wichtiger also als der ästhetische Wert ist der UNESCO das, was bei Benjamin ‚Kultwert‘ heißt und in der Einzigkeit und Echtheit gründet. So erklärt sich auch die Betonung der Besonderheit und der Differenz rein als solche.

Schon der Ausdruck ‚Must-See‘ hat Hinweise darauf gegeben, dass es gar nicht so sehr um die spezifisch ästhetischen Qualitäten des Objekts geht, nicht primär um das, was man an der Sehenswürdigkeit sehen kann, sondern um die Unterwerfung unter einen sozialen Zwang. Zu müßiger Wahrnehmung und dem Nachvollzug der inneren Strukturlogik eines Werks kann niemand gezwungen werden. Wozu man jemanden zwingen kann, ist die räumliche Anwesenheit. Es geht um Präsenzkontrolle. Wichtig ist der Nachweis, dass man dort war, nicht, was man gesehen hat und was diese visuellen Eindrücke einem bedeuten. Die Autorin erfasst das präzise wenn sie fragt: „Wieso MUSS ich *zum* Kolosse-

---

62 So auch Lau 2010: „knowledge does not constitute the object-authentic property of the tourist object" (S. 483).

um?"[63] Die Frage ist also, weshalb sie dorthin muss, von Sehen ist nicht die Rede. Erstaunlicherweise interessiert bei Sehenswürdigkeiten nicht – wie der Ausdruck es nahelegt – so sehr, was sie visuell interessant macht, sondern dass sie dort sind, wo sie sind. Das erinnert wieder an Benjamins Unterscheidung von Kunstwerken und Kultobjekten, bei denen es mehr darauf ankomme, „dass sie vorhanden sind als dass sie gesehen werden."[64] In den Reiseberichten ist das Interesse an der spezifischen Ästhetik des Objekts oft stark überlagert vom Interesse an der Präsenz und dem ‚Live-davor-Stehen'. Gesucht wird die Gegenwärtigkeit des Objekts, sein originales Hier und Jetzt, „sein einmaliges Dasein an dem Orte, an dem es sich befindet",[65] mit einem Wort: seine Aura. Benjamin bezeichnet damit die „Einzigkeit" eines Werks und tatsächlich kommt diesem Kriterium, ähnlich der ‚Besonderheit' der UNESCO, im Tourismusdiskurs eine kaum zu überschätzende Bedeutung zu.

Dem UNESCO-Diskurs über Authentizität ist ein Stil eigen, den sich die Tourismusindustrie angeeignet hat und auch häufig in Feuilletons und der vermeintlich gehobenen Kunst- und Kulturszene zu beobachten ist. Dieser Sprachstil zeichnet sich aus durch die charakteristische Kombination eines inhaltsleeren ‚Formalismus' mit einer dröhnenden Pathetik. Auf eine Formel reduziert, funktioniert der Diskurs nach der Logik: *nichts wird gesagt, das aber laut*. Als authentisch gilt das ganz Besondere, das Einzigartige und das eigentlich Echte. Authentisch ist die reine Differenz als solche ohne irgendeinen Bezug auf die Art ihres Inhalts. Der konsequente Kulturrelativismus – nach dem Motto, authentisch sei, was innerhalb der betreffenden Kultur für authentisch gehalten werde – forciert den Formalismus noch massiv. Die Leere der Aussagen sowohl über die „outstanding universal values" als auch über Authentizität ist so absolut, dass sie sich in schlichte Tautologien auflösen: besonders ist das Besondere und authentisch das Authentische.

Versucht man vor diesem Hintergrund nun, die eingangs gestellte Frage nach dem Grund des Zwangs zu beantworten, der von den Sehenswürdigkeiten ausgeht und sogar Touristen, die es sich bewusst vornehmen, „die allseits bekannten Dinge links liegen zu lassen"[66] dazu nötigt, sich ihm zu beugen, bietet sich zunächst das Phänomen des Gruppendrucks und des Konformismus' als Erklärung an. Man tut es, weil alle es tun. Diese Erklärung ist aber wenig gehaltvoll und in ihrer schlechten Allgemeinheit äußerst unbefriedigend. Außerdem

---

63 Kursiv RS.
64 Benjamin 1977, S. 19.
65 Ebd., S. 11.
66 Schulze 2008, Dienstag.

entspricht sie in etwa wohl dem, wie sich die Touristen selbst ihr Handeln erklären und vermag dem Common-Sense nichts Relevantes hinzuzufügen. Interessant wäre sie erst, wenn sie anzugeben vermöchte, *wieso* es denn alle tun bzw. wieso alle *das* tun und nicht etwas anderes. Vieles spricht für die viel größere Bedeutung der physischen Kopräsenz gegenüber unmittelbarer Wahrnehmung und ästhetischer Erfahrung. Wichtiger als das Sehen ist das Dasein. Analog dazu wird im UNESCO-Diskurs die Authentizität nicht als ästhetische Eigenschaft verstanden, sondern ausschließlich in der Variation des Besonderen thematisiert. Entscheidend ist die Differenz als solche, nicht, was sie ausmacht. Besonders und anders als alles andere ist in dieser Hinsicht das Originale, das einzig Wahre, das Echte. Wichtiger als ästhetische Merkmale, ist ihre schiere Existenz, weit vor der Authentizität im ästhetischen Sinn rangiert also die Echtheit oder die ,Aura' des Objekts, seine bloße Gegenwärtigkeit und die Einmaligkeit seiner Präsenz. Was diese Orte auszeichnet und eine zwingende Faszination auf Touristen auszuüben im Stande ist, ist ihre Einmaligkeit. Sie ermöglichen die Erfahrung von Differenz. Wenn die Objekte, die diese Erfahrungen ermöglichen, authentisch sind, oder diese Präsenzerfahrungen selbst authentisch sind, dann sind sie es im diesem Sinne von Unterscheidbarkeit. Will man den Zwang, der von den offiziellen Sehenswürdigkeiten ausgeht, nicht einfach dem Gruppendruck zuschreiben, sondern diesen erklären, ist zu beantworten, worin er gründet und auf welches Faszinationspotential er rechnen kann. Was fasziniert, ist das einmalige Hier-und-Jetzt des Objekts. Die einzigartigen Dinge geben so die Grundlage ab für Präsenzerfahrungen und sie sind es offensichtlich, was Touristen suchen. Es spielt dabei eine untergeordnete Rolle, worin die Besonderheit und Einzigartigkeit des Orts oder Gegenstands beruht, wichtig ist einzig, dass sie besteht.[67] Diese Präsenzerfahrung ist immer auch eine Erfahrung der eigenen Existenz und deshalb auch eine Selbsterfahrung.[68] Beim *Kolosseum* zu sein, heißt auch, beim Kolosseum zu *sein*. Wang spricht in diesem Zusammenhang von ,existential authenticity' und der Tatsache, dass Touristen die Authentizität des Objekts oft gar nicht so wichtig sei, sondern es viel mehr auf die Authentizität des eigenen Selbst ankomme. Die These wäre hier, dass die Authentizität der Objekte, im Sinne ihrer Einzigartigkeit, als Authentizitätsgenerator für die Authentizität der Subjekte genutzt wird, dafür ihnen die Erfahrung von Präsenz zu ermöglichen.

---

67 Exemplarisch dafür der Tourismus-Slogan: „Wien ist anders." Egal, *wie* anders oder *was* genau anders ist, Hauptsache anders.

68 Zum Zusammenhang von ästhetischer Erfahrung und Präsenzerfahrung vgl. Shusterman 2005, wo jene so beschrieben wird, dass „sie uns emotional vollständig einnimmt und so unsere Aufmerksamkeit auf ihre unmittelbare Gegenwärtigkeit lenkt" (S. 23).

Im Zusammenhang mit den Coverbildern wurde oben schon eine eigentümliche Konstellation von Allgemeinem (Konventionellem, Routine) und Besonderem (Individuellem, Krise) festgestellt. Diese Strukturlogik reproduziert sich in dem Diskurs über Sehenswürdigkeiten. Betont wird vor allem die Besonderheit (Einzigartigkeit, Originalität), das aber in ganz allgemeiner (formaler) Weise. Das Besondere ist ja wesentlich das Individuierte und von anderem Unterschiedene. Diese Differenz wird hier aber zum allgemeinen Prinzip erhoben, es handelt sich dabei paradoxerweise um eine allgemeine und vollkommen hohle formale Besonderheit, nicht um eine besondere und inhaltlich gefüllte. – *Ende des Exkurses*

5.4. TOURISTISCHE VERSIONEN DER TOURISMUSKRITIK

> „Übrigens das Wort ‚Massen' trifft es auf den Kopf."
>
> SCHULZE, ROM 2008, DIENSTAG

a. Massenförmigkeit und Individualität

Kritik am Tourismus ist so alt wie dieser selbst und die „Kritik am Tourismus, die er hervorbringt, gehört in Wahrheit zu diesem selbst."[69] In der Besprechung des Forschungsstands wurde oben bereits darauf hingewiesen, dass auch die soziologische und sozialanthropologische Auseinandersetzung mit dem Thema häufig von einer entschieden kritischen, mitunter unverhohlen ablehnenden Haltung geprägt war und immer noch ist. Aus soziologischer Sicht kann der Tourismus als verlängerter Arm entfremdeter Arbeit erscheinen, der bis in die letzten Winkel der Freizeit reicht und zur kapitalistischen Kolonialisierung des Bereichs dient, der doch gerade Erholung vom Kapitalismus und einen vorübergehenden Ausbruch aus seinem ‚stählernen Gehäuse der Hörigkeit' verspricht. Riesman schon stellt die zunehmende Auflösung der Grenzen zwischen Arbeit und Freizeit fest und meint, es würden „die Verhaltensformen in der Freizeit von den anderen mitbestimmt, mit denen gemeinsam man sich die Arbeit des Vergnügens macht".[70] Aus dieser Perspektive ist der organisierte Tourismus die Rationalisierung der Freizeit, in der eigentlich andere Gesetze als die des erbarmungslosen Zweckrationalismus gelten sollten. Aus sozialanthropologischer Sicht andererseits lässt sich der Tourismus als eine Form von Neo-Kolonialismus darstellen,

---

69 Enzensberger 1962, S. 152.
70 Ebd., S. 153.

wobei die Ausbeutung der Dritten Welt durch die Erste bruchlos weitergeht, mit dem einzigen Unterschied, dass sie nunmehr als Entwicklungshilfe verbrämt und ein wirkliches Interesse an fremden Kulturen vorgeschoben wird, das in Wahrheit meist nichts als tumber Exotismus und paternalistischer Primitivismus ist. Deutlich bringt das etwa Bruner zum Ausdruck: „To participate in such a tour in the Third World is to buy into and reinforce a story of unequal power relations, neocolonialism, and elitism".[71] Nicht diese wissenschaftlichen Außenpositionen sollen hier aber weiter diskutiert werden, sondern die Kritik, die tourismusimmanent produziert wird.

In der Analyse des Massai-Covers wurde bereits festgestellt, dass der Tourismus einem ausgeprägtem Zwang zur Selbstkritik unterworfen ist. Und nicht nur der Tourismus hat, wie oben ausgeführt, romantische Wurzeln, sondern auch die Tourismuskritik. Exemplarisch dafür ist Lord Byron:

„Der rebellische Romantiker und leidenschaftliche Reisende [...] lieferte [...] Verhaltensmuster für Schriftstellerinnen und Schriftsteller, die auf der Suche nach einem *individuellen* Zugang zur Reise, wie zu den Zielen waren".[72]

Das Individuelle und Eigenständige scheint der ideelle Fluchtpunkt und die normative Basis der Kritik zu sein. Der pejorative Unterton des Ausdrucks ‚Tourist' gründet zunächst in dessen Massenförmigkeit. ‚Touristen' sind per Definition keine Individuen, sondern eine Masse. Eng verknüpft mit dieser Kritik an der Massenförmigkeit und damit an der Standardisierung des Reisens ist die Kritik an der Heteronomie des Touristen: „forty in number pouring along a street with their director – [...] circling around them like a sheep dog".[73] Verhöhnt wird hier natürlich die klassische Reisegruppe mit Reiseleiter. Dagegen stellen Byron und seine individualtouristischen Nachfolger eine genuin romantische „ideology of originality and difference."[74] Die Kritik am Tourismus ist eine an ‚ausgetretenen Pfaden', an konventionellen Wegen also, die alle gehen und die der Reisende, der authentische Erfahrungen will, unbedingt zu verlassen hat. Das Authentische, das hier gesucht wird, ist das Gegenteil vom Typischen oder Standardisierten. Es ist das Individuelle und Besondere: die Erfahrung von Differenz. Sogar die Tourismusindustrie selbst, deren genuines Produkt in der warenförmigen Standardisierung des Reisens und der touristischen Erschließung der Welt be-

---

71 Bruner 2005, S. 21.

72 Ujma 2009, S. 16 (kursiv RS).

73 Boorstin zit. nach: MacCannell 1976, S. 9.

74 Ebd.

steht, kritisiert diese Standardisierung und hebt dagegen die ‚eigenen Wege in die Winkel' hervor, gibt vor, individuelles Reisen in unerschlossene Gebiete verkaufen zu können. Der Widerspruch, in den sie sich verwickelt, liegt auf der Hand und soll nicht wiederholt werden. Aussagekräftig ist in diesem Zusammenhang, dass auf den drei analysierten Covers nicht ein einziger Tourist zu sehen ist: das Taj Mahal ohne einen der über zwei Millionen Besucher pro Jahr, die Massai ganz unter sich und völlig ohne Bezug auf den touristischen Beobachter und der einsame Strand, wo nicht nur keine Touristen, sondern überhaupt gar keine Menschen, nicht einmal Spuren menschlicher Existenz, zu sehen sind.

Aber nicht nur die Industrie, auch die Touristen mögen scheinbar den Tourismus nicht. Wie die Reiseveranstalter ihr eigentliches Produkt kritisieren, kritisieren Touristen ihre eigene Praxis. „Tourists dislike tourists" hat MacCannell schon festgestellt.[75] Sie mögen sich also in dem, was sie tun, selbst nicht und projizieren diese Abneigung auf die anderen, die sind wie sie. Die Autorin des Rom-Reiseberichts steht dem Tourismus und den Touristen auch äußerst skeptisch, teilweise offen feindlich gegenüber und nimmt sich deshalb vor, „nach Dingen und Orten zu suchen, die noch nicht allzusehr touristisch erschlossen sind".[76] Sie beabsichtigt „die allseits bekannten Dinge links liegen zu lassen" und sich „stattdessen was anzuschaun, wo sich die Touristenmassen noch nicht so dafür interessieren".[77] Rückblickend stellt sie dann selbstkritisch fest: „Ich war doch *nur* ein typischer Romtourist".[78] Diese Tatsache allein: Tourist gewesen zu sein, ein typischer noch dazu, wird von ihr als Scheitern wahrgenommen. Sie ist den Ansprüchen, die sie an sich gestellt hat, nicht gerecht geworden und hat ihrem eigenen Bild von einer gelungenen Reise nicht genügt. Was aber ist die Grundlage ihrer Kritik am Touristen und an den ‚touristisch erschlossenen' Objekten und Orten? Welche Vorstellung einer gelungenen Reise impliziert diese Form der Kritik am Misslingen? Natürlich ist es, allgemein gesprochen, die Kritik an der fehlenden Authentizität der Reise oder der Erfahrungen, die man dort gemacht hat, Kritik an der Inszeniertheit der touristischen Orte. Was aber bedeutet das? Die Analyse des Massai-Prospekts hat ergeben, dass die Authentizität des Reisens erstens in der Individualität der gewählten Route („eigene we-

---

75 Ebd., S. 10.

76 Schulze 2008, Prolog.

77 Schulze 2008, Dienstag, Vgl. auch: Blösl 2002, „die nächsten Touristenhorden" (S. 4) und: „wir [werden] mit Massen anderer Touristen zum Wat Phra Kaew geschleust" (S. 9).

78 Schulze 2008, Prolog (kursiv RS).

ge") gesehen wird, zweitens in der Abgelegenheit der Destination („winkel der welt"). Das Ideal ist hier die selbstbestimmte und den eigenen Interessen folgende Forschungsreise in unbekannte Gebiete, das Ich-Ideal dieses Touristen ist das des Entdeckers. Diese Motive zeigen sich auch im Rom-Reisebericht sehr deutlich, die Autorin ist durchwegs allein unterwegs und wählt ihre Wege autonom. Allerdings zeichnet sich der Widerspruch zwischen Anspruch und Realität schon im ‚Prolog' ab, wo sowohl der oben erwähnte Vorsatz, bewusst nach Nicht-Touristischem zu suchen das erste Mal expliziert wird, als auch im Gestus des Ertapptwerdens zugegeben wird: „Jaaaaaaaaaaaaaaaaaaaaaaaaaaaaaaaaaaa, okeee-eeee, ich wälze wieder stundenlang den Stadtplan, um in Rom ja nichts zu verpassen".[79] Die Angst, etwas zu verpassen, entspricht dem Zwang der Sehenswürdigkeiten und dem Druck, sich genau das auch anzusehen, was sich alle ansehen: „die allseits bekannten Dinge" eben. Und Rom ist zudem gewiss kein ‚Winkel der Welt'.

In zwei Hinsichten lässt sich das Modell, das von der Studie der tourismus-industriellen Tourismuskritik oben abgezogen werden konnte, durch den Reisebericht erweitern. Erstens wird noch deutlicher, dass das Nicht-Touristische gegenüber dem Touristischen höher geschätzt wird allein, weil es unbekannt ist. Wie der UNESCO-Diskurs formalistisch das Besondere als solches adelt, einfach weil es besonders ist und abgesehen davon, worin inhaltlich diese Besonderheit begründet ist, wird hier das Nicht-Touristische auf- und das Touristische abgewertet, schon allein aufgrund der Tatsache, dass es unbekannt respektive bekannt ist. Das touristische ‚Erschlossensein' ist für sich das Ziel der Kritik und kehrseitig dazu wird das Unbekannte geehrt, unabhängig davon, was der Grund für seine mangelnde Prominenz sein mag. Das ist aber eigentlich nur eine Präzisierung dessen, was oben schon ausgeführt wurde. Interessanter ist die Problematik der ‚eigenen Wege'. Eigene Wege zu wählen und sich autonom zu entscheiden, ist stets mit Spontaneität verbunden, damit also, dass man sich selbst erlaubt, vom Geplanten, Konventionellen und Vorgegeben abzuweichen. Die Autorin betont diesen Aspekt auch wiederholt: „Geplant für heute war gar nichts." Sie entscheidet sich dann autonom dafür, sich anzusehen, was alle sich ansehen und geht zum Kolosseum. Ein autonomer Entscheid also für die Heteronomie und wie schon häufiger angeführt: das Individuelle und die eigene Entscheidung fallen zusammen mit dem Allgemeinen und der Routine. Nicht etwa, dass keine eigenen Wege gewählt würden – der eigene Weg *ist* der ‚beaten track'. Am Kolosseum widerholt sich das Entscheidungsproblem: „Dort angekommen wollte ich mich dann spontan für eine Richtung entscheiden." Und sie

---

79 Ebd.

entscheidet sich wieder dafür, genau das zu tun, was alle tun: „Am Kolosseum angekommen, entschied ich mich spontan für das Forum Romanum." Spontan also führt sie der Weg genau dorthin, wo sie der Touristenplan auch geführt hätte. Diese Entscheidung erscheint der Autorin als „[e]igentlich logisch, ist es doch die am nächsten gelegene Sehenswürdigkeit."[80] Das Spontane entspricht dem Plan, individuell folgt sie dem Weg der Masse.

Der Vorsatz also, bewusst das Unbekannte zu suchen und sich nicht an Pläne zu halten, wird nur halbherzig verfolgt. Unwillkürlich aber gerät die Touristin doch einmal in eine unvorhergesehene Situation. Ihr Plan, sich zur Via Appia zu begeben, tatsächlich außerhalb des Zentrums, scheitert. Sie gerät auf eine falsche Straße. Die Tourismuskritische sollte sich darüber eigentlich freuen, denn „nach und nach [wurden] die Touristen weniger". Genau das also trifft ein, was sie sich gewünscht und auch vorgenommen hatte. Und tatsächlich geschieht auch etwas Außeralltägliches. Ein Auto hält, der Fahrer bittet sie um Geld und will ihr dafür eine Versace-Jacke schenken. Sie wittert Betrug – „er dachte wohl, ich sei komplett verblödet" – und geht auf den Handel nicht ein. Abgesehen von der inhaltlichen Belanglosigkeit: es ist etwas passiert und sie kann etwas erzählen. Statt aber sich zu freuen, kommen ihr Zweifel und sie fragt sich: „tu ich das Richtige?" Sie läuft mutig aber weiter und gelangt in eine „recht einsame kleine Straße", die sie zunächst für die gesuchte hält. Sie findet sich dort umgeben von „rumlungernde[n] Leute[n] mit diversen Flaschen in den Händen, die vermutlich Alkohol enthielten." Tatsächlich war sie also unverhofft an einen touristisch überhaupt nicht erschlossenen Ort geraten, was ja erklärtes Ziel ihrer Reise war. Da sie sich aber „dem Gelage nicht anschließen wollte, drehte ich mich um 180° und lief die 2km zurück zum Kolosseum."[81] Wie erwähnt, ist es „a very fine line between that which is considered worthy of tourist attention, and that which is perceived to be too touristy for ‚real' experience."[82] Was zu touristisch ist, die „allseits bekannten Dinge", wird als langweilig und nicht authentisch empfunden, was aber gar nicht touristisch erschlossen ist, schreckt ab und gilt als der Betrachtung nicht wert.

---

80 Alle Zitate: Schulze 2008, Dienstag.
81 Alle Zitate: Schulze 2008, Donnerstag.
82 Tucker in Abram 1997, S. 115.

b. Moralische Kapitalismuskritik

Viel greller als in der tourismusindustriellen Kritik an der Tourismusindustrie erscheint im Reisebericht die Kritik an der kapitalistischen Kommerzialisierung touristischer Orte. Indem jene verhalten mit „eigenen wegen" und „winkel[n] der welt", operiert, setzt sie, die mit dem Reisen ihr Geld verdient, ganz allgemein auf den Gegensatz von Individualität und Massenförmigkeit. Schulze wird in dieser Hinsicht viel konkreter. Deutlich stellt sie klar, dass sie es

„nicht [mag], dass im Nachhinein alles so vermarktet wird. Kaum schreit einer: ‚Oh, ist das schön!', kommen Firmen und beanspruchen ihren Platz und scheffeln Millionen. Kitschige Souvenirläden, teure Restaurants und die Kriminalität steigt sprunghaft."[83]

In der (touristischen) Kritik am Tourismus, so scheint es, hat die klassische Kapitalismuskritik ein Reduit gefunden, wo sie sich noch legitim ausdrücken darf. Der Tourismus ermöglicht damit nicht nur den vorübergehenden Ausbruch aus dem kapitalistischen Verwertungszusammenhang, sondern auch die Kritik an diesem. Und dies auf sehr grundsätzliche Art und Weise. Dort, wo man dem Marktprinzip kurzzeitig entfliehen will, soll es nicht um Geld gehen. Die All-inclusive-Angebote und die kostenlosen ‚Welcome-Drinks' etwa haben nicht nur einen praktischen Zweck, sondern auch symbolischen Wert. Der Austausch zwischen Gast und Gastgeber soll der unvermittelten Freundschaftsbeziehung angeglichen und seine monetäre Vermittlung so gut wie möglich verschleiert werden. Die Kapitalismuskritik kann verschiedene Formen annehmen, wichtig sind hier vor allem eine moralische und eine ästhetische Variante. Das ‚Geld-Scheffeln' verweist auf eine Weise des Gewinnmachens, die durch Gier und in sich sinnfreier Habsucht geprägt ist. Profit wird dabei angestrebt, nur um immer mehr Profit machen zu können. Schulze setzt anthropologisch tief an mit ihrer Kritik:

„Wieso nur glauben die Menschen das Recht zu haben, sich überall mit ihren geldgierigen und ausnehmenden Händen hinzustellen und Profit aus Dingen zu schlagen, die ihnen nicht einmal gehören?"[84]

Sie zielt damit auf die juristische Fragwürdigkeit einiger touristischer Angebote. Der einsame Strand auf dem Prospekt gehört gewiss nicht dem Reiseveranstalter und ob das Matterhorn und die Rechte, es zu vermarkten nun der Schweiz gehö-

---

83 Schulze 2008, Prolog.
84 Ebd.

ren oder dem Kanton Wallis oder der Gemeinde Zermatt ist durchaus strittig. Fraglich auch, ob man solche Objekte überhaupt besitzen und verkaufen kann. Aber es wird ja auch nicht der Berg selbst oder das Meer verkauft, sondern die Möglichkeit, ihn oder es aus interessanten Perspektiven zu sehen, wozu es Bergbahnen braucht oder Schiffe, die wiederum etwas kosten. Nicht selten aber besteht laut der Verfasserin des Reiseberichts die Gegenleistung einzig darin, ein „Kartenhäuschen hinzustellen, einige hundert m2 mit Beton zuzupflastern, damit auch ja tausende irre Touristen parken können und ne Absperrung um alles zu errichten".[85] Sie anerkennt durchaus, dass Denkmalpflege etwas kostet, „aber wer 11€ fürs Kolosseum verlangt, ist eindeutig [...] geldgeil und profitsüchtig." Die Kritik an der kapitalistischen Vermarktung touristisch interessanter Orte und Objekte nimmt also meist eine moralische Form an und ist gegen die (vermeintliche oder tatsächliche) Geldgier und Habsucht der Profiteure gerichtet.

Die zweite Form der Kritik ist genuin ästhetisch und richtet sich gegen „kitschige Souvenirläden". Die Kritik am Kitsch ist eine wichtige Variation des Authentizitätsthemas. Das Urteil, dass etwas kitschig sei, impliziert, dass es nicht authentisch ist. Es bezieht sich auf ein Zuviel an Schönheit und Harmonie, richtet sich gegen „Ornament, Überflüssiges, dem Luxus sich Näherndes".[86] Das Kitschige ist zu glatt, zu sauber, zu bruchlos. Es gleicht darin dem Klischeehaften und der verdächtigen, weil allzu perfekten Übereinstimmung der Wirklichkeit mit dem konventionellen Bild der Wirklichkeit. Das Kitschige ist das Falsche, der Schein und die Täuschung. Obwohl die Autorin an dieser Stelle die Souvenirgeschäfte als kitschig bezeichnet und nicht die Souvenirs selbst, lässt sich ihre Kritik doch zwanglos auf diese erweitern. Souvenirs sind klischeehafte Erinnerungsstücke, hochgradig standardisiert und industrielle Massenprodukte und deshalb das Gegenteil von authentischen, d. h. persönlichen Objekten, an die sich bestimmte Erinnerungen heften können. Die Kritik am Kitsch und am Souvenir kann also zusammengezogen werden in die Kritik am Klischee, an der Schablone und der Standardisierung und entspricht damit genau Boltanskis ‚Künstlerkritik' am Kapitalismus: der Kritik an der fehlenden Authentizität kapi-

---

85 Ebd.

86 Adorno 1989, S. 97. Vgl. auch S. 355, wo erläutert wird, dass Kitsch kein „bloßes Abfallprodukt der Kunst" sei, sondern „als Giftstoff [...] aller Kunst beigemischt". Kitsch ist dort – trotz Adornos Widerstand gegen formale Definitionen und die Betonung der Geschichtlichkeit der Unterscheidung: „Was Kunst war, kann Kitsch werden" (S. 467) – bestimmt als „Fiktion [...] nicht vorhandener Gefühle" oder deutlicher noch als „Gefühlsplunder". Vgl. auch S. 466: „Vortäuschen nicht vorhandener Gefühle und damit deren Neutralisierung".

talistisch produzierter Objekte und kapitalistisch organisierter Arbeitsverhältnisse.

Eine andere Variante ist die Kritik nicht an den großen Firmen und der Kommerzialisierung bedeutender Sehenswürdigkeiten, sondern am ‚Minikapitalismus' und der Schattenwirtschaft, die sich um sie herum entfaltet. Bevor die Autorin den Petersdom erreicht, sieht sie sich konfrontiert mit dieser Straßenökonomie, die sie „an touristischen Teilen der Welt nicht sonderlich mag." Damit wird deutlich, dass es sich um ein allgemeines touristisches Phänomen handelt. Sie beschreibt diese Erfahrung recht drastisch als „Spießrutenlaufen an fliegenden Händlern vorbei." Die Wortwahl macht deutlich, dass sie sich den Verkäufern ausgesetzt und von ihnen bedrängt fühlt. Sie empfindet das offensive Anbieten der Produkte als Verletzung ihrer sozialen Identität, als Einbruch in ihre Privatsphäre. Jedenfalls scheint sie darunter zu leiden und ist deshalb dann auch „froh, als ich endlich an den Leuten vorbei war." Ihre Kritik richtet sich hier sowohl gegen die Anbieter als auch gegen das Angebot. „Hauptsächlich wurden Taschen der Fa. D&G angeboten. Zumindest war es groß und breit draufgeschrieben." Damit ist ausgedrückt, dass sie die Markenauthentizität und ‚Echtheit' der Produkte anzweifelt und Fälschungen vermutet. Dieser Verdacht wird ihrer Meinung nach dadurch erhärtet, dass die Händler Fünf-Euro-Scheine zählen. „Wären es wirklich D&G-Taschen gewesen, hätten sie in 50€-Scheinen geblättert." Nicht aber nur die Produkte sind falsch, sondern auch die Verkäufer selbst. Dass sie nämlich „die ganze Zeit über Geld" zählen, ist nicht einfach eine normale Marktpraxis, sondern ein perfides Täuschungsmanöver. Dem „arme[n] Tourist" – woher plötzlich das Mitleid? – solle nämlich vorgemacht werden, „dass andere Touristen dem Angebot nicht widerstehen konnten […] Man soll schließlich denken, sie [die Verkäufer, RS] hätten es [das Geld, RS] gerade erst bekommen."[87] Dem detektivischen Blick der Autorin entgeht der Lapsus mit den Fünf-Euro-Scheinen nicht, aber eigentlich „sollte man übersehen", was sie gesehen hat. Die Verkäufer versuchen, den potentiellen Kunden etwas vorzumachen und auch die Produkte selbst geben etwas vor, was sie nicht sind: beide sind nicht authentisch, im Sinne von nicht echt, nicht glaubwürdig. Der Trick der Händler, abgesehen einmal davon, ob es überhaupt zutrifft, besteht darin, ein gute Geschäftslage vorzutäuschen. Damit rechnen sie mit dem erwähnten und vielzitierten ‚Herdencharakter' der Touristen. Sie sollen dadurch gelockt werden, indem ihnen vorgemacht wird, andere Touristen wären auf den Handel eingegangen. Der Grund etwas zu tun besteht darin, dass es andere auch tun – wie bei den ‚Must-Sees' also: schlichter Gruppendruck.

---

87 Alle Zitate: Schulze 2008, Mittwoch.

c. Fotografische Tourismuskritik

Die Rom-Autorin beschreibt explizit ihre Absicht, Touristen auf Fotos zu vermeiden und die Resignation über die angebliche Unmöglichkeit, das zu erreichen:

„Mittlerweile hatte ich mich damit abgefunden, dass es auf meinen Fotos nur so von Menschen wimmelte. Aber was will man machen? Warten, bis das Bild menschenleer ist? Ich glaub, dass geschieht maximal nachts 4 Uhr. Aber dann ist die Sicht nicht so schön."[88]

Aber nicht nur sprachlich wird der Tourismus von den Touristen kritisiert, sondern auch bildlich. Um das zeigen zu können, wird an dieser Stelle die vorläufige Beschränkung auf den Rom-Reisebericht aufgehoben und auch andere Berichte berücksichtigt. An den Reiseberichten über Rom und Hongkong/Thailand ist auffällig, dass Fotos der Reisenden fehlen und auch Fotos von anderen Touristen. Im Asien-Bericht wird explizit die Bemühung beschrieben, keine Touristen auf dem Bild zu haben. Weil in einem Tempel „alle, alle vor seinem Objekt herlaufen", verliert der Fotograf „mal kurz seine Ausgeglichenheit" und zerrt seine Frau „als lebendes Hindernis so zurecht, das die Gruppe um uns herum laufen muss."[89] Auf ihrer Homepage bieten die Autoren des Asienberichts, auf den gleich näher eingegangen wird, ein Kategoriensystem, das ihre Fotografien thematisch ordnet an und unter ‚Mensch' ist nicht ein einziger Tourist zu finden, was die tatsächlichen Erfahrungen auf Reisen verzerrt wiedergeben dürfte. Diese charakteristische Vermeidungsstrategie ist vor dem Hintergrund des bereits Ausgeführten zu erklären. Wenn diese Strategie die Antwort ist, so ist zu fragen, was ist das Problem? Es besteht offensichtlich darin, dass Touristen das Objekt oder die Szene, die man gerne fotografieren würde, irgendwie stören. Der These zufolge, dass Touristen das Authentische suchen, lässt sich vermuten, dass genau das durch die Präsenz anderer Touristen gefährdet wird. Deren Gegenwart ist das deutlichste Indiz dafür, dass es sich um eine Inszenierung handelt und nicht um eine authentische Tatsache. Touristen, so lässt es sich zuspitzen, suchen nach dem Authentischen und stehen sich bei dieser Suche gegenseitig im Weg, denn der eine Tourist ‚enttarnt' den anderen als solchen. Touristen ‚de-authentifi-

---

88 Schulze 2008, Dienstag, 5. Februar. Auf den Fotos im Bericht sind indessen wenig Touristen zu sehen. Vgl. Bourdieu 2006, S. 75: „‚Im letzten Sommer habe ich 20 Minuten gewartet, bis ich eine Säulengruppe photographieren konnte, ohne dass mir irgendwelche Touristen vor die Kamera gelaufen sind.'"

89 Blösl 2002, S. 9.

zieren' die Situation und damit auch das Foto unheilbar. Hier zeigt sich ein prak-
tisches Paradox des Fotografierens. Die vermeintlich authentische Aufnahme,
die das Objekt in seiner ‚Reinheit', von der profanisierenden Gegenwart anderer
Touristen unverschmutzt, zeigt, ist hochgradig inszeniert.[90] Man muss dann eben
bis ‚nachts 4 Uhr' warten oder seine Frau als ‚lebendes Hindernis' einsetzen. Die
Kritik am Tourismus und die Abneigung gegenüber anderen Touristen drückt
sich hier nicht explizit aus, sondern bleibt im Negativen und zeigt sich darin, was
nicht gezeigt wird.

Es ist aber natürlich nicht so, dass Touristen grundsätzlich keine Touristen
fotografieren würden. Der Südamerika-Bericht zeigt sowohl häufig die Reisenden selbst als auch sie zusammen mit anderen Touristen. Und der Weltreise-
Bericht beinhaltet mehrere Fotos, die Touristen zeigen und deren Beschreibung
erkennen lässt, dass diese auch das Thema des Bildes sind. Hier zwei Beispiele
dafür:

„die Touristen unterwegs...ich habe mich mal ein bisschen abgekoppelt...“
[Vietnam, Mekong Delta]

---

90 Vgl. die drei Kuoni-Covers.

„verrueckte Touristen machen Fotos von einem Moench, der extra fuer sie bestellt schien [...] bekloppte Welt [...] der Gute hat wirklich die ganze Zeit fuer sie posiert." [Kambodscha][91]

Beide Fotos zeugen von einer Distanzierung der Touristin von ‚den Touristen'. Auf dem ersten ist das schon nur durch die räumliche Distanz zur Touristengruppe, die nötig war, um diese so zu fotografieren, sichtbar; außerdem durch die Tatsache, dass sie sie von hinten fotografiert, aus dem Versteck heraus. So wird den Menschen die Möglichkeit zur Selbstdarstellung genommen und sie werden objektiviert. Die Beschreibung des Bildes macht diese Distanzierung noch zweimal deutlicher: Zum einen werden ‚*die* Touristen' benannt und nicht etwa ‚wir Touristen', wodurch die Touristin sich von der Gattung ‚Tourist' absetzt und sich selbst nicht dazurechnet. Hier ist sie, die unsichtbare Beobachterin, dort die Touristen. Zum anderen wird diese räumliche Distanzierung als ‚Abkopplung' thematisiert, womit sich à contrecoeur wieder die Bedeutung einschleicht, dass sie eben auch zu den Touristen gehört. Deutlicher noch, weil unverhohlen abwertend, bringen die Distanzierung vom Touristen aber das zweite Foto und seine Beschreibung zum Ausdruck. Einerseits nimmt die Fotografin die Gegenperspektive ein, sie schaut nicht dorthin wo alle hinschauen, sondern diesen gerade entgegen. Sie operiert hier als kritische Beobachterin zweiter Ordnung und schaut nicht so wie die anderen, sondern wie die andern schauen. Die Touristen werden in der Bildbeschreibung ganz offen als verrückt bezeichnet. Der Grund für dieses harsche Urteil liegt darin, dass diese einen Mönch fotografieren, der für sie posiert und nicht natürlicherweise, gewissermaßen: ‚einfach so', authentisch dort sitzt, wo man ihn auf dem Foto von hinten sieht. Diese In-

---

91 Beide Fotos mit Unterschriften: Gerlach 2008/09, 136. sowie 143.-146. Tag.

szenierung provoziert außerdem ein Urteil über die „bekloppte Welt". Sowohl also das Touristentabu – das fotografische Prinzip, nach dem Touristen auf der Aufnahme vermieden werden sollen – als auch das Touristenfoto selbst gründen in einer tourismuskritischen Haltung. Und diese Haltung gründet wiederum in der Kritik an der mangelnden Authentizität touristischer Institutionen und Handlungen. Auf dem ersten Bild ist das primär der Mangel an Individualität, fotografiert sind die Touristen als Gruppe, nicht als Individuen; zudem ausgestattet mit den klischeehaften Insignien Hut, Tasche, Rucksack, kurze Hose, Sandalen, allgemein: im kleinbürgerlichen Freizeitlook. Auf dem zweiten Foto ist es der Mangel an Natürlichkeit und unverstellter Echtheit der Wirklichkeit und auch wieder, dass die Touristen alle das Gleiche tun und nicht zu merken scheinen, dass sie getäuscht werden. Touristische Institutionen oder Handlungen zu kritisieren, bedeutet immer auch durchzublicken, den Schleier zu durchschauen.[92]

5.5. SYMBOLIK DER WELTKARTE

Die zweite Reiseseite, die hier besprochen wird, ist die Homepage von Freya und Jürgen Blösl. [93] Die ‚Startseite' ist rot grundiert mit gelber Schrift und wirkt auf den ersten Blick etwas aufwendiger und professioneller gestaltet als die von Schulze. Zentral und relativ groß ist gelb gerahmt eine Weltkarte placiert. Das ist für Internetseiten, wo Reiseberichte zu finden sind, recht typisch. Auch Schulze verwendet, wie erwähnt, auf ihrer Seite das Bild einer Karte, einer ziemlich alten Karte mit französischen Bezeichnungen, die die Ostküste Nordamerikas zeigt. Karten und Pläne sind so eng mit der touristischen Praxis verbunden, dass ihre prominente Präsenz auf Reiseseiten zunächst wenig überrascht. Der Schein un-

---

92 Deshalb das große Interesse an Informationen: „Einige nette Nepper-Schlepper-Bauernfänger wollen uns erzählen, dass der Palast noch nicht geöffnet hat. Der Trick war uns aber schon aus dem Internet bekannt…" (Blösl 2002, S. 8f.)

93 Hier zeigt sich ein Charakteristikum der gewählten Datensorte: das Internet verändert sich ständig. Mittlerweile (27.2.14) ist die Seite anders gestaltet und sowohl diese als auch die unten abgebildete Karte nicht mehr zu sehen. Stattdessen finden sich nun aufwendigere Visualisierungen des Globus aus verschiedenen Perspektiven mit farbiger Markierung der einzelnen Kontinente. Das tangiert die folgende Analyse indessen nicht, da sie erstens auf die Rekonstruktion einer allgemeinen Struktur zielt und zweitens Welt- oder Landkarten in zahlreichen Varianten so oder ähnlich auf vielen Reiseseiten zu finden sind. Interessant wäre es natürlich trotzdem, die neue Gestaltung der Seite und die neue Form der Weltdarstellung zu interpretieren.

mittelbarer Evidenz löst sich bei genauerer Betrachtung aber rasch auf. Während der Reise selbst kommt den Karten eine andere Funktion zu als auf der Homepage. Auf Reisen dienen sie als Orientierungsmittel und helfen dem Touristen bei der Beantwortung von Fragen wie: wo ist was? wo bin ich? wo geht es lang? wie weit ist es? etc. Auf der Webseite hingegen wird die Karte nicht (nur) instrumentell als Mittel eingesetzt, sondern als Symbol fürs Reisen überhaupt. Ruft man die Seite der Blösls auf, ist zunächst diese Karte zu sehen:

Es fragt sich, weshalb sich hier diese Karte findet, wozu sie eingesetzt wird und was ihr kommunikativer Gehalt sein könnte. Sie dient ja – aus anderen Gründen, aber ebenso wie die Karte Schulzes – ganz offensichtlich der Orientierung nicht, erfüllt also nicht den normalen praktischen Zweck von Karten. Dass sie zur Orientierung nicht taugt, liegt an ihrer Informationslosigkeit. Nichts ist unterschieden und nichts ist markiert. Die einzige erkennbare Differenz, diese ist indessen recht scharf, besteht zwischen dunklen und hellen Flächen. Was aber zeigt diese Karte überhaupt? Es ist keine politische Karte, die Ländergrenzen oder Städtenamen zeigt, es ist auch keine topografische, auf der verschiedene Gelände- oder Vegetationsformen abzulesen wären. Was sie *deutlich* zeigt, sind einzig Umrisse. Eigenartigerweise erweist das nähere Hinsehen, doch die Präsenz von einigen Ländergrenzen. Relativ gut noch zu erkennen ist etwa die Grenze zwischen den USA und Kanada; schon um einiges undeutlicher sind einige südamerikanische Grenzen, erkennbar v. a. die bolivianische und die peruanische; auch in Afrika sind Linien auszumachen, als abgegrenzte Länder eindeutig zu identifizieren sind aber nur Namibia, Botswana, Zimbabwe und dadurch auch Südafrika; auch erkennt man die Westgrenze Ägyptens und des Tschad sowie die südliche Trennlinie zwischen Algerien und Mauretanien sowie Mali; im kleinen Europa ist es schwierig, etwas zu sehen, vergrößert man die Karte erkennt man aber doch die Grenze zwischen Spanien und Portugal sowie die zwischen Deutschland und der Tschechischen Republik; im vorderen Orient sind sowohl der Iran als auch Syrien noch schwach abgegrenzt, sonst sieht man auf dem asiatischen Kontinent zwar viele feine weiße Striche aber keine Ländergrenzen. Die These, die Karte stelle die Welt grenzenlos dar, muss also etwas abgeschwächt werden. Der Kern der Aussage indessen bleibt davon unberührt: die Grenzstriche muss man mit der Lupe suchen und die Karte eignet sich nicht zur Orientierung und zur raschen Identifikation einzelner Nationen oder Regionen.

Das Problem, vor das die Interpretation der Homepage gestellt ist, ist besser zu sehen, wenn die Karte kontrastiert wird mit einer zweiten. Wählt man auf derselben Homepage die Kategorie „Reiseberichte" an, erscheint diese Karte:

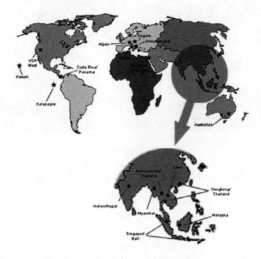

Hier stellen sich die gerade aufgeworfenen Fragen nicht. Die Karte differenziert farblich nach Regionen und zeigt kleine Sterne, die mit Ländernamen oder anderen Ortsbezeichnungen benannt sind. Zusätzlich wird Südostasien unterhalb der Weltkarte vergrößert noch einmal gezeigt. Auch in diesen Ausschnitt sind Sterne und Bezeichnungen eingetragen. Bestimmte Orte sind also deutlich markiert und grenzen sich ab vom nicht-markierten Rest der Welt. Sie bedeuten etwas, weil sie unterscheiden. Bezieht man den immanenten Kontext mit ein, das Wissen also darum, dass es sich um eine Reiseseite handelt, ist davon auszugehen, dass mit den Sternen die Orte markiert sind, die bereits bereist wurden und zu denen Reiseberichte zu lesen sind. Die Karte dient also dazu, dem Betrachter auf einen Blick zu vermitteln, wo man schon überall gewesen ist und somit – in einem anderen Sinn als während des Reisens: retrospektiv statt prospektiv – die Funktion der Orientierung erfüllt. Wenn die Karte eine Antwort ist, wäre die Frage: ‚wo sind wir schon überall gewesen?' Wozu dient aber die erste Karte, der auf der Homepage ein viel prominenterer Platz eingeräumt wird? Was ist ihre Funktion und was bedeutet sie? Wenn sie eine Antwort ist, auf welche Frage?

Die Karte könnte ein Symbol für Herrschaft sein und den Einflussbereich einer Machtstruktur anzeigen. So zeigt z. B. die Flagge des Kosovo die geografischen Umrisse des jungen und umstrittenen Staats. Diese unmarkierte ‚Karte' dient auch nicht der Orientierung sondern der Symbolisierung von Macht, der Markierung eines Herrschaftsanspruchs. Es ist zwar unwahrscheinlich, dass die Weltkarte auf der Homepage der Blösls für deren Anspruch auf Weltherrschaft steht, aber doch vielleicht für ihre Überzeugung, es stehe in ihrer Macht, die ganze Welt zu bereisen (und nicht nur Teile davon). Die ganze Welt, so ließe sich die Karte in diesem Sinn deuten, steht ihnen zur Verfügung, es ist gewissermaßen ‚ihre Welt'. Die Welt steht ihnen nicht einfach fremd und übermächtig gegenüber als ‚alles, was der Fall ist', sondern ist das Objekt ihrer subjektiven Interessen. Zudem ist die Karte, wie erwähnt, informationsleer und die Welt gewissermaßen ein ‚unbeschriebenes Blatt'. Sie wird ohne kulturelle Interpretationen des physischen Raums – Trennungen von Ländern, Zeit- oder Klimazonen, Benennungen von Orten etc. – dargestellt. Durch diesen Verzicht auf alle Informationen und Bedeutungen informiert die Karte darüber, wie die Welt gesehen wird und gesehen werden sollte. Die Karte zeigt weniger die reale, sondern die ideale Welt: grenzenlos und bedeutungsleer. Die Sicht auf die Welt, wie sie die Autoren der Homepage vertreten, ist gekennzeichnet durch einen Widerstand gegen vorgegebene Kategorien. Sie wollen die Welt nicht durch die Raster konventioneller Deutungsmuster sehen, sondern völlig offen und unvoreingenommen. Die Karte wäre also eine Antwort auf die Frage: ‚wie sehen wir die Welt?' Dadurch, dass (mit der genannten Einschränkung) die Welt ohne Bezeichnungen und Abgrenzungen dargestellt ist, ist sie auch homogen. Die Karte erscheint geradezu als radikale Verwirklichung des oben besprochenen Prinzips der ‚One-World'.[94] Darin drückt sich eine eminent unpolitische, auch ahistorische, zumindest aber eine harmonistische Weltsicht aus, die Differenzen und Konflikte so gut wie möglich übersieht.

Außerdem fällt auf, dass es sich bei dem Bild um eine Fotografie einer Karte zu handeln scheint, die auf Seidenpapier oder ähnlichem Material gedruckt ist oder sie wurde digital erfolgreich so bearbeitet, dass dieser Eindruck entsteht. Das hebt sie ab vom gewöhnlichen Fabrikprodukt und verleiht ihr gegenüber der unzählig reproduzierten Massenware ein individuelles Erscheinungsbild. Es ist nicht einfach eine Weltkarte, von denen es Millionen gibt, sondern eine besonde-

---

94 Vgl. oben S. 145f.

re. Dieses spezielle Papier wie auch die Tatsache, dass das Bild in Schwarz-Weiß gehalten ist, verleiht der Karte die Aura des Alten. Diese inszenierte Prämodernität zeigt sich auch darin, dass auf der Karte keine Staatsgrenzen eingezeichnet sind. Dass es sich trotz des Materials, des Schwarz-Weiß-Tons und der Grenzenlosigkeit nicht um eine alte Karte handelt, ist unzweifelhaft daran zu erkennen, dass sie sehr genau ist, die Umrisse scharf, die Proportionen korrekt sind und sie dem heutigen Stand geografischen Wissens entspricht.[95] Dennoch, und das ist das Entscheidende, soll der Eindruck geweckt werden, sie sei alt. Sie weckt Assoziationen an Karten früher Seefahrer, Entdecker, Eroberer, Abenteurer und Piraten und verweist in eine Zeit zurück, wo die Erde noch nicht vollständig erschlossen war. Die Welt, nicht nur Teile davon, ist ein einziger ‚weißer Fleck‘, wobei aufschlussreich ist, dass sie eben nicht weiß, sondern schwarz ist, dunkel also, geheimnisvoll und unbekannt. Zieht man diese drei Elemente zusammen, ergibt sich folgende Interpretation: Die Karte ist eine Reaktion auf die Frage, wie die Autoren die Welt sehen. Und die Antwort, die sie gibt, lautet sprachlich expliziert etwa: ‚die Welt, grenzenlos, einheitlich und unerschlossen, steht uns zur Verfügung‘.

Mit der Realität hat diese Weltsicht natürlich wenig zu tun, weshalb sie sich leicht als Illusion identifizieren lässt. Weder kann man sich auf der Welt völlig frei bewegen, sondern hat, zumindest wenn man sich in den ‚Winkeln der Welt‘ bewegt, mit Restriktionen und Sanktionen zu rechnen (Visum, Pass, Zoll, Grenzkontrolle), noch ist die Welt grenzenlos und homogen, noch befindet sie sich im bedeutungsfreien Naturzustand. Interessant ist indessen weniger, *dass* es eine Illusion ist, sondern *wie* diese Illusion funktioniert. Das Wichtigste scheint zunächst ein immanenter Widerspruch zu sein, der schon angedeutet wurde. Einerseits wird durch den Verzicht auf irgendwelche Bezeichnungen der Eindruck erweckt, die Welt sei noch nicht erschlossen und deshalb quasi im Naturzustand bevor kulturelle Interpretationsnetze sie überziehen und es ermöglichen, ja erzwingen, Niger von Mali oder Asien von Europa zu unterscheiden. Die Welt, so scheint es, muss erst noch entdeckt und beschrieben werden. Andererseits ist die Karte in einer Präzision gezeichnet, die erst möglich ist, nachdem die ganze Welt entdeckt und vermessen worden ist. Die Form, so ließe sich der Widerspruch verallgemeinern, ist genau bestimmt, der Inhalt dagegen völlig offen und unbestimmt. Das lässt sich als Idealtyp der grundlegenden Paradoxie der touristischen Weltsicht auslegen. Sie sucht nach dem *sicheren Abenteuer*, will das Abenteuer

---

95 Anders die zweite, wohl selbst gezeichnete Karte, wo Island und das Kaspische Meer fehlen, die Türkei sowie die Großen Seen der USA zu klein sind und das Schwarze Meer verzerrt ist.

erleben ohne die damit immanent verbundene Gefahr in Kauf nehmen zu müssen. Man verfügt über präzise Karten, die zugleich aber nichts vorgeben, oder noch allgemeiner: die Strukturen sind vorgegeben, die inhaltliche Füllung steht aus und ist jedem selbst überlassen.

Die Karte ist also weniger ein Abbild der realen als vielmehr einer idealen Welt. Wird das bisher Ausgeführte in diese Einsicht eingerechnet, drängt sich die Vermutung auf, dass die ideale Welt, im Gegensatz zur wirklichen authentisch ist. Das Thema der Authentizität zeigt sich bei der Analyse dieser Reisehomepage, die visuell geprägt ist v. a. durch die Weltkarte, in den folgenden drei, eng verkoppelten Variationen, die kurz noch einmal zusammengefasst werden: *Erstens* kann die Karte als Ausdruck der Vorstellung gelesen werden, die Welt stehe einem zur Verfügung. Authentizität wird hier in der Variation Selbstbestimmung, Autonomie und Autorität thematisiert. Das Wunschbild steht in Kontrast zur Erfahrung von Entfremdung und Ohnmacht dem erdrückenden Zwang realer Verhältnisse gegenüber. *Zweitens* zeigt sich in der Absenz von Grenzen und Bezeichnungen die Illusion einer einheitlichen Welt ohne Konflikte und Differenzen; gar eine Welt im Naturzustand, wo der physische Raum noch nicht mit komplex ineinander verflochtenen Bedeutungsnetzen übersponnen ist. Das Thema der Authentizität wird hier durch die Natürlichkeit und die Unmittelbarkeit der Welterfahrung variiert und kontrastiert reale Erfahrungen der kulturellen Überdeterminiertheit der Welt und der damit verbundenen Konflikte – Wem gehört das Land oder das Wasser? Wo verläuft die Grenze? etc. – sowie der Präexistenz der Kategorien, in denen die Welt zu denken und durch ihre Erfahrung begrifflich vermittelt ist. Und schließlich ist die Darstellung der Welt als ein einziger ‚schwarzer Fleck‘ Zeichen dafür, dass sie als geheimnisvoll und abenteuerlich imaginiert wird, als Welt eben, die es erst noch zu erschließen gilt. Authentizität erscheint hier in der Variation des Neuen, Fremden und Unbekannten im Gegensatz zu der Realität der restlos kartografierten Welt, wo es Unbekanntes im Sinne des Ganz-Anderen nicht mehr gibt.

Die Karte lässt sich, gewiss gegen die Absicht der Produzenten, aber auch noch anders interpretieren. Die Grenzenlosigkeit bedeutet in ihrer Unterschiedslosigkeit ja auch gerade eine radikale Einheitlichkeit. Die ganze Welt ist gleich und es spielt deshalb auch eigentlich gar keine Rolle, wohin man reist. Die Krisenhaftigkeit der Erfahrung, sie hier suggeriert wird durch die ‚Entdeckerkarte‘, durch eine Karte der Welt, die noch gänzlich unbeschrieben ist, wird unterlaufen durch das Statement des langweiligen Immergleichen, das in der Karte ebenfalls zum Ausdruck kommt. Krisen beruhen ja immer auf der Wahrnehmung von Differenz und gerade nicht, wie hier, auf der von Einheitlichkeit.

5.6. ZEIT, GELD UND AUTONOMIE

Nachdem oben mit der ‚alten' Weltkarte das visuell zentrale Element der Startseite der Blösls diskutiert wurde, soll nun an einem ihrer Reiseberichte exemplarisch eine weitere Variation des Authentizitätsthemas gezeigt werden: die selbstbestimmte Organisation des eigenen Projekts und die Sorge um den reibungslosen Ablauf.[96]

Auch hier wird nicht der Bericht in toto besprochen, sondern ein Moment
herausgegriffen, an dem etwas gezeigt werden kann, was für die Untersuchung
der Authentizitätsthese von Bedeutung ist. Ein sehr auffälliges Merkmal des Reiseberichts der Blösls über ihre etwa zweiwöchigen Ferien in Hongkong und
Thailand ist die Häufung erstaunlich präziser Zeitangaben. Dass sie „um sechs
Uhr morgens"[97] aufstehen um abzureisen, ist als Information nicht eigentlich interessant und es wird nicht klar, wofür sie gut sein soll. Wie schon erwähnt, stellt
sich die Frage nach dem Adressaten eines Berichts für alle Reiseblogs und damit
auch die Frage, für wen sie von Interesse sein könnte und worauf das Interesse
zielt. Gilt dieses Problem grundsätzlich für alle Berichte, so in gesteigertem Maß
für die Zeitangaben. Wozu dient diese Information und an wen könnte sie sich
richten? In welchen Kontexten ist es sinnvoll, jemanden über den genauen Zeitpunkt des Aufstehens zu informieren? Verschiedene Situationen sind denkbar,
was sie eint, ist die Tatsache, dass die Zeitangabe zur Erklärung von etwas anderem dient. Ist man z. B. müde und gähnt früh abends wiederholt, ließe sich auf
die Frage nach dem Grund antworten, man sei schon früh aufgestanden; oder
man erscheint zu spät zu einem Termin und entschuldigt sich damit, die Distanz
unterschätzt und zu spät aufgestanden zu sein. Die Information über den Zeitpunkt des Erwachens oder Aufstehens ist fast zwingend auf eine narrative Verknüpfung angewiesen. Sie kann nur unter besonderen Bedingungen – denkbar
vielleicht ein Tagebuch oder ein medizinisches Journal, jedenfalls: eine Form
von Selbstbeobachtung – für sich alleine stehen und provoziert sonst die Frage,
was damit gesagt werden soll. Interessant ist, dass den Zeitangaben im Bericht
diese Verbindung fehlt, es wird an sie kommunikativ nicht angeschlossen. So ist
die Rede etwa von der „frühen Ankunft" am Frankfurter Flughafen, ohne dass
ihr für den Bericht irgendein narrativer Wert zukäme. „[U]m kurz nach sieben
Ortszeit" erreichen sie Hongkong, sind „um 9.30 Uhr" im Hotel, wo sie „leider

---

96 Der Reisebericht selbst ist, anders als die Homepage, nicht verändert worden und als
pdf-Datei weiter in der gleichen Form zugänglich.

97 Blösl 2002, S. 2.

erfahren, dass unser Zimmer erst in einer Stunde zur Verfügung steht." Damit müsse man aber „ja rechnen, wenn man so früh ankommt."[98]
Zeitproblemen und Fragen wie: wann? früh? zu früh? zu spät? wie lang? zu lang? kurz? widmet der Autor ganz besondere und nicht leicht zu erklärende Aufmerksamkeit. Die Blumenausstellung, die das Paar gleich nach der Ankunft in Hongkong besucht, sagt ihnen nicht zu weil sie als „zu grell" und „kitschig" empfunden wird. Deshalb halten sie sich „dort nicht ganz so lange auf wie es möglich wäre."[99] Man hätte zwar länger bleiben können, das wäre schon möglich gewesen, man ist es aber nicht. Entscheidend ist für den Autor die Dauer des Aufenthalts, ein formales Kriterium, nicht ein inhaltliches. Der Vollständigkeit halber sei noch erwähnt: „Der Tag klingt dann relativ früh [...] aus." Nicht, was man unternommen hat an diesem Abend, wird erwähnt, sondern dass man verhältnismäßig früh geschlafen hat. Am dritten Tag legen sie sich aufgrund des schlechten Wetters nach dem Frühstück noch einmal hin, „[u]m halb zehn geht es dann aber doch los". Sie besuchen einen Park und einen Zoo, essen, kehren zurück ins Hotel, das sie dann „[u]m sieben Uhr abends verlassen". Nach dem Flug nach Thailand dauert es vom Flughafen Samui bis zum Ferien-Resort „etwa zwanzig Minuten". Am nächsten Morgen werden sie für eine Bootstour „kurz nach sieben [...] abgeholt" und begeben sich zunächst auf eine „etwa einstündige Fahrt". Später ankert das Schiff dann, wofür „der Bootsführer [...] gut eine halbe Stunde benötigt". In Bangkok schließlich befindet sich ihr Hotel „etwas außerhalb, aber die knappe halbe Stunde Fußweg zur nächsten Hochbahnstation stört uns nicht." Sie verlassen das Hotel „um 15.00 Uhr" und laufen „um kurz nach halb neun wieder zurück", wo sie sich „um 9.00 Uhr" hinlegen. Schließlich erwerben sie sich für den letzten Tag noch „das Recht unser Zimmer bis 15.30 zu nutzen", eine Information, die dann doch einige Relevanz erhält, da der Autor „die Zeit von zwei bis halb vier auf dem Klo" verbringt. Das erlaubt immerhin die Pointe: „Auch schön. Da hat sich das Zimmer ja nun wirklich gelohnt."[100]
Abgesehen davon, bleibt unklar, was die vielen Zeitangaben motiviert. Vor allem ihre ostentative Präzision erstaunt: nicht einfach ‚morgens' oder ‚morgens um sieben' geschieht etwas, sondern um *„kurz nach* sieben" bzw. *„kurz nach* halb neun". Es entsteht der Eindruck, der Autor habe während der Reise sehr regelmäßig auf die Uhr geschaut und die Zeit kontrolliert. Inhaltlich, erzähltechnisch, sind die Angaben, wie schon festgestellt, vollkommen unnötig. Sie erklären nichts, was nicht auch ohne sie verständlich wäre und der Verzicht auf sie

---

98 Alle Zitate: Ebd.
99 Ebd. Vgl. zum Kitsch oben Kapitel 5.4., Punkt b.
100 Alle Zitate ebd., S. 3, 4, 5, 6, 7, 8 und 10.

würde die Nachvollziehbarkeit der Erzählung in keiner Weise gefährden. Das führt zur allgemeinen Frage zurück, wovon Reiseberichte eigentlich berichten und wieso. Was verdient es überhaupt, berichtet zu werden?[101] Das ist nicht normativ zu verstehen. Es soll hier nicht entschieden werden, welche Informationen es objektiv wert sind, im Reisebericht Erwähnung zu finden. Es ist aber davon auszugehen, dass der Autor des Reiseberichts in erster Linie jeweils das mitteilt, was er für irgendwie relevant hält. Er muss sich entscheiden, es passiert meist viel auf Reisen und alles kann man nie berichten. Man hat auszuwählen, welche Informationen mitgeteilt und welche weggelassen werden. Und gerade diese Auswahl, das Selektionsprofil der Kommunikation, macht die spezifische Fallstruktur des Reiseberichts aus. Was könnte ein Grund dafür sein, Zeitangaben so viel Bedeutung beizumessen? Warum diese objektiv belanglosen Angaben, so ließe sich zuspitzen, und nicht andere, interessantere?

Es wäre zunächst denkbar, dass es schlicht nichts Interessantes mitzuteilen gibt und die Zeitangaben dazu dienen, das zu kaschieren. Sie würden so die Funktion von Lückenbüßern erfüllen, die einfach dort stehen, wo sonst gar nichts stände. Sie wären gewissermaßen Ersatzhandlungen, was indessen nicht wirklich überzeugt. Die Zeitangaben füllen keinen Raum, sind jeweils knapp und deshalb nicht geeignet, allfällige narrative Löcher zu überdecken. Die Frage ist also weniger, weshalb sie an die Stelle von anderen Informationen treten. Sie gehen ja nicht auf Kosten interessanter Mitteilungen, verdrängen diese nicht. Fraglich ist mehr, weshalb auf sie nicht verzichtet wird? Oben schon wurde erwähnt, dass sich mit den Entdeckungs- und wissenschaftlichen Forschungsreisen des 16. Jahrhunderts die Tradition des objektiven Reiseberichts etablierte, die sich auch im zwanzigsten Jahrhundert noch fortschreibt.[102] Diese moderne Form der Reportage orientiert sich am Ideal szientifisch-nüchterner Sachlichkeit und grenzt sich entschieden ab vom sentimentalistischen Innerlichkeitskult der Romantik und seiner Betonung des subjektiven Erlebnisses. Nicht die Gefühle des Reisenden werden berichtet, sondern in dokumentarischer Weise Tatsachen registriert.[103] In dieser Linie des ‚Reisejournals‘ scheint auch der Bericht der Blösls

---

101 Eine Frage, die Lévi-Strauss (1988) gleich zu Beginn seines Reiseberichts aufwirft: „verdient eine armselige Erinnerung wie folgende: 'Morgens um 5 Uhr 30 legten wir in Recife an, während die Möwen kreischten und eine Schar von Händlern, die Südfrüchte anboten, sich um das Schiff drängte', dass ich die Feder in die Hand nehme und sie festhalte?" (S. 7).

102 Vgl. Kapitel 5.2.

103 Vgl. Zeller 2010 zum „Ende der Fiktionen" in den 50/60er-Jahren (S. 82ff.): „Reportagen, Protokolle, Reiseberichte [...] zählten [...] zu den bevorzugten Genres".

zu stehen. Das gilt zwar nur beschränkt, da auf die Mitteilung von Gefühlen und Eindrücken, allgemein: von Persönlichem nicht verzichtet wird, aber das Festhalten von Zeitpunkten und Orten und die Antwort auf die Fragen, wer wann wo war, vor allem in der Genauigkeit, mit der das geschieht, ist entschieden dokumentarischen Charakters. Die Authentizität des Reiseberichts ist hier primär in der Variation der Übereinstimmung mit Tatsachen in der objektiven Welt thematisch. Wahrheit wäre hier der dominante Geltungsanspruch, nicht die subjektive Wahrhaftigkeit der romantisch inspirierten Konvention. Wie aber steht es um die Authentizität der touristischen Erfahrung, nicht also des Berichts, sondern der Reise selbst?

Zunächst scheint es so, als ginge es dem Autor vorrangig um rigides Zeitmanagement, nicht um die Wahrnehmung von Fremdem. Unablässig kontrolliert er, wie spät es ist und wie lange etwas dauert, anstatt sich müßig und zeitvergessen den ästhetischen Erfahrungen hinzugeben, die die Reise zu bieten hätte. Der Kontrast zur authentischen Erfahrung des Anderen könnte nicht grösser sein. Das lässt sich jedoch auch anders lesen. Die präzisen Zeitangaben gründen in äußerst intensiver Aufmerksamkeit für den jeweiligen Moment. Sie wären nicht möglich, würde der Autor des Reiseberichts sich nicht regelmäßig vergegenwärtigen, wie spät es ist. Das zeugt von Präsenz- und *Präsens*erfahrungen – wir-jetzt-hier –, die prinzipiell krisenhaft sind und die Basis ästhetischer Erfahrungen abgeben: Krise durch müßige Wahrnehmung. Das Objekt der Wahrnehmung ist dabei das eigene Leben, die Zeitangaben sind Ausdruck konsequenter Selbstbeobachtung und -reflexivität. Das Leben zieht nicht einfach vorbei, sondern jeder Moment wird bewusst als solcher registriert. Das Verhältnis von Reflexivität und Authentizität ist komplex und mithin geradezu widersprüchlich.[104] Einerseits kann das authentische Erlebnis durch die Abwesenheit von Reflexion bestimmt werden, etwa im Sich-Selbst-Vergessen während der Faszination durch Kunstwerke, Fußballspiele oder spannende Diskussionen sowie im ‚Flow-Erlebnis‘. Solche Erfahrungen zeichnen sich durch die weitgehende Abwesenheit von Selbstbewusstsein und -kontrolle aus, durch Ekstase, Spontaneität und Unmittelbarkeit. Andererseits kann das Authentische auch gerade umgekehrt als Gegenteil des dumpf-bewusstlosen Vor-sich-hin-Lebens und als gesteigerte Selbstwahrnehmung verstanden werden. Der Widerspruch lässt sich nicht auflösen. In diesem Reisebericht drückt sich jedenfalls sehr deutlich die zweite Variante aus. Was den Reisebericht angeht, nicht das Reisen, lässt sich die Häufigkeit der genauen Zeitangaben als Individuierungsstrategie interpretieren und als Markierung von Einzigartigkeit und Unwiederholbarkeit. Sie kommen nicht, wie andere

---

104 Vgl. dazu Ferrara 2009.

auch, einfach irgendwann ins Hotel zurück, sondern eben um kurz nach halb neun. Genau dieser Moment *gehört* gewissermaßen ihnen allein, zum gleichen Zeitpunkt werden zumindest nicht viele andere ebenfalls eingetroffen sein. Damit wird der Reise den Charakter des Standardisierten und Immergleichen genommen sowie ihre Individualität und Besonderheit hervorgestrichen.

Die Kontrolle über die Zeit ist aber vor allem die Kontrolle über den zeitlichen Ablauf der Reise. Der ,Fahrplan' und das Zeitmanagement ist das temporale Gegenstück zum Raumplan, der durch die Weltkarte angezeigt ist. Die Authentizität der Erfahrung ist eng verknüpft mit der Autonomie der Praxis. Autonomie bedeutet nicht zuletzt die selbstbestimmte Organisation des Ablaufs, die Festlegung, was wann geschieht oder getan wird. Die Freude daran spiegelt die zeitliche Heteronomie im Alltag. So wird auch der Urlaub selbst begründet: „2002 waren Zeitpunkt und Dauer bedingt durch einen Jobwechsel ziemlich festgelegt."[105] Weil sich das Leben nicht autonom zeitlich einteilen lässt, sondern vieles vorgegeben ist, wird die Autonomie in den Ferien besonders stark betont. Die Urlaubsreise ist ein Projekt, das autonom geplant und realisiert wird. Im Vordergrund steht deshalb stets die Frage, ob es so abläuft wie geplant oder nicht. Die schon gleich eingangs erwähnte frühe Ankunft am Frankfurter Flughafen geht zurück auf eine „Fahrt ohne Staus",[106] sinnbildlich für einen ,reibungslosen Ablauf'. Friktionen erzeugt aber schon die Ankunft im Hotel, weil das Zimmer noch nicht bereit steht. Diese Reibungen werden zumindest diskursiv sofort ,repariert' und normalisiert: damit müsse man halt rechnen, wenn man so früh eintreffe. Alles also so weit noch in Ordnung, das Projekt ist nicht in Gefahr. Die halbe Stunde Fußweg zur Hochbahn in Bangkok habe die Reisenden nach eigener Angabe nicht gestört, wird aber dennoch ausdrücklich erwähnt. Explizit wird auch festgehalten, dass eine Taxifahrt mit „viel Wartezeit wegen des dichten Verkehrs"[107] verbunden war, was an sich weder erstaunlich ist noch in irgendeiner Weise narrative Relevanz hat. Es ergibt sich daraus kein Ereignis und es wird auch nicht daran angeschlossen. Es bleibt bei der schlichten Feststellung. Erklärbar wird das nur durch das Interesse des Autors am reibungslosen Ablauf des Plans. Das gilt auch für das Teilprojekt, sich auf Koh Samui Kleider schneidern zu lassen. Am Abend nach der Auftragserteilung „müssen wir dann feststellen, dass unsere Klamotten noch nicht ganz passen. Also müssen wir morgen doch tatsächlich noch mal hierher." So war das nicht gedacht. Zum

---

105 Vgl. die ,Intro-Seite' zum eigentlichen Bericht: http://www.bloesl.de/Reiseberichte/
Hongkong-Thailand/Uebersicht-Hongkong-Thailand.htm

106 Blösl 2002, S. 2.

107 Ebd. S. 10.

Glück aber „funktioniert [das] dann auch problemlos".[108] Die Frage, die hintergründig den ganzen Bericht zu formen scheint, lautet: ‚klappt es wie geplant oder nicht?'

Organisatorisch von größter Bedeutung ist nicht nur der Zeitplan, sondern auch das finanzielle Budget. Das zeigt sich deutlich im Reisebericht. So ist die Fahrt auf dem Unterdeck der Hongkong-Fähre „einen Tick billiger", zum großen Buddha nach Lantau fährt man besser nicht am Wochenende, weil „es dann teuer [...] werden soll" und das Boot dorthin ist „teurer [...] als erwartet". „Überhaupt rentiert sich Hongkong als Einkaufsstadt überhaupt nicht."[109] In einem Restaurant gibt es immerhin „kostenlosen Tee".[110] Auf dem Flughafen „suchen wir den kostenlosen Internet Zugang" und auch in Bangkok „gibt es [im Flughafen, RS] wieder einen kostenlosen Internet-Anschluss".[111] Die Massagen im Resort auf Koh Samui kosten zwar 50 Baht mehr als in Chaweng, das gönnt man sich dennoch: „Uns ist die Bequemlichkeit aber schon 50 Baht wert."[112] Die Tatsache, dass diese Preisdifferenz – wohlgemerkt: es handelt sich um einen Franken fünfzig! – nicht nur überhaupt Erwähnung findet, sondern in zwei direkt aufeinanderfolgenden Sätzen zweimal ausdrücklich angegeben wird, ist erstaunlich. Von einem Markt, den sie besuchen, fahren sie mit dem Taxi ins Hotel zurück „und das kostet nur ein kleines bisschen mehr als die Schnellbahn". Ein anderes Taxiangebot für eine Fahrt zum Grand Palace wird am folgenden Tag indessen ausgeschlagen, „die 300 Bath [sic] die er als Pauschale verlangt, kann er von anderen kriegen."[113] Stattdessen nehmen sie die Schnellbahn und ein Boot: „Das klappt gut" – hier explizit die Strukturformel – „und ist billig. Kosten pro Person 35 B Schnellbahn und 8 B für das Boot." 100 Baht kostet, „inklusive Trinkgeld und viel Wartezeit",[114] die Taxifahrt und 500 die Gebühr für die verlängerte Zimmerbenützung, die sich, wie oben erwähnt, dann wegen der Verdauungsprobleme ja auch tatsächlich lohnt.[115] Es ist hier, ähnlich wie bei den Zeitanga-

---

108 Ebd., S. 7.
109 Alle Zitate ebd., S.3.
110 Ebd., S. 5.
111 „allerdings ist er langsamer als der in Hongkong" (S. 5), hier also wieder das Interesse an der Zeit.
112 Ebd., S. 6.
113 Ebd., S. 8.
114 Ebd., S. 10.
115 Was die ökonomische Organisation der Reise angeht, soll ein interessantes Detail nicht unerwähnt bleiben. Auf dem Nachtmarkt hat Frau Blösl „in weiser Voraussicht überhaupt keine Kohle einstecken [sic]" (S. 5). Ihr Umgang mit Geld scheint also

ben, nicht die Tatsache erklärungsbedürftig, dass überhaupt Preisangaben gemacht werden, sondern ihr verschwindend geringer Informationswert. Die erwähnten Differenzen sind zu klein („ein Tick" oder 50 Baht) um von Bedeutung zu sein. Als Ratschlag für andere Touristen kann eigentlich nur die Fahrt zum Grand Palace gelten. Hier ist die Differenz immerhin 114 Baht (der Taxifahrer wollte pauschal 300, der Hinweg per Bahn und Boot kostete schließlich 86, der Rückweg per Taxi 100), was aber erstens auch nur etwa drei Franken fünfzig sind und zweitens es keine besondere Erkenntnis ist, das öffentliche Verkehrsmittel günstiger sind als Taxis. Verständlich wird die Präzision der Buchführung, die sich im Bericht ja nur andeutet, tatsächlich wohl noch viel genauer durchgeführt wurde, durch den Willen zu unablässiger Selbstevaluation. Das Projekt ‚Ferien' wurde detailliert durchgeplant und wird bereits während der Ausführung, wahrscheinlich nach ‚Abschluss' dann noch eingehender, bewertet. Haben auch Organisation und Planung auf den ersten Blick nicht viel zu tun mit der Offenheit, Krisenhaftigkeit und dem Moment der Überraschung authentischer Erfahrungen, lässt sich aus einer anderen Perspektive das Reisen und der Bericht der Blösls doch als Suche nach Authentischem begreifen. Es erscheint hier primär unter dem Aspekt der Autonomie und Selbstbestimmung. Die Ferien sind zwar recht strikt durchorganisiert, wenig Raum bleibt für Unvorhergesehenes, Krise und Musse, aber sie sind konsequent selbst gestaltet. Sie bezeichnen den Zeitraum, in dem das Ehepaar sein Leben durchgehend selbst bestimmt und sich nicht vorgeben lässt, was wann zu tun sei. Dass das eigene Projekt beständig dem Scheitern ausgesetzt ist, zeigt sich gerade an der Freude darüber, dass alles (mehr oder weniger) gut klappt. Es hätte eben auch danebengehen können. Darin zeigt sich die Krisenhaftigkeit des ganzen Vorhabens. Authentizität erscheint in diesem Bericht in der Variation der aktiven und autonomen Gestaltung des eigenen Lebens.

5.7. LOKALITÄT, TYPIZITÄT UND AUTHENTIZITÄT

Neben dem starken Interesse an organisatorischen Fragen, insbesondere am Zeit- und Geldbudget, das als Interesse am Ablauf des autonom geplanten Projekts in-

---

problematisch zu sein. Deshalb gibt es auch eine klare funktionale Differenzierung: „Finanzminister ist nämlich wie in jedem Urlaub der Jürgen." Eine einzige Ausnahme gibt es, als Jürgen während des Besuchs eines anderen Markts ihr dann doch einmal „einen Schein in die Hand" drückt – „[d]amit sie zurück zum Hotel kann falls wir uns verlieren" (S. 8).

terpretiert wurde, sticht aus dem Reisebericht der Blösls eine andere Eigentümlichkeit heraus. Es handelt sich dabei um eine Variation des Authentizitätsthemas, die in der theoretischen Diskussion des Begriffs keine wichtige Rolle spielt und auch in der tourismologischen Debatte über die Suche nach dem Authentischen eher hintergründig mitläuft, als deutlich expliziert wird: der Zusammenhang zwischen dem Authentischen und dem Typischen. Ausgangspunkt dieses Abschnitts soll zwar keine Begriffsanalyse sein, sondern einige Segmente des Reiseberichts, deren Interpretation es indessen erfordert, auf eine allgemeinere semantische Ebene zu wechseln.

Das erste Frühstück im Hongkonger Hotel ist folgendermaßen beschrieben: „Es gibt Früchte und Sushi und Scrambled Eggs und Freya mixt das alles ziemlich unbekümmert."[116] Daran ist nichts auffällig, außer vielleicht die Tatsache, dass es Sushi zum Frühstück gibt. Sushi ist ein japanisches Gericht, mittlerweile international weit verbreitet und in jeder Stadt zu finden. Trotz dieser Internationalität gilt es als typisch japanische Spezialität und es drängt sich die Frage auf, weshalb es gewählt wurde. Hintergründig läuft die Erwartung mit, dass Touristen ein Interesse daran haben, Speisen zu essen, die für den Ort, wo ihre Reise hinführt, typisch sind. Diese typischen Speisen oder Getränke umschreiben das, was die ‚authentische Küche' eines Lands, einer Region oder einer Stadt genannt wird. Das Authentische ist also auch das Typische und es soll nun einerseits untersucht werden, inwiefern die Autoren des Berichts danach suchen, andererseits wie das Typische mit dem Authentischen zusammenhängt. Am Abend des gleichen Tags isst das Paar am Hafen „leckere Sushi im Food Court."[117] Dass wieder die gleiche Wahl getroffen wurde wie beim Frühstück, lässt diese zweite Entscheidung weit weniger kontingent erscheinen als die erste. Konnte diese noch als relativ zufällig angesehen werden – vielleicht gab es im Hotel nicht viel anderes, vielleicht hatte die Touristin gerade einfach Lust darauf etc. – lässt sich nach dem ersten Tag schon die Emergenz einer Struktur beobachten. Bei der großen Auswahl an Speisen, die der ‚Kowloon Food Court' wohl anbietet, ist es schon aussagekräftig, wenn man abends das Gleiche isst wie morgens. Die abwegige These, das Paar ernähre sich prinzipiell ausschließlich von Sushi einmal zurückgestellt, scheinen sie der Regel zu folgen: in Hongkong isst man (oder zumindest: essen wir) Sushi. Ob dann aber noch von einer Wahl gesprochen werden kann, ist fraglich: „Wenn ich einer Regel folge, wähle ich nicht."[118]

---

116 Ebd., S. 3.
117 Ebd., S. 4.
118 Wittgenstein 2006b, S. 351.

Das nächste Frühstück wird nicht beschrieben, da das dritte jedoch für „Freya *wieder* Obst und Sushi"[119] bedeutet, ist es recht wahrscheinlich, dass sie auch am zweiten Tag Sushi gewählt hat. In Thailand dann wird Sushi wohl nicht zum Frühstück angeboten, jedenfalls ist es nicht erwähnt. Aber „[a]bends essen wir wieder in Chaweng und zwar japanisch."[120] Es handelt sich diesmal zwar nicht, oder nicht ausschließlich um Sushi, es wird dadurch aber noch deutlicher, dass nicht nur einfach dieses Gericht, sondern konsequent die japanische Küche gesucht wird. In Bangkok im Einkaufszentrum möchten sie mittags „im dritten Stockwerk [eigentlich] noch japanisch essen",[121] sehen jedoch wegen Magenproblemen vorerst davon ab, holen das aber am nächsten Tag gleich nach: „Wir essen auf dem Markt zu mittag, mal wieder japanisch."[122] In dem ‚mal wieder' klingt leise schon ein gewisser Überdruss an. Jedenfalls ist es nun nicht mehr abzuweisen, dass die kulinarischen Entscheidungen wenig Kontingenz aufweisen, einer Regel folgen und ihnen ein bestimmten Deutungs- und Handlungsmuster zugrundeliegt. Die Regel, der gefolgt wird, lautet etwa: ‚wenn du in Hongkong oder Thailand bist', oder allgemeiner noch: ‚wenn du in Asien bist, sollst du, wann immer es irgend möglich ist, Sushi essen'. „Die Verwendung des Wortes ‚Regel' ist mit der Verwendung des Worts ‚gleich' verwoben."[123] Einer Regel folgen heißt, unter bestimmten Umständen immer das Gleiche tun, es bedeutet, nach einem Muster zu handeln, das in der Weise funktioniert: wann immer X, dann Y.[124] Leicht ist zu erkennen, dass es sich hierbei um die gleiche Struktur handelt, wie oben im Zusammenhang mit dem ‚Must-See' und den touristischen Sehenswürdigkeiten besprochen wurde. Nur der Sinneskanal ist ein anderer und es wäre von ‚Must-Eat' zu sprechen oder von ‚Essenswürdigkeiten'. Meist spricht man von lokalen Spezialitäten, die man ‚unbedingt probieren muss' wenn man an den Ort reist, für den sie berühmt sind. Obwohl Weißbier überall zu trinken ist, wird man in München kaum darum herum kommen; auch wenn Pizza weltweit verbreitet ist, wird man auf der Italienreise früher oder später eine ‚echt italienische' Pizza essen. Jedenfalls wäre es zu begründen, wenn man das nicht tut. Selbstverständlich hingegen und deshalb nicht begründungspflichtig wäre es, das zu tun. Die Frage, die sich oben schon gestellt hat, stellt sich hier wieder:

---

119 Blösl 2002, S. 5, kursiv RS.
120 Ebd. S. 7.
121 Ebd.
122 Ebd., S. 8.
123 Wittgenstein 2006b, S. 352.
124 So kann man jemandem eine Regel lehren indem man sagt: „'Sieh, ich tue immer das Gleiche: ich ....."'" (Ebd.).

wieso muss man das tun? Wo liegt die Geltungsquelle der Regel? Bei den Sehenswürdigkeiten wurde unterschieden zwischen dem suggestiven Zwang gelungener Werke und einer ästhetischen Grundlage der Regel einerseits, Gruppendruck und sozialem Zwang andererseits. Auf die kulinarischen Spezialitäten
bezogen, wird die Begründung meist so ausfallen, dass eine Speise ‚von dort
kommt' wo man sich befindet. Man operiert dabei mit dem ‚deep territorial
view', den Hughes kritisiert und mit einem Essentialismus, der dem historischen
Authentizitätskonzept stets inhäriert. Authentizität ist hier thematisch in der Variation von Ursprünglichkeit, Autorschaft und historischer Tatsächlichkeit. Authentisch ist die Speise, wenn sie typisch ist für den Ort, wo man sie isst, was
bedeutet, dass sie (angeblich oder vermeintlich) ursprünglich von dort kommt,
dort erfunden wurde. Das gilt nun für Sushi in Thailand bestimmt nicht.

Als das Touristenpaar am selben Abend wieder Sushi ist, fällt auch dem
Autor des Reiseberichts die Merkwürdigkeit der Regel auf, die sie so konsequent
befolgen: „Komisch, wir sind in Thailand, mögen auch die Küche, essen aber
überwiegend japanisch in diesem Urlaub."[125] Das spricht eindeutig dafür, dass
die Blösls sich nicht einfach ernähren wie immer, dass sie also in der deutschen
Heimat nicht ständig Sushi essen, sondern nur in dieser Ferienperiode. Das Ko-
mische daran ist nicht, dass das Paar die japanische Küche der einheimischen
vorzieht. Sie mögen sie offensichtlich und weshalb sollte man nicht essen, was
man mag? Komisch ist eher, dass einem als Leser, aber auch dem Autor selbst,
das komisch vorkommt. Die Frage, weshalb Sushi gewählt wird und nicht etwas,
wofür Thailand oder Hongkong bekannt ist, drängt sich immer wieder auf und
lässt sich nicht leicht abweisen. Sie gründet wie erwähnt in der Prämisse, dass es
zur authentischen Urlaubserfahrung gehört, lokaltypische Speisen zu konsumie-
ren oder zumindest, sie zu probieren. Auf diese unausgesprochene Normalitäts-
vorstellung wird der Leser des Reiseberichts deshalb so penetrant gestoßen, weil
sie von den Reisenden konsequent unterlaufen wird. Nicht genug damit, dass sie
in China und in Thailand nach Möglichkeit japanisch essen und nicht chinesisch
oder thailändisch, sie trinken „im Starbuck-Cafe [sic] einen wunderbaren Capuc-
cino [sic] und eine Caramel-Machiata [sic]".[126] Und sie wollen sich „auch in
Hongkong den McDonalds nicht entgehen lassen." ‚Starbucks' und ‚McDonalds'
sind die idealtypischen Repräsentanten der kapitalistischen Globalkultur, die die
ganze Welt mit ihrer hochgradig standardisierten Massenware überzieht, zu

---

125 Blösl 2002, S. 8.
126 Ebd., S. 3.

übertreffen evtl. nur durch die ‚Coca-Cola'-Flasche.[127] Die Produkte dieser internationalen Großunternehmen sind das exakte Gegenteil lokaltypischer Spezialitäten, von denen gewöhnlicherweise auch erwartet wird, dass sie aus regionalen Zutaten hergestellt sind und nach Rezepten zubereitet werden, die in der traditionellen Lokalkultur wurzeln. Die so offensive Missachtung einer bestimmten Variation des Authentizitätsgebots durch das reisende Paar führt also zu dessen Explikation. Authentisches Essen wird als solches verstanden, das für den Ort, an dem es angeboten wird, irgendwie typisch ist. Was aber heißt es, etwas – Essen, Kleidung, eine bestimmte Praktik, ein Brauch, Gebäude, Musik etc. – sei typisch für einen Ort? Was bedeutet Typizität, wie ist sie begründet und in welchem Zusammenhang steht sie zum Authentischen?

Das Typische nimmt eine interessante Position ein zwischen dem Allgemeinen und dem Besonderen. Einerseits bezeichnet es die Eigenschaften eines Objekts, die es mit anderen *verbindet* und somit: allgemeine Eigenschaften. Das Typische eines Dings, eines Ausdrucks oder einer Handlungsweise sind die Merkmale, die es mit anderen Objekten, die für das Gleiche typisch sind, teilt. Das Typische eines Objekts hebt es über das bloße Einzelding, das es empirisch ist, hinaus und macht es zu etwas Allgemeinem. Das Typische gründet zwar in sinnlich wahrnehmbaren Eigenschaften der empirischen Realität, geht aber über diese hinaus und ist etwas Abstraktes, d. h. seinerseits nicht sinnlich wahrnehmbar. Insofern ist es ein „in sich einheitliches Gedankenbilde", „gewonnen durch einseitige Steigerung eines oder einiger Gesichtspunkte".[128] Andererseits ist das Typische das Besondere und sein Zweck ist es gerade, „nicht das Gattungsmäßige, sondern umgekehrt die Eigenart von Kulturerscheinungen scharf zum Bewusstsein zu bringen."[129] Es ist das, was es *unterscheidet* von anderen Objekten, die entweder nicht typisch sind (sondern einfach belanglos) oder typisch für etwas anderes. Kulinarische Spezialitäten bspw. sind typisch *für* einen bestimmten Ort, für eine Region oder eine Kultur. Das Typische gründet also wie das Authentische immer in einer Repräsentationsbeziehung: X ist typisch *für* A, etwas also typisch *für* etwas anderes. Wenn Sushi bspw. typisch ist für Japan, bedeutet das, dass Sushi ein authentisches Zeichen für die japanische Kultur ist. Damit ist gemeint, dass X in besonders prägnanter Weise geeignet ist, eine bestimmte Ei-

---

127 Interessant ist, dass bei McDonalds nicht das Gleiche gesehen wird sondern der Unterschied: „Es gibt hier lecker und scharf mit Ingwer gewürzte Hähnchenbrust zwischen den weichen Brötchen." Woanders gibt es das nicht, es ist also typisch für Hongkong.

128 Weber 1968, S. 191.

129 Ebd., S. 202.

genschaft oder einen wesentlichen Charakterzug von A zum Ausdruck zu bringen. X ist dann typisch für A, wenn es im Stande ist, die Identität von A, *in nuce*, zu repräsentieren; zu verdeutlichen, was A ist, was es als A ausmacht und diese Identität suggestiv darzustellen. X verweist also repräsentierend auf A. Eine Handlung oder eine Körperhaltung sind typisch für eine Person, wenn durch sie Charaktereigenschaften dieser Person ausgedrückt werden, die als wesentlich angesehen werden. Auch Städte, Orte oder Regionen haben eine Identität, die sie von anderen unterscheidet und die durch bestimmte Gegenstände oder Institutionen oder Praktiken ausgedrückt werden; die sich darin gleichsam manifestieren. Das Typische, so wäre es auf eine Formel zu bringen, ist das Allgemeine, das etwas besonders macht.

Oben (Kapitel 1.2.) wurde auf die Studie von George Hughes verwiesen und die „crisis of representation", was hier wieder aufgenommen und konkretisiert werden kann. Diese Krise besteht primär darin, dass Typizität nicht mehr an einem physischen Ort ‚festgemacht' werden kann, sie lässt sich nicht mehr geografisch ‚verankern'. Die typisch italienische Trattoria findet sich z. B. nicht unbedingt in Italien. Und welchen Grund gibt es für die Annahme, thailändisches Essen sei in Thailand typischer – und das wiederum heißt nichts anderes als: authentischer! – als beim Thailänder in der Schweiz? Muss man überhaupt Thai sein um typisch thailändisch kochen zu können? Wieso also sollte Sushi nicht auch typisch für Hongkong oder Thailand sein? In dem Maße wie kulturelle Identitäten diffuser werden, flüssiger, hybrider und sich schneller verändern, wird auch die Bestimmung des Typischen schwieriger. Die Blösls erscheinen in diesem Licht, auf den ersten Blick zumindest, als durchaus postmoderne Touristen, die sich um Fragen nach der Identität und ihrer angemessenen Repräsentation gar nicht mehr scheren. Unverbindlich spielen sie mit Zeichen und nehmen sich einfach heraus, was ihnen passt: ‚Freya mixt das unbekümmert'! Allerdings trügt dieser Schein. Das Spiel ist keineswegs unverbindlich, sondern die Regel wird, wie gesehen, mit größter Verbindlichkeit respektiert.

Die Regel allerdings: ‚wenn du in Thailand bist, sollst du Sushi essen' ist intuitiv nicht nachzuvollziehen. Wieso sollte man das tun? Sushi ist nicht typisch für Thailand und kein Gericht der authentischen Thai-Küche. Es könnte sich bei der Regel allenfalls um die Konkretion des allgemeinen Prinzips handeln, man solle stets das Typische vermeiden und damit auch umgehen, dass man ins Klischee abgleite. Weil das Typische eben auch das Allgemeine ist, ist es die Routine, die gebrochen werden muss, um krisenhafte Erfahrungen machen zu können. Das Typische ist ja nicht nur das Prägnante, sondern auch das Langweilige, Immergleiche. Die allgemeinere Regel hinter der oben explizierten und als solche unverständlichen – der Autor findet selbst: „komisch"! – könnt also lauten: widersetze dich so gut es geht dem Typischen, d. h. dem Erwarteten und der Routine. Dann wäre es aber seltsam, wieso der Bruch, der dadurch erzeugt wird, in Hongkong und Thailand japanisch zu essen, selbst sofort zur Regel wird und die Entscheidungen hochgradig erwartbar. Es wird ja immer die japanische Küche gewählt, nicht die indische, nicht die spanische. Es findet jedenfalls keine Erwähnung im Bericht. Vielleicht aber ist es gar nicht die oben ausgeführte Regel, die befolgt wird. ‚Iss Sushi, wenn du in Hongkong bist‘ ist zwar was sie tatsächlich tun, das kann aber auch nur Ausdruck sein eines anderen Prinzips. Seine Lösung findet dieses Rätsel um das Typische dann, wenn der Bezugsrahmen, innerhalb dessen sie operiert, geändert wird. Ein erster Hinweis darauf findet sich schon bei der zweiten Karte, auf der die bereits bereisten Destinationen eingezeichnet sind und die Welt farblich in Regionen aufgeteilt wird. Die Art dieser Aufteilung ist nun relevant. Ganz Asien ist zusammengefasst und sowohl von Europa, ungefähr beim Ural, als auch vom ‚Nahen Osten‘ (Arabische Halbinsel, Iran, Afghanistan, Pakistan) abgegrenzt. Ihre Reise geht also vielleicht gar nicht so sehr nach Hongkong und nach Thailand, sondern nach Asien und als idealtypische und authentische Repräsentation der asiatischen oder ‚fernöstlichen‘ Essens kann Sushi durchaus gelten. Die Regel lautet also nicht: ‚iss Japanisch, wenn du in Thailand bist‘, sondern ‚iss Asiatisch wenn du in Asien bist‘. Die Welt, wie die Blösls sie wahrnehmen, ist nicht primär differenziert nach Nationen, sondern nach ‚Kulturkreisen‘.

5.8. Abenteuer als ‚Exklave des Lebenszusammenhangs‘

> „gerade auf die schwebende Chance, auf das Schicksal und das Ungefähr hin setzen wir alles ein, brechen die Brücken hinter uns ab, treten in den Nebel, als müsste der Weg unter allen Umständen tragen. Dies ist der typische ‚Fatalismus‘ des Abenteurers.“
>
> Georg Simmel 1983, S. 31

Die ersten beiden Berichte zeichnen sich nicht zuletzt dadurch aus, dass auf den Reisen, die sie beschreiben, relativ wenig passiert, jedenfalls nichts besonders Aufregendes. Die Rom-Touristin schreibt selbst, wenn man allein unterwegs sei „und man wird nicht gerade überfallen oder gerät sonst wie in eine Situation, die erwähnenswert wäre, gibt es eigentlich nicht viel zu erzählen."[130] Das Argument ist zirkulär: passiert nichts Erwähnenswertes, gibt es nichts zu erzählen. Was aber macht eine Situation erwähnenswert? Wann hat man etwas zu erzählen? Die notwendige Bedingung dafür scheint zu sein, dass *etwas* passiert ist, dass man *etwas* erlebt hat.

„Erfahrung in diesem vitalen Sinne wird von jenen Situationen und Episoden geprägt, die wir spontan als ‚reale Erfahrung' bezeichnen; von jenen Dingen, von denen wir in der Erinnerung sagen: ‚*Das* war ein Erlebnis!'"[131]

Da dauernd irgendetwas passiert – interessant wäre hier auch die Frage, was passiert, wenn angeblich ‚nichts passiert' – und das ganze Leben ein kontinuierlicher Erlebnisstrom ist, liegt das Gewicht dabei weniger auf dem Passieren oder Erleben als auf dem ‚Etwas'. Damit ein Geschehen (ein Erlebnis, eine Wahrnehmung, eine Handlung, ein Unfall, Zufall oder, wie die Autorin exemplarisch aufführt: ein Überfall etc.: Kairos) als *eine* Erfahrung erlebt werden kann, muss es aus dem Strom des in sich ungeschiedenen Fluss des alltäglichen Lebens (Chronos) herausgelöst werden. Dazu muss sie abgegrenzt werden und unterschieden vom Rest-des-Lebens. Dann ist sie „eine in sich geschlossene Erfahrung, die deshalb hervorsticht, weil sie sich von dem Vergangenen und dem Nachfolgenden abhebt."[132]

Diese Ab-, Aus- und Eingrenzungen sind zwar einigermaßen kontingent, völlig beliebig sind sie indessen nicht. Obwohl *prinzipiell* jedes Ereignis als Abenteuer erlebt oder zumindest so inszeniert werden kann, legen doch nicht alle Ereignisse von sich aus eine deutliche Isolierung gleich nahe. Besonders geeignet ist dafür das Ungewöhnliche, das Außeralltägliche, das Unerwartete: die Krise also als der Zusammenbruch eingespielter Handlungsroutinen. Wenn der Ablauf alltäglicher Praxis ins Stocken gerät und gar unterbrochen wird, geschieht ‚etwas'. Die temporalen Unterscheidungen sind nicht arbiträre Konstruktionen, sondern Rekonstruktionen der realen Sequenzialität der Lebenspraxis. Manifeste Krisen erzwingen als reale Rupturen die zeitliche Abgrenzungen geradezu. Dann gibt es, potentiell zumindest, etwas zu erzählen. Theoretisch gilt das, am unteren Ende der Skala gewissermaßen, für alle Ereignisse. Jedes Erlebnis, so Simmel, enthalte ein „Quantum an Bestimmungen, die es bei einem ge-

---

130 Schulze 2008, Dienstag.
131 Dewey 1980, S. 48, kursiv i. O.
132 Ebd.

wissen Masse die ‚Schwelle' des Abenteuers erreichen lassen".[133] Praktisch aber werden diese Krisen meist durch Routinen verdeckt, in Latenz gehalten und sind der Handlungsinstanz selbst nicht sichtbar. „Die Tätigkeit ist zu automatisch" als dass sie dem Akteur als solche zu Bewusstsein kommen könnte. Er handelt dann, ohne eigentlich Erfahrungen zu machen: „wir lassen uns treiben".[134] Das Ereignis, das als solches diese Abgrenzung am stärksten fordert, ist, am anderen Ende der Skala, das Abenteuer. Oben wurde schon wiederholt auf die Bedeutung des Abenteuers für touristische Praktiken und Institutionen hingewiesen. Darauf wird nun zurückgekommen. Im Vordergrund steht natürlich wieder die Frage nach dem Bezug zum Authentischen. Es handelt sich hierbei eindeutig nicht um die Authentizität eines Objekts, sondern um die einer Erfahrung. Allgemein formuliert, lässt sich festhalten, dass als authentische Erfahrungen stets solche bezeichnet werden, die in einer Krise gründen. Sie bewirkt das Scheitern von Routinen, da die handelnde Lebenspraxis in eine Situation gerät, die mit diesen nicht zu bewältigen sind.

Immanent verbunden, das hat die Analyse des Massai-Covers gezeigt, ist das Abenteuer mit der Gefahr, die nicht unbedingt eine unmittelbare Bedrohung von Leib und Leben bedeuten muss, aber doch zumindest die relative Unsicherheit über den Ablauf des Geschehens. Das Gegenteil des Abenteuers ist der Plan, als die – wie immer illusionäre – Gewissheit über die Zukunft. Die Unsicherheit gründet in der stets drohenden Möglichkeit des Scheiterns, ein Abenteuer muss auch schiefgehen können. Auch die Autoren des Asien-Reiseberichts erleben einigermaßen Gefährliches, was auch relativ ausführlich besprochen wird. Es passiert etwas, also erzählt man es. Berichtet wird von einer Bootstour mit Kajakfahrt, vor der „Freya sich ja schier in die Hosen gemacht" habe, womit die Gefährlichkeit des Unternehmens deutlich signalisiert wird. Das Meer weist einigen Wellengang auf und so „schimpft Freya wie ein Rohrspatz mit Jürgen, als dieser ihrer Meinung nach ein bisschen zu weit herausfährt und das Boot tatsächlich mal wackelt", er sich also unnötiger Gefahr aussetzt. Beschlossen wird dieser ausführliche Teil des Berichts mit einer Bemerkung, die die Gefährlichkeit dieses Bootstrips noch einmal, wenn auch nur zum Spaß, hervorhebt: „Wir überleben aber alle!"[135] Daran lässt sich noch ein drittes Strukturmerkmal des Abenteuers, neben der formalen Abgrenzung und der inhaltlichen Gefährlichkeit, ablesen: das Abenteuer muss überlebt werden, um als solches empfunden werden zu können, die Krise muss gelöst worden sein. Wenn auf einer Bergwanderung

---

133 Simmel 1983, S. 36.
134 Dewey 1980, 51f.
135 Blösl 2002, S. 6 und 7.

etwa ein Teilnehmer zu Tode stürzt, ist das, obwohl außeralltäglich und mit Gefahr verbunden, für ihn sowieso, aber auch für die anderen, kein Abenteuer, sondern eine Katastrophe. Gleiches gilt für einen Autounfall. Der überlebende Fahrer würde, wenn die anderen Insassen alle umgekommen sind, nicht behaupten, das sei ein Abenteuer gewesen. Dieses gründet also zwar in Unsicherheit, Gefahr und Krise, impliziert aber auch, dass diese irgendwie überwunden werden konnte.[136] Das Abenteuer muss, so lässt sich zusammenfassen, zu einem Abschluss kommen, der zwar nicht zwingend ein Happy-End sein muss, aber doch etwas anderes als der Tod. Damit hängt zusammen, dass es im unmittelbaren Vollzug nicht als solches erlebt werden kann, sondern erst in der Perspektive, wie das Gegenwärtige einst gewesen sein wird.

Wie die Rom-Touristin auch, bewegt sich das Ehepaar Blösl in Hongkong und Thailand weitestgehend auf den ‚beaten tracks'. Deshalb soll an dieser Stelle der Bericht einer Reise besprochen werden, die ausdrücklich als Abenteuer gedacht und auf das Erleben von Krisen ausgerichtet ist. „Abenteuer Südamerika – 6 Monate mit dem Fahrrad durch Chile und Argentinien"[137] lautet der Titel des Berichts, der zu diesem Zweck ausgewählt wurde. Fraglos kann das Vorhaben, ein halbes Jahr mit dem Fahrrad unterwegs zu sein, als Abenteuer gelten. Das Projekt ist allen möglichen Krisen und Gefahren ausgesetzt: körperliche Gebrechen und Erschöpfung, Materialschäden, Wetterprobleme, schlechte Straßen usw. Wie erwähnt, konstituiert sich das Abenteuer aber nicht allein durch die Gefährlichkeit des Inhalts und die Anfälligkeit für Krisen, sondern auch formal durch die Einheit der Erfahrung. Simmel hat das Abenteuer temporaltheoretisch beschrieben als „Exklave des Lebenszusammenhangs", als zeitlich abgegrenzte Sequenz, die sich zugleich innerhalb wie außerhalb eines Gesamtlebenslaufs befindet. Innerhalb, weil es Teil des ganzen Lebens ist und seine Bedeutung nur erhält durch die Beziehung zu den anderen Elementen dieses Lebens und zu diesem als Ganzem; außerhalb, weil es selbst eine in sich geschlossene Einheit bildet, die es deutlich abgrenzt und unterscheidet vom Rest des Lebens: „Indem es

---

136 Deshalb spricht John Dewey (1980) auch vom „Unglück, das um Haaresbreite abgewendet werden konnte" (S. 48). Parthe (2011) definiert nicht das Abenteuer, sondern allgemein die Erfahrung mit Bezug auf Dewey als „Prozesse, in denen Individuen, einmal durch einen Widerstand oder ein Problem der [...] Umwelt herausgefordert, diesen Widerstand [...] zu überwinden bzw. dieses Problem zu lösen versuchen" (S. 108). Darin zeigt sich außerdem noch einmal, dass das Abenteuer nicht kategorisch von gewöhnlichen Erfahrungen geschieden ist, sondern nur deren Extremform darstellt.

137 Haun, Stengert 2006/07.

aus dem Zusammenhange des Lebens herausfällt, fällt es [....] wieder in ihn hinein."[138] Diese „Aussonderung des Ereignisses aus dem Gesamtzusammenhange des Lebens"[139] gelte zwar in gewissem Sinn für jede Handlung und jede Erfahrung. Das Abenteuer unterscheide sich von ‚normalen Ereignissen' jedoch dadurch, dass es „nicht einfach zu Ende [ist], weil etwas anderes anfängt",[140] seine Grenze also nicht einfach eine äußerliche sei, sondern eine innerliche. Der Vergleich mit dem Kunstwerk hilft, diese eigentümliche Bestimmung des Abenteuers besser zu verstehen. Auch für das Kunstwerk, leicht einsichtig z. B. beim Bild, gilt, dass es seine Identität nicht nur durch den Rahmen erhält, die Grenze gegen außen, sondern durch die immanente Konsistenz der Gestaltung. Aus dieser Perspektive erscheint das Abenteuer wie ein Kunstwerk innerhalb des Lebens. Darin besteht auch Deweys Bestimmung der *einen* Erfahrung. Sie „mag der Welt Schaden zufügen, und ihr Ergebnis ist vielleicht nicht wünschenswert. Aber sie trägt ästhetischen Charakter".[141] Der immer wiederkehrende, auf den romantischen Protest gegen die moderne Rationalisierung zurückgehende Versuch, aus dem ganzen Leben ein Kunstwerk zu machen, lässt sich so verstehen als Versuch, das Leben als Abenteuer zu führen. Darum fordert auch Nietzsche, bedeutender Apologet der ästhetischen Lebensführung, man solle „um die größte Fruchtbarkeit und den größten Genuss vom Dasein einzuernten [...]: gefährlich leben!"[142] Die Möglichkeit, das ganze Leben als Abenteuer zu erfahren, diskutiert auch Simmel, was hier aber vom Thema abführt. Wichtig ist zunächst, dass er, gemäß seinen soziologischen Grundprinzipien, eine formale Bestimmung des Abenteuers leisten will, keine inhaltliche. Zwar meint er, ein Inhalt habe eine besondere Affinität zum Abenteuer: das Liebesverhältnis, wobei das eigentlich nur für den Mann gelte. Unmissverständlich stellt er aber fest,

„dass eine Lebensgefahr bestanden oder eine Frau zu kurzem Glück erobert wird, dass unbekannte Faktoren, mit denen man ein Spiel gewagt hat, überraschenden Gewinn oder Verlust gebracht haben [...] – das alles braucht noch nicht Abenteuer zu sein, sondern wird es erst durch eine gewisse Gespanntheit des Lebensgefühls",[143]

---

138 Simmel 1983, S. 25. Ganz ähnlich Dewey (1980), der allgemein *eine* Erfahrung als etwas bestimmt, das „in den Gesamtstrom der Erfahrung eingegliedert und darin gleichzeitig abgegrenzt" ist (S. 47).

139 Simmel 1983, S. 36.

140 Ebd., S. 26.

141 Dewey 1980, S. 51.

142 Nietzsche 1941, S. 186.

143 Simmel 1983, S. 34.

die sich eben dadurch auszeichnet, dass das Erlebnis irgendwie außerhalb des Lebens und zugleich doch, anders als der in sich sinnlose Zufall oder der Unfall, mit dessen Zentrum aufs Engste verbunden ist.

Vor dem Hintergrund dieser begrifflichen Bestimmungen, soll nun versucht werden, den Reisebericht daraufhin zu untersuchen, wie das Abenteuer thematisiert wird und wie sich seine Verbindung zum Authentischen darstellt. Er trägt wie erwähnt den Titel „Abenteuer Südamerika", welcher die sequenzanalytische Interpretation bereits vor ernste Schwierigkeiten stellt. Durch die Kontrastierung zu Simmels Konzeption fällt eine bedeutsame Kategorienverschiebung auf. Während dieser, genau wie Dewey die *eine* Erfahrung, das Abenteuer primär über die Deutlichkeit der temporalen Abgrenzung bestimmt hat – „In einem viel schärferen Sinne, als wir es von den anderen Formen unserer Lebensinhalte zu sagen pflegen, hat das Abenteuer Anfang und Ende"[144] –, wird hier ein räumlich umgrenztes Gebilde als Abenteuer bezeichnet. Südamerika *ist* das Abenteuer. Ein Ort, allgemeiner: ein Raum, kann insofern abenteuerlich sein, als er objektiv die Möglichkeit eröffnet, Krisen (Neues, Fremdes, Unbekanntes) zu erfahren. Kann er aber selbst ein Abenteuer sein? Ein Abenteuer ist vielleicht die Reise *nach* und vielmehr wohl noch: das Reisen *in* oder *durch* Südamerika. Die Praxis des Reisens wird hier jedoch gleichgesetzt mit der Destination der Reise, Südamerika selbst ist die Reise. Am nächsten liegt die Interpretation, dass der Ort einzig unter dem Aspekt des Bereistwerdens thematisch ist. Der Fokus läge so eindeutig auf dem Subjekt der Reise, nicht auf dem Objekt. Südamerika ist nicht als solches von Interesse, sondern kommt nur als Handlungsfeld in Betracht. Wenn Südamerika das Abenteuer ist, ist es die Reise und wenn es die Reise ist, ist es kein Objekt der Betrachtung, sondern selbst die Handlung. Südamerika ist die (abenteuerliche) Erfahrung, die die Touristen von Südamerika machen. Durch den Titel deutet sich damit ein radikaler Subjektivismus an. Im Stile des erwähnten ‚Was-gehen-mich-die-Pyrenäen-an?'[145] ist hier Südamerika einfach das, was dort erlebt wird. Gesucht wird ein Byronscher ‚persönlicher Zugang', ein ‚eigenes' Südamerika, nicht objektive Erkenntnis: „Nun wurde es Zeit für unser eigenes Abenteuer".[146] Die Frage stellt sich, ob diese Einstellung nicht gerade das Abenteuer verunmöglicht oder zumindest sehr unwahrscheinlich macht. Es ist ja stets auch die Überraschung und das Unerwartete und also daran gebunden, dass es anders gekommen ist, als man dachte. Es gründet also in der Kon-

---

144 Ebd. S. 26.
145 Vgl. oben Kapitel 5.2.
146 Haun, Stengert, 2006/07, „Vorwort".

frontation von Erwartungen und Erfahrungen. Diese gründen wiederum zwar auch in persönlichen Erfahrungen, bilden sich aber an der Sinnstruktur des Objekts. Um Erwartungen überhaupt bilden zu können, müsste man sich daher zunächst auf das Objekt einlassen. Wird dieses von vornherein gleichgesetzt mit der persönlichen Erfahrung kann es zur Konfrontation: zum Abenteuer gar nicht mehr kommen.

Im Untertitel des Berichts wird das Abenteuer genauer beschrieben: „6 Monate mit dem Fahrrad durch Chile und Argentinien". Obwohl die zeitliche Dimension, die im ersten Satzteil vermisst wurde, hier nachgeschoben wird, bleibt die Beschreibung ungewöhnlich. Abenteuer, folgt man Simmel in diesem Punkt, bestimmen sich durch ihre zeitlichen Grenzpunkte, durch Anfang und Ende. Sie bestimmen sich nicht durch die Dauer, die selbst zwar durch die Grenzpunkte festgelegt, aber nicht das Entscheidende ist. Die Fragen sind: wie oder wann hat es angefangen und wie oder wann war es zu Ende? Und nicht: wie lange hat es gedauert? Die Konstruktion ist aber noch auf eine andere Art eigenartig und das scheint wichtiger zu sein. Das ‚durch' impliziert einen Eintritt und einen Austritt. Durch ein Land zu fahren, heißt, von irgendwo in das Land hineinzufahren und es an anderer Stelle wieder zu verlassen. Aufgrund dieser räumlichen ‚Abschnitthaftigkeit' wird in Reiseberichten gerne die Formel ‚in t [Zeitangabe] durch A [Ort]' verwendet. Das hieße hier also: ‚In 6 Monaten durch Chile und Argentinien'. Innerhalb dieser Dauer hat man sich in diesen Ländern befunden, hat sie durchquert und anschließend sie wieder verlassen. Auf das ‚in' wird hier aber verzichtet, was den Gehalt der Aussage stark verändert. ‚In 30 Tagen durch die Wüste' z. B. ist etwas ganz anderes als ‚30 Tage durch die Wüste'. Der zweite Fall legt ein verlorenes Herumirren näher als ein zielgerichtetes Durchqueren. Man könnte erläutern: ‚30 Tage (lang) bin ich durch die Wüste geirrt', könnte aber nicht sagen ‚In 30 Tagen bin ich durch die Wüste geirrt'. Das Merkwürdige liegt im Kontrast der räumlichen und der zeitlichen Formulierung. ‚6 Monate in Chile' wäre ein passender Titel für die Beschreibung eines relativ statischen Aufenthalts; ebenso ‚In 6 Monaten durch Chile' für ein zielgerichtetes und dynamisches Traversieren. Sollte es zutreffen, dass der entscheidende Unterschied zwischen den beiden Varianten in der Zielgerichtetheit liegt, ist anzunehmen, dass die Autoren von der Formulierung ‚In 6 Monaten durch Chile' Abstand genommen haben, weil sie zu sehr nach Planung klingt. Sie würde suggerieren, man habe im Voraus eine Route festgelegt und würde die dann einfach abfahren. Und nicht nur einen Fahrplan hätte man, sondern auch einen Zeitplan. ‚In 6 Monaten' klingt auch nach Wettrennen. Es klingt danach, möglichst rasch durch die beiden Länder zu jagen, nach Sport und Leistungsprinzip vielmehr als nach Muße. Faktisch ist das wahrscheinlich auch der Fall, wo aber bliebe da das

Abenteuer? Das Abenteuer ist nicht planbar. Der Plan und das rationale Kalkül sind die ‚natürlichen Feinde' des Abenteuers. Wo sie herrschen, kann es nicht sein. Die unbestimmte ‚6 Monate'-Formulierung hingegen erlaubt Assoziationen an vagabundisch-planloses Umherschweifen, wobei viel Raum fürs Abenteuer ist. Der Titel erscheint in diesem Licht als Versuch, das Bild, das die Autorin von ihrer Reise vermitteln möchte: dass es sich dabei eben um ein Abenteuer handle, mit der Tatsache zu verbinden, dass der „Reiseweg dabei schon relativ früh fest[stand]."[147] Dieses Spannungsverhältnis, das sich schon im Titel ausdrückt, scheint für Enzensberger Bemerkung zu sprechen: „Künstlich stellte man sich die harten Bedingungen des ‚echten' Abenteuers her."[148] Und als Hergestelltes ist das Abenteuer keines mehr.

Der Titel macht deutlich, dass die ganze Reise als *ein* Abenteuer verstanden wird. Das erfordert, ähnlich wie bei der Haltung zum ganzen Leben als ein Abenteuer, weder „ein Abenteurer zu sein, noch viele einzelne Abenteuer durchzumachen".[149] Trotzdem stellt sich die Frage, was das Abenteuerliche des ‚Abenteuers Südamerika' ist, worin es gesehen und wie es beschrieben wird. Wäre der Trip restlos in den Bahnen der ‚beaten tracks' verlaufen, würde der Titel erstaunen. Nach dem wenig abenteuerlichen Beginn der Reise in Santiago de Chile und Umgebung folgt eine Autotour durch die Nationalparks der nordchilenischen Hochebene. Obwohl es nicht immer einfach ist, eine Übernachtungsmöglichkeit zu finden, verläuft diese ohne große Friktionen. Es kommt auf den „endlose[n] und menschenleere[n] Staubpisten" sogar Langeweile auf und die „Augen [sind] wohl schon etwas müde vom ewig gleichen Rhythmus des Altiplano." Sie fahren zu heißen Quellen und als sie „beschließen, diesen Ort zu verlassen, passiert es". Wörtlich also wird markiert, dass *etwas* passiert und sich eine Krise ereignet. Ein Abenteuer? Der Jeep steckt fest im matschigen Boden und die Situation erscheint den Touristen zunächst ausweglos. Dann aber „kommt Nico auf die rettende Idee." Sie bocken den Wagen auf, schieben Steine unter die Räder, arbeiten sich so „[m]ühsam und Stück für Stück [...] frei und fallen uns erleichtert in die Arme." Tatsächlich finden sich in dieser Episode alle Momente des Abenteuers, die oben expliziert wurden: es hat erstens einen unerwarteten Anfang, das Festfahren, und ein Ende, das Umarmen. Es ist zweitens mit Gefahr verbunden und mit großer Unsicherheit über den weiteren Verlauf. Schließlich wird drittens die Krise auch kreativ gelöst. Die herkömmlichen Routinen versagen, die materialisierte Form des Umgangs mit diesem Problem, die

---

147 Ebd.
148 Enzensberger 1962, S. 164.
149 Simmel 1983, S. 29.

„Sandbleche sind im Mietpreis nicht inbegriffen".[150] Das erfordert erfinderisches Nachdenken und Mut zu originellen, unkonventionellen Lösungsversuchen, weshalb „überhaupt der Abenteurer leicht einen ‚genialischen' Zug [hat]".[151] Die Reise scheint also tatsächlich einen abenteuerlichen Charakter zu haben, obwohl das einmalige Feststecken des Jeeps noch nicht dazu berechtigt, die ganze Reise als Abenteuer zu bezeichnen. Außerdem steckt das eigentlich Abenteuerliche eher in der Radtour, die noch gar nicht begonnen hat.

Gleich zu deren Beginn beschreibt die Autorin „ein sehr spezielles Erlebnis", das mit Radfahren indessen nur indirekt zu tun hat. Die Wahrnehmung eines Geschehens als *ein* Erlebnis erfüllt aber schon einmal die formalen Kriterien des Abenteuers. Sie werden von einem Boulevard-Journalisten „'überrumpelt'", der ihnen ein Interview über ihre Reise aufdrängt. „Etwas verdutzt beantworte ich seine vielen Fragen, so gut es geht." Obwohl diese Situation gewiss außeralltäglich ist und unerwartet, fehlt ihr doch das Moment der Gefahr und des Risikos um sie als Abenteuer zu bezeichnen, worauf die Autorin auch verzichtet. Im Gegensatz dazu eignet der folgenden Episode dieses Moment. „Als ich nach einer steilen Abfahrt um die Kurve biege, sehe ich ihn [Herrn Stengert, RS] im Graben liegen und befürchte das Schlimmste." Die Fahrt scheint also durchaus nicht ungefährlich zu sein und die Strecke birgt Überraschungen, die nicht geplant sind. Nicht zwar der Sturz selbst ist ein Abenteuer, in ihm zeigt sich aber die Abenteuerlichkeit der ganzen Fahrt. Allerdings bleibt es bei diesem einen Sturz und es fragt sich weiterhin, worin das eigentlich Abenteuerliche des ‚Abenteuers Südamerika' besteht. Als Schwierigkeit erweist sich wiederholt das Finden von geeigneten Schlafplätzen. Als es einmal bereits dunkel ist und die Radfahrer an einer Hacienda abgewiesen werden, bleibt ihnen „nichts anderes übrig, als im schummrigen Licht unserer Stirnlampen weiterzufahren."[152] Die Tatsache allein, dass sie keine Fahrradlichter zu haben scheinen, weist darauf hin, dass das Fahren im Dunkeln nicht vorgesehen war. Das ist nun allerdings gerade keine kreative Lösung des Problems, das deshalb auch nicht als Abenteuer gelten kann. Es ist einfach die Realisierung der einzigen Option, die übrigbleibt. Dann aber greift Ina zu einer unkonventionellen Taktik: „Verzweifelt" – mit dem Mut der Verzweiflung, Simmels „Fatalismus des Abenteurers" – „halte ich das nächstbeste Auto an. Eine freundliche Familie nimmt uns […] mit. Wir sind gerettet."[153] Die Struktur besteht hier wieder aus (a) der deutlich markierten Eröffnung des Aben-

---

150 Alle Zitate: Haun, Stengert 2006/07, „Unterwegs im Altiplano".

151 Simmel 1983, S. 31.

152 Alle Zitate Haun, Stengert 2006/07, „Die Biketour beginnt…".

153 Ebd.

teuers durch eine unerwartete Krise (kein Schlafplatz bei Einbruch der Dunkel-
heit); (b) einem gewissen Maß an Gefährlichkeit und Ungewissheit über den
weiteren Verlauf (ungenügendes Licht, vorläufiges Weiterfahren), sowie (c) einer kreativen Lösung (Autostopp), die das Abenteuer beendet.

Es ereignen sich auf der Reise noch verschiedene Krisen: beide Touristen
leiden je einmal unter intensiven Magenbeschwerden und Bauchkrämpfen, ihre
Campingdusche wird gestohlen, es treten Materialschäden auf (Sabotage wird
vermutet), Maden finden sich im Salat. Außerdem ist das Wetter häufig schlecht.
Das alles sind natürlich Ereignisse, *etwas* passiert und es wird auch erzählt. Die
Struktur des Abenteuers indessen weisen sie nicht auf. Wie erwähnt aber, wird
auch nicht behauptet, man habe in Südamerika viele Abenteuer erlebt, sondern
Südamerika selbst sei das Abenteuer gewesen, die Reise als Ganze also, nicht
einzelne Episoden. Wie Simmel zur Einstellung zum ganzen Leben als Abenteuer ausführt, bedingt sie, „über dessen Ganzem eine höhere Einheit, gleichsam ein
Über-Leben [zu] fühlen, das zu jenem sich verhält wie die unmittelbare Le-
benstotalität selbst zu den einzelnen Erlebnissen, die uns die empirischen Abenteuer sind."[154] Die ganze Reise als Abenteuer zu erfahren, setzt voraus, dass sie
eingebettet gesehen wird in den Rest des Lebens. Gerade diese Integration in den
übergreifenden Zusammenhang ermöglicht dann, es aus- und einzugrenzen. Was
legt diese Unterscheidung, dieses ‚Ausschneiden' der Südamerika-Reise aus dem
Leben nahe? Wodurch unterscheidet sie sich vom Alltag? Diese Fragen, spätestens, führen nun wieder auf direktem Weg zurück zu den Variationen des Authentischen.

Autonomie, Selbstbestimmung – Stärker noch als die Asien-Reise hat die
Südamerika-Tour den Charakter des eigenen Projekts, das eigenständig geplant
und realisiert wird. Die Planung, eigentliche Feindin des Abenteuers, wird so
selbst zum Abenteuer. Weil oben dazu aber schon einiges gesagt ist, soll an dieser Stelle auf andere Aspekte eingegangen werden, die für die Reise spezifischer
sind.

Erfahrung der äußeren Natur: Himmel und Erde – Seit der Romantik ist
das Authentische das Natürliche und authentische Erfahrungen werden insbesondere dort gesucht, wo sich Natur erfahren lässt. Mit dieser Vorstellung verbindet sich meist eine mehr oder weniger elaborierte Zivilisationskritik. Im Reisebericht zeigt sich die Verehrung der Natur spiegelbildlich durch das allgemeine Diskreditieren der Großstadt, die wiederholt als „laut und hektisch" beschrie-

---

154 Simmel 1983, S. 29.

ben wird.[155] Dagegen wird die Naturerfahrung stets in ästhetischen Großartigkeitskategorien dargestellt und in einer fast religiösen Sprache thematisiert. So stehen sie früh auf, „um dem Schauspiel der aufsteigenden Dämpfe und Wasserfontänen zuzusehen. Vollkommen allein und ungestört können wir diesen Moment genießen und sind begeistert von der Kraft der Erde und der Schönheit der Natur."[156] Zweimal ist von ‚mystischen Orten'[157] die Rede. Auch für Tiere zeigen sie großes Interesse und Schwarzhalsschwäne etwa, so wird erläutert, hätten „die gleiche Eleganz wie alle Schwäne und gleiten anmutig durch das Wasser."[158] Immer wieder wird betont, wie fasziniert sie sind, wie sie staunen, gar „[b]egeistert staunen"[159], und das „fantastische Schauspiel" irgendwelcher Naturphänomene hervorgehoben, das sie „noch sehr lange beeindruckt".[160] Das enthusiastische Lobpreisen der Natur findet allerdings dort seine natürlichen Grenzen, wo diese nicht ästhetisch-distanziert genossen, sondern praktisch bewältigt werden muss. Das betrifft in erster Linie die Fahrradfahrt auf der

„Schotterpiste […], die sich als sehr mühsam entpuppt. Nicht nur die vorbei rasenden Lkw- und Autofahrer, welche uns in eine dicke Staubwolke einhüllen, sondern auch die sandige und steinige Erdpiste machen uns zu schaffen."[161]

Da kippt die Lust am Natürlichen, Rohen und Unzivilisierten in ihr Gegenteil und „voller Freude genießen wir die angenehme Fahrt" auf den „asphaltierten Abschnitte[n]".[162] Für die Naturerfahrung aber noch wichtiger als der Zustand des Erdbodens ist der des Himmels: das Wetter erweist sich als das größte Problem und wird ausführlich thematisiert. Oft regnet es, dann wieder ist es brennend heiß, in der Nacht jeweils kalt. Die Erfahrung, die für den Abenteuercharakter der Reise wohl am wichtigsten ist, ist das ständige Draußensein und damit auch: Ausgesetztsein.

---

155 Haun, Stengert 2006/07 (im Folgenden nur noch Kapitelüberschriften), „Santiago de Chile" und „Über Temuco ins Seengebiet bei Villarica".

156 „Unterwegs im Altiplano".

157 Ebd. und „Salta – Rundfahrt im Nationalpark Los Cardones".

158 „Die Biketour beginnt…".

159 „In die Berge zum Vulkan Lonquimay".

160 „Halbinsel Valdes".

161 „Die Biketour beginnt…".

162 „Entlang der Carretera Austral von Chaiten nach Choyhaique". Vgl auch ebd.: „erreichen wir endlich den ersehnten Asphalt".

Erfahrungen der eigenen Natur: körperliche Grenzen – Konfrontiert mit der inneren Natur sind die Touristen durch ihre eigene Leiblichkeit. Da die Radtour sich als ausgesprochen anstrengend erweist, besteht das Abenteuer primär in der Erfahrung des eigenen Körpers, eine Erfahrung, die sich gerade dann einstellt, wenn dieser an seine Limits stößt. Dieser Aspekt, spezifisch für diese Art Reisen, wird im nächsten Abschnitt ausführlich behandelt.

5.9. ERSCHÖPFUNG UND GEMÜTLICHKEIT

In seiner systemtheoretischen Analyse bezieht Pott wie erwähnt den Tourismus auf zentrale Strukturprobleme der modernen Gesellschaft (v. a. auf die ,selektive Multiinklusion') und spricht ihm die Funktion der Lockerung bzw. der Variation alltäglicher Inklusions- und Erwartungsstrukturen zu. Das drücke sich auch aus in der touristischen Kernsemantik der Erholung. Auf den ersten Blick scheint die Südamerika-Velotour in denkbar krassem Kontrast zu dieser Interpretation zu stehen. Sie ist keineswegs auf Erholung ausgerichtet, sondern im Gegenteil auf Erschöpfung und sportliche Herausforderung, die streckenweise fast masochistische Züge annimmt:

„Nicht nur die vorbei rasenden Lkw-und Autofahrer [...] sondern auch die sandige und steinige Erdpiste macht uns zu schaffen. Immer wieder rutschen die Räder weg; an steilen Passagen müssen wir sogar schieben. Schnell stoße ich an meine körperlichen Grenzen und genieße jede Ruhepause."[163]

Ungeschönt und explizit schildert die Autorin immer wieder auch das miserable Wetter und den Missmut, der mit den selbstgewählten Qualen verbunden ist. So „zwängen" sie sich „erneut in die noch klammen Regenhosen und radeln, abermals bei Regen. Das drückt bald auf die Stimmung."[164] Wo ist da die Erholung? Besonders deutlich ist die folgende Sequenz:

„Gegen 16 Uhr sind wir bereits von der anstrengenden Fahrt und der brennenden Sonne sehr ausgelaugt. [...] Unsere Kräfte lassen immer mehr nach und jede Steigung wird zum wahren Kraftakt. Zwar führt sie Strecke vorbei an einer schönen Bergkette, doch können

---

163 „Die Biketour beginnt...".

164 „Über Temuco ins Seengebiet bei Villarica". Vgl. auch, die ganze Radfahrt resümierend: „Besonders mich hat die anstrengende Fahrt auf den vielen Schotterpisten ziemlich mürbe gemacht." („Cerro Castillo")

wir die Landschaft um uns gar nicht mehr so richtig genießen. Wir wollen nur noch irgendwo ankommen."[165]

Aus dem letzten Satz spricht die Verzweiflung des Erschöpften. Das sind nicht ‚schöne Ferien'. Die Frage stellt sich, wieso die beiden Reisenden sich in den Ferien einer solchen Kasteiung unterziehen und nicht etwa interessante Orte oder Sehenswürdigkeiten besichtigen, in der Sonne liegen, Tango tanzen, Rum trinken oder sich entspannen. Sie stellt sich umso dringlicher, als das Hauptziel, wie es zu Beginn der Reise bestimmt wird, lautet: „vor allem die Menschen und das südamerikanische Lebensgefühl erleben."[166] Wieso aber dann in die Wüste und durch die einsame Pampa und nicht in Städte, wo tatsächlich Menschen leben, die man dann vielleicht ‚erleben' könnte'? Die Menschen, die sie näher kennenlernen, sind v. a. andere Touristen und Radfahrer (Europäer, US-Amerikaner, Israelis) und nicht Einheimische. Was unter dem südamerikanischen Lebensgefühl zu verstehen ist, wird nicht ganz deutlich, wahrscheinlich hat es mit Improvisation und Spontaneität zu tun sowie der lebensbejahenden Neigung zum „unbefangene[n] Genießen des Daseins und dessen, was es an Freuden zu bieten hat."[167] Es ließe sich vielleicht am besten als Gegenteil der protestantischen Ethik verstehen, die ihren Kern in der methodischen Lebensführung und dem Leben nach Plan hat. Ohne hier das ‚Wesen' des Südamerikanischen bestimmen zu wollen, das Typische als das Allgemeine, das Südamerika besonders macht, lässt sich die These vertreten, detailliert geplante und ausgesprochen anstrengende Radtouren, deren Gelingen in erster Linie vom Leistungswillen und von der Selbstdisziplin der Sportler-Touristen abhängt, nicht gerade das ist, was dem typisch ‚südamerikanischen Lebensgefühl' entspricht. Im Gegenteil scheint es ein eher ‚protestantisches' Unternehmen zu sein. Wiederholt betont die Autorin im Reisebericht denn auch das Erstaunen der Einheimischen über das seltsame Projekt der ‚Gringos'. Dieses Staunen gründet wahrscheinlich in der Frage, wieso sich die Touristen denn nicht *erholen*, wie es auch der ‚Kernsemantik' entsprechen würde, die Pott rekonstruiert.

Allerdings ist der Widerspruch nur ein scheinbarer und löst sich durch die genauere Betrachtung seiner Tourismustheorie auf. Pott reduziert Erholung nicht auf Nichtstun und Faulenzen, sondern identifiziert sie gerade auch im Städtetourismus, durchaus „körperlich anstrengend", und in „der Erholung der Sinne

---

165 „Entlang der Carretera Austral…".
166 „Vorwort"
167 Weber 1988, S. 183.

durch Anregung".[168] Erholung bedeutet in seiner Konzeption nicht (nur) das Auf-der-faulen-Haut-Liegen, sondern allgemeiner die „Lockerung, Variation bzw. Varianz der alltäglich erfahrenen Inklusions- und Rollenverhältnisse", der „alltäglichen Abstraktions- und Selbstdisziplinierungsanforderungen (zu denen auch das weitgehende Absehen von Körperlichkeit gehört)".[169] Diese letzten Bestimmungen werden noch zu diskutieren sein. Vorerst sei festgehalten, dass ‚Erholung' im Sinne Potts meint, der Tourist könne vorübergehend seinen vielseitigen alltäglichen Verpflichtungen entgehen und müsse nicht mehr Rollenträger sein, sondern komme, wie in der Familie, „dem Prinzip nach als Ganze(r), als Vollperson"[170] in Betracht. Das Ideal der Ganzheit – im Gegensatz zur modernen Differenzierung nach Funktionen und der intrapersonalen Differenzierung nach Rollen – ist oben schon im Zusammenhang mit der Romantik als Entdifferenzierung besprochen worden und erscheint hier wieder als Variation des Authentischen, genauer: als des authentischen Selbst, hinter den multiplen Rollenspielen steckt bzw. als der Schauspieler, der all die Rollen spielt. Wang führt dazu aus:

„as a contrast to the everyday roles, the tourist role is linked to the ideal of authenticity. Tourism is thus regarded as a simpler, freer, more spontaneous, more authentic, or less serious, less utilitarian, and romantic, lifestyle which enabels people to keep a distance from, or transcend, daily lives."[171]

Das deckt sich weitgehend mit Potts Ansatz. Wangs Formulierung lenkt die Aufmerksamkeit aber auf eine recht komplexe analytische Problematik. Einerseits scheint ein zentraler Aspekt des Tourismus' darin zu bestehen, dass er dem modernen Menschen ermöglicht, provisorisch dem rollenförmig organisierten Alltag zu entkommen, andererseits spricht Wang von ‚the tourist role', selbst also ein rollenförmig, d. h. spezifisch, strukturiertes Handlungsset. Wäre es die Rolle des Touristen etwa, keine Rolle zu sein? Und wie hätte man diese Paradoxie sich vorzustellen? Spielt der Tourist die Rolle, keine Rolle zu spielen? Das würde passen jedenfalls zum widersprüchlichen Charakter, der den Tourismus

---

168 Pott 2007, S. 147.

169 Ebd., S. 70.

170 Ebd., S. 69. Das gilt für alle Intimbeziehungen, in denen „prinzipiell alle Eigenschaften einer individuellen Person bedeutsam werden", man „prinzipiell für alles am anderen aufgeschlossen zu sein hat" und „es nicht erlaubt ist, Persönliches der Kommunikation zu entziehen" (Luhmann 1994, S. 14f).

171 Wang 1999, S. 360.

durchzieht und auf die Formel der inszenierten Authentizität, des organisierten Ausbruchs aus dem organisierten Leben, oder eben: der rollenförmigen Nicht-Rolle zu bringen ist.

Authentische Erfahrungen des eigenen Selbst oder Erfahrungen des authentischen Selbst sind also zunächst zu bestimmen als Totalitätserfahrungen. Das Individuum erfährt sich selbst nicht als Rollenträger, der nur ‚ausschnitthaft‘ in verschiedene Praxiskonstellationen integriert ist (als Konsument etwa oder als Verkäufer, als Angestellter oder Vorgesetzter, als Spezialist für irgendetwas, als Verkehrsteilnehmer, Vereinsmitglied etc.), sondern als ‚ganzer Mensch‘. Pott weist wiederholt darauf hin, dass diese Ganzheitserfahrung auch mit dem Erleben der eigenen Körperlichkeit verbunden ist, auf das im Alltag weitgehend verzichtet werden muss. Auch Wang erwähnt, die „bodily experience of personal authenticity“, die mit dem Tourismus verbunden sei.[172] Beispiele dafür sind leicht zu finden, v. a. im Naturtourismus (Wandern, Badeferien, Skifahren usw.) und auch der Südamerika-Reisebericht ist dafür exemplarisch. Touristen streben nach authentischen Erfahrungen, aber „rather in search of their own authentic selves with the aid of activities or toured objects.“[173] Das wichtigste Mittel für diese Auseinandersetzung mit dem eigenen Selbst im Sinne einer Auseinandersetzung mit der eigenen Körperlichkeit ist die Grenzerfahrung. Schon beim Abenteuer ging es um Grenzen, primär im zeitlichen Sinn. Hier geht es nun um räumliche Grenzen, weniger um die des Körpers, um Erfahrung der eigenen „Hautlichkeit“,[174] sondern um die Grenzen der eigenen Leistungsfähigkeit. Im Vordergrund stehen also die kultur-räumlichen Grenzen und die Frage: ‚wer bin ich?‘ hier im Sinne von: ‚wie weit kann ich gehen?‘, ‚wie weit kann ich und mein Wille meinen Körper treiben?‘. Schon das Abenteuer mit dem festgefahrenen Jeep bringt die Touristen ja „schnell an unsere körperlichen Grenzen“ und es finden sich zahlreiche Schilderungen von Erschöpfung und intensiven Strapazen.[175] Die Rede ist von „Zähne zusammenbeißen“, vom „letzte[n] Kraftakt“, „unsere Energie ist am Boden“ und von vor „Anstrengung schmerzenden Armen“.[176] Die Südamerikareise ist weniger eine Tour als eine regelrechte Tortur.

Was den Bericht, und die Reise, von der er erzählt, besonders interessant macht, ist das immanente Changieren zwischen dem sportlichen Leistungsprinzip und der Betonung seines eigentlichen Gegenteils. Die anstrengenden Tage

---

172 Ebd., S. 362.
173 Ebd., S. 360.
174 Nietzsche 1941, S. 175.
175 „Entlang der Carretera...“ und „Torres del Paine...“.
176 „Entlang der Carretera...“.

lässt man jeweils „gemütlich ausklingen",[177] „der Abend wird mal wieder richtig gemütlich" [178] und man verbringt „einen urgemütlichen und vor allem lustigen Abend".[179] Es wird berichtet vom „gemütlich - urige[n] Holzhaus", man wohnt im „gemütlichen Hostel",[180] in einer „gemütlichen Unterkunft in La Junta", in einer „gemütliche[n] Pension"[181] sowie einer „urgemütlichen Herberge". Aber auch „in unserem Zelt war es ebenso gemütlich".[182] Wenn man sich nicht auf dem Rad schindet, sitzt man „noch lange gemütlich zusammen",[183] macht es sich auf dem Schiff „gleich gemütlich", läuft „ganz gemütlich"[184] durch einen Pinguinpark und kocht schließlich „sehr gemütlich"[185] vor dem eigenen Zelt. Zu erkennen ist die rhetorische Bemühung um eine Selbstdarstellung, die die Touristen nicht als genussfeindliche Adepten einer asketischen Leistungsethik erscheinen lässt, als Disziplinfreaks, die sich in der Freizeit und freiwillig einem quasi-militärischen Drill unterziehen, sondern als kultivierte Personen mit feinem Sinn für die schönen Dinge des Lebens. Wiederholt ist deshalb auch der Genuss herausgestellt, der sich mit der Wahrnehmung eines Ort oder einer Landschaft verbindet: „ein herrliches Panorama genießen", „einen der besten Ausblicke auf die Stadt genießen";[186] aber auch das „Essen der Mineros genießen",[187] „den herrlichen Sonnenuntergang"[188] wie „die leichte Meeresbrise [genießen]";[189] „wir genießen die Aussicht",[190] „wir genießen die Wanderung".[191] Man genießt „den Abend" und „den Ausflug sehr",[192] auch „die Fahrt", „den restlichen Tag bei

---

177 „Talca" und „Durch die Seenregion über Osorno nach Puerta Varas".

178 Ebd. Vgl. auch „die gemütliche und entspannende Atmosphäre im ,Casa Hexagon'" („Entlang der Carretera...").

179 „Punto Arrenas".

180 Beide Zitate: „Durch die Seenregion...".

181 Beide Zitate: „Entlang der Carretera...".

182 Beide Zitate: „Cerro Castillo".

183 „Durch die Seenregion...".

184 Beide Zitate: „Von Puerto Montt über die Insel Chiloe nach Chaiten".

185 „Torres des Paine und Perito Moreno (Argentinien)".

186 Beide Zitate: „Santiago de Chile".

187 „Unterwegs im Altiplano".

188 „San Pedro de Atacama".

189 „La Serena".

190 Beide Zitate: „Die Biketour beginnt...".

191 „Talca".

192 „Zu den größten Wasserfällen".

herrlichem Sonnenschein", „die fantastische Sicht"[193] etc. Und genossen wird auch die Gemütlichkeit. Unabhängig von der Frage, ob überhaupt und inwiefern die Reise tatsächlich gemütlich war, unabhängig also von Realitätstreue der Schilderung oder ihrer ideologischen Funktion, soll hier kurz dem Ideal der Gemütlichkeit nachgegangen und die Frage beantwortet werden, was es mit der Authentizität zu tun hat. Von dort aus, lässt sich dann die Frage stellen, wie sich Erschöpfung und Gemütlichkeit zueinander verhalten und was sie verbindet.

Prädikativ lässt sich ‚gemütlich' auf verschiedene Dinge beziehen, auf einen Sessel bspw. oder ein Kissen, besonders aber auch auf den Zusammenhang einzelner Dingen, auf eine spezifische Konstellation, d. h. auf die Atmosphäre eines Orts. Eine formale Definition von Gemütlichkeit mit allgemeiner Gültigkeit ist nur schwer möglich. Nicht leichter wird die Aufgabe der Begriffsbestimmung durch die Unübersetzbarkeit: ‚gemütlich' ist ein spezifisch deutscher Ausdruck, gilt manchmal sogar als *der* deutsche Ausdruck schlechthin und wird mit dem Biedermeier in Verbindung gebracht und nationalistischer Deutschtümelei verdächtigt. „Gemütlichkeit wurde stets eher mit deutscher Kultur und Innerlichkeit der Seele und weniger mit französischer Zivilisation [...] assoziiert".[194] Im (deutschsprachigen) Alltag wird der Terminus ‚Gemütlichkeit' jedenfalls meist verwendet um *zwanglose* Atmosphären zu bezeichnen, die geeignet sind, bei den Anwesenden Entspannung, Wohlfühlen und Behaglichkeit zu provozieren oder auch Situationen, in denen man ‚sich gehen lassen' und ‚sich selbst sein' kann ohne sich verstellen zu müssen. Die oben eingeführte Begrifflichkeit legt es nahe, die Gemütlichkeit als typische Back-Stage-Eigenschaft zu verstehen: „im Kern meint Gemütlichkeit das, was heimisch und vertraut, geschützt und beständig, warm und behaglich erscheint."[195] Wo es gemütlich ist, sinkt das Niveau erwarteter und sanktionierter Triebkontrolle, es lockern sich spezifisch-rollenförmige Erwartungsstrukturen. Allgemein lässt sich sagen, dass gemütliche Orte, Handlungen oder Situationen für die Anwesenden die Möglichkeit bedeuten, diffus als ‚ganzer Mensch' aufzutreten, sie ermöglichen ‚Erholung' in Potts Sinn. Seine Formulierung lautet treffend, „dass es im Tourismus [...] um Individuen als Ganze geht [...] und nicht um die Rollenträger".[196] Die Analyse des Reiseberichts hat nun ergeben, dass diese Struktur inhaltlich ganz

---

193   Alle drei Zitate in: „In die Berge zum Vulkan Lonquimay".

194   Honegger, Rychner 1998, S. 9. Siehe auch Schmidt-Lauber 2003: „Sie [die Gemütlichkeit, RS] dient als Erkennungszeichen und Spezifikum für deutsche Kultur" (S. 170).

195   Ebd., S. 9.

196   Pott 2007, S. 70.

unterschiedlich gefüllt werden kann, geradezu gegensätzlich sogar: größte körperliche Anstrengung auf der einen, Entspannung qua Gemütlichkeit auf der anderen Seite. Eine besonders prominente Manifestation des Gemütlichen ist das ‚gemütliche Zusammensein'. Auch damit werden in erster Linie diffuse Interaktionsmuster bezeichnet, die Erfahrung von Vergemeinschaftung also und der „touristic communitas", wie Wang sich, an Turner angelehnt, ausdrückt. In den Vordergrund rückt er dabei die Liminalität, die für die Reise als solche konstitutiv ist. Unterwegs sein ist per Definition ein *Schon*-Weg und zugleich ein *Noch-nicht*-Da, eine liminale Phase also und nach Turner die Grundlage von Vergemeinschaftungsprozessen. Wang spricht von „unmediated, ‚pure' inter-personal relationship",[197] was im deutlichen Gegensatz steht zu der rollenförmig vermittelten Vergesellschaftung. Das Authentische erscheint hier also in der Form von Vergemeinschaftungserfahrungen, Erfahrungen von nicht rollenförmigen, sondern diffusen und in sich zweckfreien Interaktionsstrukturen, an denen ‚ganze Menschen', nicht Rollenträger teilnehmen. Das ‚gemütliche Zusammensein', erst recht das am Lagerfeuer, gibt dafür das Modell ab. Das Streben nach dem Authentischen manifestiert sich hier also im Streben nach Ganzheit, insbesondere nach der Ganzheit des eigenen Selbst. Die Erzählung von der Südamerikatour macht darauf aufmerksam, dass aber diese Variation selbst noch variiert werden kann. Die sportliche Herausforderung und die Erfahrung körperlicher Grenzen ist eine Möglichkeit, das Gemütliche, Müßig-Zweckfreie eine ganz andere. Die Einheit der Differenz dieser unterschiedlichen Formen der Selbsterfahrung liegt in der Außeralltäglichkeit aber v. a. in der Körperbasis. Für die sportliche Herausforderung liegt die Körperbasis auf der Hand, aber auch das Gemütliche und die Gemeinschaft haben dort ihre Grundlage. Beziehungen zwischen ‚ganzen Menschen', sind, anders als zwischen Rollenträgern, stets Beziehungen zwischen leibhaften Akteuren und nicht bloß Kommunikationsinstanzen.

Diese Bemerkungen zur Körperlichkeit beschließend, soll kurz noch eine Beobachtung Erwähnung finden, die sich bei der Lektüre von Reiseberichten immer wieder aufgedrängt hat und an dieser Stelle ihren rechten Platz findet. Ein auffälliges Merkmal dieser Narrative besteht darin, dass ganz ungeniert und detailliert recht Intimes erzählt wird, worin sich die immanente Verbindung der touristischen Praxis und der Beschäftigung mit dem eigenen Körper zeigt. Frau Schulze etwa meint warnend, dass es „nämlich keinen Spaß [macht], wenn man 12 Stunden durch Rom latscht und 8 Stunden davon pippi muss"; sie fügt einen Stadtplan in ihren Bericht ein, wo öffentliche Toiletten eingetragen sind sowie

---

197 Wang 1999, S. 364.

die Fotografie einer solchen; sie empfiehlt außerdem „MC Doof"[198] – McDonald's? – als öffentliche Toilette zu benützen; sie berichtet auch davon, wie „sich langsam meine Blase meldete" und freut sich offen über die Möglichkeit, die Toilette des Forum Romanum benützen zu können: „Jippiee... Pippipause."[199] Schon erwähnt wurde, dass Herr Blösl in Bangkok laut Bericht am letzten Tag „von zwei bis halb vier auf dem Klo [verbringt]".[200] Auch die Südamerika-Autorin versäumt es nicht zu erwähnen, dass der Stacheldraht am Straßenrand es erschwert, „ein stilles Örtchen zum Austreten zu finden."[201] Und die Weltreisende publiziert in Ihrem Bericht eine ganze Reihe von Toilettenfotos.

Die Verstärkung der Aufmerksamkeit auf körperliche Vorgänge, auf Verdauungsprozesse bspw., gilt in touristischen Zusammenhängen als legitim, sie ist eine prominente Variation der Authentizitätssuche. Sie genießt sogar eine solche Legitimität, dass in den Berichten wie selbstverständlich davon erzählt wird. Wann berichtet man schon öffentlich über Probleme mit seinen Ausscheidungen? Da aber der Körper das Authentische ist, das Natürliche, und der Tourismus stets davon handelt, liegt es nahe, ihn zu thematisieren. Und zum Körper gehören natürlich auch die Exkremente. Wie diese sogar zum zentralen Indikator für Authentizität werden können, wird der folgende Abschnitt zeigen.

5.10. Schmutz als Authentizitätsindikator

> „Wo es Schmutz gibt, gibt es auch ein System"
> Mary Douglas 1985, S. 52f.

Das Abenteuer, sowohl Gegenstand des vorigen Kapitels als auch Titel des Südamerikareiseberichts, ist wesentlich eine Grenzkategorie. Es ist, wie Simmel betont, viel schärfer geschieden vom profanen Alltag als andere Ereignisse und konstituiert einerseits die in sich krisenhafte Erfahrung zeitlicher Grenzen. Alle Praxis ist zwar sequentiell organisiert, diese Sequenzialität ist im Abenteuer aber deutlicher markiert. Es hat in drastischerem Sinne als gewöhnliche Handlungen ein Anfang und ein Ende.[202] Andererseits ist die Erfahrung räumlicher Grenzen besonders geeignet, als Abenteuer empfunden zu werden. Die extreme Erfahrung

---

198 Schulze 2008, Dienstag.
199 Schulze 2008, Donnerstag.
200 Blösl, S. 10.
201 Haun, Stengert, „Die Biketour beginnt...".
202 Vgl. zur Sequenzialität der Praxis oben Kapitel 3.1.

ist oft auch eine Erfahrung der Extreme. Das gilt sowohl für körperliche Grenzen, die Erfahrung der eigenen Leiblichkeit – für Simmel etwa ist das erotische
das idealtypische Abenteuer schlechthin, im Reisebericht geht es primär um die
Grenzen der eigenen Leistungsfähigkeit und Willenskraft – als auch für kulturelle Grenzen, was für das Reisen natürlich ganz besonders gilt. Es bedingt das
Überschreiten von Grenzen, nicht unbedingt politischen aber zumindest die ima-
ginären der eigenen Heimat, wo immer diese Grenzen genau gezogen werden.
Die Kehrseite der deutlichen Ab- und Eingrenzung ist eine immanente *Ent*gren-
zung. Ein Abenteuer ist typischerweise eine Übergangsphase, es hat liminalen
Charakter, da der „Zustand des Übergangs schon allein deshalb gefährlich [ist],
weil er zwischen einem vorhergehenden und einem kommenden Zustand liegt –
er ist undefinierbar."[203] Das Abenteuer ist das in sich Undefinierbare, das „durch
das Netz der Klassifikationen, die normalerweise Zustände und Positionen im
kulturellen Raum fixieren, hindurchschlüpf[t]."[204] Aus diesem Grund ist es auch
das Gefährliche, das durch seine diffusen Eigenschaften die sozialen Klassifika-
tionschemata bedroht. Paradigmatisch zeigt sich diese Bedrohung, so hat Mary
Douglas in ihrer klassischen Untersuchung dargelegt, im Umgang mit Schmutz
„als etwas, das fehl am Platz ist."[205] Nach ihr ist, in genauer Verkehrung der
psychoanalytischen Position, gemäß welcher alles ein Symbol für den Körper
sei, der „Körper ein Symbol für alles andere".[206] Von herausragender Bedeutung
und besonders ‚gefährlich' für die gesellschaftliche Ordnung der Dinge sind
deshalb sowohl Körperöffnungen und Ausscheidungen („Speichel, Blut, Milch,
Urin, Stuhl und Tränen") als auch Absonderungen („Haut, Nägel, abgeschnittene
Haare und Schweiß"[207]) als Symbole für die Grenzen der Klassifikationsmuster.
Wie bereits angedeutet, kommt dem Körper und dem Verdauungsprozess in touristischen Reiseberichten eine ungewöhnlich wichtige Rolle zu. Das mag auch an
der Liminalität der Reise selbst liegen. Es gilt, wie dieser Abschnitt zeigen soll,
auch für Exkremente. Sie unterliegen in vielen Kulturen besonders scharf sanktionierten Tabuvorschriften, gelten als unrein und der Kontakt mit ihnen ist verbo-

---

203 Douglas 1985, S. 126. Vgl. dazu auch Fischer-Lichte 2003, die die ästhetische Er-
     fahrung als „Schwellenerfahrung" bestimmt: „In ihr erfährt sich der Rezipierende in
     einem Zustand des ‚Zwischen'" (S. 143) und noch allgemeiner anthropologisch: „In
     ihr erfährt sich der Mensch [...] als ein Wesen ‚im Übergang'" (S. 161).
204 Turner 2005, S. 95. Es ist also, wie der Schmutz bei Douglas, „eine Residualkatego-
     rie, die aus unserem normalen Klassifikationsschema herausfällt" (1985, S. 53)
205 Douglas 1985, S. 52
206 Ebd., S. 161.
207 Ebd., S. 160.

ten. Das Verbotene ist aber, so hat auch Durkheim argumentiert, nicht nur das Verdammte, sondern nicht selten gerade das Heilige. Diese Doppelseitigkeit und die Tatsache, „dass Religionen gerade jene Dinge, die unrein und mit Abscheu zurückgewiesen worden sind, sakralisieren",[208] führt dazu, dass der Dreck und das Unreine mit dem schlechthin Reinen: dem Heiligen zusammenfallen kann. In der folgenden Passage aus dem Südamerika-Reisebericht wird Schmutz zwar nicht direkt heiliggesprochen, doch aber als Indiz für das Ursprüngliche gesehen. Das Ursprüngliche seinerseits ist seit der Romantik eng verknüpft mit dem Unbefleckten, Jungfräulichen, mit dem Reinen eben, dem durchaus sakraler Status zukommt. Es stellt sich dann so dar, dass das eigentlich Unreine zum Signum der Reinheit eines Orts wird.

Valparaíso, so führt die Autorin des Berichts aus, hat für die beiden Reisenden „den größeren Charme" als Viña del Mar, das als „wichtiger touristischer Anlaufpunkt" bezeichnet wird.[209] Die beiden Städte werden hinsichtlich ihres Charmes bewertet und verglichen. Sonst eher als Bezeichnung für eine gewinnende und anziehende, auch zuvorkommende und angenehme Art von Personen verwendet, wird damit hier der spezifische Charakter eines Orts beschrieben. Ohne allgemein festlegen zu wollen, was charmante Orte ausmacht, liegt es doch nahe, dass dieser durch eine wohlwollende, freundliche, herzliche Atmosphäre geprägt ist, die es gestattet, sich wohl zu fühlen. Man assoziiert mit dem Ausdruck außerdem Nähe, zwischenmenschliche Wärme, vielleicht auch Gastfreundschaft. Charmant jedenfalls sind nicht die anonyme Großstadt, karge Betonwüsten und düstere Straßenschluchten; charmant sind weder Autobahnen noch Einkaufszentren. Das Prädikat eignet sich eher zu Bezeichnung kleinerer Orte mit verwinkelten Gässchen und Straßencafés, die lebhaft sind und zu spontanen Interaktionen einladen. Charmant ist außerdem eher das Abgelegene, Versteckte, als das Zentrale, Helle und Offizielle; und schließlich, bezogen auf das oben Ausgeführte, sind charmante Orte wohl auch gemütlich, was bedeutet, dass sich dort ‚ganze Menschen‘ treffen, nicht Rollenträger und die Interaktionsstrukturen eher diffus sind, nicht spezifisch. Hervorgehoben wurde schon die Körperbasis gemeinschaftlicher Beziehungsmuster im Gegensatz zu den abstrakteren gesellschaftlichen. Genau darauf stützt die Autorin ihr Urteil über den Charme der Stadt. Der Grund ist nicht etwa eine einladende Atmosphäre, sondern die Tatsache, dass es dort „eben [...] ursprünglich ist, es auch mal in der einen oder anderen Ecke nach Urin stinkt und nicht alles dem Schein und Sein unterlegen

---

208 Ebd., S. 207.

209 Stengert und Haun, „Valparaiso und Viña del Mar".

ist".[210] Obwohl das philosophische Satzende missraten ist, wird deutlich, wie es zu verstehen ist. Dem *Schein* touristischer Inszenierungen und den säuberlichen Frontstages – wohl die „Hotelburgen, Spielkasinos, aber auch Parks und Promenaden" – gegenüber deutlich präferiert wird das Authentische, das *Sein*, das hier explizit unter dem Aspekt des Ursprünglichen thematisiert wird. Empirisch zeigt sich diese Ursprünglichkeit primär in der olfaktorischen Unreinheit der Stadt. Das Urteil über den Charme der Stadt gründet darin, dass sie als ursprünglich wahrgenommen wird, d. h. als natürlich und unverfälscht: in diesem Sinne ‚rein‘, und dieses Urteil über die Ursprünglichkeit wiederum gründet empirisch in der sinnlichen Erfahrung von Gestank. Das Authentische, so ließe sich das Urteil verallgemeinern, ist das Dreckige oder jedenfalls das Unreine. Sauberkeit dagegen, zumindest irgendwie übermäßige Sauberkeit, gilt der Autorin als Indikator für mangelnde Authentizität und touristischen Schein. Dahinter steht die Idee von Authentizität als etwas Ursprünglichem und Unverfälschtem. Es erscheint als das natürlich Gegebene und nicht kulturell Hergerichtete. Gerade diese Vorstellung vom Natürlichen und Unverfälschten ist im romantisch geprägten Authentizitätsdiskurs eng verbunden mit dem Reinheitsideal. Frei von zivilisatorischer Intervention und intentionaler Gestaltung ist, gerade wegen dieser fehlenden Formung, der Schmutz das Reine.

Das touristische Paar schätzt den Uringestank durchaus, eine sinnliche Erfahrung, die sonst eher negativ bewertet wird und verwendet ihn als positives Merkmal.[211] Mary Douglas hat gezeigt, dass viel über soziale Deutungsmuster gelernt werden kann, wenn man die Behandlung des Schmutzes studiert. Wo Dreck ist, ist immer ein System, ein System von Klassifikationen und Kategorien, die die Welt ordnen. Dreck ist dabei das, was durch diese Ordnung hindurchfällt, was übrigbleibt, wenn man die Sinnesdaten in einen interpretativen Zusammenhang gebracht hat. Deshalb bedroht seine bloße Existenz das ganze Klassifikationsschema, weil sie zeigt, dass dieses der Wirklichkeit nie ganz angemessen sein kann, und muss weggewischt werden, damit nicht das sauber Klassifizierte noch von ihm ‚infiziert‘ werde. Je nach Deutungsmuster also, das im Hintergrund des Denkens und Handelns operiert und die Wahrnehmung strukturiert, ist etwas Dreck oder nicht. Jedes Schema, so ließe sich zuspitzen, produziert seinen systemspezifischen Schmutz, und jeder Schmutz verweist umgekehrt auf ein System von Kategorien, das ihn als solchen erscheinen lässt. Der Schmutz ist das Gefährliche und da die beiden Touristen ja angetreten sind,

---

210 Ebd.

211 „Wir müssen daher fragen, wie es kommt, dass Schmutz, der normalerweise destruktiv ist, bisweilen zu etwas Kreativem wird" (Douglas 1985, S. 207).

Abenteuer zu erleben, für die ein gewisses Maß an Gefährlichkeit konstitutiv ist, ist es konsistent, sich über Uringestank zu freuen. Er zeigt an, dass das System bedroht ist und nicht im Stande, restlos alles einzuordnen. Es wird davon geschwärmt, dass es „auch mal in der einen oder anderen Ecke nach Urin stinkt." Wichtig ist dabei das Momenthafte „auch mal" und dass es nur „in der einen oder anderen Ecke" stinkt, nicht ständig und überall. Ein Ort, der durchweg stinkt, verdiente die Würdigung wohl nicht. Der Schmutz hat seinen Wert nur als Ausnahme, nicht als Regel. Wäre er die Regel, wäre er das System selbst und nicht der Schmutz als das, was das System bedroht. Er soll nur punktuell durchscheinen und Brüche in der Fassade sichtbar machen. Dem entspricht recht genau Adornos Vorstellung des spezifisch Modernen der modernen Ästhetik: „Die Male der Zerrüttung sind das Echtheitssiegel der Moderne".[212] Auf das Bruchlose und Glatte, auf den schönen Schein wird oft angewidert reagiert, zumindest gelangweilt. Das Harmonische kassiert heute rasch den Vorwurf des Kitschs. Es hat durch die gesellschaftliche Entwicklung seine Legitimation verloren. Relevante ästhetische Erfahrung heute scheint auf die Störung fast notwendig angewiesen, auf die Irritationen und Krisen, hier eben: auf den Uringestank und den Durchbruch der rohen Natur ins kulturell Gestaltete und die Störung der Intention der städtischen Selbst-Präsentation. Nicht nur die Punktualität aber ist entscheidend, sondern auch die Art des Gestanks. In der Eingangssequenz des Rom-Reiseberichts etwa, wo die Bedeutung der Destination ironisch heruntergespielt wird, wird erwähnt, dass es dort „nach Abgasen stinkt", was keineswegs geschätzt wird oder irgendwie positiv konnotiert ist. Das liegt wohl erstens daran, dass dieser Gestank eher die Regel ist als die Ausnahme, weniger Schmutz eigentlich als System; und zweitens ist er nicht Zeichen für Ursprünglichkeit und Echtheit, sondern eine negative Begleiterscheinung der industriell mechanisierten Gesellschaft. Abgas gilt als Naturverschmutzung während Urin als Zeichen dafür gelesen wird, dass Natur überhaupt noch existieren und nicht restlos zivilisiert wurden.

Die Freude am Schmutz und an der Bedrohung der gesellschaftlichen Ordnung, die er repräsentiert, entfaltet indessen verwickelte Widersprüchlichkeiten, die für die Suche nach dem Authentischen typisch sind und deshalb kurz ausgeführt werden sollen. Wenn unter der Authentizität im Sinne von Ursprünglichkeit hier die Störung verstanden wird, die Irritation und das Abenteuer; wenn also erwartet, zumindest gehofft oder danach gesucht wird, dass Unerwartetes geschieht, kann gerade die Krise zum Klischee werden. Valparaìso verdankt seinen

---

212 Adorno 1989, S. 41. Vgl. dort auch S. 29: „Die Dissonanz, Signum aller Moderne..."

Charme dem punktuell auftretenden Uringestank, der die Stadt für die Autorin auf positive Weise vom hermetischen Hochglanz, vom sterilen Kitsch der Tourismusindustrie und dem „Schein" abhebt. Die Stadt wird aufgrund des Gestanks als ursprünglicher eingestuft als Viña del Mar, sie ist näher dem unverfälschten Naturzustand. Sie ist echter und in diesem Sinne authentischer als die künstlich aufgeputzte Touristenstadt. Dahinter steht aber auch die Überzeugung, zu einer echten – chilenischen? – Stadt gehöre Uringestank. Die Stadt wird also auch deshalb geschätzt, weil sie dem Bild, das die Reisenden von Südamerika und dem „südamerikanischen Lebensgefühl"[213] haben, genauer entspricht. Und in der Genauigkeit dieser Entsprechung liegt das kitschig-klischeehafte der Krise. So gesehen bedroht der Schmutz das Klassifikationssystem der Touristen gerade nicht, sondern bestätigt es.

Zweifelhaft auch, ob der Uringestank in der Heimat so wohlwollend als Index von Ursprünglichkeit interpretiert würde wie in der südamerikanischen Fremde. Das Dreckige, Rohe und Unzivilisiert-Natürliche ist keineswegs per se etwas Angenehmes. Einiges spricht dafür, dass der Schmutz seine positive Bewertung primär dem Kontrast zur Heimat in der nordwesteuropäischen Hygiene verdankt. Erst aus der Perspektive einer Gesellschaft, die die Natur zu beherrschen vermag und ihre Gefahren weitestgehend einzudämmen weiß, erscheint er als etwas ästhetisch Wertvolles. Über den Gestank von Urin freuen kann sich nur, wem dieser Gestank kein alltägliches Übel und dessen Gesundheit durch Dreck nicht ernsthaft gefährdet ist. In der positiven Bewertung des Uringestanks drückt sich ein ähnlicher Primitivismus aus wie im Massai-Katalog. Man erfreut sich an der Rückständigkeit anderer Regionen und daran, dass dort Naturbeherrschung noch nicht den Entwicklungsstand der Heimat erreicht hat. Nur so kann der Mangel an Hygiene als charmant gelten. In diesem Sinn erscheint die Inferiorität als Ausdruck des „südamerikanischen Lebensgefühl[s]", das die Reisenden kennenlernen möchten. Von Südamerika wird gewissermaßen erwartet, dass nicht alles perfekt ist, dass es auch einmal stinkt und organisatorische Defizite aufweist. Nicht jede Störung jedoch, nicht alles, das, wie der Schmutz, die geltende Ordnung bedroht, wird positiv bewertet. Die Beschreibung eines anderen ‚Abenteuers' erhellt diesen Zusammenhang. Der Bus nach Punta Arenas hält kurz vor Mitternacht, weil die Fahrer essen möchten, ein leibliches Bedürfnis also äußern, wofür das junge Touristenpaar, im Kontrast zum Uringestank, überraschend wenig Verständnis aufbringt:

---

213 Stengert und Haun 2006/07, „Vorwort".

„essen, jetzt um diese Uhrzeit! Viel lieber würden wir weiterschlafen, doch es hilft nichts, wir müssen den Bus verlassen und sehen ungläubig zu, wie sich unsere beiden Fahrer gegrilltes Rindfleisch schmecken lassen."[214]

Auch hier bricht das Natürliche in die soziale Ordnung ein, hier ist es aber kein wohltuendes Zeichen für Charme und Ursprünglichkeit, sondern eine banale Störung. Es läuft nicht so, wie es soll. Die Friktion wird nun aber nicht einfach als solche stehengelassen, sondern klassifiziert und in den kulturvergleichenden Interpretationsrahmen eingepasst: „Das ist eben die argentinische Mentalität",[215] was als selbst-evident unterstellt wird und keine weitere Erläuterung zu verdienen scheint. Suggeriert wird damit, dass in Argentinien kein geregelter Tagesablauf herrscht, sondern jeder spontan dann isst, wenn er Hunger hat: ein Leben nach dem Lustprinzip. Betont wird der durchaus improvisatorische Charakter dessen, was hier ‚argentinische Mentalität' genannt wird. Auch hier zeigt sich wieder das Interesse am Ungeregelten und an mangelhafter Organisation und Voraussehbarkeit, was Südamerika gerade zum Abenteuer macht. Anders jedoch als der Uringestank in Valparaíso wird an dieser Stelle der Durchbruch des Natürlichen – der Hunger der Fahrer – nicht als charmant empfunden und seiner Ursprünglichkeit wegen gelobt. Deutlich zeigt sich hier, wie schmal der Grat ist zwischen dem, was Touristen als angenehmen Bruch mit den gewohnten Routinen schätzen, weswegen sie überhaupt nach Chile und Argentinien geflogen sind und dem, was schlicht als störend empfunden wird. Gesucht wird tatsächlich die Störung, die Irritation und der Bruch, aber in sanften Dosen, die als Nervenkitzel genossen werden können. Dem wirklich Anderen sieht man dagegen nur „ungläubig" zu.

Dreck und Gestank sind, wie gesehen, durchaus erwünscht, aber eben nur „an der einen oder anderen Ecke". Das macht Valparaíso so charmant, gilt aber in anderen Zusammenhängen überhaupt nicht mehr:

„Bei den Termen von ‚Aguas Calientes' versprechen wir uns ein erfrischendes Bad [...]. Jedoch ist das, was wir vorfinden alles andere als einladend. Verfallene Badebecken, etwas Müll und ein kleines matschiges Rinnsal, laden nicht gerade zum Baden ein."[216]

Hier ist der Dreck nun offensichtlich nur störend und kein reizvoller Ausdruck mehr von südamerikanischer Lockerheit. Am prägnantesten aber zeigt sich die

---

214 Ebd., „Punta Arenas".
215 Ebd.
216 Ebd., „Unterwegs im Altiplano".

Problematik der Suche nach dem Authentischen im Sinne des Ursprünglichen und d. h. auch nach dem Chaotischen und der Improvisation in der Beschreibung der Straßenverhältnisse. Obwohl die Fahrradtouristen ganz offensichtlich die Natur dem Urbanen vorziehen, das auf Lärm, Hektik und Smog reduziert wird, sind sie doch stets froh über asphaltierte, d. h. ‚kultivierte‘ Wegstücke, die jeweils ausdrücklich erwähnt und als ‚Genuss‘ sehr positiv von der ‚natürlichen‘ Schotterpiste abgegrenzt werden: „Kurz vor dem Ort Villa Amengual treffen wir auf die ersten asphaltierten Abschnitte. Voller Freude genießen wir die angenehme Fahrt“. Oder auch: „können wir […] den Luxus einer asphaltierten Straße genießen“. Demgegenüber heißt es dann: „Am nächsten Tag erwartet uns leider wieder Schotterstraße“. Es sollte sie deshalb eigentlich freuen, dass die Carretera Austral ständig ausgebaut wird „und in ein paar Jahren wird sie wohl fast vollständig asphaltiert sein. Wir sind zwar froh über jeden geteerten Abschnitt, doch überlegen wir auch, dass wohl damit viel vom Abenteuer und Flair dieser ‚Traumstraße‘ verloren gehen wird. Noch sind es nur wenige, ‚verrückte‘ Radler, die sich hier begegnen“.[217] Nach der Asphaltierung, so ließe sich spekulieren, sind es dann viele und die Route ereilt das typische Schicksal des Tourismus: er zerstört, was er sucht, indem er es findet. Wichtig ist dabei aber v. a., dass sowohl Abenteuer als auch Flair der Straße drohen, „verloren [zu] gehen“. Diese Eigenschaften sind also offensichtlich gebunden an einen relativ schlechten Zustand der Straße, an ‚Dreck‘ also im übertragenen Sinn.[218] Auf der einen Seite suchen die Touristen gerade das Abenteuer, auf der anderen sind sie damit tendenziell unzufrieden. Sie leiden an den herrschenden Straßenverhältnissen und beklagen sie offen. Man hätte also gerne das Abenteuer, nicht aber den Mühsal, der damit verbunden ist. Was gesucht wird, ist also nicht wirklich der Zusammenbruch von Routine und Ordnung, sondern eine Ordnung, die kleine Brüche aufweist.

---

217 Drei Zitate aus: „Entlang der Carretera…“

218 So ‚übertragen‘ ist dieser Sinn gar nicht. Die Schotterpiste wird wiederholt als staubig beschrieben und Steine und Geröll liegen herum, es herrscht also keine Ordnung.

5.11. FOTOGRAFISCHE WAHRNEHMUNG: ZENTRALITÄT, FRONTALITÄT, INTEGRALITÄT

> „ausserhalb des Photographierbaren gibt es
> sozusagen ‚nichts zu photographieren'"
> BOURDIEU 2006, S. 45

Internetreiseberichte zeichnen sich nicht zuletzt dadurch aus, dass es sehr einfach möglich ist, nicht nur Text, sondern auch Bilder zu veröffentlichen. Der Bericht, den Gerlach von ihrer Weltreise publiziert hat,[219] ist sehr ausführlich und die Analyse sprachlicher Elemente wäre fraglos von großem Interesse. Trotzdem wird darauf weitgehend verzichtet und stattdessen, den empirischen Teil abschließend, auf die Praxis des Fotografierens fokussiert. Bei der Analyse tourismusindustrieller Prospekten wurde oben weniger Gewicht auf die Frage nach der Authentizität der Fotografie gelegt als auf die Frage nach der Authentizität des Fotografierten. Es wurde gefragt, *was* fotografiert wurde und wieso gerade das und nicht etwas anderes. Ein Foto dokumentiert indessen nicht nur das fotografierte Objekt sondern auch die Praxis des Fotografierens, welche in diesem Kapitel im Vordergrund steht. Die Frage lautet nun also, *wie* etwas fotografiert wurde und warum so und nicht anders. Die Verbindung zwischen dem Wie und dem Was der Fotografie ist freilich sehr eng und wie Bourdieu feststellt, „trennt das Urteil über die Photographie keineswegs das Bild des Gegenstands vom Gegenstand des Bildes."[220] Doch ist dieser Zusammenhang nicht symmetrisch. Es lässt sich, wie es oben durchgeführt wurde, ohne Weiteres über das Taj Mahal oder über die Massai sprechen ohne die Art und Weise zu thematisieren, wie diese Objekte aufgenommen wurden. Umgekehrt lässt sich über das Wie einer Fotografie schwer sprechen ohne Bezug auf das aufgenommene Objekt zu nehmen. Dennoch sollen hier auch einige recht formale bildkompositorische Merkmale touristischer Fotos bestimmt und erörtert werden.

Die klassischen soziologischen Studien zur Praxis des Fotografierens stammen von Bourdieu, Boltanski et al. Sie datieren auf die 60er Jahre zurück und gehen deshalb von einer Fotopraxis unter Bedingungen der Knappheit aus.[221] Bis zur Durchsetzung der Digitalfotografie in den späten 90ern stand der

---

219 Gerlach 2008/09.

220 Bourdieu 2006, S. 102.

221 Dass dieser älteren Referenz hier eine verhältnismäßig große Bedeutung zukommt, liegt *inhaltlich* an ihrem engen Bezug zum Tourismus sowie daran, dass die Fragen, die sie aufwirft, weiterhin aktuell sind. *Analytisch* wichtiger für die Bildinterpretati-

Fotograf jeweils vor der Entscheidung, dieses und nicht jenes bzw. dieses so und nicht anders zu fotografieren. Fotografieren war ökonomisch riskant und es kam darauf an, „dass meine Photos gleich beim ersten Mal gut werden, damit nicht unnütz Geld ausgegeben wird." Und: „'Man müsste genug Filme haben, ohne auf den Pfennig sehen zu müssen'".[222] Heute ist dieser Traum verwirklicht und der unmittelbare ökonomische Druck fällt weitgehend weg, da jeweils problemlos und ohne großen Mehraufwand sowohl dieses als auch jenes sowie dieses so und so fotografiert werden kann. Die Unterschiede zwischen den verschiedenen „sozialen Gebrauchsweisen der Photographie" dürften deshalb kleiner und die Wahl des Sujets als solche weniger aussagekräftig geworden sein. Indessen hat sich der Entscheidungszwang nur einen Schritt ‚nach hinten' verschoben: von der Produktion zur Präsentation. Wenn auch die Filme nicht mehr knapp sind, so bleiben es doch die Zeit- und Aufmerksamkeitsressourcen des Zuschauers. Unter der Bedingung der Digitalfotografie scheint es deshalb aufschlussreicher zu untersuchen, welche Fotos präsentiert werden und welche nicht. Schon Bourdieu stellt treffend fest, „dass Photos mindestens ebenso sehr zum Vorzeigen gemacht werden wie zum Betrachten."[223]

Der Blog der Weltreisenden enthält sehr viele Fotos und eignet sich deshalb besonders gut, der Praxis touristischen Fotografierens nachzugehen. Die Bilder sind von einer Vielfalt, die das Erstellen einer sinnvollen Typologie zu einer unmöglichen Aufgabe macht. Fotografiert werden Gebäude (Häuser, Türme, Kirchen, Läden, Hotels usw.), Möbel, Toiletten, Duschen, Wege und Straßen, Schilder, Fahrzeuge, Brücken,[224] Menschen (alte und junge, Touristen und ‚Locals', Bekannte und Unbekannte, die Reisende selbst und andere sowie sie zusammen mit anderen), Märkte, Nahrungsmittel und Mahlzeiten, Denkmäler, Tiere, Berge, Felsen und Steine, Flüsse, Pflanzen, Städte, Landschaften, Sonnenauf- und -untergänge und allgemein: Aussichten aus allen möglichen Perspektiven. Fotografiert wird schlicht ‚alles, was der Fall ist'. Eine Ordnung in diese Fotos zu bringen, wäre ein enzyklopädisches Projekt und gliche dem Versuch, eine ‚Ordnung der Dinge' herzustellen. Wenn die Durchsicht dieser Aufnahmen überhaupt eine generalisierende Aussage erlaubt, dann nur, dass grundsätzlich alles fotografiert wird und nichts, was auf der Welt existiert, per se davon ausge-

---

onen waren hingegen die schon erwähnten Methoden (S. 86, Fußnote 8). Sie als solche eigens zu thematisieren, ist aber auch hier nicht die Absicht.

222 Ebd., S. 29 und S. 90.

223 Ebd., S. 99.

224 Brücken sind Objekte, die sich offenbar besonders gut als Sehenswürdigkeiten und Wahrzeichen eignen. Kaum eine touristisch relevante Stadt ohne ‚ihre' Brücke.

nommen ist, zum Sujet einer touristischen Fotografie zu werden. Es drängt sich deshalb auf, die Frage von der anderen Seite anzugehen und zu untersuchen, was nicht fotografiert wird, präziser: welche Fotos nicht präsentiert werden. Durch diese Umkehrung der Fragestrategie stößt man auf den Zwang, überhaupt *etwas* zu fotografieren. Bourdieu verweist darauf, dass Fotografien nicht deshalb als realitätsgetreues Abbild der Welt gelten, weil sie diese wiedergeben wie sie ist, sondern weil sie diese genau so zeigen, wie es den gesellschaftlich sanktionierten Rezeptionsroutinen entspricht. Seine Ausführungen dazu sind nicht immer ganz deutlich und haben grobe Missverständnisse produziert. So kritisiert er die Vorstellung, die Fotografie sei keine Interpretation der Wirklichkeit und kein Ausdruck des Fotografen, sondern schlicht eine mechanische Aufzeichnung. Er meint, dass diese Idee „einer falschen Selbstverständlichkeit aufsitzt"[225] und verweist auf die Wahlhandlung des Fotografen und entsprechend auch die Selektivität des Fotos selbst. In der Folge hat sich in der Literatur zur Bildinterpretation die Routine festgefahren, zunächst einmal ostentativ mit dem angeblich so naiven Realismus des geläufigen Fotografieverständnis zu brechen und zu betonen, dass ein Foto keineswegs bloß eine neutrale oder objektive Abbildung der Wirklichkeit sei, sondern – wie eine Malerei auch – immer eine subjektive Interpretation. Das ist aber nicht richtig und treibt die Fotografieforschung (wie auch die Videoanalyse) in die falsche Richtung. Natürlich wird ein bestimmter Ausschnitt ausgewählt, es kann ja nicht alles auf einmal fotografiert werden; auch wird die dreidimensionale Welt in ein zweidimensionales Bild transformiert; diese Auswahl ist immer außerdem selektiv, eine Selektivität notabene, die sich durch die Fokussierung und Scharfstellung noch potenziert; und zudem ist das Foto nachher noch zu manipulieren. Trotzdem, und nur darauf kommt es für die Trennschärfe der Unterscheidung zwischen Bild und Foto an, ist die Fotografie stets eine Aufnahme einer äußeren Wirklichkeit. Was in der objektiven Realität nicht – noch nicht oder nicht mehr – existiert, kann nicht fotografiert werden. Das ist in der Malerei ganz anders, sie kann auch Phantasiefiguren zeigen oder Vergangenes: „Die photographische Intention liegt *davor* [...] und *danach* [...]. Das photographische Fixieren selbst aber ist nicht-intentional, ein chemischer Vorgang".[226]

Das vorweggenommen, ist es tatsächlich erstaunlich, wie die Fotografie sich der gewöhnlichen Wahrnehmung des normalen Wachbewusstseins angleichen will. Das müsste ja keineswegs so sein. Bourdieu bemerkt, dass gerade sie über das Potential verfügte, alltägliche Wahrnehmungsroutinen zu irritieren, auf-

---

225 Bourdieu 2006, S. 85.
226 Castel 2006, S. 243f.

zubrechen und „eine ‚erstmalige neue Schau einer an sich bekannten Sache'"[227] zu ermöglichen. Das tut sie regelmäßig zwar auch, nur werden diese Bilder dann aussortiert oder gelöscht. Jene „verschwommenen oder verwackelten Bilder, die die herrschende Ästhetik als stümperhaft oder verpatzt verwirft",[228] gelten als misslungen, werden eliminiert und tauchen nirgends mehr auf. Fotos, die jemanden mit halboffenen Augen zeigen oder solche, die eine Millisekunde zu früh oder zu spät geschossen wurden und deshalb jemand noch nicht, nicht mehr oder irgendwie komisch in die Kamera blickt, sich abdreht oder eine seltsame Haltung einnimmt, werden ausgeschieden. Werden solche Bilder dennoch präsentiert oder tauchen sie überraschenderweise doch in einem Sample auf, dann nicht, ohne sie mit entsprechenden Kommentaren zu versehen, wie z. B. ‚das ist nichts'. Besonders aufschlussreich dafür ist die Kommentierung dieser beiden Fotos und die

„Hauptfunktion des Bildtextes besteht darin, eine und nur eine Bedeutung sichtbar zu machen, was das stumme Bild allein niemals vermöchte: Er ist eine Gebrauchsanweisung."[229]

Es geht hier also zunächst nicht nur um Fotos, sondern um das Zusammenspiel von Foto und Text.

„hier versuche ich fuer ein Selbstausloeserfoto zu posieren...

---

227 Marcel Proust zit. nach Bourdieu 2006, S. 87.
228 Bourdieu 2006, S. 91.
229 Boltanski in Bourdieu 2006, S. 148.

und dieses Foto ist dann schlussendlich dabei herausgekommen"
[Australien, Cairns I]

Die etwas ungewöhnliche Haltung, die die fotografierte Person und Ich-Erzählerin auf dem ersten Bild einnimmt, wird ausdrücklich als ‚Versuch' beschrieben. Das bedeutet, dass das Ziel, die Pose, nicht erreicht wurde. „Schlussendlich dabei herausgekommen" ist dann das zweite Bild. Das erste Foto ist aus der Sicht der Autorin also im Unterschied zum zweiten nicht ‚herausgekommen', es ist gar kein Foto, sondern ‚Produktionsabfall'. Nur das zweite gilt „schlussendlich". Interessant ist, dass sie den ‚Abfall' dennoch präsentiert und ihn deutlich als solchen markiert. Das Foto kann verglichen werden mit dem ‚Making-Of' eines Films, die Fotografin, die gleichzeitig die Fotografierte ist, gewährt dem Betrachter also einen Blick in die Backstage und ermöglicht so eine Erschütterung der Sehroutinen. Eigentümlich daran ist, dass die Pose auf dem zweiten Foto viel natürlicher wirkt als die nicht-inszenierte, natürliche Haltung auf dem ersten. Diese, die Momentaufnahme einer Bewegung, wirkt steif und die fotografierte Person v. a. durch die Position der Arme fast puppenhaft-künstlich. Auf dem zweiten Foto, in der steifen, ‚eingefrorenen' Haltung der Pose, dagegen wirkt sie locker und entspannt. Das gestellte Foto wirkt authentischer als der ungestellte Schnappschuss.

Solche Bilder sind aber die Ausnahme und „die allgemeine Praxis scheint [...] gerade diesem zentralen Vermögen der Photographie zuwiderzulaufen: Verwirrung zu stiften."[230] Als gutes Foto gilt im Gegenteil das, welches den ein-

---

230 Bourdieu 2006, S. 88. Vgl. S. 87: „Die Bilder, die [...] mit der orthodoxen Wahrnehmungsweise [...] brechen, lösen Überraschung aus", wenn dieser Verstoß „nicht unvermittelte Abwehr hervorruft."

geschliffenen Sehgewohnheiten am genausten entspricht. Was unscharf ist oder verwackelt, zu dunkel oder zu hell, gilt schlichtweg nicht. Es ist nicht nur schlecht, sondern in gewissem Sinn gar keine Fotografie, die als solche anerkannt wurde. Deshalb „bemisst sich [der Wert einer Photographie] vorrangig an der Klarheit und der Relevanz der Information".[231] Die Aufnahmen, die sich im Weltreisebericht finden, sind alles Aufnahmen von klar definierten Objekten und so werden sie auch beschrieben: eine Straße, ein Elefant, Annette vor XY, mein Schlafzimmer etc. Dadurch erklärt sich das Interesse an der Art der fotografischen Praxis und die Bedeutung, die die Fotoanalyse für die Soziologie hat. Wenn sie sich um die Rekonstruktion von Habitusformationen bemüht, stehen im Zentrum stets Wahrnehmungen, Gedanken und Handlungen. Die Frage ist nur, wie man das untersucht. Bei Handlungen scheint es am wenigsten problematisch zu sein, da man sie gewöhnlich wahrnehmen kann. Das Bewusstsein aber, der Ort also, wo Wahrnehmungen und Gedanken operieren, ist völlig opak und direkt nicht zu erforschen. Bei Gedanken kann man als Forscher immerhin darauf hoffen, dass sie sprachlich expliziert werden, und dass diese Transformation auch nicht allzu problematisch ist, dass also ‚unterwegs' nicht allzuviel verloren gehen kann, da die Gedanken selbst in sich sprachlich strukturiert sind. An die Wahrnehmungen aber kommt man nicht so leicht heran. Man kann natürlich jemanden bitten zu beschreiben, was er gesehen oder gehört hat, kann dann aber nur diese Beschreibung analysieren und nicht, was er gesehen oder gehört hat. Das ist wie erwähnt bei Gedanken prinzipiell gleich. Aber wenn sinnliche Wahrnehmung in diskursive Sprache ‚übersetzt' wird, geht sehr viel verloren, eigentlich alles, was sie vom Diskurs unterscheidet und als Wahrnehmung gerade ausmacht.[232] Gedanken sind immerhin sprachlich strukturiert, Wahrnehmungen sind das nicht. Warum aber sollte man sich überhaupt mit solchen Problemen herumschlagen und nicht einfach sinnliche Rezeptionsprozesse aus dem Gegenstandsbereich der Soziologie ausschließen? Weil man damit den gleichen Fehler begehen würde, den Langer so eindringlich an der traditionellen Philosophie kri-

---

231 Bourdieu 2006, S. 103.

232 Vgl. zur „Unfähigkeit, sinnliche Eindrücke adäquat in sprachlichen Ausdruck zu ‚übersetzen'" und zur unüberwindbaren „Diskrepanz zwischen synästhetisch gewonnener, sinnlicher Wahrnehmung und deren sprachlicher Repräsentation" Soeffner 2014, S. 54. Auch Raab (2008) betont, dass Methoden der „Bildinterpretation, die gänzlich der traditionellen Vorstellung von der ‚Welt als Text' verhaftet bleiben und die Bildmedien [...] mit den [...] Verfahren der Textauslegung angehen, der [...] besonderen Wesensart von Bildern [...] kaum gerecht zu werden vermögen" (S. 110).

tisiert hat, die sich zu lange nur auf das diskursiv strukturierte Denken konzentriert hat und Gefühlsausdrücke und Wahrnehmungsweisen ins „logische
‚Jenseits'" verbannt hat, worüber man laut Wittgenstein dann auch schweigen
solle.[233] Sie weist demgegenüber darauf hin, dass „die Tätigkeit unserer Sinne
nicht erst dann ‚geistig' [ist], wenn sie das Gehirn erreicht, sondern schon von
Anbeginn, sobald die Außenwelt auf den [...] Rezeptor einwirkt."[234] Wer die
Welt sieht, nimmt Formen wahr „statt einer Flut von Lichteindrücken",[235] die
vom Gehirn, dann nachträglich erst noch verarbeitet werden müssten. Deshalb
lassen sich überhaupt Dinge wahrnehmen, statt „kaleidoskopischer Farben und
Geräusche".[236] Diese Wahrnehmungsschemata, das hat Bourdieu mit aller Deutlichkeit gezeigt, sind kulturell konstituiert und eine Manifestation des gesellschaftlichen Habitus.

Fraglich ist aber immer noch, wie sinnliche Wahrnehmungen als solche untersucht werden können und nicht nur Beschreibungen von Wahrnehmungen. Es
ist klar, dass sie unvermittelt der Analyse und dem wissenschaftlichen Studium
nicht zugänglich sind, sondern nur vermittelt. Wichtig ist an dieser Stelle die
Einsicht, dass diskursive Vermittlung nicht die einzige Form der Mediation ist,
sondern es – jedenfalls für den Bereich visueller Rezeptionen – auch präsentative
Formen gibt: Fotos. Man kann nicht nur beschreiben, was man gesehen hat, sondern kann es auch zeigen und viele visuelle Wahrnehmungen lassen sich gar
nicht sinnvoll beschreiben, sondern nur zeigen.[237] Es gilt manchmal wie schon
erwähnt sogar umgekehrt auch, dass, was gezeigt werden, nicht gesagt werden
kann. Analog zur Hoffnung, über die Analyse sprachlicher Äußerungen auf
Denkvorgänge rückschließen zu können, liegt es nahe, dass die Analyse fotografischer Produktionen Rückschlüsse auf gewisse Rezeptionsprozesse erlauben
könnte. Wie Gedanken diskursiv verfasst sind, sind visuelle Wahrnehmungen
präsentativ verfasst und operieren im gleichen Modus wie Fotos. Welche Formen der Wahrnehmung lassen sich nun durch die Analyse der Fotos erschließen,
oder: wie funktioniert der ‚tourist gaze'? Wie erwähnt, lässt sich davon ausge-

233 Langer 1992, S. 93.
234 Ebd., 97. Vgl. auch: „Die von Auge und Ohr vollzogenen Abstraktionen – die For-
     men unserer direkten Wahrnehmung – sind die primitivsten Instrumente unserer In-
     telligenz" (S. 98).
235 Langer 1992, S. 96.
236 Ebd., S. 99.
237 Vgl. zum Unterschied und Zusammenhang von Zeigen und Sagen aus ästhetiktheo-
     retischer Sicht Boehm 2014 (v.a. S. 34f.) sowie allgemeiner kommunikationstheore-
     tisch Schäfer 2013.

hen, dass die Fotos als besonders gelungen angesehen werden, die die gesellschaftlich anerkannten Rezeptionsroutinen reproduzieren und ihnen am meisten
entsprechen. Das gute Foto zeigt, so die These, wie gesehen wird und wie auch
gesehen werden soll. Zunächst sollen deshalb einige Fotos besprochen werden,
die von der Autorin ausdrücklich positiv bewertet werden, die also der Art entsprechen, wie man ihrer Meinung nach die Welt wahrnehmen sollte: „Hinter jedem Photo steht ein Relevanzurteil, die Entscheidung eines Individuums, und
jenseits dieser Entscheidung ein Zeichen für jene Werte, die von der Gruppe legitimiert".[238]

„mein absolutes Lieblingsbild 😊" [Swasiland II, Matsapha II]

Bourdieus Ausführungen zur Logik der Pose und zur Struktur von Gruppenbil-
dern bieten dafür einen brauchbaren Ausgangspunkt. Weil das Potenzial der Fotografie, Blickroutinen zu erschüttern, nicht genutzt werde, würden meist „nur
posierende, unbewegliche Personen mit stets derselben Kameraeinstellung" aufgenommen.[239] Damit eng verbunden ist die ungebrochene Dominanz der Frontalperspektive. Sie erlaubt den fotografierten Menschen, eine würdevolle Haltung einzunehmen und gibt ihnen die Möglichkeit, zu posieren und so ein Bild
von sich zu geben, das sie von sich geben möchten: sich zu zeigen. Umgekehrt
meint Bourdieu, drastisch zwar, aber durchaus im Einklang mit der primitiven
Furcht vor der Fotografie,

---

238 Castel 2006, S. 239.
239 Bourdieu 2006, S. 88.

„einen anderen anzusehen, ohne selbst gesehen zu werden [...] den anderen sozusagen verstohlen anzuschauen oder gar zu photographieren, das heißt, ihm das Selbstbild zu rauben."[240]

Es wird dem Fotografierten so die Kontrolle über sein Selbstbild und damit: über das Bild, das er anderen von sich geben will, genommen. Das Foto zeigt also nicht nur, wie die Menschen gesehen werden sollen, sondern gibt diesen auch die Chance sich so zu zeigen, wie sie gesehen werden wollen: würdevoll und frontal. Das Foto zeigt die Menschen so, wie diese sich selbst auf dem Foto zeigen. Zudem entspricht das Bild sehr genau der konventionalisierten Logik von Gruppenfotos. Bourdieu zufolge liegt darin der traditionelle Einsatzbereich der Fotografie. Sie kommt zum Einsatz um besondere Augenblicke festzuhalten, wie sie sich allenthalben bei Festen ergeben. Feste wiederum, herausgehobene Momente der Außeralltäglichkeit, haben den Zweck, die Gruppe zu integrieren, diese Integration mehr oder weniger effektvoll zu inszenieren und so den Mitgliedern den Zusammenhalt und die kollektive Identität vorzuführen und ihn für sie konkret erlebbar zu machen. Bourdieu meint sogar, „dass Bedeutung und Rolle der Photographie eine Funktion der sozialen Bedeutung eines Festes sind".[241] Ohne das zwingend funktional so eng aneinanderbinden zu müssen, ist doch auffällig, dass die Fotografie auch heute noch sehr oft dazu verwendet wird, die Integration der Gruppe oder eines Paars zu dokumentieren: kein Klassentreffen findet statt ohne dass es fotografiert würde und keine Hochzeit. Die Solidarität des Kollektivs findet ihren Ausdruck auf dem Foto im gemeinsamen Fokus, die „Konvergenz der Blicke und die geordnete Aufstellung der Abgebildeten zeugen objektiv vom Zusammenhalt der Gruppe."[242]

Das Foto, das als „absolutes Lieblingsbild" – es gibt noch andere ‚Lieblingsbilder' – bezeichnet wird, erfüllt diese Anforderungen genau. Die drei Personen posieren frontal, d. h. ‚würdevoll' und blicken direkt in die Kamera, haben also einen gemeinsamen Fokus. Dennoch wirken sie alle entspannt und die Pose trotz aller Inszenierungsleistung recht natürlich. Gerade bei der Pose „[bleibt] das Ideal allemal, ‚natürlich' zu sein, und zwar so, wie man es selbst sein möchte oder wie man erscheinen muss."[243] Außerdem ist die Dreiergruppe, obwohl leicht nach links gerückt, hinreichend zentral um deutlich das Sujet des Bildes zu sein, das also, worauf es ankommt. Wie das Frontalitätsprinzip ist auch die Zent-

---

240 Ebd., S. 94. Vgl. oben 5.4.c.
241 Ebd., 33.
242 Ebd., 93.
243 Ebd.

ralität ein äußerst wichtiges Mittel fotografischer Arrangements und das bedeutungsvoll ‚Zentrale' ist meist auch bildlich zentral. Vor allem aber zu beachten ist die Ordnung der Aufstellung, denn das „Bild besteht darin, dass sich seine Elemente in bestimmter Art und Weise zueinander verhalten."[244] Die zwei kostümierten Kinder stehen unmittelbar nebeneinander, die linke Schulter und der Oberarm des Kleineren berührt den rechten Oberarm des Größeren. Trotz dieses direkten Nebeneinanders befindet sich die Touristin in der Mitte. Möglich wird diese Position dadurch, dass sie hinter den beiden Jungen steht. Und obwohl sie sich nach vorne zu bücken scheint, ist sie deutlich die größte, was ihre Zentralität noch unterstreicht. Sie ist also Spitze sowohl als auch Zentrum. Dadurch, dass sie den beiden Jungen im Rücken steht, hat sie die Möglichkeit, sie zu umgreifen und sie allenfalls auch zurechtzurücken. Mütter stehen etwa so, wenn sie ihre Kinder präsentieren. Das Foto zeigt tatsächlich nicht die Kinder, sondern die Touristin, die die Kinder zeigt und sie dem Fotoapparat, dem anonymen Betrachter präsentiert. Wenn es stimmt, dass das Foto nicht die Welt zeigt, sondern die Art und Weise, wie die Welt gesehen werden soll, ergibt sich: Afrikaner sollen als primitive Krieger gesehen werden, die mit Speeren und Schildern bewaffnet aber keineswegs gefährlich sind, sondern mit niedlichem Stolz sich für die Kamera aufstellen. Sie selbst sieht sich in der doppelten Machtposition des Oben und des Zentrums, die von hinten die Kinder dirigiert und sie zusammenhält und diszipliniert. Ihr kommt dadurch nicht nur eine Mitte- sondern auch eine Vermittlerposition zu. Die verschiedenen Kostüme und recht unterschiedliche Physiognomie der Kinder lassen die Assoziation zu, dass sie verschiedenen Stämmen angehören, die potentiell verfeindet sind, durch die gutmütigverständige und sich maternalistisch sorgende große Weiße aber versöhnt werden. Das Bild jedenfalls – ohne die Spekulation über die Mediation weiter treiben zu wollen – zeigt Afrikaner und Europäer friedlich vereint, die Afrikaner als ‚edle Wilde', stolz aber nicht hochmütig, sondern selbstbewusst und äußerst rückständig. Die moderne Europäerin hingegen lässt sich auf die Ebene der Afrikaner herunter, stützt und kontrolliert sie sanft und diskret von hinten und umfasst sie mütterlich. Es ließe sich aus diesem Foto eine ganze politische Philosophie entwickeln, die mit dem Foto ausgedrückt wird und ganz bestimmt nicht dem entspricht, was die ‚Autorin damit sagen wollte'. Dass Artefakte aber eine über Eigenlogik verfügen und ihr objektiver Sinn von der subjektiven Absicht des Produzenten abweichen kann, ist ein Grundprinzip der qualitativen Sozialforschung.

---

244 Wittgenstein 2006a, S. 15. Vgl. Raab 2012 zur „Konstellationsanalyse".

Ein anderes Foto wird zwar nicht als ‚Lieblingsbild' bezeichnet, aber doch explizit positiv bewertet und zeigt also, nach der oben ausgeführten These, die Welt so, wie sie gesehen wird und auch gesehen werden soll:

„schoenes Foto, oder?" [Neuseeland, Südinsel Wanaka]

Zu sehen ist eine graue Katze mit weißen Pfoten und weißem Hals, die auf dem Holzbalken einer Veranda sitzt. Im Hintergrund sind ausschnitthaft drei Autos, der vordere Teil eines Hauses, außerdem ein Telefonmast, einige Büsche, gelbe Blumen, eine Bergkette und vor allem viel Himmel, der hellblau ist und leicht bedeckt. Dass es sich dabei um ein Foto einer Katze handelt und nicht um ein Foto eines Telefonmasts, dass jene das Sujet des Bildes ist und nicht dieser, ergibt sich wie von selbst durch die konsequente Berücksichtigung der formalästhetischen Prinzipien der *Zentralität*, der *Frontalität*,[245] der ‚*Vordergründigkeit*' (und davon abhängend: der Größe der eingenommenen Bildfläche), des *Fokus* (Schärfenzentrum) sowie der *Ganzheit*. Wichtig ist fürs konventionelle Fotografieren die negative Norm, dass nichts abgeschnitten werden darf. Die Katze ist das einzige Objekt, das ganz auf dem Bild zu sehen ist.[246] Das ästhetische Urteil scheint überhaupt mehr durch formale Eigenschaften der Aufnahme begründet zu sein als durch inhaltliche. Es gibt zahlreiche Beispiele, die Bourdieus Einsicht stützen, das schöne Bild werde gewöhnlicherweise vom Bild einer schönen Sa-

---

245 Wobei das hier eher die 3/4-Sicht der klassischen Porträtmalerei bedeutet.

246 Douglas (1985) bringt Integrität in direkte Verbindung mit Heiligkeit: „Heilig sein bedeutet vollständig sein, eins sein; Heiligkeit ist Einssein, Integrität, Makellosigkeit" (S. 74).

che nicht unterschieden. Es werde selten differenziert zwischen dem Bild eines Objekts und dem Objekt des Bildes. Deshalb finde „die Photographie ihre Rechtfertigung im photographierten Gegenstand".[247] Die Legitimität dieser ‚Vermischung' liegt im indexikalischen Charakter der Fotografie begründet: sie ist Zeichen einer tatsächlichen Realität und konstituiert nicht auf gleiche Weise eine eigenlogische Wirklichkeit wie eine Malerei. Bei folgendem Urteilen etwa ist tatsächlich nicht zu entscheiden, worauf es sich bezieht: auf das Foto oder die fotografierte Sache oder auf beides.

schoen, ne? [Koh Phi Phi, Thailand]

Mit Bezug auf das Katzenfoto ist die These, als schönes Foto werde das Foto einer schönen Sache gesehen, aber zu ergänzen. Eine Aufnahme kann auch in dem Masse für schön gehalten werden, wie sie konventionellen ästhetischen Formprinzipien entspricht. Das Objekt des Bildes, die Katze, ist ja nicht besonders schön. Sie ist auch nicht hässlich, würde aber allein die Hervorhebung der Schönheit des Fotos kaum rechtfertigen. Diese liegt eher in der formalen Ausgewogenheit: in der oberen Hälfte der Himmel und die Berggipfel, in der unteren die verschiedenen Objekte und im Vordergrund die Katze, die zudem in der Horizontallinie ziemlich genau zentral sitzt. Die Schönheit, die die Autorin an dem Bild lobt, liegt darin, dass es so deutlich ist, wovon das eine Fotografie ist. Außerdem hat sie etwas Ikonenhaftes, es ist nicht einfach die Aufnahme eines Aus-

---

247 Bourdieu 2006, S. 89.

schnitts der Welt, sondern geradezu idealtypisches Symbol für eine Katze.[248] Das Allgemein-Katzenhafte und diese empirische Katze sind hier eins, sie entspricht genau dem Wesen der Gattung und dem Bild von dem Wesen, das in der westlichen Kultur bekannt ist. Hätte man eine Katze zu inszenieren und prägnant darzustellen, würde man das etwa so machen, wie es sich der Fotografien hier spontan angeboten hat.

Die Betrachtung des Katzenfotos hat die Bedeutung eines sehr grundlegenden Fotografier-Gebots ins Zentrum gerückt, dem Bourdieu keine Beachtung schenkt: die Integralitätsregel. Ihre Verletzung erzeugt hohen Erklärungsdruck. Sie muss zwingend erläutert werden, was deutlich bei folgendem Beispiel wird:

„hier hat mein Motorbikefahrer ein Foto von mir und den indonesischen Kindern machen wollen...irgendetwas ist da schief gegangen, oder? - eines meiner Lieblingsfotos 😊" [Indonesien, Bali Kuta]

Dieses Foto wird, obwohl die Verletzung der Integralität des Bildsujets es zweifelsfrei zu einem misslungenen macht, auch sehr positiv bewertet und mit einem (relativierten) Superlativ bedacht. Dass das Gesetz der Ganzheit hier gebrochen wird, spricht nicht gegen seine Geltung. Dass dieser Bruch erklärt und auf ihn irgendwie reagiert werden muss, spricht im Gegenteil dafür. Das Bild ist nicht schön, es ist lustig und seinen komischen Wert erhält es gerade durch die Verletzung der Ganzheitsregel. Zudem ist nicht einfach wider die formale Integrität gefrevelt, sondern die zentrale Person in der Mitte ist vom Fotografen mit einiger Präzision ‚geköpft' worden. Personen sind häufig nur ausschnitthaft auf Fotos zu

---

248   Vgl. Boltanskis Unterscheidung zwischen der ‚Momentaufnahme' (Schnappschuss) und der ‚symbolischen Fotografie' (Bourdieu 2006, S. 137ff.).

sehen, abgetrennt dürfen aber allenfalls der Unterleib oder Extremitäten werden, nicht aber der Oberkörper und erst recht nicht: der Kopf. In der Integralitätsnorm drückt sich das Grundprinzip der ‚orthodoxen Wahrnehmungsweise' (Bourdieu) aus, das Prinzip der zweckgerichteten praktischen im Gegensatz zur in sich zweckfreien ästhetischen Rezeption. Sie ist darauf ausgerichtet, Objekte zu identifizieren und das heißt immer: sie von anderen zu unterscheiden und abzugrenzen. Es geht, mit anderen Worten, darum, Einheiten zu erkennen, ganze Objekte. Diese Einheiten sind der sinnlichen Wahrnehmung keineswegs ‚einfach so' gegeben, sondern beruhen auf Grenzziehungen: „Ein Objekt ist kein Sinnesdatum, sondern eine durch das sensitive und intelligente Organ gedeutete Form" und die „Welt, die den Sinnen wirklich begegnet, ist ja keine Welt von ‚Dingen'" sondern eine „'blühende, schwirrende Konfusion'".[249] Der touristische Blick ist ein fotografischer Blick und dieser ein identifizierender Blick, kein ästhetischer, was er indessen auch sein könnte.

Nicht nur die räumliche Ganzheit jedoch ist von großer Bedeutung, sondern auch der zeitliche Aspekt:

„Als plötzlicher Schnitt in die sichtbare Welt ist die Photographie das Mittel, die solide und kompakte Wirklichkeit der alltäglichen Wahrnehmung in eine unendliche Vielfalt flüchtiger Ansichten aufzulösen [...] die [...] ihrer Flüchtigkeit wegen im Grunde gar nicht wahrgenommen werden können."[250]

---

249 Langer, William James zitierend, 1992, S. 95.
250 Bourdieu 2006, S. 87.

„ich liebe dieses Foto...eigentlich wollte ich schön neben diesem Schwein posieren, es beschloss jedoch sich dagegen zu wehren und ich hatte totale Angst vor ihm und bin in dem Moment als der Auslöser gedrückt wurde, gerade zur Seite gesprungen...hihi" [Cookinseln, Roratonga]

Auch dieses Foto wird positiv bewertet und gar als Objekt der Liebe bezeichnet, obwohl es ein Grundgesetz der fotografischen Praxis bricht. Dieses Gesetz besagt, dass die Fotografie nicht das bedrohlich Ephemere des Weltlaufs dokumentieren soll, sondern Beständigkeit und Ruhe. Das drückt sich schon im Frontalitätsprinzip aus, denn: „In der Sprache aller Ästhetiken bedeutet Frontalität das Ewige [...] und die Ebene signalisiert [...] das Zeitlose."[251] Auch das Katzenfoto und das Posieren als solches sind dafür Beispiele. Die Pose ist immer ein Erstarren. Für den Moment, da der Auslöser betätigt wird, soll die Zeit und sollen auch die Objekte oder Personen, die fotografiert werden, stillstehen. Wird dieses Seh- und-Zeige-Gebot nicht berücksichtigt, entstehen Bilder, die einer relativ ausführlichen Erläuterung bedürfen, wie es das Beispiel mit dem Schwein zeigt. Auch dieses Bild gilt nicht als gelungen, sondern sein Wert liegt im Komischen („hihi"). Es ist eine Kuriosität und deshalb wird es auch gezeigt. Es wird aber nicht einfach gezeigt, sondern als Kuriosität deutlich markiert und damit als Ausnahme bezeichnet, die die Geltung der Regel noch eindrücklicher zum Ausdruck bringt als es das einfache Befolgen könnte.

Diese Strategie, über die ‚misslungenen' Fotos an die Regeln des Gelingens heranzukommen, bewährt sich noch bei einer dritten Aufnahme. Sie zeigt die Touristin, wie sie sich, irgendwo am Meer, mit dem Rücken gegen einen nach

---

251 Bourdieu 2006, S. 88.

hinten gebogenen Zaun lehnt und dabei die Arme ausbreitet, wodurch ihre Position an eine Kreuzigung erinnert. Auf dieser Fotografie sind die formalen Regeln alle erfüllt, sie befindet sich im Zentrum, ist frontal zu sehen, außerdem ganz und auch nicht in Bewegung, sondern in einer – indessen merkwürdigen – Pose. Deren Merkwürdigkeit wirft sofort die Frage auf, was das soll. Wieso tut sie das? Wieso schaut sie nicht einfach in die Kamera? Was tut sie überhaupt? Und vor allem: warum wird dieses Foto präsentiert? Sogleich ist man verunsichert, weil sich die ‚Message' des Fotos nicht unmittelbar entziffern lässt. Diese Interpretationsschwierigkeiten treffsicher vorwegnehmend, fügt die Autorin zuverlässig eine Erklärung an.

„ein paar sinnlose Fotos muessen auch mal sein ☺" [Australien, Great Ocean Road]

Sie erklärt, dass es hier nichts zu erklären gibt und es sich um ein ‚sinnloses Foto' handelt, was impliziert, die anderen seien sinnvoll. Solche sinnlosen Fotos, so behauptet sie, müssten eben „auch mal sein" und sie entschuldigt sich dadurch gewissermaßen für den Ausrutscher. ‚Man darf sich auch mal gehen lassen', ‚es kann nicht immer alles perfekt sein', so ließe sich die Bildbeschreibung paraphrasieren. Ihren Sinn erhalten die anderen Fotos durch die Respektierung der Rezeptionsorthodoxie, Abweichungen führen zum unmittelbaren Verlust von Sinnhaftigkeit und Verstehbarkeit. Dadurch erschließt sich noch ein drittes Kriterium einer gelungenen Fotografie, die mit Bezug auf Bourdieus Untersuchung ‚Lesbarkeit' genannt werden kann.[252] Das Bild, so die Konvention, die dahinter steht, soll etwas zeigen, soll eine visuelle Information vermitteln, die leicht zu

---

252   Vgl. Bourdieu 2006, S. 103.

entschlüsseln ist. Das ist bei diesem Foto nicht der Fall. Es ist sinnlos weil die Handlung, die sie registriert, sinnlos ist, eine alberne Blödelei, die nicht weiter hinterfragt werden soll. Im Gegensatz zu diesen ‚sinnlosen Fotos' stehen die sinnvollen und unter diesen drängt sich eine bestimmte Art in den Vordergrund, die aus touristischer Sicht ein Maximum an Sinnhaftigkeit verwirklichen: das typische Touristenfoto.

5.12. TOURISTENFOTOS, POSTKARTENÄSTHETIK UND ATERGO-FOTOGRAFIE

> „Photographieren ist etwas, was man während der Ferien tut, und es ist zugleich das, was die Ferien ausmacht [...] Das Photo soll und wird auf ewig bezeugen, dass man Muße gehabt hat, und überdies die Muße, sie ins Bild zu bannen."
>
> BOURDIEU 2006, S. 47.

Wie erwähnt und an einigen Beispielen gezeigt, schießen Touristen alle möglichen Bilder und die Erfindung von Digitalkameras legt es nahe, erst einmal alles aufzunehmen und später auszuwählen. Eine besondere Art der Fotografie sticht indessen als typisch touristisch heraus.[253] Die Struktur ist stets gleich: Im Hintergrund eine touristische Sehenswürdigkeit (unten: Angkor Wat Tempelturm in Kambodscha, Reclining Buddha in Bangkok, Golden Gate in San Francisco), im Vordergrund (zentral, frontal, relativ integral) die Touristin. Die anderen Fotos könnten alle auch in anderen Zusammenhängen entstanden sein, das touristische Reisen bezeugen nur diese Art von Fotos. Sie sind die idealtypischen visuellen Dokumente touristischer Praxis. Die unerbittliche Konsequenz, mit der sie manchmal vermieden werden – auf der Seite der Blösls bspw. findet sich kein einziges und auch Schulze sieht davon ab –, spricht nicht gegen, sondern für ihre Geltung. Das Foto der Sehenswürdigkeit ist nicht das typische Touristenfoto,

---

253 Insbesondere diese Interpretationen verdanken zentrale Einsichten der Möglichkeit, die Fotos im Wintersemester 2012 im Kolloquium von Jürgen Raab an der OvGU Magdeburg kollektiv analysieren zu dürfen. Für viele wertvolle Hinweise danke ich ihm, Stefan Joller, Marija Stanisavljevic und Jens Greve.

dieses besteht aus einem Menschen oder einer Menschengruppe, die vor einem solchen Monument posiert.

„Das Photo [...] fixiert die ganz besondere Interaktion [...] zwischen einer Person und einem sanktionierten Ort, zwischen einem außerordentlichen Augenblick des Lebens und einem durch seinen hohen symbolischen Wert außergewöhnlichen Ort."[254]

Fraglich ist aus formalästhetischer Sicht, was diese „ganz besondere Interaktion" so besonders macht und wie sie genau zu beschreiben wäre. Bourdieu geht von einer „Logik der wechselseitigen Erhöhung von Person und Umgebung" aus, davon also, dass das touristische Objekt oder die Umgebung, „die man ihres starken Symbolwerts wegen ausgewählt hat",[255] der Person eine besondere Bedeutung verleiht, und umgekehrt diese Person irgendwie auch das Objekt ‚erhöht'. Wie das funktioniert, bleibt unerwähnt. Er spricht außerdem davon, dass solche Fotos, „wie dazu geschaffen, als Trophäe zu fungieren", „zu einer Art Ideogramm oder Allegorie"[256] würden, zwei Ausdrücke, auf die er noch einmal zurückgreift, deren genaue Bedeutung aber dunkel ist. Ihre Verwendung legt allenfalls nahe, dass diese Fotos zu bildlich verdichteten Zeichen für etwas anderes, abstrakteres werden. Präzisieren lässt sich mit Peirce, dass die Aufnahmen dann nicht mehr nur ikonische Zeichen des Aufgenommenen sind, die dieses qua *Ähnlichkeit* repräsentieren; dass sie auch nicht mehr nur indexikalische Zeichen sind, die (anders als Malereien) als *Spur* auf eine tatsächlich gewesene Gegenwärtigkeit hinweisen; dass sie dazu noch eine symbolische Dimension aufweisen, die sie qua kultureller *Konvention* mit dem Bezeichneten verbindet. Als bildlich-konkrete Zeichen für sprachlich-abstrakte Bedeutungen kommt ihnen genau die Eigenschaft zu, die Boltanski bei den ‚Symbolbildern' von *Paris-Match* identifiziert hat im Gegensatz zu den ‚Ereignisfotos' der Zeitung *France-Soir*. Während die Bedeutung dieser im schlichten ‚So-war-es' liegt, eignen sich jene dafür, eine Geschichte zu erzählen. Ihr Symbolgehalt verbindet sie, anders als die Momentaufnahme, mit einem ganzen Diskurs, mit einer kulturell kodifizierten Narrativ. Um welches Narrativ es sich im Fall des typischen Touristenfotos handelt, ist leicht zu erraten: es ist die Erzählung, die dem Tourismus als solchem zugrunde liegt, die Erzählung vom Authentischen und von authentischen Präsenzerfahrungen, die Erzählung davon, einmal *etwas erlebt* zu haben. Typischerweise beginnt sie mit: ‚als ich-damals-dort war'.

Den Unterschied zwischen der Fotografie von Sehenswürdigkeiten und dem typischen Touristenfoto illustrieren die beiden nachstehenden Fotos, die im Reisebericht unmittelbar aufeinander folgen. Die Differenz zwischen diesen

---

254 Bourdieu 2006, S. 48.
255 Ebd., S. 48f.
256 Ebd., S. 47f.

Aufnahmen mag helfen, die formale Struktur des Touristenfotos genauer zu bestimmen.

Bis auf die Helligkeit – nicht zu entscheiden, ob sich die realen Lichtverhältnisse geändert hatten oder die Aufnahme ex post technisch manipuliert wurde, was aber, weil grundlos, unwahrscheinlich ist – und die Wolkenformation zeigen die Fotos eine praktisch identische Perspektive auf die Harbour Bridge, das Opera House (auf dem ersten Bild klein und kaum zu erkennen) im Zentrum und die Hochhäuser von Sydney. Der einzige, dafür sehr deutliche, Unterschied ist, dass das zweite Bild außerdem die Touristin zeigt. Die Annahme liegt nahe, dass die Bilder auf einem Schiff geschossen wurden. Die Größenverhältnisse sowie die Reihenfolge im Bericht lassen vermuten, das Fahrzeug habe sich auf die Brücke und den Stadtteil im Hintergrund zubewegt und die Aufnahme, die auch die Touristin zeigt, sei etwas später produziert worden. Plausibel erscheint es deshalb, dass sie zuerst selbst eine Aufnahme gemacht, die Kamera dann aus der Hand gegeben hat und einen Mitfahrenden ein Foto von sich hat schießen lassen. Möglich, aufgrund der Perspektive aber unwahrscheinlicher, ist auch, dass sie mit der Funktion des Selbstauslösers operiert hat. Das erste Bild, das ihre eigene Perspektive auf die Welt zeigt, ihr Blickfeld zum Zeitpunkt, da es aufgenommen wurde, hat ihr offensichtlich nicht gereicht. Es soll nicht nur das Objekt visuell dokumentiert werden, das sie sieht, sondern auch sie selbst vor dem, was für sehenswert gehalten wird. Schon im Zusammenhang mit dem Zwangscharakter der Sehenswürdigkeiten wurde darauf hingewiesen, dass es so scheint, als wäre das Dasein oft wichtiger als das Sehen. Hier wird das besonders deutlich, denn in dem Moment, da die zweite Aufnahme gemacht wurde, die diese raumzeitliche Kopräsenz visuell unmittelbar zu belegen im Stande ist, blickt die Touristin nicht auf das Sehenswerte, sondern, genau umgekehrt, in die Kamera. Stellt man sich absichtlich naiv, fragt sich, weshalb die junge Frau, die auf dem Foto zu sehen ist, nicht zur Brücke und den Hochhäusern schaut, die doch durchaus reizvolle Wahrnehmungsobjekte darstellen. Sie schaut stattdessen in die falsche Richtung.

Diese Interpretation des Fotos lässt nur einen Schluss zu: Die Touristin posiert vor dem Hintergrund der Harbour-Bridge und der Skyline von Sydney. Zur Pose ist oben schon einiges ausgeführt und so lässt sich die ästhetische Differenz der beiden Fotos am prägnantesten bestimmen. Die Brücke und die Hochhäuser sind zwar auf dem ersten Bild räumlich auch weiter hinten als das Wasser, sie sind aber nicht Hintergrund i. e. S. Dazu passt gut die Bildbeschreibung der Autorin. Das erste zeigt „Sydney mit dem Opera House und der Harbour Bridge", das zweite „Annette auf der Faehre". Das erste ist also eine Fotografie von Sydney, das zweite eine von der Touristin. Sydney ist beim zweiten ‚nur' Hintergrund und die Kulisse der Selbstinszenierung, beim ersten ist es das Bildsujet selbst. Anders ausgedrückt geht es im ersten Foto darum, dass sie gerade *dort* ist (und nicht woanders), beim zweiten darum, dass gerade *sie* dort ist (und nicht jemand anders). Die Information, die das Foto mitteilt, ist also eine grundsätzlich andere, wenn auch die Fotos selbst sich stark ähneln.

Was lässt sich in diesem Zusammenhang über das Problem der Authentizität sagen? Im Sinne der Natürlichkeit und Echtheit scheint das erste Bild authentischer zu sein als das zweite, das ganz offensichtlich gestellt ist und inszeniert. Es zeigt nicht die natürliche Situation, sondern eine, die extra fürs Foto arrangiert wurde. Auf dem Schiff hat die Touristin gewiss die meiste Zeit in die entgegengesetzte Richtung geschaut. Man sieht auf dem Foto die Situation, wie sie gar nicht wirklich war, sondern eine, die nur für den kurzen Moment des Fotografierens so eingerichtet worden ist. Authentizität aber, das ist die zentrale These dieser Studie, ist ein ausgesprochen vielfältig verwendbarer Ausdruck und ein Thema, das in höchst unterschiedlichen Variationen erscheinen kann. Natürlichkeit und Unverstelltheit ist eine davon, Einzigartigkeit, Individuiertheit und Besonderheit eine andere. Und in diesem Sinn ist gerade das zweite Foto authentisch. Es ist sehr viel seltener als das erste von dem genaue Entsprechungen leicht zu finden sind. Fotos wie das erste von der Harbour Bridge und den Hochhäusern von Sydney gibt es unendlich viele. Fotos aber von gerade dieser Touristin vor diesem Hintergrund gibt es sicher nicht sehr viele, wenn es nicht gar das einzige ist. Es ist authentischer weil es individueller ist, persönlicher und auf ein ganz bestimmtes Hier und Jetzt verweist. Vor allem verweist sie nicht nur auf die temporale und die lokale Dimension einer Gegenwart, sondern auch auf die personale und genau diese Struktur des ‚ich-jetzt-hier' ermöglicht es der Fotografie, eine Geschichte zu erzählen oder jedenfalls, das Geschichtenerzählen zu provozieren.

Auch hier gilt wieder, dass alles darauf ankommt, welche Facette des schillernden Authentizitätsbegriffs beleuchtet wird. Was das Authentische des Fotografierens angeht, stellen sich der Touristin zwei komplementäre Probleme: fotografiert sie, was sie tatsächlich sieht, die wahrnehmbare Wirklichkeit, wie sie sich im Augenblick der Aufnahme darbietet, ist sie selbst nicht auf dem Foto. Unsichtbar bleibt stets der Fotograf. Es entsteht dann eine ‚Momentaufnahme' rein denotativen Charakters, ohne den konnotativen Gehalt des Touristenfotos. Lässt die Touristin sich hingegen fotografieren, ist sie zwar auf dem Bild zu sehen, das indessen dann nicht mehr ihre natürliche Perspektive zeigt. Ein kreativer Versuch, mit dieser Schwierigkeit umzugehen, zeigt die folgende Bildserie. Hier zuerst wieder das eben behandelte Problem:

Das erste Foto zeigt etwas, das die Touristin für sehenswert hält: einen See, von Wald umrandet und im Hintergrund recht hohe Berge, teilweise schneebedeckt. Was die Fotografie visuell interessant macht, ist die Perfektion der Spiegelung, die einzig durch die Halme rechts unten etwas gestört wird. Das Wasser muss vollkommen ruhig gewesen sein und die Oberfläche glatt. Dazu wurde im Zusammenhang mit dem Taj-Mahal-Prospekt schon einiges gesagt, was hier nicht wiederholt werden soll. Das Wichtigste ist, dass es nicht nur ein Bild eines Ge-genstands ist, sondern auch ein Bild eines Bildes. ‚Das Bild entspricht dem ab-gebildeten Objekt' ist die Formel, die das Foto charakterisiert. Das Objekt ent-spricht dann auch dem Bild im übertragenen Sinn. Es ist ‚bildschön' und korres-pondiert präzise mit der Vorstellung, die man von einem Bergsee hat. Bemer-kenswert ist, wie bei den Coverbildern, auch wieder die Absenz jeglicher Insig-nien der modernen Kultur: keine Stromleitungen oder Telefonmasten, nicht ein-mal Häuser, geschweige denn Menschen. Nicht nur die moderne Kultur ist nicht zu sehen, sondern Kultur überhaupt. Das Bild ist wie das Objekt selbst perfekt, zu perfekt, und tendiert deshalb zum Kitsch wie er für Postkarten typisch ist. Außerdem fehlt der Präsenzbeweis, da die Touristin selbst nicht zu sehen ist. Das Bild könnte irgendwer geschossen haben. Deshalb wird ein zweites Bild produziert, das die Struktur des typischen Touristenfotos aufweist: die Touristin vor dem sehenswerten Hintergrund. Dabei fällt vor allem auf, dass sie genau auf dem unteren Rand des Fotos ‚steht', wodurch das Bild etwas unwirklich und montiert erscheint. Die Frau ist selbst nicht wirklich Teil der aufgenommenen Realität, diese wirkt vielmehr wie eine Leinwand vor die sie sich hingestellt hat. Aber nicht nur dadurch büßt die Fotografie an Authentizität ein und sieht unecht aus. Das bewirkt allein auch schon die Tatsache der Pose. Entsprechend wird das Bild auch mit: „Annette auf Position" beschrieben.

Es stellt sich also wieder die erwähnte Problematik touristischer Fotografie: entweder man fotografiert, was man sieht, dann ist man aber selbst nicht zu se-hen und das Bild ermangelt individueller Markierungen und kann sich dann im Extremfall wie in diesem Beispiel der Standardisiertheit der Postkarte angleichen oder man fotografiert sich selbst vor dem Sehenswerten, womit das Bild zwar individuell wird, was aber die Pose verlangt, die der natürlichen Seh-Situation genau entgegengesetzt ist. Gelöst wird dieses Problem mit einer dritten Variante. Sie zeigt weder nur, was sie sieht, noch wie sie vor dem aussieht, was für se-henswert gehalten wird, sondern wie sie sich das Sehenswerte ansieht.

„mein Lieblingsbild" [Neuseeland, Südinsel Makarora][257]

Dazu noch drei weitere Beispiele mit den jeweiligen Bildtexten, der dreimal betont, dass es sich nicht um das Foto eines Objekts handelt, sondern um das Foto eines *Blicks* auf ein Objekt:

Blick auf die Blue Mountains...wirklich wunderschoen
[Australien, Blue Mountains]

---

257 Das Foto ist im Reisebericht in Brauntönen abgebildet, was es ‚alt' aussehen lässt.

Blick auf die Painted Desert [Australien, The Outback]

Blick auf den Kings Canyon [Ebd.]

Anders als beim Taj-Mahal-Prospekt trifft diese Bildbeschreibung hier zu, da die Aufnahme tatsächlich die Touristin zeigt, wie sie sich etwas anschaut. Wobei der Blick der Touristin sich der Betrachtung jedoch eigentlich entzieht. Sie könnte jeweils die Augen auch geschlossen haben, das ist nicht zu entscheiden aber auch nicht plausibel. Wichtig ist zunächst, dass sie nicht in die Linse schaut, sich von der Kamera abdreht oder sich sogar von hinten fotografieren lässt. Die Bilder sind ein Versuch, sowohl sich selbst auf dem Foto zu haben als auch der Pose zu entgehen. Sie zeigen die Touristin in ihrer natürlichen Haltung, bei der typisch touristischen Praxis müßiger Wahrnehmung des Fremden. Sie zeigen nicht nur, was sie sieht und nicht nur, wie sie aussieht vor dem, was für sehenswert gehalten wird, sondern, wie sie aussieht, wenn sie sich etwas ansieht. Der Gestus des Abwendens ist dabei von besonderem Interesse. Indem sie dem Betrachter den Rücken zudreht, wird dieser auch ausgeschlossen von ihrer Erfahrung. Der Versuch also, möglichst unverstellt die unvermittelte Erfahrung: den persönlichen „Blick" und nicht die allgemeine Perspektive, zu vermitteln, verweist in dieser Konsequenz auch auf seine eigene Unmöglichkeit. Den „Blick", den die Fotos gemäß Unterschrift zeigen wollen, zeigen sie nicht. Andererseits lässt die Ausgrenzung des Betrachters durch den Gestus des Abwendens sich auch genau umgekehrt als Einladung verstehen und als Aufforderung, der Touristin bei ihrer Reise im wörtlichen Sinn über die Schulter zu schauen. Dem Betrachter wird so die Position des Verfolgers ermöglicht, er kann der Reisenden hinterherlaufen und beobachten, was sie alles so tut und sieht. Sie gewährt ihm die luxuriöse Position des Beobachters zweiter Ordnung und macht sich selbst dafür radikal zum Objekt. Von hinten jemanden zu betrachten, heißt ja immer auch, ihn zu betrachten ohne ihm die Möglichkeit zu Gegen-Betrachtung zu geben. Diese Objekt-Position mindert sich indessen auch wieder, verkehrt sich sogar ins Gegenteil, da es letztlich freilich doch sie ist, die durch die Auswahl der Fotos entscheidet, was gesehen wird und was nicht.

Diese ‚A-tergo-Fotografie' bedingt es, die Kamera wegzugeben, eine Möglichkeit, die nicht immer gegeben ist. Auch ist prinzipiell die Verwendung der Selbstauslösetechnik denkbar. Dafür braucht es aber jeweils geeignete ‚Podeste' und sie gelingen oft nicht gleich beim ersten Mal. Die Fotografin-Touristin entwickelt deshalb noch eine weitere Strategie, mit den erwähnten Authentizitätsproblemen umzugehen. Sie hat einen Weg gefunden, sowohl die Welt aus ihrer Sicht zu fotografieren als auch zugleich sich selbst auf dem Bild zu haben, zumindest einen Teil von sich. Hier zwei typische Beispiele:

Der Weltreise-Bericht enthält 21 solcher ‚Fußfotos‘. Diese Strategie, sich selbst fotografieren zu können ohne die Kamera aus der Hand zu geben, hat sich aus ihrer Sicht offensichtlich bewährt. Solche Bilder mit Horizontalperpektive lassen sich nur sitzend produzieren, die Reisende hat die Technik aber auch auf die Vertikalperspektive nach unten angewandt, was andere Fragen aufwirft.

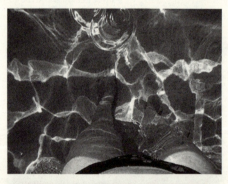

Während die ersten beiden Fußfotos wie erwähnt sowohl den Gegenstand (Opera House, Strandlandschaft) zeigen, der für sehenswert gehalten wird als auch einen Teil der Fotografin selbst, zeigen diese Fotos außer ihren Füssen und Beinen keinen eigentlichen Gegenstand, sondern einen Ausschnitt des Bodens, auf dem sie steht. Einmal steht sie in klarem Wasser, einmal auf sandigem Grund. Für sich genommen haben diese Bilder einen äußerst geringen Informationswert und laut Bourdieu „bemisst sich [der Wert einer Photographie] vorrangig an der Klarheit und der Relevanz der Information."[258] Anders jedenfalls als das Fuß-Foto des Opera House lassen sie keinen Schluss auf den Ort zu, an dem sie aufgenommen wurden. Die klassische Funktion des Präsenzbeweises entfällt, sie schrumpft zumindest auf den Beweis zusammen, dass die Autor-Fotografin des Reiseberichts auf ihrer Welttour *irgendwo* einmal im Wasser und *irgendwo* einmal im Sand gestanden hat. Die Fotografien weisen aber darauf hin, dass sie nicht einfach auf diesem und jenem Boden gestanden ist, sondern sich bewusst damit auseinandergesetzt hat. Im Alltag sind Gedanken darüber, auf welcher Art Grund man gerade steht, wie dieser beschaffen ist und wie er sich im direkten Kontakt mit der Fußsohle anfühlt, selten. Das eigene Stehen-auf-Grund wird meist nur dann zum Gegenstand der Reflexion und der bewussten Wahrnehmung, wenn es irgendwie kritisch wird, wenn sich der Grund überraschend etwa als wackelig oder brüchig erweist, als matschig oder glitschig und die gewünschte Standfestigkeit nicht gewährleistet ist. Die Bilder zeugen von intensivierten Präsenzerfahrungen und Selbstreflexion: ‚Hier-stehe-ich-jetzt' und zwar an genau dieser Stelle der Erdoberfläche. Sie sind Dokumente einer elementaren Existenzerfahrung, einer Erfahrung des Selbst-in-der-Welt-Seins. Das Authentische zeigt sich hier in der Variation des krisenhaften Sich-Bewusstwerdens der eigenen Identität und Positionalität. Das typische Touristenfoto aber sieht so aus:

---

258 Bourdieu 2006, S. 103.

„ich war auch wirklich da...sieht ein wenig so aus, als waere ich dort im Nachhinein vor eine Leinwand gesetzt worden, oder? Ist ein bisschen bloedes Foto,
ich gebe es ja zu 😊" [Kambodscha]

Dieses Beispiel vereint noch einmal die verschiedenen Aspekte, die oben erwähnt wurden und wird deshalb zum Anlass genommen zu rekapitulieren. Es ist
ein typisches Touristenfoto, das in seiner Typizität nicht überboten werden kann.
Es zeigt die Touristin frontal im Vordergrund, lächelnd posierend vor einer Sehenswürdigkeit (Angkor Wat) im Hintergrund. Dieses ist genau im Zentrum, zudem wird, wie beim Taj Mahal, die Wasserspiegelung betont sowie im Abendrot
fotografiert. Das Foto, der Bildtext lässt da keinen Zweifel zu, dient primär dem
Präsenzbeweis: ich-war-da. Das schwierige Verhältnis von Authentizität und Inszenierung durch Pose thematisiert die Autorin gleich selbst. Sie nimmt den
Verdacht vorweg, dass das Foto gefälscht sei, sie also gar nicht wirklich dort
war, sondern „im Nachhinein vor eine Leinwand gesetzt worden" sei. Deshalb
erscheint es ihr auch als „ein bisschen blödes Foto". Das Problem an dem Bild
ist, dass es gewissermaßen zu typisch ist, es entspricht so genau allen Erwartungen, die an ein typisches Touristenfoto gestellt werden, dass diese absolute Voll-
kommenheit zum Makel wird: es ist kitschig. Es ist so authentisch – prägnant,
stimmig, gelungen, harmonisch –, dass es seine Authentizität verliert. Es verkommt zum Klischee. Ganz ähnlich wie bei touristischen Orten ist auch die
Grenze zwischen dem gelungenen Touristenfoto und dem, was zu gelungen und
deshalb kitschig ist, schwer zu bestimmen.

5.13. SCHLUSSBETRACHTUNGEN ZUM AUTHENTIZITÄTSBEGRIFF UND ZU DEN EMPIRISCHEN ANALYSEN VON INTERNET-REISEBERICHTEN

Die Zwischenbetrachtungen, die oben an die Auswertungen tourismusindustrieller Dokumente anschließen, enden mit einem recht eigenartigen Ergebnis. Der theoretische Versuch, den Authentizitätsbegriff präziser zu bestimmen, betont den Aspekt der Identität oder zumindest der Korrespondenz. Authentisch ist etwas, insofern es tatsächlich auch das ist, was es zu sein scheint bzw. wenn es seinem eigenen Anspruch gerecht wird. Diese beiden Variationen des Authentischen wurden als ‚Objektauthentiziät' (Echtheit) und ‚Kunstauthentizität' bezeichnet,[259] eine Unterscheidung, die derjenigen Benjamins zwischen Kult- und Kunstwert sehr nahe kommt. Eine pragmatistische Perspektive legt es nahe, die Frage nach der Authentizität auf das objektive Handlungs- und Deutungsproblem zu beziehen, das die klassische Philosophie die Differenz zwischen der Welt der Erscheinungen und dem Ding an sich genannt hat. Die Frage, ob es ist, was es scheint, ist nun aber keinesfalls eine rein theoretische, sondern eine eminent praktische und im Alltag wie im Außeralltäglichen von großer Bedeutung. In ökonomischen Handlungszusammenhängen stellt sich nicht nur die Frage nach der Echtheit des Gelds, sondern auch die nach der Zuverlässigkeit des Vertragspartners und die nach der Authentizität des Markenprodukts. Überall lauert Schein, Täuschung und Betrug. In der Politik sind Authentizität und Glaubwürdigkeit zum wichtigsten Kapital der Führungspersonen geworden. Sogar in der Pop-Industrie, in der Welt also, die sich ganz offen zum Schein bekennt, zählt es viel, „real" zu sein. Nicht anders im Bereich erotischer Erfahrungen, wo sich die Frage stellt, ob die Liebe echt sei und die oder der Andere es ernst meine, oder ob es vielleicht nur ein unverbindliches Spiel sei. Dass in der Kunst Authentizität die zentrale Bewertungskategorie überhaupt darstellt, muss nicht noch einmal betont werden. Aber auch die Wissenschaft ist diesem Gebot unterworfen, wie die aktuelle Plagiats-Debatte eindrücklich zu belegen weiß. Die Beispiele ließen sich beliebig vermehren. Jedenfalls stellt sich schon dem Urmenschen die Frage, ob das tatsächlich die guten Beeren sind, oder die, die zwar gleich aussehen, aber giftig sind. Das ist eine Frage, die über Leben und Tod entscheiden kann und nicht eine, die sich erst der müßigen Philosophie stellt. Immer dreht es sich hier um eine Form von Identität, von einer Kongruenz zumindest zwischen dem, was etwas ist und dem, was es zu sein scheint. Allgemeiner kann das noch zeichen-

---

259 Vgl. Knaller 2006, S. 22.

theoretisch ausgedrückt werden als Korrespondenzverhältnis zwischen Zeichen und dem Referenten. Es stellt sich dann die Frage so, dass geklärt werden muss, ob die Zeichen richtig gelesen werden und also zur korrekten Identifikation des Bezeichneten taugen.

Die empirischen Ergebnisse des ersten Teils weisen indessen in die andere Richtung und betonen nicht die Identität, sondern im Gegenteil die Differenz. Als Authentisch erscheint jeweils das Andere der Moderne. Noch abstrakter ausgedrückt, scheint die Formel zu gelten: die authentische Erfahrung ist stets die Erfahrung von Krisen. Der Zusammenbruch der Routinen kann ausgelöst werden durch die Konfrontation mit dem Erhabenen und Überwältigenden in Natur (Ozean) oder Kultur (Palast), durch das Verlassen der ‚beaten tracks' und die damit verbundene Gefahr und das Abenteuer, durch die Erfahrung des Primitiven, Exotischen oder Alt-Ehrwürdigen oder auch durch meditative Versenkung und die reflexive Konfrontation mit dem eigenen Selbst. Bei all diesen Beispielen geht es nun gerade nicht um die Erfahrung von Kohärenz und Korrespondenz, sondern um die Erfahrung von Differenzen, Brüchen, Grenzen, Schocks und Unerwartetem, allgemein: von Krisen. Die UNESCO-Dokumente zum Weltkulturerbe und dem Authentizitätsproblem heben ihrerseits ebenfalls die Differenz hervor und verlangen von einem Objekt oder einer Tradition vor allem, dass es oder sie „outstanding" sei. Der Differenz und dem Wert des Besonderen wird ein so absoluter Wert beigemessen, dass letztlich nur die in sich leere Formel zurückbleibt, besonders sei das besonders Besondere. Allerdings zeigt sich gerade in dieser Argumentation, die so viel Gewicht wie nur irgend möglich auf den Wert der Differenz legt, die Bedeutung des Identitätsprinzips. Der UNESCO geht es in erster Linie um ‚Objektauthentizität' (Knaller), die eminent historische Variation des Begriffs und die Frage, ob etwas tatsächlich das sei, was es vorgebe, ob es das Original sei oder bloß eine Fälschung oder Kopie. Im Zentrum steht dabei die Frage, ob etwas noch genau so sei, wie es immer schon gewesen sei. Die UNESCO operiert mit einem stark nostalgischen, konservativ-rückwärtsgewandten Authentizitätsbegriff in der Nähe von Ursprünglichkeit und Jungfräulichkeit. Und gerade dieses Mit-sich-selbst-Identische des Echten und Einzig-Wahren, das darin liegt, das etwas genau und nur das ist, was es ist und nicht irgendwie verfälscht oder verändert wurde, genau in dieser Identität wird die Differenz gesehen, die Differenz zur modernen Welt der industriell-standardisierten Warenproduktion und zum ‚Zeitalter der technischen Reproduzierbarkeit'. In einer Welt der Gleichförmigkeit, ist das Andere gerade das, was nur sich selbst gleich ist.

Diese Dialektik zeigt sich deutlich auch in den Reiseberichten. Kritisiert wird von Touristen vor allem die Massenförmigkeit des Tourismus und als Problem recht eigentlich schon die bloße Existenz anderer Touristen betrachtet. Das Ideal ist auch hier das Individuelle und Einzigartige, der eigene Weg, der – spontan gewählt oder autonom geplant – dann in der Wirklichkeit mit der konventionellen Touristenroute zusammenfällt. Der Wille, Krisen zu erfahren, drückt sich nicht nur in der Symbolik der unbeschriebenen und grenzenlosen Karte aus, einer Karte der Welt im Naturzustand, sondern auch in der Rhetorik des Abenteuers und in Erfahrung der eigenen Leiblichkeit, sei es in der Erschöpfung oder der Erholung und der Erfahrung der Gemütlichkeit sowie der (relativ) positiven Bewertung von Schmutz. Ein genaues Abbild findet das Authentizitätsproblem und das Spannungsfeld von Identität und Differenz in der Dialektik des Typischen. Das Typische, so die Strukturformel, die hier angeboten wird, ist das Allgemeine, das etwas zum Besonderen macht. Und was für touristische Orte gilt, gilt auch für die touristische Fotografie. Das wirklich Individuelle, der persönliche Blick lässt sich zwar mit der Kamera festhalten, fällt aber dann oft zusammen mit dem völlig Standardisierten und gleicht sich der Postkarte an. Das typische Touristenfoto ist zwar sehr individuell, es zeigt immer eine Person, oder eine Gruppe vor der Sehenswürdigkeit, andererseits hochgradig inszeniert und nicht die Aufnahme einer natürlichen Situation. Das Authentizitätsproblem bricht hier ein in Gestalt der Frage: zeigt die Aufnahmen das, was tatsächlich gewesen ist? Und obwohl sie gar nicht anders kann, als eine vergangene Wirklichkeit zu zeigen, zeigt das Touristenfoto eben nicht die eigentliche Wirklichkeit, sondern eine künstlich und nur für das Foto hergestellte. Ein Versuch, aus diesen Schwierigkeiten hinauszukommen und sowohl die Wirklichkeit zu zeigen, wie sie wirklich gewesen ist als auch die eigene Präsenz zu markieren, ist die A-tergo-Fotografie der Weltreisenden, die sie zeigen, wie sie sich etwas anschaut. Allerdings bedingt das wieder ein Abwenden und ein Ausschließen des Betrachters und die Fotos zeigen gerade nicht, was zu zeigen sie beanspruchen: den Blick. Der Gestus des Abwendens verweist dabei sehr deutlich auf die wesentliche Nicht-Vermittelbarkeit unmittelbarer Erfahrungen.

6. Zusammenfassung

Das Rätsel, zu dessen Lösung die vorliegende Studie einen Betrag leisten will, kann etwa so formuliert werden: Wieso sind so viele Millionen Menschen freiwillig bereit, mehr oder weniger regelmäßig relativ große Anteile ihrer finanziellen, zeitlichen und nervlichen Ressourcen darin zu investieren, und ohne äußere Notwendigkeit vorübergehend ihre Heimat zu verlassen und an einen anderen Ort zu reisen? Oder knapper: wie ist die Tatsache zu erklären, dass es Tourismus gibt?

„Im Grunde hat es eine merkwürdige Bewandtnis mit diesem Sicheinleben an fremdem Orte, dieser – sei es auch – mühseligen Anpassung und Umgewöhnung, welcher man sich beinahe um ihrer selbst willen und in der bestimmten Absicht unterzieht, sie, kaum dass sie vollendet ist, oder doch bald danach, wieder aufzugeben und zum vorigen Zustande zurückzukehren".[1]

Und es ist ja nicht nur so, dass er schlicht existiert, sondern dass es sich dabei um eine der zentralen Institutionen der modernen Gesellschaft handelt, um eine äußerst umsatzstarke ökonomische Branche, ein immer wieder kontrovers diskutiertes Politikum und um eine spezifische Praxisform, die sich von anderen Formen durch eigene Regeln und Prinzipien unterscheiden lässt. Der moderne Massentourismus hat sich im gesellschaftlichen Modernisierungsprozess entwickelt, ist eng verbunden mit Industrialisierung, funktionaler Differenzierung, Rationalisierung und der Herausbildung kapitalistischer Wirtschaftszusammenhänge, vor allem mit der Institutionalisierung formell freier Lohnarbeit. Auf vielfältige Weise ist er mit der Struktur der modernen Gesellschaft verflochten, spiegelt sie, bildet sie ab, verdreht sie, widerspricht ihr oder ergänzt sie. Er ist, ähnlich darin sowohl der Kunst als auch der Religion, ein Bereich der organisierten Außeralltäglichkeit. Das gilt noch für die routinierteste Urlaubsreise, auch dann also,

---

1   Mann 1991, S. 145.

wenn man immer zur gleichen Zeit auf den immer gleichen Zeltplatz in der Toskana fährt. Auch wenn das schon lange dumpfe Gewohnheit geworden ist und Alternativen gar nicht mehr reflektiert werden, ist es doch eine Gewohnheit, den gewöhnlichen Lauf der alltäglichen Dinge provisorisch zu unterbrechen.[2]

Wieso aber sollte man das tun? Formen der organisierten Außeralltäglichkeit erfüllen – auf der Makroebene – in allen Gesellschaften wichtige Funktionen. Disziplinengeschichtlich besonders folgenreich für die Behandlung dieser Thematik sind Durkheims religionssoziologische Studien zur kollektiven Efferveszenz in gemeinschaftlichen Kulthandlungen.[3] Und es spricht vieles für die Annahme, dass – auf der Mikroebene der einzelnen Individuen – Menschen daran interessiert sind, ihr Leben dem gleichförmigen Einerlei zu entreißen und, ganz abstrakt ausgedrückt, Erfahrungen der Differenz zu machen. Vorrangiges Ziel dieser Arbeit war es nun, diese formalen Kategorien empirisch zu sättigen und zu untersuchen, wie dieses Andere des Alltags inhaltlich gefüllt wird. Der Überblick über den Forschungsstand lässt keinen Zweifel zu: prominentester Kandidat für das Andere, nach dem gestrebt wird, ist das Authentische. Seit sich der Tourismus als soziale Institution konsolidiert hat, gibt es wissenschaftliche Forschung dazu und seither dreht sich diese um die These, jener sei, bezogen auf die Anbieter, am besten zu verstehen als Versuch, authentische Erfahrungen zu inszenieren oder authentische Dinge zu vermitteln. Und entsprechend wird, auf Seiten der Kundschaft, eine gewisse Nachfrage nach authentischen Objekten und Erfahrungen unterstellt. Diese Antwort verschiebt indessen die Frage nur einen Schritt weiter. Wenn es des Rätsels Lösung sein soll, dass sowohl der Tourismus als Institution als auch die Praxisformen, die er erzeugt, als Suche nach Authentizität interpretiert und erklärt werden kann, fragt sich, was das konkret heißt. Was ist das Authentische, nach dem gesucht wird? Und wieso wird danach überhaupt gesucht?

Ein Blick in die Geschichte des Begriffs erhellt dessen steile Karriere. Noch in den fünfziger Jahren recht ungebräuchlich, hat der Terminus sich seinen Weg gebahnt aus recht spezifischen Argumentationszusammenhängen in Adornos Ästhetiktheorie bis tief in die Alltagssprache. Seine Verwendungsweisen sind dabei überaus vielfältig und es ist nicht immer leicht zu sehen, was es berechtigt, sie unter einen gemeinsamen Begriff zu bringen. Wann immer der Ausdruck näher bestimmt werden soll, zieht er eine ganze Kaskade mehr oder weniger synonym

---

2   Damit weist der alljährliche Urlaub genau die Struktur des Fests auf als eine regelmäßig wiederkehrende Unterbrechung der alltäglichen Regelmäßigkeit.

3   Vgl. Durkheim 1994, exemplarisch etwa die plastischen Beschreibungen des *corrobori* (S. 295ff.) oder der Sühneriten (S. 522ff.)

verwendeter Wörter nach sich, die alle etwas mit ihm zu tun haben, deren wechselseitige Verbindung jedoch nicht immer klar ist. Semantisch enge Verwandtschaft mit ‚authentisch' reklamieren beispielsweise: aufrichtig, autonom, echt, eigentlich, einfach, einzigartig, glaubwürdig, kohärent, natürlich, original, spontan, stimmig, traditionell, typisch, unverfälscht, unvermittelt, ursprünglich, wahrhaftig. Die Gemeinsamkeit dieser zahlreichen Variationen des Authentischen zu definieren, führt notwendig in die Abstraktion. Als gemeinsames Problem, auf das sich alle je auf ihre Weise beziehen, lässt sich das Verhältnis zwischen den Aspekten der Wirklichkeit ansehen, die die klassische Philosophie ‚Erscheinung' und ‚Ding an sich' genannt hat.[4] Die Frage nach der Authentizität ist die Frage danach, ob ein Ding tatsächlich ist, was es zu sein scheint oder aber eine Fälschung, eine Imitation, eine Kopie, Fassade oder sonst der bloßen Scheinhaftigkeit zu überführen wäre. Eine etwas andere, genuin ästhetiktheoretische Version dieses Problems ist die Frage danach, ob ein Werk ist, was es zu sein beansprucht, ob es also sein immanentes Versprechen hält oder nur so tut, als ob. Diese Frage stellt sich auch in der Kommunikation mit anderen Menschen, dort in Bezug auf den Geltungsanspruch der Wahrhaftigkeit: meint jemand, was er sagt oder gibt er es nur vor, lügt er gar oder handelt es sich um Ironie? Unter Rückgriff auf die zeichentheoretische Basisdifferenz lässt sich das Authentizitätsproblem auf die Relation von Zeichen und Referent beziehen. Es stellt sich dann die Frage, ob etwas eine gültige Repräsentation dessen ist, was es repräsentieren will. Wenn es beispielsweise um die schwierige, in touristischen Settings indessen oft entscheidende Frage geht, ob ein Gericht, ein Tanz, ein Gebäude, ein Kleidungsstück als typischer Ausdruck einer bestimmten Kultur gelten kann oder nicht, fragt sich, ob das Objekt als gültiges Zeichen für diese Kultur verstanden werden kann oder nicht; ob es sie adäquat repräsentiert oder nicht. Wie Dean MacCannell schon festgestellt hat und was in der Folge wiederholt bestätigt werden konnte, ist die interessante Tatsache, dass gerade der Nachdruck und die Explizitheit des Anspruchs, authentisch oder eben typisch zu sein, ein relativ verlässlicher Indikator fürs Gegenteil ist. Der laut geäußerte und prominent markierte Anspruch, authentisch zu sein, zeigt sich oft als Prätention. Aufrichtigkeit lässt sich nicht kommunizieren und produziert im Gegenteil den Verdacht der Inszenierung.[5] Die ‚echte' italienische Trattoria schreibt nicht auf

---

4 Vgl. dazu das Foto in der Einleitung.

5 Vgl. dazu Luhmann 1997, S. 311. Das heißt indessen nicht unbedingt, dass Aufrichtigkeit oder Authentizität Worte sind, „über die man besser nicht redet, wenn sie die Kraft ihres Sinnes nicht verlieren sollen" (Trilling 1989, S. 115, hier in Analogie zu ‚Liebe' und ‚Ironie').

die Karte, dass sie es sei; und wer es wirklich ehrlich meint, braucht das nicht zu sagen. Tut er es dennoch, stellt sich gleich die Frage: „Kann man überhaupt eigene Aufrichtigkeit kommunizieren, ohne allein schon dadurch unaufrichtig zu werden?"[6]

Ist dadurch der Begriff der Authentizität für die Zwecke dieser Studie hinreichend eng gefasst, drängt sich als nächstes die Frage auf, wie sich das große Interesse an authentischen Erfahrungen und Dingen historisch entwickelt hat und zu einem so zentralen Wert der modernen Gesellschaft werden konnte. In jeweils ganz unterschiedlichen Kontexten behaupten Boltanski und Chiapello, Oevermann und Taylor, dass die protestantische Arbeitsethik erodiere und ersetzt werde von einem ästhetischen Bewährungsmythos, der in der Authentizität sein zentrales Prinzip der Lebensführung findet. Ein gelungenes Leben, so die zeitdiagnostische These, ist heute nicht mehr ein Leben in stetiger Berufsarbeit, sondern ein authentisches Leben, was immer das heißen mag. Dieses Ideal ist nun keineswegs neu, sondern wiederholt schon eingefordert worden, bspw. von avantgardistischen Bewegungen der 60er/70er-Jahre. Aber auch deren Vorstellung, Kunst sei ins Leben zu überführen, nimmt selbst bereits bestehende Motive auf, die im Zusammenhang mit der Kulturkritik um 1900 laut geworden sind und ihrerseits auf die deutsche und englische Romantik zurückgehen. Gemeinsam ist all diesen sehr unterschiedlichen Strömungen der Widerstand gegen funktionale Differenzierung als strukturelles Grundprinzip der Modernisierung und die Überzeugung, das Leben solle ästhetischen Maßstäben gemäß geführt werden – wobei Authentizität nicht immer explizit genannt, der Sache nach aber stets das Thema ist. Die Grenzen zwischen den einzelnen Lebensbereichen sollen eingerissen werden, vor allem die Grenzen des Kunstsystems. Die Romantik zeigt sich dabei allerdings als widersprüchliches Projekt. Nicht nur will sie die Grenzen zwischen Kunst und Leben auflösen, sondern gleichzeitig wird auch die absolute Autonomie, ja gar die Hegemonie der Kunst gefordert, wozu Abgrenzung und Systemschließung überhaupt erst die Möglichkeit abgibt. Sie zeigt sich deshalb, wie ihre verschiedenen Nachfolger auch, als spezifisch moderne Kritik an der Moderne, eine Kritik, die in hohem Maß genau das beansprucht, was sie attackiert. Der Unterschied dieser Bewegungen zu den zeitgenössischen Entwicklungen scheint indessen zu sein, dass diese sich nicht mehr nur auf einen relativ engen Kreis kultureller Eliten beschränkt, sondern – wie der Tourismus auch – zu einem weit verbreiteten Massenphänomen geworden ist. Das romantische

---

6 Luhmann 1994, S. 211. Vgl. dort auch S. 132f., wo die „Einsicht der Inkommunikabilität der Icherfahrung, des authentischen Selbstseins" behandelt wird bzw. das „neuzeitliche Problem der Aufrichtigkeit und ihrer Inkommunikabilität".

Streben nach dem Natürlichen, nach Ganzheit und Einfachheit jedenfalls ist heute das Projekt, das viele Menschen in ihren Ferien verfolgen. Dabei offenbart sich eine strukturelle Paradoxie, die der eben erwähnten der Romantik nahekommt. Andreas Pott fasst das in seiner systemtheoretischen Erklärung des Tourismus als das Problem der selektiven Multiinklusion. In der funktional differenzierten Gesellschaft hat der ‚ganze Mensch‘ seinen Platz verloren. Er ist nur noch als Rollenträger in verschiedene Systeme integriert und außerdem nur ausschnitthaft. Einzig in der Familie, allgemein: in Intimitätssystemen, ist er als ‚ganzer Mensch‘ noch thematisch und: im Tourismus. Der Tourist ist also gewissermaßen eine soziale Rolle, die keine ‚Rolle‘ ist. Ganz ähnlich lautete schon MacCannells These, die ihrerseits eng an Goffmans Unterscheidung von Frontstage und Backstage angelehnt war: der Tourismus ist der Versuch, dem Rollenspiel zu entkommen und in Backstage-Bereiche zu gelangen, wo man sich ‚gehen lassen‘ und ‚einfach sein‘ kann. MacCannell hat freilich auch gesehen, dass die Dinge nicht so einfach liegen und weitere Komplizierungen in diese Unterscheidung eingeführt.

Die Studie hat hoffentlich zeigen können, dass man, was den Tourismus angeht, mit der Authentizitätsthese immer noch recht weit kommt. Ihre Absicht war es nicht, eine abschließende Entscheidung über das Für und Wider dieser These herbeizuführen, sondern viel mehr, zu untersuchen, welche Variationen des vielfältig schillernden Authentizitätsbegriffs heute von Bedeutung sind. Wonach wird konkret gesucht, wenn nach Authentischem gesucht wird? Von zwei Seiten ist dieses Problem angegangen worden. Zunächst stand die Tourismusindustrie im Zentrum des Interesses und der Versuch, den touristischen Imaginationsraum abzustecken, die Fantasien und Traumbilder zu rekonstruieren, die eingesetzt werden um die Nachfrage zu stimulieren bzw., sie überhaupt erst zu generieren. Recht leicht hat sich dabei erschlossen, dass der Tourismus so funktioniert, wie Marx die Religion gesehen hat: als Verkehrung der realen Verhältnisse, als „ein *verkehrtes Weltbewusstsein*“.[7] Das Taj Mahal, die Massai und der einsame Strand sind drei Möglichkeiten, das Andere der Moderne zu repräsentieren. Eine selbstgewisse, in sich ruhende, alt-ehrwürdige Hochkultur gegenüber der oberflächlichen Nervosität der Moderne, gefangen im nie endenden Strudel der Selbst-Verunsicherung; die weise Bescheidenheit und naturverbundene Beschränkung auf das Wesentliche des afrikanisch-ursprünglichen, nomadischen Hirtenvolks; die jungfräulich reine Natur und die sich selbst überlassenen Gewalten wie das schlechthin Große des Ozeans. Gemeinsam ist all diesen Versionen das Hervorheben des Erhabenen. Die Prospekte suggerieren, das Erhabene

---

7   Marx 1976, S. 378 (kursiv i. O.).

sei durch die Moderne zerstört und nur im Fremden und Fernen, im Abgelegenen und Exotischen noch zu finden. Das alles ist nicht besonders überraschend aber doch in der Präzision der Verkehrungen beeindruckend sowie im Geschick der multiplen Variation des immer gleichen Themas. Überraschender und schwieriger zu deuten ist aber ein anderer Aspekt. Zwischen Text und Bild besteht jeweils der große Kontrast, dass krisenhafte Erfahrungen beschrieben werden, Klischees aber gezeigt. Die Krise, so wurde die Einsicht zugespitzt, besteht geradezu in der Routine, eine merkwürdige Konsequenz, deren Erklärung nur ansatzweise gelungen ist. Irgendwie scheint der Anbieter die Unterscheidung zwischen Krise und Routine, anders gesagt: zwischen dem Außeralltäglichen, das er ja anzubieten trachtet, und dem Alltag geradezu absichtlich zu unterlaufen. Der persönliche Blick entspricht der Postkarte, die eigenen Wege entsprechen genau den ‚beaten tracks‘. Unterstellt wird damit ein strukturell konservativer Tourist, dessen größte Befriedigung darin besteht, dass seine Erfahrungen genau dem entsprechen, was das Klischee an Erwartungen hervorbringt. Nicht der Unterschied zwischen unmittelbarer Erfahrung und der standardisierten Vermittlung des Fremden wird betont, sondern die Identität.

Das Verhältnis von Allgemeinem und Besonderem – oder noch abstrakter: von Einheit und Differenz – zieht sich als Thema auch durch die Reiseberichte. Die selbstverständlich vorausgesetzte Allgemeingültigkeit von Sehenswürdigkeiten etwa, die Tatsache, dass man sie sich ansehen muss, beruht gerade in deren Einzigartigkeit. Sowohl die UNESCO-Kriterien als auch die Reiseberichte geben einige Hinweise darauf, dass an den Sehenswürdigkeiten nicht so sehr, wie der Name vermuten ließe, ihre visuellen Eigenschaften interessieren, nicht ihr genuin ästhetischer Wert, sondern ihre schiere Präsenz. Sie kommen auratischen Kultobjekten, wie Benjamin sie bestimmt hat, viel näher als Kunstwerken. Eigentümlich leer und zirkulär bleiben die Bestimmungen dessen, was als ganz besonders wichtiges Objekt es auf die Ruhmestafel des Weltkulturerbes schafft. Es scheint, als würde nicht eine bestimmte Qualität ein Objekt zu etwas Besonderem machen, sondern dass diese Besonderheit selbst schon die Qualität sei. Besonderheit als solche ist der Wert. Dieser in sich hohle Kult des Besonderen manifestiert sich auch in den Reiseberichten, genauer: in der touristischen Tourismuskritik. Ein einigermaßen großes, in den Reiseberichten jedenfalls wiederholt thematisiertes Problem für Touristen ist die Gegenwart anderer Touristen. Die Kritik kann sich leicht ausdehnen auf das Touristische als solches. Die bloße Tatsache, dass ein Ort als touristisch wahrgenommen wird, kann genügen, ihn zu disqualifizieren. Der Grund ist leicht zu sehen, der Ort ist dann nicht mehr authentisch, sondern eine Inszenierung. Das Authentische ist hier wieder thematisch als das Besondere, das irgendwie Unterschiedene, was sowohl für das Objekt als auch für die Erfahrung selbst gilt. Auch die Einsicht, man selbst sei „doch nur ein typischer Tourist"[8] gewesen, wird als Zugeständnis formuliert, das schuldbewusst anerkannt werden muss. Die eigene Erfahrung wird in diesem Fall als standardisiert wahrgenommen, als wenig individuell und eben nichts Besonderes. Mehr oder weniger hintergründig läuft bei dieser Form der Kritik stets eine tief ansetzende Kapitalismuskritik mit oder allgemeiner noch eine Kritik an der fortschreitenden Kommerzialisierung und Kommodifizierung der ganzen Welt.

Das Verhältnis des Allgemeinen, Gleichförmigen und Standardisierten einerseits, des Besonderen, Individuellen und potentiell Neuen und Krisenhaften von Orten oder Erfahrungen andererseits, ist aber nicht so aufzulösen, dass die erste Seite der Unterscheidung einfach das Negative und die zweite das Positive darstellen würde. Im Gegenteil kann die besonders individuelle Erfahrung ebenso gut ein Ärgernis darstellen. Die Krise, die darin besteht, die touristischen Standardrouten zu verlassen, ist nicht per se schon ein erfreuliches Erlebnis, wie im Rom-Reisebericht deutlich zu erkennen ist in der Passage, wo die Autorin davon erzählt, sich auf der Suche nach der Via Appia verlaufen zu haben. So individuell, so unerwartet kritisch, so ließe sich zuspitzen, wollte sie es doch nicht haben. Das allgemein Bekannte und deshalb Erwartbare ist zwar das Touristische, das eigentlich als inauthentisch kritisiert wird, trotzdem ist die authentische Erfahrung auch nicht die, die diesem einfach widerspricht. Das vertrackte Verhältnis zwischen Erwartung und Erfahrung zeigt sich prägnant etwa bei der Bewertung von Dreck im Südamerika-Reisebericht. Dem schönen Schein der Tourismusindustrie wird ein Ort vorgezogen, wo es „auch mal nach Urin stinkt",[9] die Natur und das Ursprüngliche also durchbricht, was deshalb als Authentizitätsmarker wahrgenommen werden kann. Keineswegs aber wird Dreck und Gestank durchweg positiv gewertet. Ist der Schmutz – per Definition „matter at the wrong place" (Mary Douglas) – am falschen Ort, oder ist es der falsche Schmutz, Abgase z. B., ist das kein Zeichen für Authentizität, sondern bloß eine ärgerliche Störung. Geradezu sinnbildlich ist dafür auch die Problematik der Straße. Die Fahrradtouristen schätzen zwar aus Gründen des Fahrkomforts die asphaltierten Abschnitte, wissen aber darum, dass gerade die Asphaltierung dazu führen wird, dass ihre Tour einst im negativen Sinn ,touristisch' werden und den Charakter der Abenteuerlichkeit unwiederbringlich einbüßen wird. Das Abenteuer, von Simmel bestimmt als ,Exklave des Lebens', muss mit diesem Leben doch auf engste verflochten sein, muss zugleich in dieses hinein-, wie aus ihm

---

8 Schulze 2008, Prolog.
9 Stengert und Haun 2006/07, „Valparaiso und Vina del Mar".

herausfallen um als solches erfahren werden zu können. Die Krise, die nur herausfällt, ist bloße Perturbation. Das Typische zeigt eine ganz analoge Problematik. Es wurde oben dialektisch definiert als das Allgemeine, das etwas besonders macht. Der Asien-Reisebericht hat die Frage im kulinarischen Zusammenhängen provoziert: wieso isst man sowohl in Hongkong als auch in Thailand ständig Sushi, wo dieses Gericht typisch doch nicht für diese Orte sondern für Japan ist? Authentische Erfahrung ist auch Erfahrung des Typischen im Sinne des Regionalspezifischen. Das Typische indessen tendiert immer zur Verallgemeinerung, zur Verhärtung und zum Klischee. In diesem Sinne ähnelt die touristische Suche nach dem Authentischen Simmels ‚Tragödie der Kultur': „dass die gegen ein Wesen gerichteten vernichtenden Kräfte aus den tiefsten Schichten eben dieses Wesens selbst entspringen".[10]

Vor dem gleichen Problem, vor dem die Reise selbst steht, steht auch die Reisefotografie. Die Pose, das Typisch-Allgemeine also, soll natürlich wirken, spontan und ungekünstelt. Und erstaunlicherweise tut sie das auch und der zufällige Schnappschuss zeigt die Fotografierte in vermeintlich unnatürlichen Positionen. Es ist nicht einfach, eine authentische Fotografie zu produzieren. Der eigene Blick erscheint tatsächlich als die Postkarte, wie es der Taj-Mahal-Prospekt schon vorgemacht hat. Das typische Touristenfoto dagegen ist zwar individuell aber hochgradig unnatürlich und zeigt die Touristin in einer verkehrten Position. Die vorliegende Studie endet mit der Einsicht in die Schwierigkeit (eigentlich: Unmöglichkeit), authentische Erfahrungen, im Sinn unmittelbarer Erfahrungen, darzustellen und zu vermitteln. Das notwendige Scheitern dieses Versuchs kann indessen produktiv werden und so verwundert es wenig, auf dem Cover der UNWTO (2012) die Fotostrategie wiederzuerkennen, mit dem auch die Autorin des Weltreiseberichts versucht hat, das Problem zu lösen. Sogar die eigentümliche Körperdrehung findet sich hier wieder:

---

10 Simmel 1983, S. 215.

Man sieht nicht nur, was jemand sieht, sondern sieht von schräg hinten eine Person, die sich einen Berg ansieht. Ob sie das tatsächlich auch tut, ist freilich selbst wiederum nicht zu sehen. Damit nimmt die touristische Fotografie ein bekanntes Bildmotiv auf. Ein berühmtes Beispiel dafür ist Caspar David Friedrichs „Wanderer über dem Nebelmeer" aus dem frühen 19. Jahrhundert. Es ist in diesem Motiv der Versuch zu erkennen, nicht nur das Wahrgenommene zu vermitteln, sondern außerdem dem Prozess der Wahrnehmung selbst. In genauer Korrespondenz zur Präzision der Kongruenz der Perspektiven des Bildbetrachters und des abgebildeten Betrachters wird dieser indessen wieder unsichtbar. Diese Kongruenz ist bei der Ansicht von gerade hinten erreicht, der Bildbetrachter sieht dann so ziemlich das gleiche wie der abgebildete Betrachter, ausgenommen natürlich, dass er diesen noch im Bild hat. So ist der Prozess der Wahrnehmung aber selbst wieder nicht wahrnehmbar, nicht zu erkennen sind ja das Gesicht und die Augen des Abgebildeten. Dreht man die Perspektive um die Wahrnehmung besser sichtbar zu machen, wie beim Foto oben, stimmt die Perspektive der beiden Rezipienten, des aufgenommenen und des Bildbetrachters, wieder nicht ganz überein. Man sieht das Sehen dann ein bisschen besser, erkauft sich das aber mit einer größeren Inkongruenz der Perspektiven. Der Versuch also, nicht nur das Ergebnis der unmittelbaren Wahrnehmung visuell zu vermitteln, sondern diese selbst, muss notwendig scheitern. Auf dieses Scheitern – ein Scheitern, das für die ästhetische Erfahrung und deren Mediation konstitutiv ist – die Aufmerksamkeit zu lenken, ist das Charakteristische dieses Motivs.[11] Und genau dieses

---

11 Vgl. zur Problematik der vermittelten Unmittelbarkeit – ein Plessnersches ‚Gesetz' – im Zusammenhang mit ästhetischer Erfahrung Soeffner 2005.

Scheitern, die Erfahrung also, dass die unmittelbar-krisenhafte ästhetische Erfahrung durch müßige Wahrnehmung nicht bruchlos zu vermitteln ist, ist auch für das touristische Reisen typisch. Auch der Tourismus, wie Enzensberger schon erkannt hat, scheitert notwendig daran, dass er zerstört, was er sucht, indem er es findet. Darin liegt seine unstillbare Dynamik begründet und die Suche nach immer neuen authentischen Orten, Dingen und Erfahrungen.

Die vorliegende Studie ist das Ergebnis recht vielfältiger Interessen und sowohl inhaltlich als auch methodisch breit angelegt. Sie bietet dadurch nicht wenig Angriffsfläche und es ist hier der Ort, einige wahrscheinliche Einwände vorwegzunehmen und darauf zu reagieren. Historisch Interessierten wird der geschichtliche Aspekt des Tourismus zu kurz kommen und kritisch werden sie auf die weitläufigen Beziehungen blicken, die von den frühen Tagen der Entwicklung bis heute gezogen werden. Komplementär dazu wird ihnen, was das Material der empirischen Untersuchungen betrifft, die Verengung des Blicks auf aktuelle Dokumente eine unverständliche Beschränkung sein und äußerst mangelhaft erscheinen; theoretisch Interessierte wiederum können die mangelnde Systematik der Argumentation kritisieren und das relativ freie Hantieren mit Begriffen, Argumenten und Konzepten verwerfen; zuletzt wird der überzeugte Empiriker die Beliebigkeit der Datenselektion monieren. Aus statistischer Sicht sind es gewiss viel zu wenige Fälle, aus rekonstruktionslogischer wiederum zu viel und zu diverses Material, worunter die jeweiligen Einzelanalysen zu leiden haben. Die Arbeit ist stets zu viel und zu wenig zugleich, man hätte immer noch mehr machen, man hätte sich aber auch stärker beschränken können. Allen drei Doppelkritiken, der historischen, der theoretischen und der empirischen, ist letztlich das gleiche Argument entgegenzuhalten. Historische Daten, theoretische Konzepte und das empirische Material wurden *immer und nur dann* verwendet, wenn sie auf die Authentizitätsthese bezogen werden konnten. Unabhängig davon, ob sie zu deren Bestätigung oder Kritik taugen, wurden sie andernfalls, wenn der Bezug zu wenig deutlich erschien oder zu wenig ergiebig, einfach ausgelassen, übergangen und nicht thematisiert. Sowohl der Fundus an historischen Quellen als auch das Angebot an theoretischen Ansätzen ebenso wie die unerschöpfliche Vielfalt aktueller Tourismus-Dokumente wurden als Steinbruch behandelt und rücksichtslos ausgebeutet. Aufgenommen wurde das Brauchbare, das jedenfalls, was brauchbar erschien um die Authentizitätsthese zu beleuchten, der Rest wurde liegengelassen. Insofern zieht dieses Vorgehen, das

„nur zu oft von solchen Soziologen angewendet wird, die sich, um ihre Thesen zu beweisen, damit begnügen, ohne Ordnung und nach Gefühl eine mehr oder weniger imponierende Anzahl passender Tatsachen aufzuführen, ohne sich um entgegengesetzte Tatsachen zu kümmern"[12]

Emile Durkheims vernichtendes Urteil auf sich. Was aber berechtigt dann zu einer solch radikalen Selektivität? Einzig die Prägnanz der Darstellung, die Deutlichkeit des Arguments, erworben durch die Verengung des Blicks. Nur das sollte Eingang in diese Studie erhalten, was für die tourismologische Authentizitätsthese relevant ist und nichts anderes. An diesem Anspruch hat sie sich letztlich auch messen zu lassen. Die Unterscheidung des Relevanten vom Irrelevanten ist selbst natürlich wieder der Kritik ausgesetzt und keineswegs immer eindeutig.

Ein soziologischer Aspekt indessen wurde übergangen obwohl er sicher von größter Bedeutung für das Verständnis touristischer Praktiken und Institutionen ist: die Tatsache, dass in diesen sich ganz deutlich Klassenunterschiede ausdrücken. Die Beherrschten zeigen ihren ‚Notwendigkeitsgeschmack' zweifellos auch darin, dass sie diejenigen sind,

„die ‚sich nicht entspannen können', [...] die ihre Zelte auf überfüllten Camping-Plätzen aufschlagen, sich zum Picknick am Rand der Nationalstraßen niederlassen, zu Ferienbeginn mit ihren Renault 5 oder Simca 1000 den Staus ausliefern, die sich vorgestanzten Freizeitvergnügen hingeben, für ihren Bedarf entwickelt von Ingenieuren der serienmäßigen kulturellen Massenproduktion".[13]

Ohne Zweifel zeigt sich die Geschmacksdifferenz auch in dem Material, das für die vorliegende Arbeit verwendet wurde. So begründet die Rom-Reisende ihren Trip auch damit, dass ihr ein Ein-Euro-Angebot vorgelegen habe, während die edlen Kuoni-Prospekte ein ganz anderes Publikum adressieren. Das ernsthafte Interesse am Erhabenen ist etwas völlig anderes als etwa das Motiv des alkohol- und sexaffinen Vergnügungstourismus à la ‚Ballermann' und zum Common-Sense gehört das Wissen um die Klassenunterschiede, die diese Freizeitaktivitäten begründen. Dass diese Dimension hier so konsequent ausgeblendet wurde, ist sicher das größte Einfallstor spezifisch soziologischer Kritiken. Deren Legitimität auch durchaus anerkennend, soll zweierlei darauf erwidert werden. Zum einen sind die Differenzen an den touristischen Orten doch auch wieder nicht so groß. Das Kolosseum in Rom sieht sich jeder einmal an, egal ob Mitglied der herrschenden oder der beherrschten Klasse; dasselbe gilt für den Eiffelturm oder die Tower Bridge. Zum anderen, und viel wichtiger, gibt es keinen zwingenden

---

12 Durkheim 1977, S. 77.
13 Bourdieu 1987, S. 292.

logischen Grund, die Differenzen den Identitäten und Homologien vorzuziehen. Das Argument, das hier verfolgt wurde, lautet, dass sich der Tourismus als solcher im Kern um die Suche nach dem Authentischen dreht. Die verschiedenen touristischen Praktiken und Institutionen werden als Ausdruck verstanden eines kulturellen Deutungsmusters mit einer Reichweite, die sich mittlerweile über alle Klassen und Schichten erstreckt. Es ist ein Deutungs-, Handlungs- und Wahrnehmungsmuster, das sein semantisches Gravitationszentrum in der Unterscheidung authentisch/inauthentisch hat und hinsichtlich dieser Basisdifferenz die ganze Welt strukturiert. In der Sphäre des Ästhetischen hat sich diese Unterscheidung entwickelt, weshalb es naheliegt, sie mit dem Tourismus zu verbinden. Im Wesentlichen zeigt dieser die Struktur ästhetischer Erfahrungen: Er gründet im freiwilligen Verlassen der Heimat und in der müßigen Konfrontation mit Fremdem und Unbekanntem, womit die Argumentation wieder ihren Ausgangspunkt erreicht.

Literatur und Anhang

Reiseprospekte:

Kuoni, „Sehenswert"; „Erkunden"; „Einfach Weg". Ausgewählte Reisen Okt 2010 - März 2011 (ohne weitere Angaben und gedruckt nicht mehr zu erhalten; vgl. aber: www.kuoni.ch/reisemotive/).

Reiseberichte:

Blösl, Freya und Jürgen, „Hochhäuser und Strand. Hongkong und Thailand im März 2002" (Download unter: http://bloesl.de/Reiseberichte/Hongkong-Thailand/Hochhaeuser_und_Strand.pdf; letzter Zugriff: 27.2.14) mit Seitenzahlen.

Gerlach, Annette, „Den Mutigen gehört die Welt !" (Download unter: http://www.umdiewelt.de/Afrika/Suedliches-Afrika/Suedafrika/Reisebericht-3217/Kapitel-1.html; letzter Zugriff: 27.2.14), 2008/09, ohne Seitenzahlen, mit Tageszahlen.

Haun, Ina und Stengert, Nico, „Abenteuer Südamerika – 6 Monate mit dem Fahrrad durch Chile und Argentinien" (Download unter: http://nico-stengert.blogspot.de/search/label/Reiseberichte; letzter Zugriff: 27.2.14) 2006/07, ohne Seitenzahlen, mit Kapitelüberschriften.

Schulze, Sylvia, „Reisebericht aus Rom" (Download unter: http://www.sylvia-schulze.net/reisebericht-rom-prolog.html; letzter Zugriff: 27.2.14), 2008, ohne Seitenzahlen, mit Wochentagangaben.

Literatur:

Abram, Simone et al. (Hg.), Tourists and Tourism. Identifying with People and Places. Oxford, Berg 1997.

Adorno, Theodor W., Jargon der Eigentlichkeit. Zur deutschen Ideologie. Frankfurt a. M., Suhrkamp 1964.

Adorno, Theodor W., „Freizeit", S. 57-67 in: Stichworte. Kritische Modelle 2. Frankfurt a. M., Suhrkamp 1969.

Adorno, Theodor W., „Bach gegen seine Liebhaber verteidigt", S. 138-151 in: Ders., Kulturkritik und Gesellschaft I, Prismen, Ohne Leitbild. Frankfurt a. M., Suhrkamp 1977 [1951].

Adorno, Theodor W., Ästhetische Theorie. Frankfurt a. M., Suhrkamp 1989 [1970].

Adorno, Theodor W., „Wörter aus der Fremde", S. 216-232 in: Noten zur Literatur. Frankfurt a. M., Suhrkamp 1997 [1959].

Adorno, Theodor W., Minima Moralia. Reflexionen aus dem beschädigten Leben. Frankfurt a. M., Suhrkamp 2003a [1951].

Adorno, Theodor W., „Soziologie und empirische Forschung" und „Thesen über Bedürfnis", S. 196-216 und S. 392-396 in: Soziologische Schriften I. Frankfurt a. M., Suhrkamp 2003b [1972].

Aguado Pena, María Isabel, Ästhetik des Erhabenen. Burke, Kant, Adorno, Lyotard. Wien, Passagen-Verlag 1994.

Amrein, Ursula (Hg.), Das Authentische. Referenzen und Repräsentationen. Zürich, Chronos 2009.

Auerochs, Bernd, Die Entstehung der Kunstreligion. Göttingen, Vandenhoeck & Ruprecht 2006.

Bachleitner, Reinhard, „Tourismussoziologie oder zur Soziologie des Reisens", S. 243-263 in: Sociologia Internationalis, Band 42, Heft 2. Berlin, Duncker & Humblot 2004.

Bauman, Zygmunt, „Der Pilger und seine Nachfolger: Spaziergänger, Vagabunden und Touristen", S. 163-187 in: Merz-Benz, Peter-Ulrich und Wagner, Gerhard (Hg.), Der Fremde als sozialer Typus. Klassische soziologische Texte zu einem aktuellen Phänomen. Konstanz, UVK 2003.

Bausinger, Hermann, Reisekultur. Von der Pilgerfahrt zum modernen Tourismus. München, Beck 1999.

Bell, Daniel, Die kulturellen Widersprüche des Kapitalismus. Frankfurt a. M., New York, Campus 1991 [1976].

Benjamin, Walter, Das Kunstwerk im Zeitalter seiner technischen Reproduzierbarkeit. Frankfurt a. M., Suhrkamp, 1977 [1963].

Berlin, Isaiah, Die Wurzeln der Romantik. Berlin, Berlin Verlag 2004 [1999].

Bitterli, Urs, „Der ‚Edle Wilde'", S. 270-287 in: Theye, Thomas (Hg.), Wir und die Wilden. Einblicke in eine kannibalische Beziehung. Hamburg, Rowohlt 1986.

Boehm, Gottfried, „Bildbeschreibung. Über die Grenzen von Bild und Sprache", S. 15-37 in: Müller, Raab, Soeffner (Hg.) 2014.

Boltanski, Luc und Chiapello Ève, Der neue Geist des Kapitalismus. Konstanz, UVK 2003 [1999].

Bourdieu, Pierre, Die feinen Unterschiede. Kritik der gesellschaftlichen Urteilskraft. Frankfurt a. M., Suhrkamp 1987 [1979].

Bourdieu, Pierre, Sozialer Sinn. Kritik der theoretischen Vernunft. Frankfurt a. M., Suhrkamp 1993 [1980].

Bourdieu, Pierre und Boltanski, Luc et al. (Hg.), Eine illegitime Kunst. Die sozialen Gebrauchsweisen der Fotografie. Hamburg, EVA 2006 [1965].

Bohnsack, Ralf, Qualitative Bild- und Videointerpretation. Einführung in die dokumentarische Methode (2. Auflage). Opladen & Farmington Hills. Verlag Barbara Budrich/UTB 2011.

Braungart, Wolfgang et al. (Hg.), Ästhetische und religiöse Erfahrungen der Jahrhundertwenden, Band II. Paderborn, Zürich, Ferdinand Schöningh 1998.

Breckner, Roswitha, Sozialtheorie des Bildes. Zur interpretativen Analyse von Bildern und Fotografien. Bielefeld, transcript 2010.

Breckner, Roswitha, „Bildwahrnehmung - Bildinterpretation. Segmentanalyse als methodischer Zugang zur Erschließung bildlichen Sinns", S. 143-164 in: Österreichische Zeitschrift für Soziologie. Sonderheft „Visuelle Soziologie" Band 37, 2/2012.

Brenner, Peter J., „Die Erfahrung der Fremde. Zur Entwicklung einer Wahrnehmungsform in der Geschichte des Reiseberichts", S. 14-49 in: Ders. (Hg.), Der Reisebericht. Die Entwicklung einer Gattung in der deutschen Literatur. Frankfurt a. M., Suhrkamp 1989.

Brenner, Peter J., „Schwierige Reisen. Wandlungen des Reiseberichts in Deutschland 1918-1945", S. 127-176 in: Ders. (Hg.), Reisekultur in Deutschland: Von der Weimarer Republik zum ‚Dritten Reich'. Tübingen, Max Niemeyer 1997.

Brilli, Attilio, Als Reisen eine Kunst war. Vom Beginn des modernen Tourismus. Berlin, Klaus Wagenbach 2012.

Bruner, Edward M., and Kirshenblatt-Gimblett, Barbara, "Massai on the Lawn: Tourist Realism in East Africa", S. 435-470 in: Cultural Anthropology, Vol. 9, No. 4. Blackwell 1994.

Bruner, Edward M., Culture on Tour. Ethnographies of Travel. Chicago, The University of Chicago Press 2005.

Bubner, Rüdiger, „Ästhetisierung der Lebenswelt", S. 651-662 in: Haug, Walter und Warning, Rainer (Hg.), Das Fest. München, Fink 1989.

Bunzel, Wolfgang (Hg.), Romantik. Epochen – Autoren – Werke. Darmstadt, WBG 2010.

Bundesamt für Statistik, Ferienreisen. Umweltstatistik Schweiz, Nr. 12, Neuchâtel 2002.

Burger, Rudolf, „Vom Willen zum Erhabenen", S. 594-607 in: Leviathan. Zeitschrift für Sozialwissenschaft. Opladen, Westdeutscher Verlag 1991.

Castel, Robert, „Bilder und Phantasiebilder", S. 235-266 in: Bourdieu et al. 2006.

Cohen, Eric and Cohen Scott A., „Authentication: Hot and Cool", S. 1295-1314 in: Annals of Tourism Research, Vol. 39, No. 3. Elsevier 2012.

Cole, Stroma, „Beyond Authenticity and Commodification", S. 943-960 in: Annals of Tourism Research, Vol. 34, No. 4. Elsevier 2007.

Dahrendorf, Ralf, „Nach der Krise: Zurück zur protestantischen Ethik?", in: Merkur, Nr. 720, Mai 2009 (Download von www.online-merkur.de).

Derrida, Jacques, „Die Struktur, das Zeichen und das Spiel im Diskurs der Wissenschaften vom Menschen", S. 422-442 in Ders., Die Schrift und die Differenz. Frankfurt a. M., Suhrkamp 1972 [1967].

Detering, Heinrich, „Was ist Kunstreligion? Systematische und historische Bemerkungen", S. 11-27 in: Meier, Costazza, Laudin (Hg.,) Kunstreligion. Ein ästhetisches Konzept der Moderne in seiner historischen Entfaltung. Band 1, Der Ursprung des Konzepts um 1800. Berlin, de Gruyter 2011.

Dewey, John, Kunst als Erfahrung. Frankfurt a. M., Suhrkamp 1980 [1934].

Douglas, Mary, Reinheit und Gefährdung. Eine Studie zu Vorstellungen von Verunreinigung und Tabu. Berlin, Dietrich Reimer 1985 [1966].

Durkheim, Emile, Über die Teilung der sozialen Arbeit. Frankfurt a. M., Suhrkamp 1977 [1930].

Durkheim, Emile, Die elementaren Formen des religiösen Lebens. Frankfurt a. M., Suhrkamp 1994 [1912].

Eco, Umberto, Die Grenzen der Interpretation. München DTV 2004.

Enzensberger, Hans Magnus, „Eine Theorie des Tourismus", S. 147-168 in: Einzelheiten. Frankfurt a. M., Suhrkamp 1962.

Falser, Michael S., „Von der *Venice Charter* 1964 zum *Nara Document on Authenticity* 1994 – 30 Jahre ‚Authentizität' im Namen des kulturellen Erbes der Welt", in: Rössner, Uhl 2012.

Ferrara, Alessandro, „Authenticity Without a True Self", S. 21-35 in: Vannini, Phillip and Williams, Patrick J., Authenticity in Culture, Self, and Society. Farnham, Ashgate 2009.

Fischer-Lichte, Erika und Pflug, Isabel (Hg.), Inszenierung von Authentizität. Tübingen und Basel, A. Francke Verlag 2000.

Fischer-Lichte, Erika, „Ästhetische Erfahrung als Schwellenerfahrung", S. 138-161 in: Küpper, Joachim und Menke, Christoph, Dimensionen ästhetischer Erfahrung. Frankfurt a. M., Suhrkamp 2003.

Franzmann, Manuel, „Ist die traditionelle Leistungsethik in den führenden Industrienationen zum Haupthindernis eines prosperierenden und gerechten Kapitalismus geworden?" 2006. Download unter: http://www. manuelfranzmann.de/publikationen.

Freud, Sigmund, Das Unbehagen in der Kultur. Und andere kulturtheoretische Schriften. Frankfurt a. M., Fischer 1994 [1930].

Freudenberger, Silja, „Repräsentation: Ein Ausweg aus der Krise", S. 71-102 in: Freudenberger, Sandkühler (Hg.), Repräsentation, Krise der Repräsentation, Paradigmenwechsel. Ein Forschungsprogramm in Philosophie und Wissenschaften. Frankfurt a. M., Peter Lang 2003.

Freyer, Walter, Tourismus. Einführung in die Fremdenverkehrsökonomie. München, Oldenbourg 2011.

Fricke, Ellen, „Origo, pointing and speech. The impact of co-speech gestures on linguistic deixis theory", S. 207-226 in Gesture 2:2. Amsterdam, John Benjamins Publishing Company 2002.

Glauser, Andrea, Verordnete Entgrenzung. Kulturpolitik, Artist-in-Residence-Programme und die Praxis der Kunst. Bielefeld, transcript 2009.

Goethe, Johann Wolfgang, Italienische Reise. Frankfurt a. M. Deutscher Klassiker Verlag 1993 [1816/17].

Goffman, Erving, Wir alle spielen Theater. Die Selbstdarstellung im Alltag. München, Zürich, Piper 1996 [1959].

Günther, Armin, „Reisen als ästhetisches Projekt. Über den Formenwandel touristischen Erlebens", S. 95-124 in: Hartmann, Haubl (Hg.), Freizeit in der Erlebnisgesellschaft. Amüsement zwischen Selbstverwirklichung und Kommerz. Opladen, Westdeutscher Verlag 1996.

Habermas, Jürgen, „Soziologische Notizen zum Verhältnis von Arbeit und Freizeit", S. 219-231 in: Funke, Gerhard (Hg.) Konkrete Vernunft. Festschrift für Erich Rothacker. Bonn, H. Bouvier & Co 1958.

Hachtmann, Rüdiger, Tourismus-Geschichte. Göttingen, Vandenhoeck & Ruprecht 2007.

Halewood, Chris and Hannam, Kevin, „Viking Heritage Tourism. Authenticity and Commodification", S. 565-580 in: Annals of Tourism Research, Vol. 28, No. 3. Elsevier 2001.

Harbsmeier, Michael, „Reisebeschreibungen als mentalitätsgeschichtliche Quellen: Überlegungen zu einer historisch-anthropologischen Untersuchung frühneuzeitlicher deutscher Reisebeschreibungen", S. 1-31 in: Maczak, Antoni und Teuteberg, Hans Jürgen (Hg.), Reiseberichte als Quellen europäischer Kulturgeschichte. Aufgaben und Möglichkeiten der historischen Reiseforschung. Wolfenbüttel, Herzog August Bibliothek 1982.

Häussler, Oliver, „Reisen in die Hyperrealität. Baudrillard und das Problem der Authentizität" S. 99-109 in: Voyage. Jahrbuch für Reise- und Tourismusforschung, Bd. 1, Köln, DuMont 1997.

Hegel, Georg W. F., Vorlesungen über die Ästhetik II. Frankfurt a. M., Suhrkamp 1986 [1832-45].

Heiser, Patrick und Kurrat, Christian (Hg.), Pilgern gestern und heute. Soziologische Beiträge zur religiösen Praxis auf dem Jakobsweg. Berlin, LIT 2012.

Hennig, Christoph, Reiselust. Touristen, Tourismus und Urlaubskultur. Frankfurt a. M., Insel 1997.

Hennig, Christoph, Der Wunsch nach Verwandlung. Mythen des Tourismus. Karlsruhe, Evangelische Akademie Baden 2001.

Hinrichsen, Hans-Joachim, „Was ist ‚das Werk selbst'? Zum Problem der Authentizität in der musikalischen Aufführungspraxis", S. 159-173 in: Rössner, Uhl 2012.

Honegger, Claudia und Rychner, Marianne (Hg.), Das Ende der Gemütlichkeit. Strukturelles Unglück und mentales Leid in der Schweiz. Zürich, Limmat 1998.

Hughes George, „Authenticity in Tourism", S. 781-803 in: Annals of Tourism Research, Vol. 22, No. 4. Elsevier 1995.

Imesch Oechslin, Kornelia, „Appropriation. Die Authentizität der Kopie", S. 129-149 in: Amrein 2009.

Imdahl, Max, „Cézanne – Braque – Picasso. Zum Verhältnis zwischen Bildautonomie und Gegenstandssehen", S. 303-380 in: Ders. Gesammelte Schriften, Band 3, Reflexion – Theorie – Methode (Hg. Von G. Boehm). Frankfurt a. M., Suhrkamp 1996 [1974].

Kant, Immanuel, Kritik der Urteilskraft. Hamburg, Meiner 2006 [1790].

Kaufmann, Stefan und Haslinger, Peter, „Einleitung: Der Edle Wilde – Wendungen eines Topos", S. 13-29 in: Fludernik, Monika et al. (Hg.), Der Alteritätsdiskurs des edlen Wilden. Exotismus, Anthropologie und Zivilisationskritik am Beispiel eines europäischen Topos. Würzburg, Ergon 2002.

Keitz, Christine, „Die Anfänge des modernen Massentourismus in der Weimarer Republik", S. 179-209 in: Archiv für Sozialgeschichte, Band 33. Bonn, J. H. W. Dietz Nachf. 1993.

Klein, Wolfgang, „Wo ist hier? Präliminarien zu einer Untersuchung der lokalen Deixis", S. 18-40 in: Linguistische Berichte 58. Wiesbaden, Vieweg 1978.

Knaller, Susanne und Müller, Harro (Hg.), Authentizität. Diskussion eines ästhetischen Begriffs. Paderborn, Wilhelm Fink, 2006.

Kohler, Georg, „Rolle, Maske, Person oder: echt falsch. Über den vieldeutigen Ausdruck ‚Authentizität'", S. 197-208 in: Amrein 2009.

Koppetsch, Cornelia, Das Ethos der Kreativen. Eine Studie zum Wandel von Arbeit und Identität am Beispiel der Werbeberufe. Konstanz, UVK 2006.

Korte, Barbara, Der englische Reisebericht. Von der Pilgerfahrt bis zur Postmoderne. Darmstadt, Wissenschaftliche Buchgesellschaft 1996.

Lamla, Jörn, „Authentizität im kulturellen Kapitalismus. Gedanken zur ‚konsumistischen' Subjektformation der Gegenwart", S. 321-336 in: Amrein 2009.

Langer, Susanne K., Philosophie auf neuem Wege. Das Symbol im Denken, im Ritus und in der Kunst. Frankfurt a. M., Fischer Taschenbuch 1992 [1942].

Lau, Raymond W. K., „Revisiting Authenticity. A Social Realist Approach", S. 478-498 in: Annals of Tourism Research, Vol. 37, No. 2. Elsevier 2010.

Lenz, Ramona, „Migration und Tourismus", S. 79-117 in: Dies., Mobilitäten in Europa. Wiesbaden VS 2010.

Lévi-Strauss, Claude, Mythologica I, Das Rohe und das Gekochte. Frankfurt a. M., Suhrkamp 1976 [1964].

Lévi-Strauss, Claude, Mythos und Bedeutung. Fünf Radiovorträge. Frankfurt a. M., Suhrkamp 1980.

Lévi-Strauss, Claude, Traurige Tropen. Leipzig, Reclam 1988 [1955].

Lichtblau, Klaus, „'Alles Vergängliche ist nur ein Gleichnis'. Zur Eigenart des Ästhetischen im kultursoziologischen Diskurs der Jahrhundertwende", S. 86-121 in: Hübinger, von Bruch und Graf (Hg.), Kultur und Kulturwissenschaften um 1900. Band II, Idealismus und Positivismus. Stuttgart, Franz Steiner 1997.

Lichtblau, Klaus, „‚Innerweltliche Erlösung' oder ‚Reich diabolischer Herrlichkeit'? Zum Verhältnis von Kunst und Religion bei Georg Simmel und Max Weber", S. 51-78 in: Faber, Krech (Hg.), Kunst und Religion. Studien zur Kultursoziologie und Kulturgeschichte. Würzburg, Königshausen & Neumann 1999.

Loer, Thomas, „Werkgestalt und Erfahrungskonstitution. Exemplarische Analyse von Paul Cézannes ‚Montagne Sainte-Victoire' (1904/06) unter Anwendung der Methode der objektiven Hermeneutik und Ausblicke auf eine soziologische Theorie der Ästhetik im Hinblick auf eine Theorie der Erfahrung", S. 341-382 in: Garz, Detlef und Kraimer, Klaus (Hg.), Die Welt als Text. Theorie, Kritik und Praxis der objektiven Hermeneutik. Frankfurt a. M., Suhrkamp 1994.

Luckner, Andreas, „Wie man zu sich kommt – Versuch über Authentizität", S. 9-48 in: Ders. und Kuhl, Julius (Hg.), Freies Selbstsein. Authentizität und Regression. Göttingen, Vandenhoeck & Ruprecht 2007.

Luhmann, Niklas, Liebe als Passion. Zur Codierung von Intimität. Frankfurt a. M., Suhrkamp 1994.

Luhmann, Niklas, Die Gesellschaft der Gesellschaft. Frankfurt a. M., Suhrkamp 1997.

Luhmann, Niklas, „Gleichzeitigkeit und Synchronisation", S. 92-125 in: Ders., Soziologische Aufklärung 5. Konstruktivistische Perspektiven. Wiesbaden, VS 2005.

Luhmann, Niklas, Beobachtungen der Moderne. 2. Auflage. Wiesbaden, VS 2006 [1992].

MacCannell, Dean, „Staged Authenticity: Arrangements of Social Space in Tourist Settings", S. 589-603 in: American Journal of Sociology, Vol. 79, No. 3. Chicago 1973.

MacCannell, Dean, The Tourist. New York, Schocken Books 1976.

MacCannell, Dean, „Why it Never was About *Authenticity*", S. 334-337 in: Society 2008 / 45. DOI 10.1007/s12115-008-9110-8.

MacCannell, Dean, The Ethics of Sightseeing. Berkeley, University of California Press 2011.

Mann, Thomas, Der Zauberberg. Frankfurt a. M., Fischer 1991 [1924].

Marcuse, Herbert, Versuch über die Befreiung. Frankfurt a. M. 1969.

Marx, Karl und Engels, Friedrich, Die deutsche Ideologie. Kritik der neuesten deutschen Philosophie in ihren Repräsentanten Feuerbach, B. Bauer und Stirner, und des deutschen Sozialismus in seinen verschiedenen Propheten. Berlin, Dietz 1953 [1932].

Marx, Karl, Texte zu Methode und Praxis II. Pariser Manuskripte 1844. Reinbeck bei Hamburg, Rowohlt 1966.

Marx, Karl, „Zur Kritik der Hegel'schen Rechts-Philosophie", S. 378-391 in: MEW Band 1, Berlin, Dietz 1976 [1844].

Marx, Karl und Engels, Friedrich, Das Kapital Band III, in: MEW Band 25, Berlin Dietz 1981 [1894].

Marx, Karl und Engels, Friedrich, „Manifest der kommunistischen Partei", S. 37-72 in: Dies., Ausgewählte Schriften in zwei Bänden, Band I. Berlin, Dietz 1988 [1848].

Mead, George H., Geist, Identität und Gesellschaft aus der Sicht des Sozialbehaviorismus. Frankfurt a. M., Suhrkamp 1968 [1934].

Menke, Christoph, „Was ist eine ‚Ethik der Authentizität'?", S. 217-238 in: Kühnlein, Michael und Lutz-Bachmann, Matthias (Hg.), Unerfüllte Moderne. Neue Perspektiven auf das Werk von Charles Taylor. Berlin, Suhrkamp 2011.

Mommsen, Wolfgang J., „Kultur und Wissenschaft im kulturellen System des Willhelminismus. Die Entzauberung der Welt durch Wissenschaft und ihre

Verzauberung durch Kunst und Literatur", S. 24-40 in: Hübinger, von Bruch und Graf (Hg.), Kultur und Kulturwissenschaften um 1900. Band II, Idealismus und Positivismus. Stuttgart, Franz Steiner 1997.

Müller, Hansruedi, Freizeit und Tourismus. Eine Einführung in Theorie und Politik. Bern, FIF 2008.

Müller, Harro, „Theodor W. Adornos Theorie des authentischen Kunstwerks. Rekonstruktion und Diskussion des Authentizitätsbegriffs", S. 55-67 in: Knaller, Müller 2006.

Müller, Michael R., Raab, Jürgen und Soeffner, Hans-Georg (Hg.), Grenzen der Bildinterpretation. Wiesbaden, Springer VS 2014.

Mundt, Jörn, Tourismus. 4. Auflage, München, Oldenbourg 2013.

Nietzsche, Friedrich, Die Fröhliche Wissenschaft. Kröner, Stuttgart 1941 [1882].

Nietzsche, Friedrich, Menschliches, Allzumenschliches. Ein Buch für freie Geister. München, dtv 1999 [1878].

Oevermann, Ulrich, „Ein Modell der Struktur von Religiosität. Zugleich ein Strukturmodell von Lebenspraxis und sozialer Zeit", S. 27-102 in: Wohlrab-Sahr, Monika, Biographie und Religion. Zwischen Ritual und Selbstsuche. Frankfurt, New York 1995.

Oevermann, Ulrich, „Die Methode der Fallrekonstruktion in der Grundlagenforschung sowie der klinischen und pädagogischen Praxis", S. 58-156 in: Die Fallrekonstruktion. Sinnverstehen in der sozialwissenschaftlichen Forschung. Frankfurt a. M., Suhrkamp 2000.

Oevermann, Ulrich, „Die Krise der Arbeitsgesellschaft und das Bewährungsproblem des modernen Subjekts", S. 19-38 in: Becker et al. (Hg.), Eigeninteresse und Gemeinwohlbindung. Kulturspezifische Ausformungen in den USA und Deutschland. Konstanz, UVK 2001.

Oevermann, Ulrich, „Strukturelle Religiosität und ihre Ausprägungen unter Bedingungen der vollständigen Säkularisierung des Bewusstseins", S. 339-387 in: Gärtner, Pollack, Wohlrab-Sahr (Hg.), Atheismus und religiöse Indifferenz. Opladen, Leske+Budrich 2003a.

Oevermann, Ulrich, „Künstlerische Produktion aus soziologischer Perspektive", S. 128-157 in: Rohde-Dachser, Christa (Hg.) Unaussprechliches gestalten. Über Psychoanalyse und Kreativität. Göttingen, Vandenhoek und Ruprecht 2003b.

Oevermann, Ulrich, „Struktureigenschaften künstlerischen Handelns – exemplifiziert an Baudelaires Sonett *À une passante*", S. 459-477 in: Fischer, Joachim und Joas, Hans (Hg.), Kunst, Macht und Institution. Studien zur Philosophien Anthropologie, soziologischen Theorie und Kultursoziologie der

Moderne. Festschrift für Karl-Siegbert Rehberg. Frankfurt, New York, Campus 2003c.

Oevermann, Ulrich und Franzmann, Manuel, „Strukturelle Religiosität auf dem Wege zur religiösen Indifferenz", S. 49-81 in: Franzmann, Gärtner, Köck (Hg.), Religiosität in der säkularisierten Welt. Wiesbaden VS 2006.

Paddison, Max, „Authenticity and Failure in Adorno's Aesthetics of Music", S. 198-221 in: Huhn, Tom (Ed.), The Cambridge Companion to Adorno. Cambridge, University Press 2005.

Parthe, Eva-Maria, Authentisch leben? Erfahrungen und soziale Pathologien in der Gegenwart. Frankfurt a. M., Campus 2011.

Petrarca, Francesco, Die Besteigung des Mont Ventoux, Stuttgart, Reclam 1995.

Piaget, Jean, Sprechen und Denken des Kindes. Düsseldorf, Schwann Verlag 1972 [1968].

Pott, Andreas, Orte des Tourismus. Eine raum- und gesellschaftstheoretische Untersuchung. Bielefeld, Transcript 2007.

Pöttler, Burkhard (Hg.), Tourismus und Regionalkultur. Referate der Österreichischen Volkskundetagung 1992 in Salzburg. Wien, Verein für Volkskunde 1994.

Prahl, Hans-Werner, Soziologie der Freizeit. Paderborn, Schöningh 2002.

Raab, Jürgen, „Die ‚Objektivität' des Sehens als wissenssoziologisches Problem", S. 287-304 in: Sozialer Sinn. Zeitschrift für hermeneutische Sozialforschung, 2/2007.

Raab, Jürgen, Visuelle Wissenssoziologie. Theoretische Konzeption und materiale Analysen. Konstanz, UVK 2008.

Raab, Jürgen, „Visuelle Wissenssoziologie der Fotografie. Sozialwissenschaftliche Analysearbeit zwischen Einzelbild, Bildsequenz und Bildkontext", S. 121-142 in: Österreichische Zeitschrift für Soziologie. Sonderheft „Visuelle Soziologie" Band 37, 2/2012.

Rammstedt, Otthein, „Alltagsbewusstsein von Zeit", S. 47-63 in: Kölner Zeitschrift für Soziologie und Sozialpsychologie, 27/1 1975.

Reckwitz, Andreas, Die Erfindung der Kreativität. Zum Prozess gesellschaftlicher Ästhetisierung. Berlin, Suhrkamp 2012.

Riesman, David, Die einsame Masse. Hamburg, Rowohlt 1958.

Reisinger, Yvette and Steiner, Carol J., „Reconceptualizing Object Authenticity", S. 65-86 in: Annals of Tourism Research, Vol. 33, No. 1. Elsevier 2006.

Rickly-Boyd, Jilian M., „Authenticity & Aura. A Benjaminian Approach to Tourism", S. 269-289 in: Annals of Tourism Research, Vol. 39, No. 1, Elsevier 2012".

Ritter, Bertram, „Piet Mondrian, ‚Komposition im Quadrat' (1922). Eine kunstsoziologische Werkanalyse", S. 295-311 in: Sozialer Sinn 2 / 2003.

Rosa, Hartmut, Beschleunigung. Die Veränderungen der Zeitstrukturen der Moderne. Frankfurt a. M., Suhrkamp 2005.

Rössner, Michael und Uhl, Heidemarie (Hg.), Renaissance der Authentizität? Über die neue Sehnsucht nach dem Ursprünglichen. Bielefeld, transcript 2012.

Sauder, Gerhard, „Formen gegenwärtiger Reiseliteratur", S. 552-569 in: Fuchs, Anne und Harden, Theo (Hg.), Reisen im Diskurs. Modelle der literarischen Fremderfahrung von den Pilgerberichten bis zur Postmoderne. Heidelberg, C. Winter 1995.

Schäfer, Robert, „Zeigen, Sprechen und Meinen. Ein Versuch, Meads Kommunikationstheorie mit Tomasellos Erklärung der Entstehung der menschlichen Sprache zu vermitteln", S. 181-194 in: F. Nungesser und F. Ofner (Hg.), Potentiale einer pragmatistischen Sozialtheorie. Beiträge anlässlich des 150. Geburtstags von George Herbert Mead. ÖZS Sonderheft 12. Springer VS 2013.

Schmidt-Lauber, Brigitta, Gemütlichkeit. Eine kulturwissenschaftliche Annäherung. Frankfurt a. M., Campus 2003.

Schultz, Tanjev, „Alles inszeniert und nichts authentisch?", S. 10-24 in: Knieper, Müller (Hg.), Authentizität und Inszenierung von Bilderwelten. Köln, Halem 2003.

Schulze, Rainer, "Die Aktualität der Authentizität – Von der Attraktivität des Nicht-Hier und des Nicht-Jetzt in der modernen Sprachwissenschaft", S. 25-49 in: Funk, Wolfgang und Krämer, Lucia (Hg.), Fiktionen von Wirklichkeit. Authentizität zwischen Materialität und Konstruktion. Bielefeld, Transcript 2011.

Schützeichel, Rainer, „Über das Pilgern. Soziologische Analysen einer Handlungskonfiguration", S. 19-43 in: Heiser, Kurrat 2012.

Searle, John R., Die Konstruktion der gesellschaftlichen Wirklichkeit. Zur Ontologie sozialer Tatsachen. Berlin, Suhrkamp 2011.

Shusterman, Richard, Leibliche Erfahrung in Kunst und Lebensstil. Berlin, Akademie 2005.

Simmel, Georg, „Das Abenteuer" und „Der Begriff und die Tragödie der Kultur", S. 26-38 und S. 195-219 in: Ders., Philosophische Kultur. Über das Abenteuer, die Geschlechter und die Krise der Moderne. Berlin, Wagenbach 1983 [1923].

Smelser, Neil J., The Odyssey Experience. Physical, Social, Psychological and Spiritual Journeys. Berkeley, University of California Press 2009.

Sorokin, Pitirim A., Merton, Robert K., „Social Time: A Methodological and Functional Analysis", S. 615-629 in: American Journal of Sociology, Vol. 42/5. Chicago 1937.

Soeffner, Hans-Georg, „Authentizitätsfallen und mediale Verspiegelungen – Inszenierungen im 20. Jahrhundert" und „Vermittelte Unmittelbarkeit. Das Glück der ästhetischen Erfahrung", S. 49-63 und 129-150 in Ders.: Zeitbilder. Versuche über Glück, Lebensstil, Gewalt und Schuld. Frankfurt/NewYork, Campus 2005.

Soeffner, Hans-Georg, „Zen und der ‚kategorische Konjunktiv'", S. 55-75 in: Müller, Raab, Soeffner (Hg.) 2014.

Spode, Hasso, „Der Tourist", S. 113-137 in: Frevert, Haupt (Hg.), Der Mensch des 20. Jahrhunderts. Frankfurt a. M., Campus 2002.

Spode, Hasso, „Zeit, Raum, Tourismus", S. 251-264 in: Eberhard, Lübke (Hg.), Die Vielfalt Europas. Identitäten und Räume. Leipziger Universitätsverlag 2009.

Spode, Hasso, „Der moderne Tourismus – Grundlinien seiner Entstehung und Entwicklung vom 18. bis zum 20. Jahrhundert", S. 39-76 in: Storbeck, Dieter (Hg.), Moderner Tourismus. Tendenzen und Aussichten. Geographische Gesellschaft Trier 1988.

Stichweh, Rudolf, „Raum, Region und Stadt in der Systemtheorie", S. 184-206 in: Ders., Die Weltgesellschaft. Soziologische Analysen. Frankfurt a. M., Suhrkamp 2000.

Stronza, Amanda, „Anthropology of Tourism. Forging Newe Ground for Ecotourism and Other Alternatives", S. 261-283 in: Annual Review of Anthropology, Vol. 30. Annual Reviews 2001.

STV, FST, Schweizer Tourismus in Zahlen. Bern, Länggass Druck 2010.

Taylor, Charles, Das Unbehagen an der Moderne. Frankfurt a. M., Suhrkamp 1997.

Taylor, Charles, Ein säkulares Zeitalter. Frankfurt a. M., Suhrkamp 2009.

Taylor, John P., „Authenticity and Sincerity in Tourism", S. 7-26 in: Annals of Tourism Research, Vol. 28, No. 1. Elsevier 2000.

Trilling, Lionel, Das Ende der Aufrichtigkeit. Frankfurt a. M., Fischer 1989 [1972].

Trupp, Alexander und Trupp, Claudia, Ethnotourismus. Interkulturelle Begegnung auf Augenhöhe? Wien, Mandelbaum 2009.

Turner, Victor, Das Ritual. Struktur und Anti-Struktur. Frankfurt a. M., New York, Campus 2005 [1969].

Ujma, Christina, Wege in die Moderne. Reiseliteratur von Schriftstellerinnen und Schriftstellern des Vormärz. Forum Vormärz Forschung, Jahrbuch 2008, 14. Jahrgang. Bielefeld, Aisthetis 2009.

UNESCO, Convention Concerning the Protection of the World Cultural and Natural Heritage. Paris 1972 (Download unter: http://whc.unesco.org /archive/convention-en.pdf; letzter Zugriff: 30.1.13)

Urry, John, The Tourist Gaze. Leisure and Travel in Contemporary Societies. London, Newbury Park, Delhi, SAGE 1990.

Wagner, Hans-Josef, Krise und Sozialisation. Strukturale Sozialisationstheorie II. Frankfurt a. M., Humanities Online 2004.

Wagner, Richard, „Religion und Kunst", S. 211-253 in: Ders., Gesammelte Schriften und Dichtungen, Band 10. Berlin, Leipzig, Wien, Stuttgart, Bong & Co ca. 1914 [1880].

Wang, Ning, „Rethinking Authenticity in Tourism Experience", S. 349-370 in: Annals of tourism Research, Vol. 26, No. 2. Elsevier 1999.

Weber, Max, „Die Objektivität sozialwissenschaftlicher und sozialpolitischer Erkenntnis", S. 146-214 in: Ders., Gesammelte Werke zur Wissenschaftslehre. Tübingen, J.C.B. Mohr 1968 [1904].

Weber, Max, „Religionssoziologie" in: Ders., Wirtschaft und Gesellschaft. Tübingen, Mohr 1980 [1922].

Weber, Max, Gesammelte Aufsätze zur Religionssoziologie I. Tübingen, Mohr Siebeck, UTB 1988 [1920].

Weber, Max, Wissenschaft als Beruf. Stuttgart, Reclam 1995 [1919].

Weiss, Johannes, „Wiederverzauberung der Welt? Bemerkungen zur Wiederkehr der Romantik in der gegenwärtigen Kulturkritik", S. 286-301 in: Kölner Zeitschrift für Soziologie und Sozialpsychologie, Sonderheft 27, 1986.

Wittgenstein, Ludwig, Tractatus logico-philosophicus, Werkausgabe Band 1. Frankfurt a. M., Suhrkamp 2006a [1922].

Wittgenstein, Ludwig, „Philosophische Untersuchungen", S. 237-580 in: Ders., Tractatus logico-philosophicus, Werkausgabe Band 1. Frankfurt a. M., Suhrkamp 2006b [1953].

Wöhler, Karlheinz et al. (Hg.), Tourismusräume. Zur Konstruktion eines globalen Phänomens. Bielefeld, Transcript 2010.

Zehentreiter, Ferdinand, „'Das höchste Geheimnis der Wissenschaften vom Menschen'. Claude Lévi-Strauss' methodologische Huldigung an die Musik", S. 364-380 in: Kauppert, Michael und Funcke, Dorett, Wirkungen des wilden Denkens. Zur strukturalen Anthropologie von Claude Lévi-Strauss. Frankfurt, Suhrkamp 2008.

Zeller, Christoph, Ästhetik des Authentischen. Literatur und Kunst um 1970. Berlin, De Gruyter 2010.

Internetseiten:

www.unwto.org: UNWTO, Tourism Highlights, 2012 Edition.
Schweizer Bundesamt für Statistik (Thema ‚Tourismus'): http://www.bfs.admin .ch/bfs/portal/de/index/themen/10.html

Anhang I: Auszug aus den „Operational Guidelines for the Implementation of World Heritage Convention"

(neuste Fassung: 2012, Download unter: http://whc.unesco.org/en/guidelines/)

II.D Criteria for the assessment of Outstanding Universal Value

77. The Committee considers a property as having Outstanding Universal Value if the property meets one or more of the following criteria. Nominated properties shall therefore:

(i) represent a masterpiece of human creative genius;

(ii) exhibit an important interchange of human values, over a span of time or within a cultural area of the world, on developments in architecture or technology, monumental arts, town-planning or landscape design;

(iii) bear a unique or at least exceptional testimony to a cultural tradition or to a civilization which is living or which has disappeared;

(iv) be an outstanding example of a type of building, architectural or technological ensemble or landscape which illustrates (a) significant stage(s) in human history;

(v) be an outstanding example of a traditional human settlement, land-use, or sea-use which is representative of a culture (or cultures), or human interaction with the environment especially when it has become vulnerable under the impact of irreversible change;

(vi) be directly or tangibly associated with events or living traditions, with ideas, or with beliefs, with artistic and literary works of outstanding universal significance. (The Committee considers that this criterion should preferably be used in conjunction with other criteria);

(vii) contain superlative natural phenomena or areas of exceptional natural beauty and aesthetic importance;

(viii) be outstanding examples representing major stages of earth's history, including the record of life, significant on-going geological processes in the development of landforms, or significant geomorphic or physiographic features;

(ix) be outstanding examples representing significant on-going ecological and biological processes in the evolution and development of terrestrial, fresh water, coastal and marine ecosystems and communities of plants and animals;

(x) contain the most important and significant natural habitats for in-situ conservation of biological diversity, including those containing threatened species of Outstanding Universal Value from the point of view of science or conservation.

78. To be deemed of Outstanding Universal Value, a property must also meet the conditions of integrity and/or authenticity and must have an adequate protection and management system to ensure its safeguarding.

II.E Integrity and/or authenticity

Authenticity

79. Properties nominated under criteria (i) to (vi) must meet the conditions of authenticity. Annex 4 which includes the Nara Document on Authenticity, provides a practical basis for examining the authenticity of such properties and is summarized below.

80. The ability to understand the value attributed to the heritage depends on the degree to which information sources about this value may be understood as credible or truthful. Knowledge and understanding of these sources of information, in relation to original and subsequent characteristics of the cultural heritage, and their meaning, are the requisite bases for assessing all aspects of authenticity.

81. Judgments about value attributed to cultural heritage, as well as the credibility of related information sources, may differ from culture to culture, and even within the same culture. The respect due to all cultures requires that cultural heritage must be considered and judged primarily within the cultural contexts to which it belongs.

82. Depending on the type of cultural heritage, and its cultural context, properties may be understood to meet the conditions of authenticity if their cultural values (as recognized in the nomination criteria proposed) are truthfully and credibly expressed through a variety of attributes including:

form and design;

materials and substance;

use and function;

traditions, techniques and management systems;

location and setting;

language, and other forms of intangible heritage;

spirit and feeling; and

other internal and external factors.

83. Attributes such as spirit and feeling do not lend themselves easily to practical applications of the conditions of authenticity, but nevertheless are important indicators of character and sense of place, for example, in communities maintaining tradition and cultural continuity.

84. The use of all these sources permits elaboration of the specific artistic, historic, social, and scientific dimensions of the cultural heritage being examined. "Information sources" are defined as all physical, written, oral, and figurative sources, which make it possible to know the nature, specificities, meaning, and history of the cultural heritage.

85. When the conditions of authenticity are considered in preparing a nomination for a property, the State Party should first identify all of the applicable significant attributes of authenticity. The statement of authenticity should assess the degree to which authenticity is present in, or expressed by, each of these significant attributes.

86. In relation to authenticity, the reconstruction of archaeological remains or historic buildings or districts is justifiable only in exceptional circumstances. Reconstruction is acceptable only on the basis of complete and detailed documentation and to no extent on conjecture.

Anhang II: „The Nara Document On Authenticity"

(Download von: http://whc.unesco.org/uploads/events/documents/event-833-3.pdf; letzter Zugriff am 15.2.2013)

Preamble

1. We, the experts assembled in Nara (Japan), wish to acknowledge the generous spirit and intellectual courage of the Japanese authorities in providing a timely forum in which we could challenge conventional thinking in the conservation field, and debate ways and means of broadening our horizons to bring greater respect for cultural and heritage diversity to conservation practice.

2. We also wish to acknowledge the value of the framework for discussion provided by the World Heritage Committee's desire to apply the test of authenticity in ways which accord full respect to the social and cultural values of all societies, in examining the outstanding universal value of cultural properties proposed for the World Heritage List.

3. The Nara Document on Authenticity is conceived in the spirit of the Charter of Venice, 1963, and builds on it and extends it in response to the expanding scope of cultural heritage concerns and interests in our contemporary world.

4. In a world that is increasingly subject to the forces of globalization and homogenization, and in a world in which the search for cultural identity is sometimes pursued through aggressive nationalism and the suppression of the

cultures of minorities, the essential contribution made by the consideration of authenticity in conservation practice is to clarify and illuminate the collective memory of humanity.

Cultural Diversity and Heritage Diversity

5. The diversity of cultures and heritage in our world is an irreplaceable source of spiritual and intellectual richness for all humankind. The protection and enhancement of cultural and heritage diversity in our world should be actively promoted as an essential aspect of human development.

6. Cultural heritage diversity exists in time and space, and demands respect for other cultures and all aspects of their belief systems. In cases where cultural values appear to be in conflict, respect for cultural diversity demands acknowledgment of the legitimacy of the cultural values of all parties.

7. All cultures and societies are rooted in the particular forms and means of tangible and intangible expression which constitute their heritage, and these should be respected.

8. It is important to underline a fundamental principle of UNESCO, to the effect that the cultural heritage of each is the cultural heritage of all. Responsibility for cultural heritage and the management of it belongs, in the first place, to the cultural community that has generated it, and subsequently to that which cares for it. However, in addition to these responsibilities, adherence to the international charters and conventions developed for conservation of cultural heritage also obliges consideration of the principles and responsibilities flowing from them. Balancing their own requirements with those of other cultural communities is, for each community, highly desirable, provided achieving this balance does not undermine their fundamental cultural values.

Values and authenticity

9. Conservation of cultural heritage in all its forms and historical periods is rooted in the values attributed to the heritage. Our ability to understand these values depends, in part, on the degree to which information sources about these values may be understood as credible or truthful. Knowledge and understanding of these sources of information, in relation to original and subsequent characteristics of the cultural heritage, and their meaning, is a requisite basis for assessing all aspects of authenticity.

10. Authenticity, considered in this way and affirmed in the Charter of Venice, appears as the essential qualifying factor concerning values. The understanding of authenticity plays a fundamental role in all scientific studies of the cultural

heritage, in conservation and restoration planning, as well as within the inscription procedures used for the World Heritage Convention and other cultural heritage inventories.

11. All judgements about values attributed to cultural properties as well as the credibility of related information sources may differ from culture to culture, and even within the same culture. It is thus not possible to base judgements of values and authenticity within fixed criteria. On the contrary, the respect due to all cultures requires that heritage properties must considered and judged within the cultural contexts to which they belong.

12. Therefore, it is of the highest importance and urgency that, within each culture, recognition be accorded to the specific nature of its heritage values and the credibility and truthfulness of related information sources.

13. Depending on the nature of the cultural heritage, its cultural context, and its evolution through time, authenticity judgements may be linked to the worth of a great variety of sources of information. Aspects of the sources may include form and design, materials and substance, use and function, traditions and techniques, location and setting, and spirit and feeling, and other internal and external factors. The use of these sources permits elaboration of the specific artistic, historic, social, and scientific dimensions of the cultural heritage being examined.

Definitions

CONSERVATION: all operations designed to understand a property, know its history and meaning, ensure its material safeguard, and, if required, its restoration and enhancement.

INFORMATION SOURCES: all physical, written, oral, and figurative sources which make it possible to know the nature, specificities, meaning, and history of the cultural heritage.

The Nara Document on Authenticity was drafted by the 35 participants at the Nara Conference on Authenticity in Relation to the World Heritage Convention, held at Nara, Japan, from 1-6 November 1993, at the invitation of the Agency for Cultural Affairs (Government of Japan) and the Nara Prefecture. The Agency organized the Nara Conference in cooperation with UNESCO, ICCROM and ICOMOS.

This final version of the Nara Document has been edited by the general rapporteurs of the Nara Conference, Mr. Raymond Lemaire and Mr. Herb Stovel.

Dank

Danken möchte ich Claudia Honegger für die umfassende Unterstützung des gesamten Dissertationsprojekts, von der Explikation erster Ideen über Interpretationen des Materials und theoretische Reflexionen bis zur Formulierung des Texts. Jürgen Raab danke ich für hilfreiche Anregungen in der Schlussphase und das Verfassen des Zweitgutachtens.

Meiner Familie: Monika Jensen, Hans Schäfer, Susanne Schuster und Stephanie Egli danke ich herzlich für den affektiven, mentalen und materiellen Beistand.

Mein Dank geht außerdem an Maria Bänziger für den Mut, das Projekt überhaupt anzugehen; an Thierry Graf für endlose Stunden freier Assoziation; an Sara Bachmann – für die die Arbeit geschrieben ist – für aufregende Inspirationen und die genaue Lektüre des gesamten Manuskripts; an Charlotte Müller für die Einführung in den akademischen Betrieb und die konstruktive Kooperation in Bern; an Nadine Frei für beißende Kritik und liebevollen Rückhalt; an Adrian Beutler für instruktive sozial- und gesellschaftstheoretische Auseinandersetzungen; an Ilona Pap für kreative Irritationen eingefahrener Handlungs-, Denk- und Sichtweisen, sowohl in theoretischer als auch in praktischer Hinsicht; an Verena Hoberg für Fragen, die sonst niemand stellt. Désirée Waibel verdanke ich die wertvollsten Hinweise auf die ‚toten Winkel‘ meiner Perspektive, enthusiastische Motivationen, die Kraft, das Projekt abzuschließen obwohl Denken kein Ende kennt und schließlich Vieles, das hier nicht zu nennen ist.

Vielen Dank auch den Autoren der Reiseblogs, die in dieser Arbeit besprochen werden, für ihr Einverständnis, diese als Dokumente für soziologische Analysen benützen zu dürfen.

Für Druckkostenzuschüsse danke ich der WISO-Fakultät Bern, der Curt-Rommel-Stiftung Bern sowie dem Schweizerischen Nationalfonds.

Kulturen der Gesellschaft

Joachim Fischer, Dierk Spreen
Soziologie der Weltraumfahrt

November 2014, 208 Seiten, kart., zahlr. Abb., 27,99 €,
ISBN 978-3-8376-2775-6

Jonas Grauel
Gesundheit, Genuss und gutes Gewissen
Über Lebensmittelkonsum und Alltagsmoral

2013, 330 Seiten, kart., 32,99 €,
ISBN 978-3-8376-2452-6

Franz Höllinger, Thomas Tripold
Ganzheitliches Leben
Das holistische Milieu zwischen neuer
Spiritualität und postmoderner Wellness-Kultur

2012, 302 Seiten, kart., 29,80 €,
ISBN 978-3-8376-1895-2

Leseproben, weitere Informationen und Bestellmöglichkeiten
finden Sie unter www.transcript-verlag.de

Kulturen der Gesellschaft

Michael Kauppert, Irene Leser (Hg.)
Hillarys Hand
Zur politischen Ikonographie der Gegenwart

Oktober 2014, 278 Seiten, kart., zahlr. Abb., 29,99 €,
ISBN 978-3-8376-2749-7

Takemitsu Morikawa (Hg.)
Die Welt der Liebe
Liebessemantiken zwischen Globalität
und Lokalität

Februar 2014, 386 Seiten, kart., 34,99 €,
ISBN 978-3-8376-2052-8

Sylka Scholz, Karl Lenz, Sabine Dreßler (Hg.)
In Liebe verbunden
Zweierbeziehungen und Elternschaft
in populären Ratgebern von
den 1950ern bis heute

2013, 378 Seiten, kart., 29,80 €,
ISBN 978-3-8376-2319-2

Leseproben, weitere Informationen und Bestellmöglichkeiten
finden Sie unter www.transcript-verlag.de

Kulturen der Gesellschaft

Stefan Bauernschmidt
Fahrzeuge auf Zelluloid
Fernsehwerbung für Automobile
in der Bundesrepublik
des Wirtschaftswunders.
Ein kultursoziologischer Versuch
2011, 270 Seiten, kart., zahlr. Abb., 28,80 €,
ISBN 978-3-8376-1706-1

Thomas Lenz
Konsum und Modernisierung
Die Debatte um das Warenhaus
als Diskurs um die Moderne
2011, 224 Seiten, kart., 23,80 €,
ISBN 978-3-8376-1382-7

Takemitsu Morikawa
Liebessemantik und Sozialstruktur
Transformationen in Japan
von 1600 bis 1920
Januar 2015, ca. 240 Seiten, kart., 32,99 €,
ISBN 978-3-8376-2832-6

Max Jakob Orlich
Situationistische Internationale
Eintritt, Austritt, Ausschluss.
Zur Dialektik interpersoneller
Beziehungen und Theorieproduktion
einer ästhetisch-politischen
Avantgarde (1957-1972)
2011, 630 Seiten, kart., 42,80 €,
ISBN 978-3-8376-1748-1

Cornelia Schadler
Vater, Mutter, Kind werden
Eine posthumanistische Ethnographie
der Schwangerschaft
2013, 342 Seiten, kart., 32,80 €,
ISBN 978-3-8376-2275-1

Thomas Tripold
Die Kontinuität romantischer Ideen
Zu den Überzeugungen
gegenkultureller Bewegungen.
Eine Ideengeschichte
2012, 362 Seiten, kart., 32,80 €,
ISBN 978-3-8376-1996-6

Leseproben, weitere Informationen und Bestellmöglichkeiten
finden Sie unter www.transcript-verlag.de